上海出版资金项目
Shanghai Publishing Funds

中国经济转型升级理论与实践丛书
上海社会科学院经济研究所60周年所庆学术专著文集

上海文化发展基金会资助项目

上海“四个中心”创新升级研究

石良平 沈开艳 / 等著

上海社会科学院出版社
SHANGHAI ACADEMY OF SOCIAL SCIENCES PRESS

丛书编委会

总　序

上海社会科学院经济研究所是一个具有辉煌历史和优秀传统的专业研究机构，是上海社会科学院建院的核心组成部分之一，其前身是成立于1956年的中国科学院上海经济研究所，并于1958年作为核心成员组建了上海社会科学院。“十年动乱”使正常学术研究工作中断。1978年上海社会科学院恢复重建后，在原经济研究所基础上拆分为经济研究所、部门经济研究所和世界经济研究所三个经济类研究所。经济研究所主要从事理论经济学的研究，在政治经济学和经济史及经济思想史等基础理论研究方面颇有建树，在上海及全国都形成了深远的影响。

经济研究所有着深厚的人文底蕴和广泛的社会影响。在长期学术研究过程中，经济研究所产生和集聚了一批知名专家学者。沈志远、黄逸峰、吴承禧、姚耐、孙怀仁、张仲礼、王惟中、雍文元、马伯煌、丁日初、姜铎、王亚文、郑友揆、袁恩桢等专家学者在学界有着较大影响，是经济研究所知名度和影响力得以形成的人文基础。其中雍文元、张仲礼、袁恩桢还分别获得上海市社会科学终身成就奖。和这些名家相匹配的是曾经产生过深远影响的科学研究成果，包括《南洋兄弟烟草公司史料》《荣家企业史料》《刘鸿生企业史料》《社会必要产品论》等。这些精品力作曾获得孙治方经济学奖，全国“五个一”工程奖等荣誉，已成为经济研究所学术研究过程中的重要里程碑。

继承优良传统，提升学术地位、创造辉煌未来是经济研究所肩负的重大历史使命。近年来，经济研究所通过调整结构、引入新人、整合资源、锐意改革，已取得了一系列成效。我们不仅获得了多个社科院的学科和智库创新团队，建立了多个省部级创新研究基地，也在国家社会科学基金和国家自然科学基金重大项目上实现了零的突破。老一辈专家学者仍然志在千里，新一代年轻学者正在脱颖而出，经济研究所已呈现出百花齐放、姹紫嫣红的格局。

值此经济研究所成立60周年之际，我们所的科研人员共同推出了一批高质量的学术研究成果。这套丛书，就是这批成果中最为重要的组成部分，也是我们对当代中国经济问题思考的结晶，希望这套丛书的出版能够给读者带来更多的思考。

上海社会科学院经济研究所所长　石良平

2015年5月

目　　录

第三篇 国际金融中心建设

第四篇　国际贸易中心建设

第五篇　国际航运中心建设

引 言

20世纪90年代中期，上海明确提出“四个中心”建设目标，即国际经济中心、国际金融中心、国际贸易中心和国际航运中心。尽管此间对“四个中心”建设的内涵、格局，以及“四个中心”轻重顺序排列有所改变，但将“四个中心”作为上海城市转型的目标却早已达成共识。为了实现这一目标，上海于“十五”开始尝试和探索城市转型，“十一五”期间确立了“以服务经济为主的产业结构”的经济产业转型发展方向，“十二五”期间率先提出了“创新驱动、转型发展”发展主线①，勾勒出以“创新驱动发展、经济转型升级”为路径，以“四个中心”和社会主义现代化国际大都市为目标的城市转型蓝图。未来30年上海城市功能升级，将着眼于未来世界城市发展的大视野、大格局、大趋势；着眼于上海城市未来30年发展演变的新使命、新特点、新规律，在2020年基本建成“四个中心”和社会主义现代化国际大都市之后，站在新的历史起点，面向全局性、长期性和战略性问题，探索与思辨上海城市的发展动力、功能定位与战略路径的演化路径与内在逻辑，并在此基础上，提出2030年、2040年和2050年三个时间节点上上海的城市发展目标与愿景。

本书分五篇对上海“四个中心”建设的总体情况和趋势、上海国际经济中心建设、国际金融中心建设、国际贸易中心建设、国家航运中心建设分别给予分析研究，并作出趋势展望。

总论篇旨在全面把握“四个中心”创新升级的总体态势，指出在2020年上

① 2010年上海市政府发展研究中心组织了关于上海“十二五”规划的大讨论，《文汇报》和《解放日报》连续发表十多篇讨论文章。由上海市政府发展研究中心按照市领导的要求编制的“十二五”前期的规划思路研究，以及各项专项规划讨论和“十二五”规划编制讨论也逐渐将研究的主要观点聚焦到创新的发展主线上来。2010年11月9日召开的中共上海市委九届十三次全会指出：上海未来的发展道路必须坚持“创新驱动、转型发展”的发展主线。2012年党的十八大提出在国家层面要实施创新驱动发展战略。党的十八届三中全会之后，上海把“十二五”主线“创新驱动、转型发展”调整为“创新驱动发展、经济转型升级”。

海基本建成“四个中心”之后，“四个中心”的内涵与形态也会发生新的变化。基于“四个中心”内在关系和外部环境分析，未来30年，国际金融中心将进一步强化，国际贸易与航运中心将向国际信息中心转型，全球科创策源功能将日益突显。由此，“四个中心”将集结演化为“一个中心”新格局，即国际经济中心，涵盖金融、信息和科创三个板块。2014年，根据习近平总书记的讲话精神，上海结合其自身的条件，提出了打造具有全球影响力的科技创新中心的宏伟目标。“四个中心”与“科创中心”的建设是相辅相成、互相推动的关系，没有“四个中心”的“经济中心”建设，“科创中心”建设的目标难以实现，反之没有科技创新的支撑，经济中心将失去其核心竞争力，上海也无法成为国际经济中心。

在国际经济中心建设篇，笔者提出，随着中国经济的发展和国际地位的提升，上海的“国际经济中心”地位与作用将更加彰显。在未来中国经济超级大国化和新一轮产业技术革命的进程中，上海“国际经济中心”将会以一种新的功能形态，即形成以新兴产业、高端制造业为主导、以创新为推动力的全球“智能制造中心”，发挥其全球的影响力。

国际金融中心篇主要研究上海国际金融中心中长期建设和发展的基础、面临的关键问题和未来发展目标和愿景展望。笔者认为，到2020年，上海将基本建成国际金融中心；到2050年，上海将超越东京、香港、新加坡等金融中心，成为亚洲地区首屈一指的国际金融中心，进而与纽约、伦敦一起，构成三足鼎立的全球金融中心格局。

在国际贸易中心建设篇，笔者提出，上海未来发展应借鉴现有国际贸易中心成长经历和发展经验，突破现有发展的瓶颈问题，加快国际贸易中心的建设。未来几十年间，上海国际贸易中心将根据国际贸易发展的趋势，适应上海成为发展的未来定位，逐步发展成为全球性的投资贸易枢纽中心，并最终过渡到国际信息中心。

在国际航运中心建设篇，笔者提出，未来30年，上海国际航运中心建设将面临全球经济进一步调整、科技大发展、能源开发和创新及“一带一路”国家战略等带来的前所未有的机遇和挑战，但逐步成为全球排名第一、具有全球航运资源配置能力的国际航运中心是趋势。上海将成为全球著名的航运知识和文化传播中心，并伴随上海国际信息中心建设，成为全球航运业的一个重要节点。

在对“四个中心”进行逐一分析判断的基础上，最后本书在“结束语”部分对上海未来“四个中心”的创新升级作了蓝图勾画。未来三十年，在信息化浪潮的推动下，上海“四个中心”将城市功能朝着移动化和扁平化方向发展与演变，新信息和通信技术的发展，促使城市功能去除经济物理集聚的色彩。在国际经济中心第一原则的支配下，上海将逐渐实现从“四个中心”向“一个中心”，即国际经济中心的飞跃。在互联网技术的影响下，国际经济中心的内涵也不仅仅局限于传统的制造业或服务业，而是日益丰富，产业形态更加高端化，包括信息、金融和科创三大功能板块。其中，航运和贸易功能集中体现为流量经济归并为信息功能，而金融、科创功能或将进一步强化。

第一篇 总　论

总论篇旨在全面把握“四个中心”创新升级的总体态势，指出在2020年上海基本建成“四个中心”之后，“四个中心”的内涵与形态也会发生新的变化。基于“四个中心”内在关系和外部环境分析，未来30年，国际金融中心将进一步强化，国际贸易与航运中心将向国际信息中心转型，全球科创策源功能将日益突显。由此，“四个中心”将集结演化为“一个中心”新格局，即国际经济中心，涵盖金融、信息和科创三个板块。

总论篇由导论、第一章和第二章组成。其中，导论总结了全书的主要结论，形成对上海“四个中心”建设及其创新升级的十大基本判断；第一章基于城市功能升级的理论解释，聚焦上海“四个中心”建设的发展沿革，梳理“四个中心”发展中存在的争论、取得的成绩，以及面临的问题；第二章分别从国际和国内两个视角阐述上海“四个中心”创新升级的影响因素，包括环境变量、城市基础变量和功能变量等，为进一步分析“四个中心”的发展与演变奠定了基础。

导论：对上海“四个中心”建设及其升级版的基本判断

到2020年基本建成国际金融、贸易、航运以及经济中心，成为一个现代化国际大都市之后，上海将何去何从？“四个中心”和社会主义现代化国际大都市，曾是上海城市发展的一个远景目标，如今却近在咫尺。2020年之后上海的“四个中心”将如何演变升级？要回答这个问题，还是要回到“四个中心”建设的基本逻辑上。为此，通过对上海“四个中心”建设的功能定位、发展条件、内涵特征、国际对标、影响变量与演变趋势的梳理，可以形成如下若干基本判断。

判断之一：上海城市功能的增进与演化为实现中国梦积蓄正能量。改革开放以来，上海一直是国家发展战略的一个重要组成部分，“四个中心”建设既是上海自身发展的自然延伸，也是国家战略中的一个关键环节，更是整个国家在全球经济竞争中的利益所在，在这个意义上讲，上海城市功能提升也是国家福祉增进的具体表现。可以预见的是，随着互联网技术的普及，上海发展的战略目标也必然会再次升级，为上海能在更加广泛的范围内配置资源提供条件，也为实现中国梦积蓄正能量。当前，上海经济增速放缓，服务业占比不断提高，预示着经济结构转型大幕已然拉开。与此同时，上海在金融、贸易、航运、研发等方面的城市功能得以持续拓展，这既是经济结构转型的成果，也预示着在不久的未来，上海还将继续面临经济结构和城市功能转型的挑战。

判断之二：得益于区位优势与转型条件，上海已基本形成与“四个中心”相匹配的城市发展规模与发展阶段。一是从空间规模看，上海城市占地面积达6 340.5平方公里，小于北京（16 410.5平方公里）、广州（7 434平方公里），但比中国香港（1 104平方公里）、美国纽约（1 214平方公里，含水域），英国伦敦（1 577.3平方公里）和日本东京都（2 188平方公里）等国际大都市面积大。上海地处长江三角洲城市群，在世界六大城市群中人口总量位居第二，依托长三角腹地且面向海外，由此形成的网络结构使得上海处于中西方文明的交汇点。二是从人口规模看，2013 年年底上海常住人口规模达到 2 415.15 万，高于北京（2 069.3 万，2012 年），为全国人口首位城市（城市人口首位度 1.167①），也高于纽约（833.7 万，2012 年）和伦敦（800 万，2010 年）。三是从经济总量来看，2013 年上海全年 GDP 接近 2 万亿，为全国经济规模首位城市（城市经济首位度 1.129，第二位是北京）②。四是从发展阶段看，2014 年上海人均 GDP 达到 15 604 美元，在省和直辖市的排名中，仅次于天津（17 219 美元）与北京（16 093美元），居国内领先位置；但与香港（39 994 美元，2014 年）、新加坡（54 776 美元，2014 年）、纽约（13.68 万美元，2010 年）仍相去甚远，在国际上属于中等偏上水平。

判断之三："四个中心"战略目标确立以来，上海城市综合功能经历了一个不断提升、拓展与深化的演进过程，从全国占比情况看，上海经济存量规模相对下降，经济流量规模相对上升。支撑这个演进过程的背景主要涉及三个方面：首先是国家经济总量的变化。按美元名义价值，中国已在 2010 年取代日本，成为世界第二大经济体，仅次于美国，GDP 总量的世界占比从 1978 年的 1.8%上升到 2013 年的 12.1%；与此同时，伴随着人民币国际化进程加快，中国的对外贸易规模也急剧扩大，占全球贸易的比重从 1980 年的不足 1%迅速上升到 2000 年的 3.6%，进而又在 2011 年超过了 10%，位居世界第二，也仅次于美国。中国经济的“增长奇迹”使得上海经济占比的分母迅速增大。其次是上海经济存量方面的变化。例如工业 GDP 全国占比的变化，1980 年占 11.6%，1990 年已降到了 6.5%，2000 年占 4.9%，2013 年已下降到不足 4%。再者是上海经济流量方面的变化。尤其是在金融、贸易、航运等体现城市功能方面，上海的地位不逊于北京、深圳等同类城市，2013 年港口货物吞吐量位列全球第一、航空货邮吞吐量位列全球第三、金融业增加值全国占比达到 12.6%，服务贸易依存度达到 8%左右。大量的人流、物流、资金流和信息流汇聚于此，构建创新转型新动力。

判断之四：在“四个中心”建设层面，与服务经济相匹配的体制机制尚待建立与完善。20 世纪 80 年代以来，上海“四个中心”建设始终呼应城市功能演

① 1939 年马克·杰斐逊(M. Jefferson)提出城市首位律。其中的核心内容是首位城市的相对重要性，即城市首位度，它在一定程度上代表了城镇体系中的城市发展要素在最大城市的集中程度。以城市人口首位度为例，是指首位城市与第二位城市的人口规模之比。国际经验表明，城市首位度在 2 以内是比较合理的。

② 近年来，上海经济增速放缓，2013 年下降至 7.7%，在全国重点监测的 60 个城市中，排名第 57 位。

进的转型发展主线，从工业化单一城市功能向金融、贸易、航运等多功能的城市转型升级全面展开，城市综合功能和国际经济中心地位不断增强。2013年上海第三产业占比达到62.2%，表明上海已经进入服务经济为主的发展阶段，特别是在2008年国际金融危机之后，金融市场交易额、货物贸易规律和集装箱吞吐量迅猛增长，对世界的影响力也在逐步提升，为基本建成“四个中心”目标奠定了雄厚的基础。然而，从“四个中心”建设的关键内涵看，建成国际金融中心的关键在于人民币的国际地位，建成国际贸易中心的关键在于大宗商品的定价权，建成国际航运中心的关键在于航运服务和转口贸易规模，在这些方面，上海不仅缺乏核心优势，而且与服务经济发展相匹配的体制机制尚有待建立与完善，包括税收制度、社会征信制度、金融监管制度、海关监管制度、市场准入制度等。为此，体制机制创新是城市转型更为深刻的内涵，上海在2020年能否基本建成“四个中心”并在此后实现“四个中心”的升级版，有赖于能否推进与服务经济发展相适应的体制机制。

判断之五：“四个中心”之间不是平行并列的关系，而是支撑与被支撑的关系，国际经济中心支撑“三个中心”建设，这就是国际经济中心的第一性原则。从历史上看，20世纪90年代中期上海提出发展服务经济的战略目标，明确指向国际金融、贸易、航运中心建设，原因在于这三个中心是当时上海城市功能建设中最为薄弱也最为紧迫的领域，大力推进三个中心建设，有助于上海城市辐射能力和集聚能力提升，早日建成国际经济中心。然而，随着上海城市综合功能的不断提升，国际经济中心和“三个中心”的关系也在悄然发生着变化，把国际经济中心狭义地理解成为金融、贸易、航运功能的简单加总，难以摆脱历史局限性。在未来，“四个中心”的发展将在一定程度上摆脱过去片面地在规模经济和全能城市方面的评判标准，而是秉承上海自开埠以来根植于城市基因与文化之中的“开放—改革—创新—转型”元素，融入世界城市网络体系，以国际经济中心为支撑和依托，实现“四个中心”升级版。

判断之六：未来影响“四个中心”升级路径的关键变量将转向科技创新与业态创新。全球化与信息化交互作用背景下，上海的开放度不断提升，未来影响“四个中心”升级路径的关键变量将从传统的物质生产力，逐步转向信息生产力。通往“四个中心”升级版的道路既不能简单套用国际经验，也不能墨守成规，而是要牢牢把握全球化与信息化发展的特点，顺势而为。首先，“世界经济重心东移——亚洲新兴市场国家兴起”为上海“四个中心”升级创造了迎接新产业革命的契机，上海或将立足国际层面参与全球城市网络竞争与合作。其次，信息化赋予城市集聚与辐射功能以“流”的特征，城市日益取代国家参与国际竞争，成为全球生产和服务网络的空间载体。在此背景下，一些关键性变量不容忽视，例如，以互联网和数字技术为载体的科技创新，如大数据管理、云计算、移动网络等，以及以平台经济为代表的商业模式创新，如互联网金融等。新的流动空间意义上的要素集聚与功能辐射成为“四个中心”升级所必须面对的新挑战。

判断之七：从2020年到2030年，上海“四个中心”的目标定位与建设形态基本保持不变，城市功能日臻完善。2020年之后的十年内，“四个中心”保有既有形态，致力于“量”的积累，突出城市功能与综合能效的有效提升，为下一个阶段“质”的提升积蓄力量。应当看到，上海在2020年基本建成“四个中心”和社会主义现代化国际大都市之后，与纽约、伦敦、东京等相比仍存在较大差距，例如，科创功能相对薄弱、转口贸易和商品信息流通功能不强、尚未拥有大宗商品贸易定价权和航运定价权、人民币的国际化地位有待提高、人民币跨境贸易平台有待建立、服务贸易和航运服务的全球占比还不高，对世界的影响也比较微弱等。因此，在2020年到2030年的十年里，上海将致力于在上述方向继续深化“四个中心”建设，优化配置科创资源、与世界城市分享大宗商品定价权、显著提升人民币的国际地位(坐五望三)、迅速提高服务贸易和航运服务全球占比，朝着全面建成“四个中心”战略目标迈进。

判断之八：从2030年到2050年，上海“四个中心”将发生从形式到内涵的变化与升级。具体而言，国际金融中心将进一步强化，国际贸易与航运中心将向国际信息中心转型，全球科创策源功能将日益突显。由此，“四个中心”将集结演化为“一个中心”新格局，即国际经济中心，涵盖金融、信息和科创三个板块。在这一轮发展中，“四个中心”的形态将产生“质”的变化，核心在于从重视存量规模转向对流量规模的关注。在国际经济中心第一性原则的作用下，“四个中心”将向“一个中心”，即国际经济中心集结演化，新一轮城市功能拓展的转型升级之路将推动上海向全球城市和世界城市迈进。国际金融、贸易、航运中心的功能将在大幅提升之后融入国际经济中心，同时国际经济中心的内涵也将进一步得以拓展与丰富。可以预见，国际金融中心的创新升级具体表现为，人民币的国际化地位进一步提高，中国在国际货币基金组织(IMF)等国际机构中的地位进一步上升，人民币与美元、欧元一起，成为国际三大货币，形成三足鼎立态势。国际贸易中心的创新升级具体表现为，从物流生产力向信息流生产力的转型与升级，突出对信息收集、加工、处理的功能，与大数据、云计算等相关的信息服务业将得到更快发展。国际航运中心的转型升级的具体表现为，由于个性化、分布式生产取代或部分取代批量化、集中式生产，上海国际航运中心的发展将从追求运输规模向完善运输服务转型，与航运相关的法律咨询、信息服务、投资融资等服务业快速发展。由于信息技术和数字内容的趋同化，贸易中心与航运中心将可能合并，实现设备更新、产业融合与功能提升，为集物流、信息流于一体的国际信息中心所取代。另一方面，随着全球科创中心目标逐步明晰，上海还将立足全球视野，合理配置科技创新资源，成为世界级创新活动的策源地，以及“大众创新、万众创业”的乐土。创新、创意和创业人士纷至沓来，世界级、国家级科创项目云集于此，大中型创新企业活力迸发，产学研体制灵动且富于人性化。为此，金融、信息和科创将成为上海国际经济中心的三大重点板块。

判断之九：上海“四个中心”及其升级版目标建设循序渐进，各类战略目标协同发展，呈现阶段性特点。2020 年上海城市发展目标与愿景是，基本建成“四个中心”和社会主义现代化大都市，用科技创新提升“四个中心”发展质量，形成科技创新中心基本框架体系。2030 年上海城市发展目标与愿景是，全面建成“四个中心”和社会主义现代化大都市，形成科技创新中心城市的核心功能，走出一条具有时代特征、中国特色、上海特点的创新驱动发展新路。2040 年上海城市发展目标与愿景是，国际金融中心功能进一步强化、贸易、航运中心功能转型升级成为国际信息中心，全面建成全球科创中心。2050 年上海城市发展目标与愿景是，全面建成覆盖金融、信息和科创功能的国际经济中心，成为具有经济引领力、人才吸引力、资源控制力、全球影响力的世界城市。

判断之十：在全球化与信息化交互作用下，上海作为世界城市，在世界经济重心东移和大国崛起中扮演着超越国家界限的角色。在国家层面，目前中国 GDP 总量占世界比例约 12%（美国 GDP 总量占世界的比例约为 18%），货物贸易占 12%，服务贸易只占 4%。可以预计，中国经济总量大约在 2022 年左右超越美国。届时 GDP 世界占比将提高到 20%左右，从美国超越英国的发展史①来

① 从世界经济史看，1830 年即清道光十年，也是鸦片战争爆发的前十年，中国已从康熙盛世的顶峰衰落，但 GDP 仍占世界总量的 29%；当时的欧洲五国，英国、法国工业革命达到高峰，德国和意大利完成统一，俄罗斯工业革命开始发展，五国 GDP 之和占世界总量的 29%，与中国相当。但是，五国的人均 GDP 已大幅超过中国，当时英国人口 1 800 万，GDP 占世界总量 9.5%，人均 GDP 是有 4 亿人口的中国的 7.3 倍。1893 年，美国经济总量超过英国，此时美国 GDP 的全球占比约 15%，并呈现快速增长态势，但总量取代之后美国并没有马上成为世界第一，而是历经了两次世界大战，到 1947 年马歇尔计划之后，经过一系列的货币战争，美元才最终取代英镑成为世界货币，建立起布雷顿森林体系，成为世界霸主。1950 年美国占全球 GDP 已上升到 27%，距离美国经济总量超过英国已过去了约 60 年。

看，判定中国超越美国成为"世界第一"还为时过早，至少在人均收入层面，中国和美国的差距还相当大。当中国在经济总量上超越美国后，剩余产品生产总价对世界的贡献也有所增加，人民币国际化进一步加快，届时世界城市可能主要分布在亚洲、北美和欧洲，形成亚美欧三足鼎立之势。中国经济将从受世界经济影响到反过来影响世界经济，转折点大约发生在2040年前后，但超越美国可能还需要更长的时间。因此，21世纪是亚洲世纪，中国又是亚洲发展的中心，这对于上海城市功能演进、创新转型与目标定位而言，无疑具有深远的战略意义。

第一章　上海"四个中心"建设的沿革、特征与评价

上海的转型发展是中国经济结构转型的一个缩影，体现国家战略与结构转型的速度、路径和方向。在 20 世纪 80 年代，上海是一座工业化城市，城市功能相对单一；1990 年浦东开发开放为上海注入了活力，也使上海在全国的定位从"后卫"冲到了"前锋"；20 世纪 90 年代，上海进入改革阵痛期，大量国企员工下岗，市场主体艰难孕育，服务业占比迅速提升，上海从工业化城市向后工业化城市转型；21 世纪的第一个十年，上海深化对外开放，与国际接轨，进一步明确了"四个中心"的战略目标。2010 年，上海于"十二五"初期提出"创新驱动发展、经济转型升级"的发展主线，并不断通过实践丰富新发展战略的理论内涵与实现路径，"创新驱动"城市转型，向 2020 年基本建成"四个中心"和社会主义国际现代化大都市迈进。

第一节　城市功能升级的理论阐释

城市不仅是全球性或区域性的经济活动中心，也是社会发展演化动力升级到一定阶段的产物。除了人口、气候和地理等自然因素外，城市还会在产业、空间、治理、文化、环境等各个方面创新升级，城市功能①即城市职能也随之不断提升，展现出梯次演进的规律与特征。

① 城市地理学和城市规划学认为，城市功能指某城市在国家或区域中所起的作用或承担的分工；城市经济学认为，城市功能发挥在于拥有规模经济效益；城市管理学则提出城市功能主要体现在其所依托的承载物上；文化人类学强调城市功能对于人类文化的保全、整合、传递与创造。详见周一星：《城市地理学》，商务印书馆 1995 年版。

一、功能升级是城市转型发展的核心要义

在全球化和信息化浪潮推动下，国内外理论界对城市转型发展的研究主要关注以下三个方面：一是城市内部的结构调整，包括产业结构和就业结构的调整，由此引发的居民收入分配结构调整、空间布局结构拓展等。比如，Ross(2007)认为产业多元化战略一般是由原来资源采掘加工或传统制造业等单一的产业格局，转变为制造业、高新技术产业、现代服务业、新兴产业等多元产业共同发展的产业格局①。无论是传统工业城市，还是资源型城市，实施产业多元化战略是世界城市经济转型中应用最广、最典型的转型模式。Sharpe (2000)、Baily and Lawrence(2001)认为美国20世纪90年代生产者服务业劳动生产率的增长源于信息技术革命的结果，而产业结构的调整又为收入分配结构的调整、城乡一体化和城市空间布局拓展提供了优化路径②。

二是城市功能的转型和提升。从国际经验看，早期发达国家的城市一般从门户城市发展而来，拥有良好的港口条件和区位优势。早期航运的繁荣带来了巨大的贸易需求，随着交易规模的扩大，催生出金融服务需要。无论是大航海时代的阿姆斯特丹、工业革命时期的伦敦，还是后来崛起的纽约，工业经济时代的金融中心始终与工业中心相伴而生，为工业经济提供融资服务。到20世纪80年代，随着放松管制等新自由主义经济思想的盛行，越来越多的金融机构将大量资金带入资本市场，日渐活跃的金融创新把大量的金融资产转变为可交易的金融工具，富于专业性和知识性的金融服务在为金融从业者带来高收入的同时，也极大地降低了其他企业运作的交易成本与交易风险。更为重要的是，在高科技产业和信息技术浪潮的推动下，洛杉矶、休斯敦、新加坡等一批新型城市快速崛起。进入21世纪之后，旅游文化娱乐产业对于后工业化时代城市功能拓展具有重要意义，如伦敦西区的剧院、纽约的百老汇、香港的维多利亚港、圣彼得堡的歌舞剧、维也纳的皇家列车晚餐之旅，等等。关于日本中央商务区功能提升研究表明，城市发展转型应致力于建筑物的改建和更新、空港和港口等基础设施的整治、城市治理模式创新、环境治理和节能减

---

① 转引自陈蔚珠：《世界城市的内涵及特征》，《世界城市北京发展新目标——2010首度论坛论文集》，2010年。

② Sharpe A. The Productivity Renaissance in the U. S. Service Section: International Productivity Monitor, No. 1, Fall, 2000; Bally MN. and Lawrence RZ. Do we have a New E-conomy? NBER Working Paper No. 8243, April, 2001. 转引自陶纪明：《服务业的内涵及其经济学特征分析》，《社会科学》2007年第1期。

排、人文历史文化的传承，以及导入商务、生活、交流等多样化功能。

三是城市在全球城市体系中的作用定位。周振华(2008)认为，世界城市在全球化城市网络体系中的功能角色，加之各城市节点之间的流动水平、频繁程度和密集程度，决定了一个世界城市在全球经济中的地位。作为城市网络节点的世界城市，可能拥有多样性的节点形态，表现为不同的规模、类型、影响范围和权重等①。Sassen(1991)认为，伴随着向服务业和金融业转移的全球经济结构转型，赋予世界主要城市作为某些特定生产、服务、市场和创新场所的一种全新的重要性②。Castells(1996)则赋予世界城市动态内涵，认为世界城市不仅仅是一个场所的概念，而是一个过程的概念，即把生产、消费、服务作为城市生活的中心环节，并从这些中心出发覆盖整个全球区域③。

可见，城市功能的创新升级，一方面同城市内部的结构转型升级特别是产业结构升级密切联系，是城市内在要素禀赋的外化；另一方面又同城市的外部联系和国际地位息息相关，是城市国际竞争力和影响力的具体表现。为此，城市功能的创新升级构成了城市发展转型的核心命题。

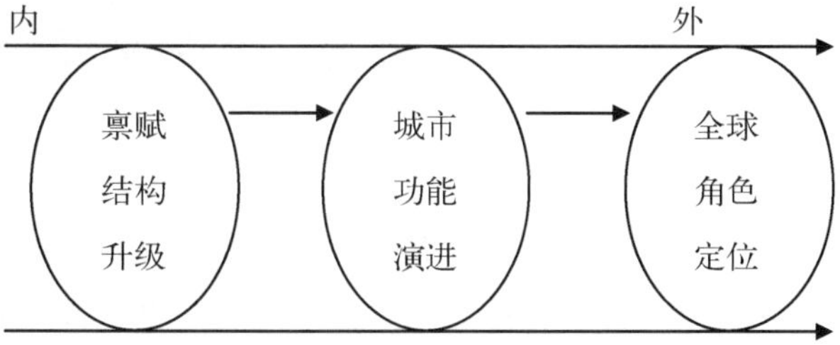

图 1－1 城市功能升级的理论内涵

二、城市功能梯次演进的规律与特征

城市功能演进的基础是产业结构升级。从三次产业梯次演化的内在规律看，大致可分为三个发展阶段：一是农业化阶段，生产活动以单一的农业为主，农业是经济发展中的主导产业，农业劳动力在总人口就业中占据优势。第

① 周振华：《崛起中的全球城市——理论框架及中国模式研究》，上海人民出版社、格致出版社 2008 年版。

② Sassen S. The Global City: New York, London, Tokyo, Princetion: Princetion University Press, 1991.

③ Castells M. The Rise of the Nework Society: The Information Age: Economy, Society and Culture: Vol. I, Oxford: Blackwell, 1996.

二阶段是工业化阶段，工业规模急剧扩展，手工业和轻、重工业依次得到发展。进一步又可以把工业化阶段细分为工业化前期、工业化中期和工业化后期等不同时期。在工业化后期，产业结构趋向高度化，产品技术含量高，以微电子技术、信息技术、航天技术、生物工程、新能源和新材料等为代表的新兴产业迅速发展。第三阶段是服务化阶段，第三产业成为社会经济发展的主导产业，产业中的知识与科技含量进一步提升，商业、旅游、教育、金融、房地产等现代服务业蓬勃发展。

从城市功能演进的轨迹看，总体上体现为产业结构升级所带来的城市机能的提升与改变。同时，城市的发展主要是由非农要素禀赋差异及其结构变化所引致的，核心在于辨析和比较第二产业和第三产业之间的相关关系，包括第二产业主导城市经济发展时，第三产业与第二产业的或替代或互补关系，以及第三产业主导城市经济发展时，第二第三产业之间的相互融合发展趋势等。不同发展阶段城市功能与要素禀赋与产业结构的关联性，反映了一座城市在转型发展中的个性与特点。

第二节 上海“四个中心”建设发展沿革

上海在1843年开埠时主要源于港口贸易，后发展为远东商贸中心和金融中心，上海城市功能定位①几经变化，开放与创新始终是上海与生俱来的城市品质与城市基因②。上海“四个中心”的建设路径与发展目标是伴随着城市转型过程而逐步清晰起来的。从本质上看，城市转型就是围绕城市功能的再定位和创新转型动力再塑造，即在创新转型动力转换的条件下，实现从工商业城市向经济中心城市转型，从单一城市功能向综合性城市功能的转型，从简单引进模仿向自主创新的转型，城市综合功能和国际经济中心地位不断增强。

---

① 所谓城市功能定位，是在对城市自身优劣势、区位条件、外部环境等深入分析的基础上，通过确定城市在区域中的位置，使城市获得更大城市竞争力的过程。详见高宜程等：《城市功能定位的理论和方法思考》，《城市规划》2008年第2期。

② 张仲礼主编的《近代上海城市研究》由上海人民出版社于1990年出版，书中指出，上海地下无矿藏，地上无特产，既非政治中心，亦非军事要塞，其得以兴起，成为全国特大城市，一是优越的地理位置；二是在近代特殊的政治格局中，多种因素的综合作用，有一个相对安定的小环境；三是全方位的对外开放，尽管这种开放是被动的，是与屈辱和灾难俱来的。书中指出，上海居民大多数为移民的这种人口特点，给城市带来了无限的活力，加强了上海与国际、国内各地的联系，丰富了上海社会文化的色彩，也使得近代上海成为中国培养、锻炼各种人才的一块特殊基地。

一、20世纪80年代：工业体系基础与“上海经济发展战略”转型意向

20世纪80年代中期以前，作为“共和国经济长子”，上海以综合型工业基地的身份，建立起国内最为完备的工业体系，在冶金、钢铁、化工等领域处于国内领先水平，创造了工业总产值、出口总值、财政收入、人均生产总值等10个全国第一。鉴于世界新技术革命的严峻挑战和国际、国内两个市场的激烈竞争，1984年启动“上海经济发展战略研究”，历经两轮专家研讨之后，由国务院改造振兴上海调研组与上海市政府共同形成《关于上海经济发展战略汇报提纲》报送中央，提出上海经济发展必须实行战略转移，大力发展第三产业，成为中国最大的经济中心和最重要的对外开放城市。

基于上海经济发展战略的判断，上海于1986年制订了新中国成立后第一个《上海城市总体规划方案》，国务院在同意规划的批复意见中进一步指出：“把上海建设成为太平洋西岸最大的经济贸易中心之一。”这是首次把上海置于国际的大格局中进行城市定位。

二、20世纪90年代：浦东开发开放与“四个中心”目标提出

20世纪90年代初，尽管上海经济发展战略研究已对上海的城市发展重大转型提出蓝图设想，但因城市建设相对落后和产业结构积重难返，城市发展战略调整始终比较缓慢。上海迫切需要寻找撬动城市改革开放全局的一个战略支点，就在此时，浦东的开发开放成为一次重大的历史机遇。

1990年2月，上海向党中央和国务院提交了《关于开发浦东的请示》。1990年3月3日，邓小平提出了关于上海战略地位的一个重要判断：“上海是我们的王牌。”1990年3月底到4月初，国务院副总理姚依林到上海进行浦东开发问题的专题调研，形成了《关于开发和开放浦东几个问题的汇报提纲》上报国务院。

1992年4月，李鹏总理在国务院《政府工作报告》中指出：“通过上海浦东的开发开放带动长江三角洲地区乃至整个长江流域经济的发展，逐步使上海发展成为远东地区经济、金融、贸易中心之一。”（以下简称“远东三中心”）这是首次在国家重要文件中专门提及上海的发展开放事务，上海的发展正式上升成为国家战略。上海的国际定位由此从1986年对《上海城市总体规划》批复时的“西岸二中心”提升为“远东三中心”。

1992年10月，党的“十四大报告”以党的纲领性文件形式记录了对于上海、浦东的战略部署：“以上海浦东开发开放为龙头，进一步开放长江沿岸城市，尽快把上海建成国际经济、金融、贸易中心之一，带动长江三角洲和整个长江流域地区经济的新飞跃。”由此将上海的城市定位从“远东三中心”提升为“国际三中心”。

1995年，党中央、国务院作出建设上海国际航运中心的重大决策。1996年，党中央再次提出“要建设以上海为中心、以江浙为两翼的上海国际航运中心”。

可见，20世纪90年代，党中央、国务院初步提出国际航运中心建设与其他三个中心建设并列，初步奠定了上海“四个中心”建设的发展目标与框架。

三、世纪之交：“迈向21世纪的上海”与“四个中心”的国家战略定位

21世纪全球发展的新趋势、新挑战扑面而来，给上海城市转型带来新契机、新挑战。自1993年下半年开始，上海启动了新一轮的战略研究“迈向21世纪的上海”。这是继80年代初中期的“上海经济发展战略”后最为关键的全局性战略研究与规划设计。研究报告及时把握了20世纪90年代刚刚兴起的世界城市及其网络等级体系研究的最新成果，提出了上海在全球意义上“再度崛起为国际经济中心城市”的命题，指出定位国际经济中心城市的上海应具备集散、生产、管理、服务和创新5大功能。

1996年通过的《上海市国民经济和社会发展“九五”计划与2010年远景目标纲要》全面吸收了“迈向21世纪的上海”的研究成果，提出新的城市奋斗目标是：“到2010年，为把上海建成国际经济、金融、贸易中心之一奠定基础，初步确立上海国际经济中心城市的地位。”作为对上海城市定位的修订，此次在“国际三中心”之外，把“现代化国际城市”正式修订提升为“国际经济中心城市”。

2001年5月，国务院批复并原则同意《上海市城市总体规划(1999—2020年)》，明确指出，把上海建设成为经济繁荣、社会文明、环境优美的国际大都市，国际经济、金融、贸易、航运中心之一。由此，上海的城市定位从“三个中心和国际经济中心城市”提升到“四个中心和现代化国际大都市”，为上海描绘了二十年的发展蓝图。

在世纪之交的重要时刻，上海“四个中心”建设目标从地方战略上升为国

家战略。同时，上海紧紧围绕"四个中心"的发展要求，着力夯实发展基础，为"四个中心"的深入发展奠定了基础。

2006年，胡锦涛总书记在十届全国人大四次会议上，要求上海率先转变经济增长方式，把经济社会发展切实转入科学发展轨道；率先提高自主创新能力，为全面建设小康社会提供强有力的科技支撑；率先推进改革开放，继续当好全国改革开放的排头兵；率先构建社会主义和谐社会，切实保证社会主义现代化建设顺利进行，大力推进国际经济、金融、贸易、航运"四个中心"建设。

"两会"期间，党中央对上海的发展提出明确定位：到2020年，上海要基本建成国际经济、金融、贸易、航运中心之一和社会主义现代化国际大都市。这是党中央对上海的殷切厚望，"四个中心"是目标，"四个率先"①是保障。

四、后危机时期："创新驱动发展"与"四个中心"目标深化

2008年，美国爆发金融危机，后升级为全球金融危机。为了更加有效应对危机，2009年3月，在对上海"十一五"期间"四个中心"建设调研的基础上，国务院常务会议通过了《国务院关于推进上海加快发展现代服务业和先进制造业建设国际金融中心和国际航运中心的意见》，首次从国家层面对上海国际金融中心、航运中心建设的目标、任务、措施等内容进行了全面部署。该《意见》是在综合考虑国内外环境的基础上，对上海"四个中心"建设的进一步统筹部署。

"十二五"时期，上海面对的国际、国内形势再度发生深刻变化。这一时期既是国际金融危机的经济复苏期，也是全球产业分工格局、贸易格局、世界经济重心与经济力量对比、全球治理结构的重大调整期，还是国内转变经济发展方式的关键时期。上海不仅肩负着代表国家参与国际竞争、国际规则制定和争夺经济话语权的历史重任，还需要在中国工业化与城市化进程中充分发挥助推、引领作用。

上海在"十二五"规划中提出：到2020年，上海要基本建成与中国经济实力和国际地位相适应，具有全球资源配置能力的国际经济、金融、贸易、航运中

---

① "四个率先"是2006年胡锦涛总书记在参加十届全国人大四次会议上海代表团的审议时，对上海提出的要求和期望。具体内容是：希望上海率先转变经济增长方式，把经济社会发展切实转入科学发展轨道；率先提高自主创新能力，为全面建设小康社会提供强有力的科技支撑；率先推进改革开放，继续当好全国改革开放的排头兵；率先构建社会主义和谐社会，切实保证社会主义现代化建设顺利进行。

心，基本建成经济繁荣、社会和谐、环境优美的社会主义现代化国际大都市，为建设具有较强国际竞争力的长三角世界级城市群作出贡献。

2010年7月，国务院正式批准实施了《长江三角洲地区区域规划》，这是继《工作方案》后，国务院批准实施的第二份关于长三角发展蓝图的里程碑式文件。该《规划》明确提出：以上海为发展核心，优化提升上海核心城市的功能，充分发挥国际经济、金融、贸易、航运中心作用，大力发展现代服务业和先进制造业，加快形成以服务业为主的产业结构，进一步增强创新能力，促进区域整体优势的发挥和国际竞争力的提升。

2012年，俞正声同志在上海市第十次党代会上作了题为“创新驱动、转型发展，为建设社会主义现代化国际大都市而奋斗”的报告，提出上海要在今后五年着力实现创新驱动发展、经济转型升级，为建设社会主义现代化国际大都市的奋斗目标。作为新时期、新阶段的总方针和发展主战略，“创新驱动发展、经济转型升级”成为上海抓住战略机遇期推进“四个率先”、建设“四个中心”的迫切要求，是在更高起点上推动科学发展的必由之路。

2014年5月，习近平在视察上海时指出，科技创新已经成为当今世界提高综合国力的关键支撑，成为社会生产方式和生活方式变革进步的强大引领。一是要牢牢把握科技进步大方向，瞄准世界科技前沿领域和顶尖水平，力争在基础科技领域有大的创新，在关键核心技术领域取得大的突破；二是要牢牢把握产业革命大趋势，围绕产业链部署创新链，把科技创新真正落到产业发展上；三是要牢牢把握集聚人才大举措，加强科研院所和高等院校创新条件建设，完善知识产权运用和保护机制，让各类人才的创新智慧竞相迸发。同年7月，上海市市长杨雄在和民营企业代表座谈中指出，要清除羁绊“四新”企业发展的绊脚石，着力将上海打造成为具有全球影响力的科技创新中心。

表1-1　上海城市发展战略定位变迁

时　间	建设内容	来源文件
1980年	社会主义工业城市	《上海长远规划设想（1981—1990年）》
1986年	太平洋西岸最大的经济贸易中心之一	国务院关于《上海城市总体规划方案》的批复意见
1992年4月	远东地区经济、金融、贸易中心之一	国务院1992年度《政府工作报告》

续表

时　间	建 设 内 容	来　源　文　件
1992 年 5 月	远东地区经济、金融、贸易中心之一和现代化国际城市	《浦东新区国民经济和社会发展十年规划和“八五”计划纲要》
1992 年 10 月	国际经济、金融、贸易中心之一	党的“十四大报告”
1996 年	国际经济、金融、贸易中心之一和国际经济中心城市	《上海市国民经济和社会发展“九五”计划与 2010 年远景目标纲要》
2001 年	国际经济、金融、贸易、航运中心之一和社会主义现代化国际大都市	《上海市国民经济和社会发展第十个五年计划纲要》
2006 年	国际经济、金融、贸易、航运中心之一和社会主义现代化国际大都市	《上海市国民经济和社会发展第十一个五年计划纲要》
2009 年	推进上海加快发展现代服务业和先进制造业，建设国际金融中心和国际航运中心	《国务院关于推进上海加快发展现代服务业和先进制造业建设国际金融中心和国际航运中心的意见》
2010 年	基本建成国际经济、金融、贸易、航运中心和社会主义现代化国际大都市	《上海市国民经济和社会发展第十二个五年规划的建议》
2012 年 2 月	国际金融中心建设	《“十二五”时期上海国际金融中心建设规划》
2014 年 5 月	具有全球影响力的科技创新中心	2014 年 5 月 23—24 日习近平总书记在考察中国（上海）自贸区和高新技术企业时的讲话

注：1996 年时“航运中心”的提法已经出现，基本确立了“四个中心”的发展目标，但并未出现在当年的五年规划之中。

资料来源：根据各类政策文件梳理。

2015 年 5 月 25 日，中共上海市委十届八次会议通过《关于加快建设具有全球影响力的科技创新中心的意见》（以下简称“科创 22 条”），对上海建设具有全球影响力的科创中心做出具体部署，勾勒出科创中心建设的时间表，提出加快推进体制机制改革的要求，吹响了科创制度变革和“四个中心”联动发展的号角。

第三节　上海“四个中心”建设联动发展

从“四个中心”的内涵剖析看，国际金融、贸易、航运中心的定位比较明确，但国际经济中心的内涵却一直比较模糊，而且从上海 GDP 占全国 GDP 的比重，以及上海人均 GDP 是全国人均 GDP 的倍数来看，分别从 2000 年的 4.81%和 3.82 倍，下降到 2014 年的 3.70%和 1.95 倍①，上海的全国经济权重占比不断减弱。为此，在“四个中心”建设推进的过程中，需要回答两个问题，一是国际经济中心的具体内涵是什么？二是国际经济中心与其他三个中心具有怎样的关系，或者说，“四个中心”的内在关系是什么？对上述两个问题的回答，构成了上海“四个中心”建设路径的方向与特色。

一、上海“四个中心”内在关系的争论

关于“四个中心”内在关系的争论，由来已久，不同阶段的争议焦点略有差异，但主要聚焦第二和第三产业的优先发展次序和内在关联方面，具体表现是对以下三个问题看法的不一致：首先是对第二、第三产业优先发展次序的不一致，导致对国际经济中心认识的不一致，进而是对“四个中心”内在关系认识上的不一致。

首先，在以往较长的一段发展时期内，产业结构调整一直是上海城市转型的中心议题，成为社会各界解读历届五年发展计划和规划研讨的焦点。上海的产业发展优先顺序究竟是“二三一”，还是“三二一”，产业结构调整的阶段性目标，以及如何加速推进“四个中心”建设等问题，由于缺乏清晰的理论指导，导致调整方针的误判或来回摆动，在具体实践层面则存在上海到底要吸引、发展、培育、淘汰哪些产业之虞。理论不清、目标不明，必然导致路径不明晰。上海在转型过程中曾出现的产业空心化迹象，表明转型升级目标界定的重要性。由于未能从根本上解决产业顺序问题，上海在吸引总部经济特别是金融总部经济过程中，困难和矛盾较多。尽管可以吸引跨国公司总部，但金融危机后，上海受到土地、劳动力和环境资源等因素和条件的制约，跨国公司向内地和东南亚迁移的数量开始增多，致使上海总部经济发展前景仍然不太乐观。归根结底是因为上海没有解决内生性的产业优先发展排序问题。

① 根据国家统计局和上海统计局提供的数据计算得出。

其次，对“国际经济中心”内涵的理解也不同。一种意见认为，国际经济中心就是国际金融、贸易、航运中心的加总与复合，一旦其他三个中心能够基本建成，国际经济中心就自然而然地基本建成了。这种观点的立论基础，是上海经济结构的服务化趋势，以及“三二一”的产业发展优先次序论，认为国际经济中心的内涵是服务经济，产业结构升级的主攻方向，应该是“微笑曲线”向上翘起的尾段。另一种截然相反的意见认为，国际经济中心主要聚焦和发展先进制造业，对接全球新一轮的科技革命与产业革命，国际金融、贸易、航运中心都是生产性服务业中心，是为先进制造业服务的。这种观点的立论基础，是上海经济结构的工业化升级趋势，以及“二三一”的产业发展优先次序论，认为国际经济中心的内涵是制造经济，产业结构升级的主攻方向，应该是“微笑曲线”向上翘起的顶端。

再者，对“国际经济中心”内涵的不同理解也催生出对“四个中心”内在关系的不同解读。比如，把国际经济中心理解为国际金融、贸易、航运中心加总与复合的观点，认为国际经济中心与其他三个中心是包集与子集的相互包含关系，国际经济中心的内涵完全覆盖了国际金融、贸易和航运中心的内涵。笔者认为，这一观点将“四个中心”等同于“三个中心”，同时也忽略了“四个中心”内部的联动关系。又如，把国际经济中心理解为国际金融、贸易、航运中心服务对象的观点，认为国际经济中心与其他三个中心之间是互补关系，国际经济中心的基本建成有赖于国际金融、贸易和航运中心建设的基本建成。笔者认为，尽管这一观点抓住了现阶段上海国际经济中心建设的主体是制造经济，体现了“四个中心”联动发展的内在要求，但存有把服务经济与制造经济主从关系颠倒之嫌，不符合城市转型发展中产业结构服务化的内在规律与趋势。实际上，以上两种观点都违背了国际经济中心的第一性原则。

所谓“国际经济中心的第一性原则”，是指上海城市功能创新升级的核心目标是建成国际经济中心，如果不能建成国际经济中心，那么国际金融、贸易和航运中心就无从谈起。那么，国际经济中心的具体内涵究竟是什么？它同其他三个中心之间的关系又是如何互动与演变的？我们认为，国际经济中心的理论内涵必须与时俱进，而且需要同时代特征紧密结合。

二、上海“国际经济中心”内涵解构

对二三产业发展次序孰先孰后的研判，是产业分立时代和非互联网思维的产物。随着互联网时代的到来，数字技术以摧枯拉朽之势改变着传统产业的内涵与外延，二三产业特别是产业能级较高部分的发展呈现并行化、交叉化和融合化特性，任何一种把二三产业孤立开来的观点都可能不符合未来产业结构和城市功能的演化趋势。

与此同时，从产业发展的驱动力看，21 世纪的科技创新正在为二三产业的同步发展提供源源不断的新要素与新能量。就金融、贸易和航运服务质量的提升而言，需要依靠科技创新实现的一系列硬件和软件的更新与升级。发达国家主要城市在经历了 2008 年的金融危机和 2009 年欧债危机的洗礼后，开始出现从“财富驱动”转向“创新驱动”的发展战略调整迹象，美国和德国相继实施了“再工业化”和“工业 4.0”战略，以智能制造为代表的实体经济的崛起，被认为是走出危机引领世界经济新常态的重要组成部分。这同著名战略学家迈克尔·波特关于国家和地区之间竞争所推动的四阶段发展论，即要素驱动、投资驱动、创新驱动和财富驱动的线性发展思维有所不同，信息技术尤其是互联网的普及与应用，使得各种驱动和主导经济增长因素之间通过市场价格机制相互切换，呈现非线性的螺旋式上升态势。一方面，科技创新位于金融、贸易和航运服务的底层，为金融、贸易和航运的联动发展提供科技平台，基于知识前沿催生出新技术、新业态、新产业和新模式；另一方面，金融、贸易等现代服务业也反过来推动科技创新的发展，既为“草根”创新提供孵化资源与成长空间，又为“精英”创新优化资源配置与组合。创新驱动和财富驱动的城市双融合发展战略符合互联网时代二三产业融合发展的产业结构变迁趋势。

为此，上海国际经济中心建设的科学内涵，不应只是国际金融、贸易、航运中心的简单叠加，也不只是国际金融、贸易、航运中心的服务对象，而应指向具有全球影响力的科技创新中心。它位于产业结构的底层，为金融、贸易和航运等现代服务业提供基本的科技服务；但又处于产业链的高端，是以发展先进制造业（包括总部经济和科技研发创新中心等）为主要内容、以全球科技资源配置为基本任务、以科技创新和产业能级辐射为重要特征的。建设国际经济中心是上海承担的国家战略。2014 年 5 月，习近平总书记在视察上海时，提出了上海建设具有全球影响力科技创新中心目标，明确了上海“四个中心”联动发展的核心动力，对上海“四个中心”创新升级意义深远。

首先，把建设具有全球影响力的科技创新中心作为上海国际经济中心建设的核心内容与重点抓手，顺应世界经济与新产业革命浪潮的发展趋势。新世纪以来，全球科技创新方兴未艾，以新一代信息技术、新能源技术、新材料技术等为代表的新兴技术快速发展，引领新产业革命的发生与发展，从发达国家向包括中国在内的发展中国家渗透与传输，对传统产业发展模式和资源配置方式造成颠覆性影响。与此同时，信息技术革命的发展路径也产生了重要变化，制造业和服务业的信息化、数字化与智能化，使得发展中国家不必依附于发达国家，走产业转移的老路，而是可以在科技、业态和商业模式创新方面大有所为，实现“弯道超车”。为此，关注由互联网技术带来的流量空间资源配置权力的变化，对于正在迈向“四个中心”和现代化国际大都市的上海而言，意义非凡。

其次，把建设具有全球影响力的科技创新中心作为上海国际经济中心建设的核心内容与重点抓手，体现国家创新驱动发展战略的内在要求。从区位优势和发展定位来看，上海成为具有全球影响力的科技创新中心的契机在于，背靠国内巨大市场，面向世界科技前沿，如果能在地理空间和流量空间双重意义上，将两者结合起来，实施经济腹地与信息腹地的双重扩张战略，那么上海极有可能在未来成为国际产业技术研发和创新创业领域的“枢纽型”“节点型”和“策源型”城市。因此，上海科技创新的策源方式，具有一定的独特性，比如，在加快推进国内市场与国外技术相结合基础上的集成创新，以需求引导而不是产能扶持的产业化应用模式创新，以及逐步从技术引进转向自主创新的转型升级等。

第三，把建设具有全球影响力的科技创新中心作为上海国际经济中心建设的核心内容与重点抓手，符合产业结构科技化、高度化的发展方向。先进制造业中心不是传统意义上的产能量化基地，不是以大规模和批量化生产作为制造业是否发达的标志；而是世界科技创新的风向标，是以智能化、个性化引导和组织生产，依托源源不断的科技创新实现全球自由配置。国际金融危机之后，美国之所以提出向实体经济回归的再工业化战略，原因在于产业结构高度化的就业倍增与带动效应，是后危机时代缓解就业困境并走出经济衰退的一剂良方。从这个意义上讲，上海如果放弃先进制造业，国际经济中心建设就会变成无本之木。全球科技创新基地或中心是建设国际经济中心不可或缺的组成部分。与此同时，随着产业结构科技化、高度化，国际经济中心的内涵与外延在创新驱动理念中进一步拓展，先进制造业不仅向“微笑曲线”的前后两端延伸，涉及策划、研发、设计、品牌管理、物流配送、售后服务等领域，形成全产业链的发展态势；而且或将提高制造业附加值，抬升“微笑曲线”底部，使之从“U 型”变为“W 型”。

第四，把建设具有全球影响力的科技创新中心作为上海国际经济中心建设的核心内容与重点抓手，为先进制造业和现代服务业的融合发展、“四个中心”联动发展创造条件。上海服务业的发展重点，既不是一般的服务业，更不是低端服务业，而是同先进制造业或智能制造紧密联系在一起的现代服务业，如文创、物流、保险、咨询、法律、科研、教育、医疗、会展、旅游，等等，不仅包括生产性服务业，还包括生活服务业。国家商务部的相关研究表明：在全球制造业中，产品在生产过程中停留的时间只占其全部循环过程的5%弱，而处在流通领域的时间要占95%强。因此，制造业的服务化或者服务型制造是制造业增加值的主要来源。上海具有良好的轻工业基础（如旅游、会展、食品、服装等），加之目前正在建设的“智慧城市”“设计之都”等，又有国际金融、贸易与航运中心的协同并进，上海自贸区的建设等，为上海建设具有全球影响力的科技创新中心提供了难得的发展机遇。

第五，把建设具有全球影响力的科技创新中心作为上海国际经济中心建设的核心内容与重点抓手，有助于上海城市功能演进与城市再造。在城市功能演进的过程中，城市系统的各个组成部分都卷入了一个摒弃旧活动、创造新活动的过程。然而，在这一过程中，如果在城市旧的功能丧失的同时，没有内生出新的经济功能用以替代，就极有可能发生“产业空心化”或者制造业的“孤岛沉没”现象，导致城市功能衰退。为了有效应对城市新旧功能替换过程中可能出现的“真空”现象，有两种选择：一是设法从外部移植新功能进行替代，比如跨国公司总部和外资研发中心等，这种方式在短期内可以迅速提升和完善城市功能，但从长期来看，也可能抑制城市内生功能演进，而且外部移植还必须同城市的环境条件相契合，否则也无法有效运作；另一种方式是借助全球科技能力提升制造业水平，致力于培育具有自主创新能力的科创中心，按照创新驱动的客观规律配置创新资源，实现基于科技创新的城市再造，不断提升城市能级，持续迈向具有全球影响力的科技创新节点城市和全球城市。

三、上海“四个中心”联动发展之势

把国际经济中心理解为具有全球影响力的科技创新中心，在“四个中心”的相互关系中，国际经济中心应当处于核心和基础地位，对国际金融、贸易、航运中心起到支撑、引领和带动作用。与此同时，国际金融、贸易、航运中心建设又从加快创新要素自由流动、优化科技资源合理配置、推动服务经济体制创新等层面，在物理空间和流量空间两个层面，为国际经济中心建设提供全球顶级的科技资源，推进制造业的服务化和服务型制造业的融合发展。

从其他三个中心的内在关系看，首先，国际航运中心的发展离不开国际金融中心的支撑。航运业是一个资金高度集中的行业，航运的基础设施建设、船舶租赁、航运保险等业务的开展都需要投入大量的资金。金融服务业的发展，为航运公司和港口企业提供了充足资金，推动航运中心功能不断拓展。反过来，国际金融中心建设也离不开航运业。航运的蓬勃发展带来了大量与贸易赊销、转账、结算、汇兑、融资等相关金融业务需求，而且航运业需要的投融资项目一般都数额巨大，由此夯实了国际金融中心发展的根基。

其次，国际航运中心的发展需要以相当规模的国际贸易为支撑。全球价值链的产业配置格局需要建立以航运设施为主，航空设施、信息港设施为辅的立体式贸易基础设施。反过来，国际航运中心的发展也为国际贸易中心建设创造了商机，但与航运与金融的联动发展相比，航运与贸易的联动处于相对初级阶段，从航运中心到贸易中心，再到金融中心，是门户城市开放、转型、升级的必由之路，上海“四个中心”的创新升级也符合这一规律。目前世界著名的国际航运中心，如纽约、伦敦、东京、新加坡和中国香港等，也都是著名的国际货运中心和国际金融中心。

2013 年 9 月 29 日成立的中国(上海)自由贸易区，为“四个中心”联动发展提供了平台和机遇。上海自贸区始终肩负着制度创新和先行先试的时代使命，在推动“四个中心”联动发展方面取得了重大进展。2015 年 4 月，《进一步深化中国(上海)自由贸易试验区改革开放方案》披露了上海自贸区一系列重大改革动向。“2.0 版”上海自贸区的空间范围拓展至 120.72 平方公里，涵盖四个海关特殊监管区域及陆家嘴金融片区、金桥开发片区、张江高科技片区。以“开放度最高的投资贸易便利、货币兑换自由、监管高效便捷、法制环境规范的自由贸易园区”为发展目标，上海自贸区将“继续积极大胆闯、大胆试、自主改”，深化完善以负面清单管理为核心的投资管理制度、以贸易便利化为重点的贸易监管制度、以资本项目可兑换和金融服务业开放为目标的金融创新制度、以政府职能转变为核心的事中事后监管制度，形成与国际投资贸易通行规则相衔接的制度创新体系，充分发挥金融贸易、先进制造、科技创新等重点功能承载区的辐射带动作用。

第四节　上海“四个中心”建设总体评价

2006 年上海在公布的《上海市国民经济和社会发展第十一个五年计划纲要》中，相对完整且比较详细地描绘上海“四个中心”建设的基本框架，并在《上海市国民经济和社会发展第十二个五年规划纲要》中进行了深化。“十一五”

以来，在“四个中心”建设和现代化国际大都市目标的指引下，上海的城市转型取得了丰硕成果：城市经济综合实力、科技创新能力稳步提升；先进制造业、现代服务业发展态势良好，金融业产出、对外贸易额、货物运输量持续增长；金融市场体系进一步完善，金融机构加速聚集，市场流通规模逐年扩大，航运服务功能不断健全。然而，也应当看到，跟纽约、伦敦、东京等世界城市相比，上海仍有不小的差距，国内城市如北京、深圳、天津等也在积极利用自身优势追赶上海，而且随着全球化和信息化的交互作用，未来影响城市转型的关键变量呈现出数字化、平台化、流动性、复杂性等新特点，上海“四个中心”建设面临着诸多方面的严峻挑战。

一、“四个中心”建设取得新突破

从总体上看，新世纪以来，“四个中心”与现代化国际大都市建设取得新突破（见表 1-2）。与《上海市国民经济和社会发展第十二个五年规划纲要》提出的“十二五”期末指标体系比较来看，大部分指标在 2013 年年末已接近目标值（见表 1-3，第二、三列）。

表 1-2　　上海“四个中心”重要突破与标志事件

四个中心	重要突破	标志事件
国际金融中心	● 金融市场规模进一步扩大，金融市场功能进一步增强 ● 跨境贸易人民币结算规模持续扩大 ● 功能性金融机构集聚能力进一步提升	● 股票交易额全球第 4 位，股票市值全球第 7 位，黄金现货交易量连续多年保持全球第 1 位 ● 上海跨境人民币结算总量超过 5 000 亿元，居全国前列 ● 外资法人银行、合资证券公司、合资基金管理公司、外资法人财产险公司均占全国总数一半以上
国际航运中心	● 港口货物吞吐量世界领先，现代航运集疏运体系不断优化 ● 现代航运服务体系进一步完善，在国际航运市场上的话语权明显提升 ● 现代航运集疏运体系不断优化，外高桥港区、洋山深水港建设加快	● 上海港货物吞吐量、集装箱吞吐量连续保持全球第一 ● 散集箱、干散货、原油等运价指数及船舶价格指数相继发布 ● 洋山保税港区船舶登记工作取得了实质性进展

续　表

四个中心	重要突破	标志事件
国际贸易中心	● 贸易总量快速增长，服务贸易表现突出 ● 商贸环境进一步改善 ● 中国（上海）自贸区设立	● 保税区商品销售额、工商税收占全国110个海关特殊监管区域的比重超过50% ● 服务贸易占全国的比重达1/3 ● "国家进口贸易促进创新示范区"正式揭牌，成为全国第一个国家级的进口贸易促进创新示范区，虹桥商务区成为国际贸易中心的新承载地
国际经济中心	● 产业结构进一步优化，城市服务功能增强 ● 城市创新能力显著提高	● 三产就业占比超过50%，增加值占比超过60% ● R&D经费支出占全市生产总值的比例超过3%

资料来源：上海市政府发展研究中心：《上海市"十二五"规划纲要实施总体进展评估(2013)》。

表1－3　　上海"四个中心"发展现状的核心指标评判

核心指标	上海		纽约	伦敦	东京
	实际发生值(2013)	目标值(2015)			
人均GDP	1.45万美元	1.7万美元#	13.68万美元(2010)	9.3万美元(2007)	6.5万美元(2011)
经济规模全国占比	3.8%	4.0%#	8.1%*(2008)	22%(2012)	≈60%(2012)
金融业增加值全国占比[b]	12.6%(前三季度)	15%	17.7%*(2012)	43.0%(2006)	36.5%(2009)
金融保险房地产就业占比[c]	5.7%(2012)	6%#	17.3%(1985)	18.2%(1985)	6.7%(1996)
股票市值全球占比[a]	3.9%	3.0%#	33.5%	6.9%	7.1%
外汇日均交易全球占比[a]	0.66%	2%#	18.93%	40.86%	5.61%
航空旅客进出港数量	8 279.2万人次(全球第七)	1亿人次	全球第二	全球第一	全球第三

续 表

核心指标	上海		纽约	伦敦	东京
	实际发生值（2013）	目标值（2015）			
航空货邮吞吐量	335 万吨（全球第三）	550 万吨			
港口货物吞吐量	7.76 万吨（全球第一）	全球第一			
航运保险收入全球占比[c]	1.0%（2010）	1.2%[#]	7.6%（2010）	20.1%（2010）	10.6%（2010）
二手船舶交易额[c]	25 亿元（2009）	35 亿元[#]		1 223 亿元（2009）	
物流业增加值全市占比	4.07%	13%			
服务贸易进出口总额（服务贸易依存度）	1 725.4 亿美元（8%）	≥2000 亿美元			
转口贸易规模占比[f]	4%（2009）	6%[#]	香港 75%、新加坡 35%（2009）		
社会消费品零售总额	8 019 亿元	1 万亿元			
信息服务业经营收入（GDP 占比）	4 317.29 亿元（20%）	6 000 亿元			
文创产业增加值占比	11.29%	≈12%			
国内游客人数	1.14 亿人次	2.4 亿人次			
入境游客人数[d]	757.4 万人次	≥1 000 万人次	838 万人次	1 522 万人次	594 万人次
外籍人口全市占比[d]	0.9%	2%[#]	36.8%	30.8%	2.4%
展会总面积	1 200 万平方米	1 500 万平方米			

注：2015 年目标值来自《上海市国民经济和社会发展第十二个五年规划纲要》，其中打"#"数据来自课题组估计；上海数据来自上海统计局。纽约、伦敦和东京的数据，a 栏来自世界交易所联合会；b 栏来自日本总务省统计局《县民经济核算》、Focus on London(2008)、美国经济分析局；c 栏来自新浪财经；d 栏来自罗伯特·保罗·欧文斯：《2012 年世界城市文化报告》，同济大学出版社 2013 版；e 栏来自李思名：《全球化、经济转型和相关城市形态的转化》，《地理学报》1997 年(增刊)；f 栏来自上海市商务委。打"*"数据的统计口径是纽约州。"（ ）"中数字代表年份，未注明的均为 2013 年数据；目标值系指 2015 年。

一是城市综合实力首屈一指。作为全国首位城市，上海勇于创新转型，先行先试，起到了示范与引领作用。在中国社会科学院城市与竞争力研究中心发布的城市竞争力指数排名中，上海的综合经济竞争力、宜居城市竞争力、宜商城市竞争力、文化城市竞争力等指数多年来一直位列全国前三位。与此同时，上海领先一步参与国际城市竞争，在全球城市中的地位进一步上升，全球影响力进一步提升。上海 GDP 总量在 2008 年超过新加坡，2009 年超过香港后，2012 年进一步超过首尔，迈过 2 万亿元大关，2014 年人均生产总值达到 1.57 万美元，按照国际标准，已达到“高收入国家”水平。在日本森财团的都市战略研究所公布的世界主要城市“综合实力排名”中，上海的世界排名从 2011 年的第 23 位上升至 2013 年的第 14 位。

二是率先步入以服务经济为主导的后工业化时代。改革开放以来，上海不断加大产业结构调整力度，按照“四个中心”和现代化国际大都市的建设要求，加快形成以服务经济为主的产业结。从产业结构的内在变迁趋势看，1978 年到 1998 年期间，上海第二产业占比持续下降，第三产业占比持续上升，并于 1999 年首度超过第二产业。此后几年二三产业占比之间呈胶着状态，反映出经济结构变迁进入磨合调整期。2004 年之后，上海第三产业发展进入新阶段，第三产业占比从 51.6%提高到 2014 年的 64.8%。目前，服务经济发展在上海已经占据主导地位，其中金融业、批发零售业的第三产业增加值占比达到 46.3%。

三是国际金融中心建设取得重大进展，市场体系建设、金融机构集聚、金融产品创新日渐完善，金融资源配置的国际影响力逐步提升，与人民币国际地位相适应的核心功能初步显现。上海资本市场体系逐步健全，货币市场、外汇市场、期货市场、证券市场、保险市场、融资租赁市场和金融衍生品等金融市场运行态势良好，成为国内金融体系最完善的城市。2013 年年底，上海证券交易所股票市场市值约 2.5 万亿美元，仅次于纽交所、纳斯达克、日交所、伦敦证交所和香港证交所，全球排名第六。中国外汇交易中心能同时为 6 000 多家交易成员提供交易、清算、信息和监管服务，是境内人民币产品交易的主平台和定价中心。上海拥有 1 317 家金融机构，其中近 700 家位于外滩及周边地区，共有 69 家持牌功能性金融机构在沪注册。另有 50 多家金融类机构获批入驻上海自贸试验区，入驻机构类型涵盖中外资银行、保险、证券期货和股权投资等各种类别。上海还启动了跨境人民币双向资金池、跨境人民币借款等试点业务。同时，上海还鼓励各类金融业务创新发展，实现了从资金交易到资金管理的金融功能升级。国内首单资产证券化项目、首单小额贷款资产证券化产品、现金管理类产品、结构化产品、指数挂钩产品、分期产品等金融创新在上海持续涌现。在GFCI(全球金融中心指数)的排名中,上海位居第20名左右(见表1-4)。

表1-4　　GFCI全球金融中心排名

城 市	伦敦		纽约		香港		新加坡		苏黎世		东京		首尔		上海	
	分数	排名	分数	排名	分数	排名	分数	排名	分数	排名	分数	排名	分数	排名	分数	排名
GFCI12	785	1	765	2	733	3	725	4	691	5	684	7	685	6	656	19
GFCI13	807	1	787	2	761	3	759	4	723	5	718	6	710	9	674	24
GFCI14	794	1	779	2	759	3	751	4	718	6	720	5	701	10	690	16
GFCI15	784	2	786	1	761	3	751	4	730	5	722	6	718	7	695	20
GFCI16	777	2	778	1	756	3	746	4	717	7	718	6	715	8	690	20

资料来源:根据GFCI(The Global Financial Centers Index)数据整理而得。

四是国际贸易中心建设取得多点突破,贸易结构持续优化、贸易流通现代化水平逐步提升,贸易平台的服务与辐射功能进一步增强,中国(上海)自贸试验区建设取得具有示范带动效应的制度创新成果。上海对外贸易结构持续优化,2013年,上海进出口额达到4 414亿美元,其中进口额2 371.5亿美元,增长3.1%,出口额2 042.4亿美元,下降1.2%,呈现出进口增长快于出口增长的趋势。与此同时,上海的服务贸易快速发展,2013年服务贸易进出口总额达到1 725.4亿美元,同比增长23.5%,占全国服务贸易总额的比重达到32%,而且在服务贸易内部,旅游、物流等产业关联度较强的产业占比较高,大约占全市服务贸易的2/3左右。特别是随着电子商务和平台经济的发展,上海现代物流业能级稳步提升,跨境电子商务平台发展方兴未艾,出现了诸如1号店、易讯、亿贝、东方钢铁、快钱等一批行业领军企业,2013年电子商务交易额突破1万亿元,累计举办各类展会793个,总展览面积超过1 200万平方米,呈现出万商云集、万众创业的新局面。

五是国际航运中心建设迈入新阶段,口岸功能继续夯实、中转能力有所增强、现代航运服务体系初步构建、航运服务效率稳步提升,具有一定的全球影响力和公认度。2013年,上海集装箱吞吐量达到3 362万标箱,货物吞吐量达到7.7亿吨,连续4年位居世界第1位;机场旅客吞吐量达到8 279.2万人次,列全球第7位;货邮吞吐量达到335万吨,列全球第3位。随着洋山深水港主航运正式实施双向通航、长江黄金水道建设日臻完善，以及浦东机场第四跑到主体工程完工，上海的水水中转比例达到45.4%，提前完成“十二五”规划目标；集装箱国际中转率达7%；机场旅客中专率达9.6%。以传统的口岸型航运中心标准来看，上海无疑是全球规模最大、设施最先进、效率最高的国际航运中心；以第三代资源配置型航运中心标准来看，2014年最新发布的新华—波罗的海国际航运中心发展指数（全球首个国际航运中心发展指数）显示，上海排名第7位，是中国大陆唯一进入前10的航运中心城市，彰显出上海国际航运中心的全球影响力和公认度。

六是以“四个中心”建设与城市功能提升为核心，引领上海城市在社会、文化、生态、空间和行政体制等各方面转型协调推进、成效显著，现代化国际大都市建制初步形成。上海的城市文化软实力显著提升，国际文化交流丰富多彩，文化创意产业约占全市生产总值的12%。上海的多中心、多轴的城市形态基本形成，城市空间布局进一步优化。国际功能性机构集聚能力进一步提高，上海已成为中国大陆投资性公司和跨国公司地区总部最集中的城市，95%以上地区总部具有两种以上的总部功能。教育、医疗、社会保障制度改革加快，民生改善，司法体制改革提上议程。

表1-5　上海“四个中心”2015年规划及2020年战略目标

战略名称	2015年规划目标	2020年战略目标
国际金融中心	基本确立上海的全球性人民币产品创新、交易、定价和清算中心地位	基本建成与中国经济实力以及人民币国际地位相适应的国际金融中心
国际航运中心	基本实现货物、船舶、企业、资金、人才、信息、技术等航运要素与资源全面集聚，初步具备全球航运资源配置能力，形成上海国际航运中心核心功能，为2020年具备全球航运配置资源能力打下框架基础	基本建成航运资源高度集聚，航运服务功能健全、航运市场环境优良，现代物流服务高效，具有全球航运资源配置能力的国际航运中心
国际贸易中心	基本形成比较完备的国际贸易中心核心功能框架，包括总体格局、运行机制、市场结构、功能框架、商贸环境等方面	基本建成具有国际国内两个市场资源配置功能、现代服务业发达、万商云集，服务长三角地区，服务长江流域，服务全国，与中国经济贸易地位相匹配的国际贸易中心

资料来源：郭爱军等：《“十三五”时期上海“四个中心”功能创新与开放战略研究》，《科学发展》2015年第4期。

二、“四个中心”发展面临新问题

从同时代纽约、伦敦、东京等世界城市的国际对标来看(见表 1 - 3,第四至六列),上海“四个中心”的城市转型升级之路有别于既有的全球城市崛起之路。这些新特点、新问题需要在未来予以重点关注和有效解决。

首先,城市规模与全球资源配置功能不匹配。一是从金融功能看,金融业的国际化程度和人民币的国际化地位还有待提高。在金融交易规模方面,2004 年伦敦的金融增加值全国占比已经达到 43.0%,全英国几乎一半的金融增加值由伦敦创造,因而伦敦也成为英国乃至全球金融产品价格的主导者;纽约的这一比例接近 20%;而上海 2012 年该比例只有 8.5%,2013 年提高到 12.6%。另外,股票市值全球占比和外汇日均交易全球占比都还相当低,对全球资本流动的干预和影响能力相对有限。二是从贸易功能看,尽管上海在国际服务贸易方面走在全国前列,但服务贸易规模仍然偏小,GDP 依存度不足 10%,本地服务业的国际竞争力较弱,国际服务贸易呈现逆差,且主要集中于运输、商务服务等传统领域,新型服务占比不到 7%①,转口贸易占比只有 4%,与香港、新加坡相比差距还很大,对周边国家和地区的影响力也较弱。同时,金融对贸易和投资的支持和服务还远未与国际接轨,大宗商品定价权尚未形成。三是从航运功能看,上海航运服务业发展相对滞后,航运保险收入全球占比仅为 1%,上海二手船舶交易额只有伦敦的 2%。应当看到,随着信息化和智能制造方式的兴起,在不久的将来,分布式生产方式可能在一定程度上削弱全球航运中心资源配置功能的发挥,但航运服务业不会消失,而是作为现代服务业和产业发展高端化的重要组成部分保留下来,成为全球城市在流量空间互相竞争的资源基础。上海在这些方面,与世界城市相比,仍存在着较大差距。

其次,以生产性服务业崛起为标志的产业基础转换现象不显著,上海在全国的地位有所下降。一是从“四个中心”目标下的产业就业结构特征看,金融、贸易、航运功能的拓展并未对产业基础转换与就业结构更替产生显著影响,20 世纪 60—80 年代曾在纽约、伦敦、东京等世界城市发生的,产业与就业的转化更替关系——以制造业占比下降和以商务、金融为代表的生产性服务业占比的上升——在上海的城市转型过程中表现得并不明显。比如,纽约的制造业

① 资料来源于上海市商务委。

就业占比从 1977 年的 21.9%下降到 1996 年的 9.0%，而金融保险房地产业则保持在 15%以上[①]。相比之下，上海 2013 年年底的制造业就业占比仍在 30%左右，金融保险房地产的就业占比只有 5%—6%。上海面临产业基础转换困境，始终在产业顺序问题上摇摆不定，其核心不仅与转换的机会成本问题有关[②]，还涉及城市发展的功能定位与战略选择。与之相对应的是，尽管上海经济规模绝对量和经济发展阶段位居全国前列，但经济规模的相对值却一直在下降，从 20 世纪 80 年代的 7%—8%下降到现在的 3%—4%，并有进一步下降的趋势。

再者，产业空心化趋势梗阻上海产业结构和空间结构转型。从城市环境与空间结构看，伦敦、纽约和东京在经济转型过程中，中心城区与外缘城区受到行业分布变化的冲击和影响是不同的。大量工厂关闭外迁之后，中心城区被高集聚度、高枢纽性、高便捷性和高现代性的产业填补，形成文化创意产业、金融产业和 MCBD 等集聚区，土地容积率和产业集中度极高，如纽约的曼哈顿、东京的六本木等。尽管上海中心城区大量传统的对环境污染比较大的产业出现关闭和外迁，但产业的空心化趋势亦十分明显。一些被植入的现代服务业由于大多受到行政干预，短期热闹过后，依靠市场自身培育起来的长效发展机制欠缺，特别是生产性服务业崛起相对滞后。与此同时，城市边缘地区有着便利的交通和低廉的生活成本，成为外迁的低端制造业集聚的场所，梗阻上海产业结构和空间结构转型。

---

① 李思名：《全球化、经济转型和相关城市形态的转化》，《地理学报》1997 年（增刊）。

② 周振华：《崛起中的全球城市——理论框架及中国模式研究》，上海人民出版社、格致出版社 2009 年版，第 211 页。

第二章　上海“四个中心”创新升级的影响因素分析

在未来，经济全球化不断加速推进塑造以城市为核心的经济空间结构，信息化赋予城市对资金流、人才流、信息流的吸附作用，全球化与信息化的交互作用诱发促进城市转型的关键变量呈现出数字化、平台化、流动性、复杂性等新特点。本章通过对影响上海“四个中心”建设的国内外环境变量、城市基础变量和“四个中心”功能变量的梳理（见表 2－1），分析各类变量在“十三五”期间对“四个中心”的影响程度，并在此基础上总结归纳出影响“四个中心”建设的关键变量，主要体现在信息网络技术、创新要素集聚、平台经济模式、深化改革开放与转变政府职能等五个方面同“四个中心”建设的联系。这些变量和因素相互交织在一起，共同锻造推动“四个中心”联合纵深发展的驱动力。

表 2－1　环境变量、基础变量、功能变量对“四个中心”的影响力判定

影响变量			对“四个中心”的影响度			
			经济中心	金融中心	贸易中心	航运中心
国际环境变量	1	新一代信息技术应用	★★★★	★★★★	★★★★	★★★★
	2	全球投资贸易新格局	★★★	★★★★	★★★★	★★★
	3	发达国家的再工业化	★★★	★★	★★	★★★
	4	亚洲经济一体化趋势	★★★★	★★★	★★★	★★★
	5	对外贸易摩擦扩大化	★★	★★★	★★★★	★★★
	6	“一带一路”国家战略	★★★	★★★★	★★★★	★★★★
	7	人民币的国际化进程	★★★	★★★★	★★★	★★★
	8	汇率的市场化进程	★★★	★★★★	★★★★	★★★

续　表

影响变量			对"四个中心"的影响度			
			经济中心	金融中心	贸易中心	航运中心
国内环境变量	9	市场要素结构	★★★★	★★★★	★★★	★★★
	10	宏观需求结构	★★★	★★★★	★★★★	★★★
	11	城市生态承载力	★★	★★	★★★	★★★
	12	产业融合发展	★★★★	★★	★★★	★★★★
基础变量	13	人口结构	★★★	★★★	★★	★
	14	空间结构	★★★	★★★	★★★	★
	15	资本结构	★★★	★★★	★★	★★
	16	产业结构	★★★	★★	★★	★
	17	开放效应	★★★	★★★	★★★	★★★
	18	创新氛围	★★★	★★★	★★★	★★★
功能变量	19	科技创新	★★★★	★★★	★★★	★★★
	20	总部经济	★★★	★★★	★★	★★
	21	生产性服务业	★★★	★★★	★★★	★★★
	22	智能制造	★★★★	★★	★★	★★
	23	金融机构	★	★★★	★★	★★
	24	金融要素市场	★★	★★★	★★	★★
	25	互联网金融	★	★★★★	★★★	★
	26	自贸试验区	★	★★★	★★★	★★★
	27	现代物流	★★	★★	★★★	★★★
	28	贸易便利化	★★	★★★	★★★★	★
	29	电子商务	★★	★★	★★★	★
	30	会展资源	★★	★	★★★	★★
	31	长江黄金水道	★★	★	★★★	★★★★
	32	物联网	★★	★	★★★★	★★★★
	33	航运服务	★	★★	★	★★★★

注："★"越多代表影响力越大。

第一节 大国经济“新格局”与外部环境变量的影响

随着中国经济的快速发展以及在全球经济中的地位上升，中国经济发展所面临的外部环境也随之发生了变化，而这种变化既有积极的因素，也有消极的因素。上海作为一个开放性的全国最大经济都市、国际大都市，其发展离不开稳定与和平的外部环境，特别是上海“四个中心”功能的建设，更是与外部环境的变化有着直接的关联。我们认为对未来的中国经济发展以及上海“四个中心”建设产生重要影响作用的外部环境变量，主要有以下几个方面的因素。

一、新一代信息技术应用

随着互联网技术和信息技术的飞速发展，以创新为主线，以新一代信息技术为平台，形成跨领域、跨行业融合发展是“四新”经济发展的重要表现形态，也是一个趋势。一方面，信息技术与制造业的融合，引发制造方式的重大创新。信息的数字化技术开始渗透于生产价值链的全过程，进一步提升了生产过程的智能化手段，将研发设计、加工制造、营销服务三大产业链整合于一个共同的网络化信息平台，并使这三个环节之间依托移动互联网终端等智能设备实现一体化整合，从而产生新的制造模式及生产方式。另一方面，信息技术与服务业的融合，催生新业态、新模式的发展。以新一代网络技术为平台，以用户市场需求为中心，即由原来的供给导向型服务转变为需求导向型服务，在服务业与制造业融合过程中将促进一些新业态、新商业模式的出现，从而引起人们生产方式、生活模式的变化。

二、全球投资贸易新格局

随着经济的快速增长及全球贸易一体化进程的加快，世界贸易组织作为一个多边的全球机构，其功能正在逐渐弱化，并不断受到区域自由贸易协定的冲击与挑战。如跨太平洋伙伴关系协议（TPP）和跨大西洋贸易与投资伙伴协议（TIPP）号称“21 世纪高质量的自由贸易安排”。届时，在横跨太平洋两岸和大西洋两岸至少 39 个国家、经济总量超过全球 GDP60％的范围内，将实行更高标准、更大深度的自由贸易安排。再加上历时 12 年的世界贸易组织多哈回合谈判终于在 2013 年 12 月巴厘岛会议上，以达成一揽子协定宣告完成。这些形势，俨然推动全球化升级进入全新的“2.0 版”①，将会改变中国对外投资与贸易的关系，促进其参与全球贸易投资主体角色的转变，同时会影响亚太经济一体化进程，甚至对未来全球贸易投资格局构成长期深远影响。此外，还有欧盟(EU)、北美自由贸易区(NAFTA)等区域贸易协定，都将对中国经济产生重大影响。如何在全球一体化和区域经济一体化的浪潮中保持自身的竞争力和发展力是中国发展面临的课题之一，也是上海“四个中心”建设的重要影响变量。

三、发达国家的再工业化

2008 年国际金融危机后，世界主要发达国家重新认识到以制造业为主体的实体经济的战略意义，纷纷实施再工业化战略，如美国提出“美国制造业行动计划”，欧洲推出“未来工厂计划”等，这将改变 20 世纪 90 年代以来全球产业东移的趋势。当然，这些工业化国家的再工业化，绝不是传统工业化道路的重复和回归，它将催生一种新的生产方式，带有定制特征的智能设备被普遍应用将成为一大趋势。再工业化主要表现为以人工智能、机器人和数字化制造为核心特征的现代制造技术和先进制造业的发展，这将导致直接从事生产制造的人数的减少，逐步实现少量“现代知识型员工”对大量“传统简单劳动者”的替代，中国制造业长期以来基于劳动成本低所形成的竞争优势会加速弱化。由此可见，以智能制造为主导的“再工业化”进程有望演变为一场新型产业革命，改变中国未来的生产方式。

四、亚洲经济一体化趋势

世界经济重心东移、亚洲经济崛起与欧美经济深刻转型同步展开。据统计，亚洲 GDP、FDI 以及贸易占全球的份额都在上升，2012 年分别占到全球的 34.15%，39.65%及 37.42%②，在世界经济体系中的地位与作用越来越凸显，世界经济的“三足鼎立”格局正在形成。亚洲区域经济合作与经济一体化的目标之一是建立关税同盟，而且经济技术合作是加强亚太经合组织凝聚力的重要途径，APEC 成员已成为全球 RTA/FTA 发展的主导力量。东北亚、东南亚、中印亚洲大国以及海峡两岸之间的次区域合作是亚洲区域经济合作的重要抓手，有关合作区域在地理上接近、在比较优势和互补性上的紧密结合是跨

---

① 转自上海社会科学院《国际城市蓝皮书：国际城市发展报告(2014)》发布会。
② 根据 WIND 数据计算而得。

国次区域合作取得成效的重要条件，政府可通过基础设施建设和开放优惠政策等支持区域经济合作。由于亚洲经济持续向好，亚洲在世界经济政治中的地位更加突出，亚洲成为大国互动频繁、区域合作最为活跃的地区。推进亚洲经济一体化，加强区域金融合作，有助于减少对美国等发达经济体的依赖，对于中国经济和上海的发展都具有重要意义。

五、对外贸易摩擦扩大化

改革开放以来，相对稳定、不断扩大的国际市场是支撑中国经济快速发展的一个重要外部因素。但进入新世纪之后，这一因素发生了较大的变化。主要表现在中国与国外的经济摩擦呈现扩大化趋势：一是摩擦范围的扩大化，从发达国家延伸至全球所有国家，从低端产品即劳动密集型产品（如棉纺、轻工产品）扩大到高端产品即知识密集型产品或高附加值产品（如电子、信息产品）；二是摩擦的纵深化，从产品贸易领域延伸至投资、金融等服务领域，到中国市场开放等制度领域。外部环境因素的变化，不仅仅影响到中国产品的出口环境和国内产业结构调整，也将引起金融、外汇市场等方面的变化。20 世纪 70—80 年代日本的经验对现阶段中国对外经济摩擦具有一定的警示作用。

六、“一带一路”国家战略

2013 年 9 月和 10 月，国家主席习近平分别提出建设“新丝绸之路经济带”和“21 世纪海上丝绸之路”的战略构想，简称“一带一路”国家战略。“一带一路”建设是中国在亚洲区域合作中发挥领头羊作用、促进亚洲经济包容性发展的新契机，旨在打造中国对外开放的升级版，也是推进亚洲区域合作的需要。“一带一路”将可能成为亚洲整体振兴的两大翅膀，有助于连接中亚、南亚、东南亚、西亚乃至欧洲的部分区域，有利于巩固中国同中亚和东南亚的合作基础，还可以逐步辐射到南亚和非洲等地区。上海综合实力强，区位优势显著。从“新丝绸之路”路线图看，上海正处于交汇点的位置，既是“新丝绸之路”的地理起点，也是未来亚太自由贸易区的地缘中心。上海在引导和协调“一带一路”沿线地区的经济和社会协同发展中，将发挥极其重要的领导作用。

七、人民币的国际化进程

随着中国经济的国际地位上升，人民币的国际化进程加快。2014 年 7 月 10 日国际金融协会发布的研究结果显示，尽管人民币在国际支付系统中的使用率不及美元和欧元，2013 年人民币在全球交易中的使用率为 1.4%，与欧元的 42.5%和美元的 31.0%相比还存在巨大差距，但人民币的国际化趋势非常明显。人民币的国际化是中国金融体制改革的重要内容之一。自 2009 年以来，中国已经与包括英国、澳大利亚在内的 20 多个国家或地区签署了总规模高达 4 030 亿美元的货币互换协议。同时，跨境贸易人民币结算、离岸金融发展等措施，也有力地推动了人民币的国际化进程，使人民币向贸易结算货币、向投资的货币和国际储备货币转化。人民币的国际化必将进一步扩大和深化中国对外对内的投资与贸易，为上海的国际金融中心、国际贸易中心建设提供更大的发展空间。

八、汇率的市场化进程

为了适应对外开放和市场经济的发展，中国于 2005 年 7 月启动了具有重要意义的汇率改革，废除之前盯住单一美元的汇率政策，着眼建立以市场供求为基础的、参考一篮子货币的有管理的浮动汇率制度。自此，人民币汇率踏上了市场化进程。一方面，人民币对美元交易价浮动幅度有逐渐扩大之势，人民币汇率的弹性在逐渐增强。2007 年 5 月，人民币兑美元汇率日交易价浮动幅度由原来的 0.3%扩大至 0.5%；2012 年 4 月，银行间即期外汇市场人民币兑美元交易价浮动幅度由 0.5%扩大至 1%；2014 年 3 月，银行间即期外汇市场人民币兑美元交易价浮动幅度由 1%扩大至 2%。值得注意的是，国际货币基金组织(IMF)近日发表声明指出，2016 年 9 月 30 日前 IMF 暂不将人民币纳入特提权货币(SDR)。在 IMF 看来，人民币的市场化程度还达不到它的要求。因此，增加人民币汇率弹性，使其更符合市场供求关系，不仅为人民币资本账户开放和人民币国际化创造了条件，也表明中国正稳步推进包括汇率在内的人民币的市场化进程，为在不远的将来被纳入 SDR 提供了可能。①

第二节　转型发展“新常态”与国内环境变量的影响

中国的经济总量居全球第二位，但中国人均 GDP 相对较低。2012 年中国人均 GDP 起过 6 000 美元，创历史新高，但与超过 10 000 美元的全球人均

---

① 张德勇：《理性看待人民币汇率贬值》，《中国青年报》2015 年 8 月 31 日，第 2 版。

GDP相比，不足其60%，与全球最大经济体美国相比，仅为其九分之一。这一现象说明中国仍是一个发展中的大国，仍有巨大的潜在发展空间。同时，中国也因经济长期增长、国力增强、国民收入水平的大幅提升以及特别是2008年以后的外部环境变化，正面临着以投资和出口导向为主驱动力的发展方式制约，迫切需要向以创新驱动、以内需主导的发展方式转型。

一、市场要素结构

近年来，中国人口老龄化速度加快，2011年，中国有1 370万人进入60岁的退休年龄。2012年上升到1 600万，2014年将有近1 700多万人退休。一方面，人口结构老龄化促使劳动力成本不断上升，人口红利逐渐消失。另一方面，老年人口数量的上升，为医疗健康产业带来前所未有的机遇。人口年龄结构的变化将改变居民消费需求和中国产业发展方向，上海作为中国人口最多的城市，人口老龄化问题更加凸显。

土地制约条件进一步凸显。随着市场化和工业化的不断发展，土地的供需矛盾进一步加剧，大量土地投入的工业化不可持续。同时，经济的不断发展和城市可开发土地的不断减少，激化了土地资源的矛盾。由于对土地的开发与保护，工业用地的申请变得越发困难，这也影响了企业的发展。

投资结构发生了变化。一方面，从资金的来源来看，外资对经济发展的影响逐渐减弱，而国内的资金对经济发展的影响越来越显著。另一方面，从国内资本投资的比重来看，投资比重已经从由国家主导逐渐向民间资本为主导转变。投资率随着人口结构的变化，其下降的压力逐步加大，以投资驱动的经济增长方式难以维系。因此，市场要素结构的变化将改变中国经济发展的模式，改变上海“四个中心”建设的国内环境，并为“四个中心”建设推进提出新的要求。

二、宏观需求结构

由全球生产基地转向消费大国，是中国走向公平与可持续发展的基本路径，是后危机时代中国发展方式转型的现实选择，也体现了中国产业发展和生活方式的转变。从2008年的全球经济危机中可以看到，以欧美市场为代表的外部需求萎缩将成为中长期趋势，出口导向模式已经难以为继。而中国的经济发展方式已经发生了改变，从20世纪90年代的以出口为导向到2008年以后以内需为导向。由内需主导的经济发展模式和中国消费者生活方式、消费理念的不断发展共同催生国内市场需求变化，主要体现在消费领域和消费层次上，中国的消费者已经从传统的生活必需品的消费慢慢转向精神和服务领域，实现了从低级到高级的进一步转变。

三、城市生态承载力

城市承载力是指一个城市能够容纳的人口密度以及城市人口生态居住和工作环境。随着工业化、城镇化的快速推进，由于中国资源相对不足、环境承载力弱，城市人与地之间的矛盾以及人与生活环境之间的矛盾进一步加剧。近年来，中国加大环境治理和生态、资源的保护力度，但是生态环境总体恶化的趋势没有得到根本扭转。环境污染持续增加，水土流失加重，能源利用效率不高，发达国家几百年工业化进程中分阶段出现的环境问题，在中国现阶段集中凸显。中国的一些沿海地区空气质量堪忧，水污染严重，交通拥堵，治安没有保障。中国30多年的快速发展，是粗放的发展，低水平的发展。由于资源能源利用效率不高，巨大的经济总量后面是更加巨大的资源能源消耗。再加上对资源开采缺少规划，滥开采，不但造成了巨大的生态灾难，而且很多曾经蕴藏丰富的资源现在已经枯竭，不得不依靠进口。但是，中国的工业化、城镇化还没有完成，仍然需要大量的资源能源支撑。20世纪90年代中国工业化的规模还很小，现在由于快速增长和巨大的人口规模，中国的工业化速度和规模已经超出了我们的想象。面对日趋强化的资源环境约束，中国经济必须转型发展，重新定义新发展环境下的工业化与城镇化，增强可持续发展能力。

四、产业融合发展

以创新为核心的新兴技术的快速发展，特别是技术整合和模式创新的出现，将带动上海产业结构升级与经济转型发展，呈现出新技术融合发展，产业转移、产业升级的产业融合发展趋势。一方面，新技术、新材料和新能源的出现突破了原有的发展局限，改变了原有的产业发展模式。伴随着最新一代IT技术的广泛应用、变革与扩散，传统的制造业开始与数字技术、信息技术相结合，呈现出智能制造的特点。产业结构的转型和升级出现了一种称之为“去边界化”的趋势，不同产业融合趋势加强，进而引发出新业态，新模式。另一方面，制造业和服务业的信息化、数字化和智能化，正改变着传统产业的发展模式和资源配置方式，孕育着一系列全新的业态和商业模式。服务业的规模不断扩大，呈现出与现代信息技术相融合的趋势。在此基础上，生态商业模式也得到了广泛的应用与发展。

第三节　结构升级与上海城市基础变量的影响

上海城市发展的基础变量，主要包含人口（劳动力）、土地（空间）、投资和创新能力等方面。这些变量要素在改革开放后的上海城市发展过程中发挥了关键作用，但是随着上海城市的发展变化，变量因素的功能与作用也在变化。在新的发展环境条下，有的变量的优势更加突出；有的则失去原有的优势，并产生制约；有的因其变量的内涵变化，产生新的变量等。

一、人口结构

从人口规模方面来看，2013 年年底上海市常住人口达到 2 415.15 万，是 1990 年的 1.81 倍，而 1990 年上海户籍人口为 1 283.35 万人，占 2013 年上海户籍人口的 90%。由此可见，外来人口的增多，是上海人口规模急剧上升的主要原因。从人口年龄结构方面来看，2013 年上海 1 426 万户籍人口中，60 岁及以上人口占比 25.74%，人口老龄化特征明显；此外，35—59 岁人口占比 41.02%，预示着未来 20 年内上海老龄化现象会逐步加剧。从人口受教育程度方面来看，随着经济的快速发展以及大学的进一步扩招，大学生所占劳动人口比例大幅提升，以及越来越多的高端专业人才涌向上海，将促使上海人口素质不断提高。这些因素都将对上海建设“四个中心”产生重大影响。

二、空间结构

上海全市面积为 6 340 平方公里，20 世纪 90 年代初浦东开发开放以来，上海城市空间地域和结构亦发生了巨大变动。首先表现为城市活动空间的扩张：20 世纪 90 年代初，人们的生产、生活空间以城市为中心，如今逐渐向郊区延伸。其次是产业结构的调整促使上海产业布局发生重大变化：城市产业结构调整既决定城市经济功能转变，又对城市空间结构产生重大影响，促进形成科学合理的产业布局。再次是上海城区尤其是中心城区的再开发，导致上海人口布局发生很大变化：90 年代以来，上海采取了一系列措施进行城区的再开发，推动了城市居民由市中心区向外围迁移，缓解了中心城区环境压力，优化了人口和产业布局，促进了郊区的城镇化进程。总的来说，20 世纪 90 年代上海能够开发新的空间增量，而如今上海空间已得到充分利用，空间增量越来越少，只能以空间调整、优化存量促进上海的发展。因此，优化产业布局是上海在“四个中心”建设中不可忽视的重要变量。

三、资本结构

自20世纪90年代发展至今，上海市资本结构存在显著变化。从产业来看，第三产业影响力逐步上升，已成为上海经济发展的主要推动力，2000年，上海市第三产业全社会固定资产投资为1 245.86亿元，2012年为3 949.04亿元，占比由66.6%上升至75%，第一产业则从0.4%下降至0.2%。从经济类型看，非国有经济主要年份全社会固定投资从2000年的1 039.69亿元发展到2012年的3 399.14，占比由55%上升至64%，其中私营经济、外商经济、股份制经济发展显著。2012年上海的私营经济规模达到1 090.09亿元，在非国有经济中遥遥领先，已逐步逼近国有经济规模1 855.24亿元。

四、产业结构

与20世纪90年代初期相比，上海的产业结构发生了巨大变化，上海经济发展的主动力已从工业转向服务业。2012年第三产业的GDP比重首超60.0%，2013年达到了62.2%，比1990年的30.9%上升了近31个百分点，同期第二产业的比重则下降了近28个百分点。第二、第三产业GDP构成比的变化说明，上海已从20世纪90年代的以工业经济转向以服务经济为主导的产业结构。同时，在过去上海第二、第三产业的转变的过程中，其内部结构也发生了变化，制造业与服务业的高端化趋势越来越明显。2013年，全市战略性新兴行业占GDP比重达到13.9%，其中制造业占第二产业的比重为18.8%，服务业占第三产业的比重为11.1%。战略性新兴制造业和服务业的发展，有利地促进了上海城市成功的转型，也为未来上海城市产业发展揭示了方向。

五、开放效应

国际性大都市的重要特征之一就是开放性和包容性，只有怀着开放和包容的态度才能够拥有城市魅力和发展前景。上海打造中国最大城市、全球重要经济中心，关键要有聚流、截流、疏流的能力。以开放的姿态聚集全球最优化的人流、物流、资金流和信息流，是“四个中心”建设的重要保障。上海长期以来积聚起来的劳动力、资本、技术、市场等要素为现有产业结构和经济发展模式的形成奠定了基础，是上海赖以快速发展的重要因素。然而，随着世界经济和中国经济进入到一个新的阶段，要打开新的局面，上海必须借助本身具有的完善的海陆空基础设施，强大的交通网络，聚集各类资源，充分发挥现有要素优势，带动经济转型。

六、创新氛围

城市的活力主要来自创新，创新离不开鼓励创新要素聚集的市场氛围。上海要打造中国最大城市、全球重要经济中心，需要从要素聚集增长型城市发展转型为综合创新城市。首先，转变以往过分强调政府主导创新，轻视市场创新，过分倚重大企业创新，忽略中小企业创新的发展理念。其次，一直以来，上海市推动创新发展的市场主体缺位，国企创新内生动力不足，外企创新外溢性不强，民企创新实力不够，三者均未成为上海创新发展的领导力量。全社会创新氛围的缺失直接导致人才流失，人才流失又会使创新氛围恶化，如此形成不良循环。美国“硅谷”的崛起完美地向世界展示聚集全球创新要素对于经济发展的重要性。上海在建设“四个中心”过程中要时刻鼓励创新思维，这是决定城市功能升级的重要变量。

第四节　创新驱动与上海城市功能变量的影响

上海城市发展的功能变量，主要侧重于促进“四个中心”目标及其升级版实现的影响因素，如科技创新能力、总部经济、生产性服务业、智能制造、金融机构、金融市场、自贸试验区、互联网金融、现代物流、贸易便利化、电子商务、会展资源、长江黄金水道、物联网及航运服务等。

一、科技创新

上海是中国民族工业的发祥地，具有“创新基因”。改革开放初期，上海是全国著名的生产基地、制造基地，以自行车、手表、电子设备为代表的制造业产品销售到全国各地，市场占有量居首，这些都是上海创新发展的基础与优势，是技术突破和技术创新发展的科技支撑。改革开放后，外国技术与资本的大量涌入，上海周边地区开放的深化，以及各类民营企业迅速的成长，使得上海的科技创新优势逐渐丧失。科技创新主要表现为两个方面：一是重大技术创新突破，表现为新技术的产生或新产品的发明；另一个则是技术的创新应用，是通过长期累积技术的整合和产业化的模式创新，推动生产组织方式的重大变革，形成“大众创新、万众创业”的新格局。创新能力对上海应对全球新一轮产业革命的挑战，建设高端制造产业中心来说至关重要，现代制造业的核心就是科技创新能力。

二、总部经济

上海在开放的格局中凝聚更多的经济集成“向心力”，并积极拓展产业集聚和市场配置功能，吸引众多国际大资本集团，使它们在上海建立具有辐射和管理调控功能的跨国总部和研发中心。“大脑型”的总部经济已经成为上海引进外资的亮点。截至 2012 年年底，上海累计聚集了外商投资企业 61 461 户、其投资总额超过 4 000 亿美元，上海已凭借其独特的区位、要素资源优势和良好的投资环境，成为全球跨国企业在华区域总部的首选地。2014 年 7 月 15 日，中国、巴西、俄罗斯、印度和南非“金砖五国”在巴西福塔莱萨签署协议，成立金砖国家开发银行，初始资本为 1 000 亿美元，建立金砖国家应急储备安排，总部设在上海。上海作为长三角经济发展中心，将通过金融功能的提升，更大幅度地提高效率和效益，强化对经济资源的市场配置和经济牵引力，为地区经济的稳定发展和综合实力的提高作出贡献。

三、生产性服务业

随着经济社会发展，国际化产业结构的改变，服务业分工的深化与服务创新，不少传统制造企业逐渐从单一的生产制造，向生产性服务业转型：一方面服务业的领域不断拓宽，另一方面服务业与制造业之间界线日趋模糊，两者之间的融合发展日显重要。加快形成以服务经济为主的产业结构，这既是上海建设“国际经济中心”的关键，也是当代经济社会发展对上海提出的更高要求。制造业与服务业融合的新态势，已经成为引领上海产业结构升级的重要力量。生产性服务业的发展，使相关服务高度渗透于各行业的生产和价值链的组织方式中，无论是能源开发还是制造领域，服务技术和新兴服务模式的创新应用，极大地提升了产业链从投入到产出的效率，并进一步丰富了其价值链向外衍生的范围。在上海实践中，生产型服务业的发展更多地体现在以新一代网络技术为平台，在服务业与制造业融合过程中出现的一些新业态、新模式方面，如网络视听、智慧照明、移动医疗等新技术的发展与应用。

四、智能制造

随着新一代 IT 技术的发展，信息的数字化技术开始渗透于生产价值链的全过程，进一步提升了生产过程的智能化手段。“智能制造”是信息技术与制造业的融合，是生产组织方式变革在制造业领域的体现，它将研发设计、加工制造、营销服务三大产业链整合于一个共同的网络化信息平台，并使这三个环节之间依托移动互联网终端等智能设备实现一体化整合。如 3D 打印、智能机器人等新技术，与网络协作生产服务相结合产生新的制造模式，与新材料相应结合，改变传统的制造方式。这些新的制造模式、制造方式已在一些高技术产业领域的高端产品制造上开始应用，并呈不断扩散的趋势。上海要立足制造业发展的传统优势，把智能制造作为重大突破口，把制造业的发展提升到新的更高的战略层面。

五、金融机构

金融机构的聚集是“国际金融中心”建设的一个重要的风向标。上海是中国外资金融机构最集聚的城市，也是北京以外国内金融机构最密集的城市。2013 年年底，聚集在上海的各类金融单位达到 1 240 家。其中，货币金融服务单位 564 家，资本市场服务单位 252 家，保险业单位 347 家。在沪经营性外资金融单位达到 215 家，外资金融机构代表处 198 家。大量、多类型的国内外金融机构聚集为上海国际金融中心建设提供不可或缺的条件，这也是 20 世纪 90 年代的上海无法比较的新优势条件。

六、金融要素市场

金融中心建设的核心是金融要素市场的建设，发展金融业，特别是发展金融机构必须依赖于完善的金融要素市场的支撑。上海作为中国内地的金融中心，金融要素市场在中国最发达。从全球范围来看，上海也是要素市场非常完善的金融中心。虽然其影响力还远不如纽约、伦敦、东京等国际化大都市，但金融要素市场产业链完善，且在上海的集中度非常高。这是上海国际金融中心建设的最大优势。上海从证券交易市场开始，逐步形成其他要素市场，如今已基本形成了一个由股票、债券、货币、外汇、商品期货、金融期货、黄金、保险等构成的全国性金融市场体系。随着中国经济的发展，上海金融要素市场地位不断上升，在国际金融竞争中的话语权越来越大。

七、互联网金融

互联网金融是一种新型的金融模式，它的出现对传统金融产生重大冲击，不光商业银行的借贷功能、支付功能可被互联网公司替代，保险公司、银行的销售功能也在被互联网销售部分替代。此外，无论是从便捷性还是进入门槛来说，互联网金融都有着传统金融不可替代的优势，未来互联网金融将继续开辟出许多传统金融机构无法涉及的业务，它的发展将有可能改变金融业的发展方向。上海作为中国的金融中心，在发展互联网金融方面具有得天独厚的优势，原因在于金融资讯龙头企业目前都集聚在上海，产生明显的规模效应。与此同时，互联网金融的发展对上海“金融中心”的建设起推动作用。它能确保上海建设的国际金融中心站在时代的最前沿，发展成为一个全球性的国际金融中心。也就是说，如果没有互联网金融，上海将无法建成全球性的、世界级的国际金融中心。互联网金融能够很好地强化上海国际金融中心的优势，成为金融创新的推动力。

八、自贸试验区

中国(上海)自贸试验区是上海新一轮对外开放的风向标，是中国加入世界贸易组织实现贸易自由化后又一重大创举，使得中国资本市场朝着国际化方向迈出了重要一步。首先，自贸区的设立使上海成为新一轮制度改革创新的先行者，是全国性对外开放的重要探索，包括金融制度探索和经济管理体系探索。从金融制度层面来看，其创新主要体现在金融服务业全面开放，政府监管职能的转变，建立联动机制等方面。从经济管理体系层面来看，上海自贸区实行负面清单机制，将行政部门管理限定在负面清单之内，由此，将引致金融监管机制和金融市场主体的创新理念的转变。此外，自贸区为上海金融中心发展提供重要支撑，对上海经济发展将产生巨大影响。自贸试验区可以成为上海金融中心建设的重要突破口，随着自贸区金融创新政策的逐步落实，金融服务实体经济、服务投资和贸易便利化的能力将会进一步增强。上海自贸区的建立将成为上海走向国际、与国际接轨的“好望角”，上海将进一步向“国际金融中心”迈进。

九、现代物流

改革开放以来，中国加大了对基础建设的投资，基础设施水平不断提高，形成了发达的交通网络，为发展现代物流业提供了重要保障。作为中国经济发展重要区域的长江三角洲城市化程度高、经济实力雄厚，各大中城市物流资源丰富，基础设施比较完善，交通运输方便快捷，物流业发展水准在中国已处于领先水平。这将有利于促进各种生产要素、物资在长三角城市群中流动。上海作为长三角城市群的“龙头”，发展现代物流业，有助于其更好地发挥集聚周边资源及扩大辐射的能力。此外，随着中国经济快速发展及个性化需求不断增长，将消费者与生产者直接联系起来的方便、快捷、安全的“点对点”服务，显得尤其重要。因此，现代物流成为人们生活中不可或缺的一部分。总之，加快发展现代物流不仅是上海建设贸易中心的重要支撑，也是提升上海综合竞争力的重要组成部分。

十、贸易便利化

贸易便利化是上海贸易中心建设的一个重要内容，上海的国际贸易中心建设很大程度上取决于贸易便利化。当前全球贸易保护主义抬头，中国出口贸易增长基础还不稳固，出口增长率波动较大，较大幅度的降低关税水平并不能带来贸易量的大幅度增长，通过发展贸易便利化来促进上海进出口贸易的增长无疑是一种不错的选择。从对外贸易层面来看，贸易便利化有利于降低国际贸易交易成本，简化和协调贸易程序、减少通关手续成本，为国际贸易活动创造透明、协调及可预见的环境，从而促进上海进出口贸易的增长。从对内贸易消费来看，贸易便利化有利于减少对内贸易不必要的管控，从而方便消费者与生产者之间直接建立交易，减少生产成本、物流成本及时间成本，促进上海贸易的发展。

十一、电子商务

电子商务是指利用计算机技术、网络技术和远程通信技术，实现整个商务(买卖)过程中的电子化、数字化和网络化。电子商务的推广应用对于扩大国内消费者需求和保持外贸增长具有重要意义。其发展水平在一定程度上决定未来上海贸易的竞争力水平，也是上海建设国际贸易中心的重要标志和重要抓手之一。互联网技术与传统商贸的结合发展迅速，如 2012 年中国电商市场交易额超 8 万亿元，网络购物大面积普及。跨国贸易交易平台的发展，为电子商务提供了另一种消费渠道，这些都将对上海贸易中心功能建设产生积极的促进作用。此外，电子商务终端的多样化及消费者越来越大的市场化需求，必将推动上海贸易中心的发展。

十二、会展资源

会展资源是会展业可持续发展的物质基础和会展业对经济发展拉动作用的重要依托。作为现代服务业的重要组成部分，会展业影响面广、关联度高，发展潜力大，其发展程度体现了一个国家文化、经济和社会的综合发展水平。发展会展业，能够汇聚人流、物流、资金流、技术流，直接拉动和间接带动相关产业和配套行业发展，引导产业升级与转移，促进就业，拉动消费，优化资源配置，促进创新发展。在中国，会展经济概念的认知度已大幅提高，其经济社会效应深入人心。上海近年来积极主办重要会展如中国（上海）国际技术进出口交易会、华东进出口商品交易会、中国国际工业博览会等。对于消费者和旅游者而言，购物、旅游是了解城市形象最直接的方式，对于城市自身而言，吸引国内外的游客来参观购物是展现城市形象很好的平台和机会。上海通过举办购物节、旅游节等节庆活动能快速汇聚人流、物流，也是城市功能的一部分，这些都有利于上海贸易中心的发展。

十三、长江黄金水道

2009 年，国务院做出了推进上海国际航运中心建设的重大决策，明确要求到 2020 年，基本形成“以上海为中心、以江浙为两翼，以长江流域为腹地，与国内其他港口合理分工、紧密协作的国际航运枢纽港”。促进上海国际航运中心与长江黄金水道联动发展是上海成为国际大都市的关键：一方面，上海国际航运中心的建设离不开长江黄金水道的支撑，长江沿线地区资源丰富，对外贸易尤其是外贸集装箱运输的旺盛需求，为上海国际航运中心提供了丰富的货源基础，是航运中心重要的经济腹地；另一方面，上海国际航运中心的建设也将带动长江黄金水道的开发，大力发展长江流域航运经济。上海作为长江的重要出海口，凭借其良好的地理位置，丰富的竞争资源，雄厚的经济实力，能为沿线的能源、矿石、集装箱等运输货物的中转提供便捷、安全、舒适的口岸服务环境。

十四、物联网

物联网是新一代信息技术发展最成功的应用，它以互联网为核心，把用户端延伸到物品之上，能够实现物与物之间的信息交换和通信。信息化是上海航运中心国际化的重要标志，以物联网为核心的现代港口航运信息科技能大力促进上海航运产业与服务升级：一是以物联网技术为支撑，建设比较发达的与国际接轨的现代航运服务业体系，增强上海国际航运中心的全球资源配置能力和服务能力；二是以物联网技术整合海运、水运、空运以及陆运等各个运输环节，形成规模化、集约化、快捷高效、结构优化的现代化港口集疏运体系，实现多种运输方式一体化发展，提升航运综合运输能力；三是应用物联网技术，推动浦东三个综合保税区和虹桥航空枢纽等航运试验区之间的互联、联动，信息互通、资源共享，能打破区域之间的孤岛现象，提升航运中心的综合服务能力。

十五、航运服务

发达的航运服务业、充分的航运信息、强大的航运研究能力和高端的航运人才培养是现代国际航运中心确立的标志。上海要建设国际航运中心，必须加大对航运功能的重视和投入，由原来的货物资源配置型航运功能转向全球综合资源配置型航运功能，形成航运服务业对上海经济的增量支撑和高端贡献。建设现代航运服务体系，应聚焦发展航运价值链高端环节和高附加值产业，主要发展航运金融、航运专业服务、航运物流、航运研发和信息四大产业领域，重点建设浦东和虹桥两大航运服务集聚区，形成要素集聚、体系完善、服务全国、面向世界的亚太枢纽港和高端国际航运服务中心。

第二篇　国际经济中心建设

自改革开放以来，根据中央的战略部署，上海积极调整城市功能调整，大力推进“四个中心”建设，并提出了到2020年基本建成“四个中心”的目标。2014年，根据习近平总书记的讲话精神，上海结合其自身的条件，提出了打造具有全球影响力的科技创新中心的宏伟目标。“四个中心”与“科创中心”的建设是相辅相成、互相推动的关系，没有“四个中心”的“经济中心”建设，“科创中心”建设的目标难以实现，反之没有科技创新的支撑，经济中心将失去其核心竞争力，上海也无法成为国际经济中心。

无论是“四个中心”，还是“科创中心”建设目标的提出与推进，都是顺应国内外发展环境的变化，是国家及上海发展战略的体现。自20世纪90年代提出“国际经济中心”建设以来，上海国际经济中心的功能不断优化，特别是“科创中心”建设目标的确定，进一步丰富了经济中心的内涵，也为经济中心建设增添活力。

随着中国经济的发展和国际地位的提升，上海的“国际经济中心”地位与作用将更加彰显。在未来中国经济超级大国化和新一轮产业技术革命的进程中，上海“国际经济中心”将会以一种新的功能形态，即形成以新兴产业、高端制造业为主导，以创新为推动力的全球“智能制造中心”，发挥其全球的影响力。

第三章　上海“经济中心”的定位与内涵

十一届三中全会以后，“上海要建设成为一个什么样的上海，怎样更好地发挥上海在四个现代化建设中的作用，这是上海全党、全市人民共同关心的问题”。① 党中央、国务院对上海经济的振兴发展也非常重视。随着改革开放的不断深化，特别20世纪90年代初的浦东开发开放战略的实施，上海经济发展与城市功能的定位不断完善，其内涵不断丰富。

第一节　20世纪80年代：太平洋西岸最大的经济贸易中心

十一届三中全会以后，随着经济特区和沿海城市的开放，全国经济体制的逐步转轨，上海城市内部的各种矛盾日益激化，上海工业的发展显得越来越困难。这迫使上海对自身经济发展思路重新作出选择。

1978年，上海拉开了经济发展战略讨论的序幕，战略讨论的核心是上海工业的改造与振兴，时间持续3年多。首先，当时的上海市经济委员会组织了一大批大专院校的教师、上海社科院的科研人员，会同政府有关部门，对手表、自行车、缝纫机等行业，以及纺织、机械等部门展开了广泛的调查研究。结论是，由于设备陈旧、技术进步缓慢，上海工业对国内其他地区的优势正在日益缩小，与国际水平的差距则不断扩大。专家们提出，应该大规模地进行技术改造，更新设备，加快产品升级换代步伐，并扩大引进国外先进技术。

1981年，上海社会科学院展开了《上海经济发展战略研究》课题研究，该课

---

① 芮杏文：《团结起来，为把上海建设成为开放型、多功能和高度文明的社会主义现代化城市而奋斗！》，1986年3月3日在中国共产党上海市第五次代表大会上的报告。

题于 1983 年 4 月被正式列入全国哲学社会科学"六五"规划。同时,在展开该课题研究的同时,举办了由上海社科院发起,由市计委、经委和市委研究室等单位联合组织的"上海经济双周座谈会",把上海经济发展战略的研究推向了新的高潮。

《上海经济发展战略研究》课题组报告认为:上海过去主要是发挥了中国的一个工业基地的作用;上海的经济结构和上海的工业结构一样,是陈旧和落后的;实行经济发展战略转移,不仅对上海的工业是必要的,而且对上海的整个经济结构也是必要的。该《报告》提出"上海今后仍然作为中国最大的综合性工业基地,发挥其单一的功能,还是作为中国最大的经济中心,发挥其多种功能"的问题,并强调,为了适应今后形势发展的需要,上海应作为中国最大的经济中心和最重要的对外开放城市,在以下领域中发挥其应有的作用:第一,在国内外贸易中,应当成为中国最大的贸易中心;第二,随着贸易中心的形成,应当逐步相应地形成金融中心;第三,应当成为提供各种专业人才的中心;第四,应当大力发展为生产、流通、消费提供服务的各种事业,如技术、信息服务等①。这一课题研究,把经济结构调整提到了上海经济发展战略的方向性高度,不仅引起了学术界的强烈反响,也受到上海市政府和中央的高度重视。

1984 年 9 月,中共上海市委、市政府和国务院改造、振兴上海调查组一起,在广泛征求意见、深入调查研究和严密论证的基础上,共同拟订了《关于上海经济发展战略的汇报提纲》(以下简称《汇报提纲》)②,并于同年 12 月向国务院提交了《汇报提纲》。这份关于上海经济发展的纲领性文件提出了上海的发展方向、到 20 世纪末的战略目标以及方针任务、建设重点、实施步骤和若干重大政策措施。《汇报提纲》指出:30 多年来,上海在出产品、出资金、出技术、出人才等方面,为促进全国经济的发展作出了很大的贡献。但由于过分强调发挥工业生产基地的作用,而忽视了其他多种功能的发挥。如今作为老工业基地,装备陈旧,技术老化,城市基础设施严重落后,环境日益恶化。为此,提出了"成为中国四个现代化的开路先锋"和"充分发挥对外开放和多功能中心城市的作用"的发展目标,并确定了上海经济发展战略的"6 条方针",即:第一,对国内国外同样开放,起沟通内外的桥梁作用;第二,广泛采用先进技术,有重点地加快改造传统工业;第三,逆向发展新技术,开拓新兴工业;第四,发展第三

① 上海经济发展战略课题组:《上海经济发展战略目标的抉择》,《社会科学》1984 年第 10 期。
② 上海市计划委员会编:《上海市计划报告(1949—1998)——专题报告》,第 664—674 页。

产业，为全国服务；第五，逐步改造老市区与积极建设新市区相结合；第六，社会主义物质文明建设与精神文明建设相结合。

1985 年 2 月，国务院以“国发〔1985〕17 号”通知批转《汇报提纲》，通知中指出“上海在中国经济建设中占有举足轻重的地位。它是中国最重要的工业基地之一，也是全国最大的港口、贸易中心、科技中心和重要的金融中心、信息中心。……在新的历史条件下，上海的发展要走改造、振兴的新路子，充分发挥中心城市多功能的作用，使上海成为全国四个现代化建设的开路先锋。……力争到本世纪末把上海建设成为开放型、多功能、产业结构合理、科学技术先进、具有高度文明的社会现代化城市。”同时还指出“改造、振兴上海不仅是上海市的大事，也是关系我国四个现代化建设的大事，国家应该给予上海必要的支持，各地区和各有关部门也要积极给予支援和帮助。”

在国务院对《汇报提纲》的批转通知中，虽然没有提上海“经济中心”这一概念，但它强调了上海城市的功能定位，即提出了“开放型、多功能”的上海城市功能建设目标。同时也指出了上海城市功能的建设是国家发展战略的需要，是国家决策。实际上，这为今后的上海经济发展、城市功能建设指明了方向，也为阐明上海城市功能的内涵奠定了基础。

1986 年 7 月，上海市政府完成了自 1983 年着手编制的《上海城市总体规划方案》[①]，并正式上报中央和国务院。同年 10 月，国务院以“国函〔1986〕145 号”文件作了批复。国务院在同意规划的批复意见中指出：“上海是中国最重要的工业基地之一，也是中国最大的港口和重要的经济、科技、贸易、金融、信息、文化中心，应当更好地为全国的现代化建设服务。同时，还应当把上海建设成为太平洋西岸最大的经济贸易中心之一。”这一批复意见，不仅言明了上海是国内最重要的经济中心，同时也是国家首次把上海的城市功能置于国际的大格局中进行定位，明确提出了“太平洋西岸最大的经济贸易中心”的建设目标。

第二节　20 世纪 90 年代：国际经济中心

20 世纪 90 年代，随着党中央、国务院对浦东开发开放浦东决策的实施，上海从改革开放的后台走向全国改革开放的前沿、成为领先者，开启了一个

① 上海市计划委员会编：《上海市计划报告(1949—1998)——专题报告》，第 675—686 页。

经济发展的新阶段。同时，国家对上海提出了“一个龙头、三个中心”战略目标。

20世纪90年代初，中国的改革开放面临着巨大的挑战。“八九”风波后的影响还未消除，又遭苏联解体、东欧剧变的冲击。面对国内外剧烈变化的环境，国内一些人对改革开放政策出现了模糊认识，甚至出现了姓“资”姓“社”的争论。在这关键时刻，邓小平作为中国改革开放的总设计师，力排众议，拨正船头，再次把中国的改革开放引入正轨。

1990年3月初，邓小平在同几位中央负责同志谈话时提出：“机会要抓住，决策要及时，要研究一下哪些地方条件更好，可以更广大地开源。比如抓上海，就算一个大措施。上海是我们的王牌，把上海搞起来是一条捷径①。”在邓小平的推动下，党中央、国务院经过充分调查研究和论证，1990年4月，国务院总理李鹏在出席上海大众汽车有限公司成立五周年大会时，代表党中央、国务院宣布“中共中央、国务院同意上海市加快浦东地区的开发，在浦东实行经济开发区和某些经济特区的政策”，同时指出“开发浦东，开放浦东，是中央为深化改革、扩大开放而作出的又一个重大部署，对于上海和全国都是一件具有重要战略意义的事情”。

党中央、国务院作出开发和开放浦东新区的战略决策后，在1990年12月的《中共中央关于制定国民经济和社会发展十年规划和“八五”计划的建议》中，再次明确提出了“认真搞好上海浦东新区的开发和开放，是今后十年的一项重要任务”，这表明浦东开发和开放成为中国20世纪90年代对外开放的重要举措之一。国家对浦东开发和开放的高度重视，是从浦东新区和整个上海在20世纪90年代全国改革、开放和发展所处的地位与战略高度出发的。中央、国务院在《关于开发和开放浦东问题的批复》中指出：“开发和开放浦东是一件关系全局的大事，是中国深化改革、进一步实行对外开放的重大部署。上海有良好的政治经济基础，有一批素质较高的科技和管理人才，有一支强大的产业工人队伍，有优越的地理环境和便利的交通运输条件，又同海外各地有着广泛的联系。充分利用这些优势，有计划、有步骤、积极稳妥地开发和开放浦东，必将对上海和全国的政治稳定与经济发展产生极其重要的影响。而开发和开放浦东的成功，一定能能为中国沿海地区和全国的经

① 《共和国的足迹——1990年：浦东开发》，中央政府门户网站（www.gov.cn），2009年9月21日。

济发展做出新的贡献。”

根据党中央、国务院的决定，上海市政府制定了一系列开发浦东的政策和措施，并成立了外高桥保税区、陆家嘴金融贸易区、金桥出口加工区。这标志着浦东开发进入实质性启动阶段，也意味着上海的改革开放从全国的后台走向前沿、成为全国的“开路先锋”，经济发展进入了一个新的阶段。

1992年3月，全国人大七届五次会议的《政府工作报告》指出：“上海浦东新区是今后十年开放开发的重点。要进一步加强基础设施建设，创造良好的投资环境，建设一些投资效益好的项目，通过上海浦东的开放开发，带动长江三角洲地区乃至整个长江流域经济的发展，逐步使上海发展成为远东地区经济、金融、贸易中心之一。”同年10月，党的十四大报告再次明确提出了要把上海建成“一个龙头、三个中心”的战略要求，即“以上海浦东开发开放为龙头，进一步开放长江沿岸城市，尽快把上海建成国际经济、金融、贸易中心之一，带动长江三角洲和整个长江流域地区经济的新飞跃”。“国际经济中心”这一目标的确定，无疑是对20世纪80年代提出的“太平洋西岸最大的经济贸易中心”建设目标的升级，也表明了上海经济发展进入了融入国际、走向全球化的新阶段。

1996年颁布的《上海市国民经济和社会发展“九五”计划与2010年远景目标纲要》提出：“到2010年，为把上海建成国际经济、金融、贸易中心之一奠定基础，初步确立上海国际经济中心城市的地位。”这不仅是表明上海对此前确定“三个中心”功能建设进入实质性的阶段，同时又将上海整个城市定位“现代化国际城市”提升为“国际经济中心城市”。

第三节　21世纪初：“四个中心”与“科创中心”

进入21世纪，随着上海经济发展以及国内发展环境的变化，上海市根据国家对上海的战略定位和要求，进一步调整和完善了城市功能定位，并提出了推进功能建设的时间节点目标，同时根据中央的战略部署和要求提出了“建设具有全球影响力的科技创新中心”的新的城市发展目标。

一、“四个中心”的目标

跨入21世纪，中国加入世界贸易组织（WTO）、第29届夏季奥林匹克运动会(北京奥运会)与41届世界博览会(上海世博会)的申办与举办①,不仅为上海的“四个中心”建设营造了良好的环境、提供新的发展机遇,也使“四个中心”建设迈向了一个深化发展阶段。

2001年2月《上海市国民经济和社会发展第十个五年计划纲要》颁布,《纲要》中指出:“21世纪初,是上海加快建设国际经济、金融、贸易、航运中心之一的新时期,也是确立社会主义现代化国际大都市地位、全面提高城市综合竞争力的新阶段。”同年5月,国务院正式批复并原则同意《上海市城市总体规划》(1999—2020年)(《国务院关于上海市城市总体规划的批复》国函〔2001〕48号)。国务院在批复文件中明确指出:“上海市是中国直辖市之一,全国重要的经济中心。上海市的城市建设与发展要遵循经济、社会、人口、资源和环境相协调的可持续发展战略,以技术创新为动力,全面推进产业结构优化、升级,重点发展以金融保险业为代表的服务业和以信息产业为代表的高新技术产业,不断增强城市功能,把上海市建设成为经济繁荣、社会文明、环境优美的国际大都市,国际经济、金融、贸易、航运中心之一。”

从以上两个文件中,我们不难发现以下两点。一是上海的城市功能有了新的调整和定位,即在1992年提出的“三个中心”的基础上,新增了国际航运中心的功能,由此上海城市的功能由“三个中心”扩大到“四个中心”,同时将上海城市的定位由原来的“国际经济中心城市”改为“现代化国际大都市”。二是初步确定了构建“四个中心”建设的基本框架,即“重点发展以金融保险业为代表的服务业和以信息产业为代表的高新技术产业”。

为了推进“四个中心”建设,在2006年的“两会”期间,胡锦涛总书记提出“四个率先”的要求,即要求上海“率先转变经济增长方式,率先提高自主创新能力,率先推进改革开放,率先构建社会主义和谐社会”。同年颁布的《上海市国民经济和社会发展第十一个五年规划纲要》也明确提出了“四个中心”建成的时间目标,即“到2020年上海要基本建成国际经济、金融、贸易、航运中心之一和社会主义现代化国际大都市”。

按照党中央的要求和“四个中心”建设的时间目标,国务院和上海采取了

---

① 2001年11月10日,世界贸易组织(WTO)第四届部长级会议审议通过了中国加入世界贸易组织的申请,同年12月11日起中国正式成为世贸组织成员。2001年7月13日北京获得第29届夏季奥林匹克运动会(北京奥运会)举办权,并于2008年8月8日至8月24日期间成功举办。2002年12月3日上海获得2010年世博会(第41届世界博览会)举办权,并于2010年5月1日至10月31日期间成功举办(上海世界博览会(EXPO 2010))。

一些重大举措,加快了“四个中心”建设的进程。2009 年 5 月,国务院出台了《关于推进上海加快发展现代服务业和先进制造业建设国际金融中心和国际航运中心的意见》(国发〔2009〕19 号)。这份文件明确了上海加快发展现代服务业和先进制造业,建设国际金融中心和国际航运中心的重要意义和建设目标。同年 6 月,上海市第十三届人民代表大会常务委员会第十二次会议通过了《上海市推进国际金融中心建设条例》。该《条例》明确了金融市场体系建设是金融中心建设的核心业务,指出了上海的优势,即金融中心的核心要素是证券、期货、黄金、产权等完备的金融要素市场,确立了今后国际金融中心建设的整体方向,明晰了金融产业的发展重点。

2011 年 3 月,第十一届全国人民代表大会第四次会议批准《国民经济和社会发展第十二个五年规划纲要》,提出了“加快上海国际经济、金融、航运、贸易中心建设”的要求。同年颁布的《上海市国民经济和社会发展第十二个五年规划纲要》再次强调“落实‘四个中心’国家战略,以提高全球资源配置能力为着力点,全力推进国际金融、航运和贸易中心建设,不断提高经济综合实力,全方位提高对内对外开放水平,全面提升经济中心城市的国际地位,为 2020 年基本建成国际经济、金融、贸易、航运中心奠定坚实基础”。并对“四个中心”功能建设提出了更高的目标,即“与中国经济实力和国际地位相适应、具有全球资源配置能力的国际经济、金融、贸易、航运中心”。为了加快“四个中心”建设,2013 年 9 月,国务院正式批准成立中国(上海)自由贸易试验区,这一举措是以自由贸易试验区为平台,推动服务业的开放。

二、“具有全球影响力的科技创新中心”的目标

2014 年 5 月,习近平总书记在上海考察调研时,要求上海始终立足国内、放眼全球,着力实施创新驱动发展战略。他指出:“当今世界,科技创新已经成为提高综合国力的关键支撑,成为社会生产方式和生活方式变革进步的强大引领,谁牵住了科技创新这个牛鼻子,谁走好了科技创新这步先手棋,谁就能占领先机、赢得优势。”根据习近平总书记重要讲话精神,中共上海市委、市政府提出了建设具有全球影响力的科技创新中心,并于 2015 年 5 月 25 日颁布了《关于加快建设具有全球影响力的科技创新中心的意见》(简称《意见》)。

上海提出建设具有全球影响力的科技创新中心,不仅仅是为了应对国内外发展形势的变化,也是推进“四个中心”建设的要求。全球新一轮科技革命和产业变革正在孕育兴起,国际经济竞争更加突出地体现为科技创新的竞争。

中国经济发展进入新常态，依靠要素驱动和资源消耗支撑的发展方式难以为继，只有科技创新，依靠创新驱动，才能实现经济社会持续健康发展，推动国民经济迈向更高层次、更有质量的发展阶段。上海作为中国建设中的国际经济、金融、贸易和航运中心，必须服从服务国家发展战略，牢牢把握世界科技进步大方向、全球产业变革大趋势、集聚人才大举措，努力在推进科技创新、实施创新驱动发展战略方面走在全国前头，走到世界前列。

根据国家战略部署，《意见》提出了建设全球具有影响力的科技创新中心的奋斗目标，即“努力把上海建设成为世界创新人才、科技要素和高新科技企业集聚度高，创新创造创意成果多，科技创新基础设施和服务体系完善的综合性开放型科技创新中心，成为全球创新网络的重要枢纽和国际性重大科学发展、原创技术和高新科技产业的重要策源地之一，跻身全球重要的创新城市行列”。为了实现这一目标，《意见》明确提出了“科技创新中心”建设的“两步走”规划。第一步，到 2020 年前，要形成科技创新中心基本框架体系，为长远发展打下坚实基础；第二步，到 2030 年，要形成科技创新中心城市的核心功能，在服务国家参与全球经济科技合作与竞争中发挥枢纽作用，走出一条具有时代特征、中国特色、上海特点的创新驱动发展的新路，基本形成较强的集聚辐射全球创新资源的能力、重要创新成果转移和转化能力、创新经济持续发展能力，初步成为全球创新网络的重要枢纽和最具活力的国际经济中心城市之一。最终要全面建成具有全球影响力的科技创新中心，成为与中国经济科技实力和综合国力相匹配的全球创新城市。同时，《意见》针对目前上海科技创新的现状及瓶颈，从创新型体制机制、创新创业人才、创新创业环境、重大科技创新布局四方面出台了一系列改革举措。

在体制机制上，强调突出市场配置资源的决定性作用，突破产学研用结合的体制机制障碍。在创新人才方面，聚焦引进培养、使用评价、分配激励三个环节，提出出台一批先行先试的政策措施，努力择天下英才而用之。在推进创新环境方面，提出着力破解“四个难题”，即创新成果转化难、创新企业融资难、草根创业难、知识产权保护难。在重大科技创新布局方面，强调要坚持三个原则：一是放眼世界，要有国际影响力、竞争力，符合科技进步大方向和产业变革大趋势；二是服务国家重大发展战略，一定是国家迫切需要、核心利益所在、打破国际垄断的；三是上海有基础、有能力，可以形成合力、能突破的。并在基础研究、应用研究、区域布局三方面提出了具体任务。

第四节 “经济中心”的内涵

上海自1986年提出建设“太平洋西岸最大的经济贸易中心”以来，“经济中心”建设始终成为上海城市发展战略的主要目标之一。但在历次“经济中心”功能定位中，对其“经济中心”的内涵并没有具体阐述，同时对“经济中心”与其他“中心”之间的关系也未作出解释。但我们可以从上述的“经济中心”功能定位演变过程以及最初提出建设“经济中心”的时代背景来推测，“经济中心”的功能，可以狭义地解释为工业或制造业，即生产的功能，而并未包括服务功能在内的产业综合功能。从20世纪80年代国务院对《关于上海经济发展战略的汇报提纲》和《上海城市总体规划方案》的两个批复文件中，“工业基地”即“经济中心”的理解显然是成立的。在此后的“三个中心”和“四个中心”的功能定位中，“工业基地”的概念消失，取而代之的是“经济中心”的概念，但从“经济中心”与其他两个中心或三个中心的并列关系来理解，不难发现“经济中心”的经济概念不是一般意义上的经济概念，具有特殊的含义，这种含义可释为“制造中心”。

根据以上对“经济中心”的理解，结合上海“十二五”规划中的“与中国经济实力和国际地位相适应、具有全球资源配置能力的国际经济、金融、贸易、航运中心”和上海建设具有全球影响力的科技创新中心的中期目标，即“初步成为全球创新网络的重要枢纽和最具活力的国际经济中心城市之一”的城市功能定位要求，以及国际大都市发展演变的趋势来分析判断，我们认为国际经济中心城市应具备三大核心功能，即先端制造、创新和包括金融、贸易等在内的服务功能。因此，未来上海“国际经济中心”的功能，不是以往上海作为全国“工商城市”的制造基地，也不是20世纪90年代全球产业东移过程中形成的“全球生产基地”，它是以技术创新和技术应用为主导的先端制造业，或称之为高新技术产业的开拓者、先行者，具备全球科技创新和科技成果产业化的引领功能，是融“创新”与“制造”功能为一体的全球“智造”基地或中心。

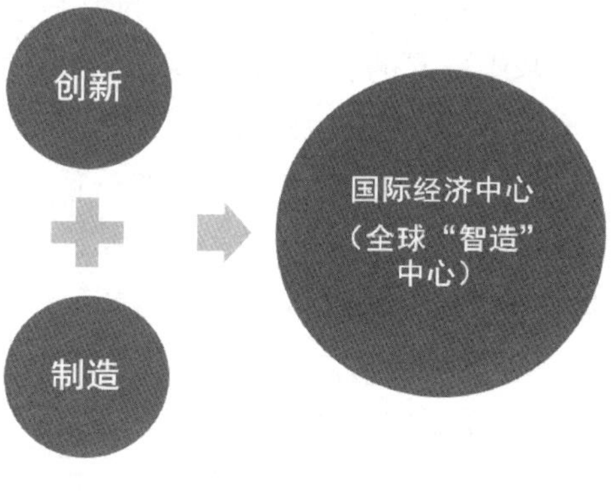

图3-1 上海国际经济中心功能示意图

第四章　上海“经济中心”建设的历程与现状

20 世纪 80 年代，上海开始探索经济发展战略的转变化。进入 90 年代，随着改革开放的深化以及中央对上海城市功能的定位变化，上海经济发展迎来了新的历史机遇，经济的持续、快速发展，产业结构的优化，为“国际经济中心”建设打下了坚实的基础。进入新世纪后，随着中国加入世界贸易组织（WTO）后对外开放的进一步扩大、全球经济的一体化进程以及全球范围的经济结构调整的加速，上海经济进入了创新驱动发展的新阶段，先进制业和现代服务业为主导的城市功能不断提升。

第一节　推进上海“国际经济中心”的背景

历史上，上海以贸易兴市，曾经成为全国乃至远东地区的经济、金融、贸易中心城市之一。新中国成立以后，在计划经济体制下，上海的经济发展以工业为主导，将大量投资集中在工业的发展上，基本形成门类齐全、综合配套能力强、基础雄厚的工业体系，成为全国重要的工业基地。在全国统一划分的 166 个工业门类中，上海具备 157 个，拥有 33 个大类、184 个中类、434 个小类的工业行业。1978 年，上海工业总产值及工业利税总额占全国工业的比重分别为 12.1%和 19.4%①，均位居全国第一。并且在工业结构上形成了原材料工业、装备型工业和消费型工业“三足鼎立”的工业格局。

在集中发展工业的过程中，上海大部分工业分布在中心城区。142 平方公里面积中，工厂、仓储用地有 39.74 平方公里，占 28.0%；商业服务业用地有

---

①　上海市统计局、上海市经济委员会编：《上海市国民经济和社会发展历史统计资料（1949—2000——工业交通分册）》，中国统计出版社 2001 年版。

4.77平方公里，占3.3%。与国际上一些大城市相比，工业用地约高20个百分点，商业服务用地约低10个百分点。由于工业大量集中，造成了中心城区的“空间危机”，不仅抑制了第三产业的发展，也造成了企业用地紧张，工厂与居民生活区域交错混杂，矛盾不断。

上海在大力推进工业化的同时，城市化建设受到排斥。城市基础建设与住宅建设的投资比重偏小，城市基础设施落后，道路拥挤，住房紧张，人均居住面积低下。居民收入不高，生活质量较差。总之，长期以来形成的以工业为主导的上海经济发展，是一种依靠大量要素投入的规模扩张、追求产值和数量、忽视城市化建设和生活质量改善的发展模式①。

随着改革开放战略决策的实施，以工业为主导的上海经济发展模式，受到了严重冲击。这主要表现为以下三个方面。

首先，改革开放后的全国工业化浪潮，对上海工业发展产生了巨大冲击。进入80年代，全国经济改革的重点从农村转向城市，并向纵深发展。这一改革战略重心的转移，再度掀起了全国的城市工业化浪潮，同时也推动了以乡镇企业为主体的农村工业化蓬勃兴起。全国各地，特别是周边地区工业的迅速发展，在许多工业产品领域形成了与上海竞争的局面，工业基础的差距逐步缩小。改革开放初期的80年代，上海工业发展速度下降，不但低于全国平均水平，而且与全国工业发展速度差距逐年扩大。同时，由于市场竞争的加剧，上海工业的整体效益也急速滑坡。上海工业总产值与实现利税总额占全国的比重分别从1978年的12.1%和19.4%下降到1989年的6.9 %和10.3%，降幅达到5.2个百分点和9.1个百分点②。

其次，价格体制和计划体制的改革以及周边地区的加工工业发展，对以依赖于外部原材料、能源供给的上海加工工业形成强大冲击。改革开放以后，随着价格体制和计划体制改革的逐步实施，生产要素逐渐被市场化，这使得原材料、能源等价格上升和最终产品价格相对下降的矛盾显现出来。同时，由于周边地区大力发展加工工业，使得长期存在的交通、原材料和能源的经济发展瓶颈更加突出。在“双轨制”下，上海面临供应紧缺的局面。到80年代后期，上海煤炭库存经常处于警戒线以下，以致电力供应紧张，棉花、生丝等重要工业

---

①　上海改革开放二十年课题组编：《改革开放20年的理论与实践　上海卷》，中国大百科全书出版社1998年版，第1—2页。

②　上海市统计局、上海市经济委员会编：《上海市国民经济和社会发展历史统计资料(1949—2000——工业交通分册)》，中国统计出版社2001年版。

原材料供应不足,工业企业普遍开工不足,部分企业被迫停产。

第三,对外开放对上海工业已有的优势形成了巨大冲击。广东等地方在国家优惠政策倾斜下,率先实施对外开放,通过大规模开展“三来一补”和创办合资合作企业,大量的引进境外直接投资、技术和管理,工业迅猛发展,各类工业产品产出大幅增加,并迅速向全国扩散,占领国内市场份额大幅上升。这一变化使上海工业原有的规模和技术优势迅速消失。

改革开放的冲击,改变了上海工业发展的支撑环境条件,迫使上海在工业资源竞争、生产成本竞争以及工业产品份额的分割等新的背景条件下,寻求新的发展途径。因此,经济发展战略调整就成为一项迫在眉睫的头等大事①。

第二节　经济发展战略的转变

上海面对改革开放的冲击,早在20世纪80年代就开始了转变经济发展战略的探索,但在中国改革开放的大思路、大框架下,上海始终处于改革开放的“后卫”位置,上海发展战略也未能付诸实践。进入90年代,随着“东西冷战”的结束和国内经济改革开放的深化,中央对发展上海战略的思想发生了变化,提出了要把上海建成“一个龙头、三个中心”的战略要求,从而把上海推向了改革开放的前沿。这一战略定位的转变,使上海经济发展战略得到调整并付诸实施,也使上海经济走上了持续、快速、稳定的发展轨道。进入新世纪,中央对上海发展提出了更高的要求,建设国际化大都市成为上海城市发展的目标,将上海经济发展推向了一个新的发展阶段。

一、培育和发展第三产业、调整发展制造业

1979年,上海根据中央提出的“调整、改革、整顿、提高”的国民经济调整八字方针,制定了《上海国民经济三年调整方案》,拉开了上海自20世纪70年代末以来产业结构全面调整的序幕。三年调整方案提出的要求,是“要全面规划,综合平衡,边调整边前进,在调整中改革,在调整中整顿,在调整中提高”。经济调整重点是发展重短线产品,增加生产供给能力,提高产品质量,填补市场需求空缺。为此,对工业的调整采取了加快发展轻纺、电子等消费品工业,

---

① 上海改革开放二十年课题组编:《改革开放20年的理论与实践　上海卷》,中国大百科全书出版社1998年版,第2—3页。

调整重工业的服务方向等措施。

进入 20 世纪 80 年代中后期，特别是 1985 年和 1986 年国务院先后批复的《关于上海经济发展战略的汇报提纲》和《上海城市总体规划方案》，对上海的经济发展和城市功能建设作出了重要指示。这两份纲领性文件为上海转变城市功能、推进“国际经济中心”建设奠定了基础。

《关于上海经济发展战略的汇报提纲》在强调上海应当充分发挥自身拥有的优势①，“成为中国四化的开路先锋”的同时，提出了实施对国内国外开放、加快改造传统工业、发展新技术和开拓新兴工业、发展第三产业、改造老市区建设新市区、加强社会主义物质文明和精神文明建设等六大经济发展战略的方针，并明确了工业和第三产业发展的方向和具体目标。在工业方面，提出采用先进技术改造传统工业和发展新兴工业，到 1990 年要使传统工业中的主要行业和产品达到世界上 80 年代前期的水平；在服务业领域重点发展内外贸易、金融、咨询服务和旅游业，到 1990 年要将第三产业在国民生产总值的比重提升到 30%以上。

根据以上的发展战略方向和国务院的指示精神，上海加快了产业结构调整的步伐。首先，采取了一系列措施着手培养和发展第三产业，金融保险业等开始复苏，房地产、旅游、信息咨询等开始起步。其次，着手以培育重点行业和调整主导产品的结构。1986 年年初，对汽车、电站设备、钢铁、石油化、家用电器等十几个行业进行了重点改造；1990 年年底又提出重点发展汽车、通信设备、微电子和计算机软件、电站设备、石油化工、化学和机电一体化装备、家用电器、精细化工等行业。这一调整一直延续到“八五”时期，逐步形成上海的六大支柱产业，并进行重点培育和发展。再次是着手推进产业布局调整。自 1984 年经国务院批准成立了上海虹桥经济技术开发区以后，上海在郊区逐步开展了工业园区、工业卫星城镇建设。

但在 20 世纪 80 年代的产业调整过程中，上海的产业，特别是工业，遇到了巨大的震荡和困难。这主要是上海是一个计划经济高度集中的城市，在计划经济向市场经济转变的改革过程中，承担着维持国家财政收入增长，保证国

① 文件中指出，上海具有五大优势：(1) 上海是中国实力雄厚的工业基地，有较好的工业基础和综合配套能力；(2) 上海是全国最大的商业中心和重要的经济技术信息中心，它的经济联系和影响，辐射到全国各地；(3) 上海是重要的交通枢纽，地处富庶的长江流域江海交会处，有得天独厚的地理条件和广泛的国际联系；(4) 上海有丰富的智力资源，包括较多的科技人才，经营管理人才、国际管理和贸易人才，又是重要的人才培养基地；(5) 上海的人均国民生产总值近 1 500 美元，居于全国前列。

民经济稳定的责任。

二、制定和推进“三、二、一”产业调整战略

20世纪90年代初，中央调整了上海发展战略定位，实施了浦东开发开放战略，确定了“一个龙头、三个中心”的上海城市功能发展目标。

1992年，上海市委、市政府围绕“一个龙头，三个中心”的城市功能建设，在全市范围内组织展开了“迈向21世纪的上海”大讨论，形成了建设国际经济中心城市的战略思路，同年12月中共上海市第六次代表大会确定了加快推进三次产业结构调整，大力发展第三产业，积极调整第二产业，稳定提高第一产业，即“三、二、一”产业调整战略。这一战略的提出，标志着上海产业结构调整开始由原来的适应性调整进入战略性调整的新阶段。

“三、二、一”产业调整战略，把产业结构调整与城市功能转换、社会事业进步有机结合起来。通过强化产业之间及其产业内部结构的调整力度和优化产业空间布局，促进了产业结构向合理化、高度化发展，增强了上海经济发展的后劲，提升了经济中心城市的综合服务功能和综合竞争力。

根据“三、二、一”产业调整战略，上海采取了一系列措施，推进三次产业的发展与结构调整。一是确立六大重点发展行业。按照有良好的市场前景、有较大的产业关联度、有较高的技术含量、有较快的增长速度和有较大的产业规模等标准，提出了大力发展汽车、电子信息设备、电站成套设备、钢铁、石油化工和精细化学、家用电器制造业六大重点发展行业。二是促进高新技术产的快速发展和都市工业转型。制定与实施以现代通信、现代生物医药、新材料为主的高新技术产业的政策，以及传统工业改造与振兴政策，通过存量盘活、技术改造、产品结构调整与产业转移，扶持一批具有优势的传统产业成为上海都市型工业。三是优化生产业力布局和城市功能布局。以浦东开发开放为契机，推进园区建设，20世纪90年代，相继成立了陆家嘴金融贸易区、金桥进出口加工区、外高桥保税区、张江高科技园区。在“进二退三”战略指导下，全市开发区转入郊区开发阶段，相继成立了松江、康桥、嘉定、莘庄、青浦、奉贤、宝山、金山嘴、崇明等市级开发区。至1997年年底，上海已有各级工业区211个，其中，国家级8个，市级27个，区县和乡村级176个。四是着重发展金融保险、商品流通、房地产、旅游、信息咨询和交通通信六大服务行业，以带动上海城市功能并以生产功能为主向国际经济、金融和贸易“三个中心”功能转变。

为了产业调整战略得已顺利实施，上海市政府通过投资政策、产业政策、

财税政策等手段，进行政策导向。同时，对投融资机制进行积极探索，逐步形成了建设财力、土地批租、证券市场、经营权转让等多种融资渠道。

三、推进“两个优先”发展战略

2001年国家确定了“四个中心”的城市功能建设目标。2002年上海申博成功，这为上海加速推进“四个中心”建设创造了历史性机遇。

2002年，上海申博成功后，中共上海市委、市政府再次在全市范围内组织展开了“世博会与上海新一轮发展”大讨论。在大讨论中，对上海新一轮发展的全局性重大战略问题、长远发展的重大战略问题，从不同视角进行了多侧面研究，形成四个方案和七个行动纲要。2003年，上海市委和市政府确定了实施科教兴市的战略，提出了“长期坚持三、二、一产业发展方针，长期坚持二、三产业共同推进经济增长”和“优先发展先进制造业，优先发展现代服务业”的发展战略。

优先发展现代服务业和先进制造业，把提高自主创新能力作为产业结构优化升级的中心环节，以信息化为基础提升产业能级，促进二、三产业融合发展，努力提高产业国际竞争力。

优先发展先进制造业，以提升自主创新能力为核心，依托大产业、大项目和大基地建设，运用新技术、新装备、新工艺提升制造业水平，促进产业集群化发展，实现从发展中调整向发展中提高的转变。一是提升汽车、装备等优势产业的核心竞争力。汽车产业，以形成自主品牌汽车生产能力为突破口，推进新能源汽车开发和生产，发展以汽车电子为核心的关键零部件产业，促进汽车金融、租赁、体育和文化等相关产业发展。装备制造业，重点攻关百万千瓦级超临界火电机组、核电成套设备、F级燃气轮机等电站设备，提升数控机床、微电子装备、轨道交通设备、煤液化制油装备的国产化水平。二是积极培育生物医药、新能源新材料、船舶制造、航空航天等战略产业。生物技术与医药产业，重点推进基于中药先导物的创新药物、诊断试剂与基因工程疫苗的自主创新，在介入治疗器械和数字影像设备方面实现自主设计能力的突破，加快生物技术在农业、环保、能源和材料等领域的应用。新能源新材料产业，重点攻关光伏产业和风能等装备和材料，推动氢能产业发展，大力发展半导体照明材料、节能建筑材料等新材料产业。船舶制造业，重点突破LNG（液化天然气）船舶和海上浮式储油装置的技术瓶颈，实现船舶大型曲轴等关键零部件的自主开发。航空航天产业，大力推进新支线飞机研制，积极发展航空维修业和民用飞机项目建设,加快推进航天产业发展。

优先发展现代服务业,以信息化为基础,以金融、物流、文化等为重点,以现代服务业集聚区为突破口,以大型服务企业集团为载体,集聚高端人才,加强综合集成,积极承接国际服务外包业务,提升服务业的规模与能级。一是围绕国际金融中心建设,加快完善金融机构、金融市场、金融服务和金融监管体系。积极探索金融业综合经营的有效方式,优化整合地方金融机构,引进和组建新兴金融机构,进一步集聚各类金融机构和金融人才。积极促进金融衍生品、保险和再保险、离岸金融、债券等市场和业务发展,推动金融产品创新中心建设;支持和完善资本、货币、外汇、期货、黄金和产权市场建设。加强托管、交易、清算结算等金融市场基础设施建设,促进金融市场之间的连通互动。完成股权分置改革,提高上市公司质量。加强信用征信体系建设,强化金融风险防范和处置,继续建设金融安全区。积极发展金融辅助产业,加强金融生态环境建设。二是围绕国际航运中心建设,依托深水港、航空港及铁路、公路网络,促进国际中转物流发展,拓展航运服务产业链。积极培育现代物流服务市场,构建口岸物流、制造业物流和城市配送物流相结合的现代物流体系。完善深水港、外高桥、浦东空港和西北综合物流园区等物流基地的服务功能。促进物流技术的标准化和物流信息化应用。三是促进文化及相关产业、会展旅游、专业服务、社区服务以及商贸、房地产等产业,提升现代服务业能级。

为此,上海制定《上海优先发展先进制造业行动方案》与《上海加速发展现代服务业实施纲要》,分别确定了“两个优先”发展战略的推进原则与发展目标。为了更好地落实《行动方案》与《纲要》,合理引导各类资源的优化配置,优化发展环境和完善市场机制,又制定《上海工业产业导向及投资指南》《上海工业产业导向和布局指南》与《上海市服务业发展引导资金使用和管理试行办法》等政策措施。

四、打造“上海服务”和“上海智造”

2008 年全球金融危机的爆发后,国内外发展格局发生重大变化,给上海加快建设“四个中心”既带来了复性和不确定性,又提供了难得的发展机遇,上海面临着加快转变经济发展方式、参与全球竞争的重任。为此,上海提出了“创新驱动,转型发展”,加快转变发展方式,全面推进“四个中心”建设和全面提升城市功能的新思路。

2011 年 1 月，上海市第十三届人民代表大会第四次会议通过的《上海市国民经济和社会发展第十二个五年规划纲要》，提出了构建服务经济时代的产业体系的目标，明确指出按照高端化、集约化、服务化，推动三、二、一产业融合发展，形成服务经济为主产业结构，大力推进产业结构战略性调整，优化产业布局，构建以现代服务业为主、战略性新兴产业引领、先进制造业支撑的新型产业体系，不断提高产业核心竞争力，努力打造“上海服务”和“上海智造”。

“上海服务”是通过以城市功能提升、市场需求引领和新技术应用带动，发展生产性服务业和生活性服务业，增强上海对周边地区及全国的辐射力和国际竞争力。根据这一目标，“十二五”期间上海提出了三个“着力发展”方向。一是大力发展金融、航运物流、现代商贸、信息服务、文化创意、旅游会展等重点服务业，着力提升金融业、航运物流业、现代商贸业的国际竞争力，增强城市资源配置能力和集聚辐射功能。二是积极培育专业服务、高技术服务、医疗保健、教育培训、家庭服务等新兴服务业，着力提升专业服务水平，扩大咨询、会计、审计、法律、经纪、人力资源等专业服务业开放。三是促进服务业与制造业的深度融合，着力发展总集成总承包、检验检测、产品认证、供应链管理、专业维修、融资租赁等生产性服务业。

“上海智造”是制造与技术创新的融合，是以市场需求为导向、以企业为主体、以创新为驱动力的制造模式，其核心是自主创新能力。为了打造“上海智造”，上海确定了培育发展战略性新兴产业和优化提升先进制造业的产业发方向。围绕战略新兴产业的发展，一是重点发展新一代信息技术、高端装备制造、生物、新能源、新材料等主导产业；二是积极培育节能环保、新能源汽车等先导产业；三是实施一批专项工程，围绕战略性新兴产业发展重点，实施民用航空、海洋工程装备、云计算、物联网、智能电网、大规模集成电路、半导体照明、新能源高端装备、生物制品与医疗器械等一批具有引领带动作用的专项工程，以示范应用带动产业发展，培育一批行业龙头企业。围绕先进制造业的发展，一是提高汽车、船舶产业核心竞争力；二是促进电子信息制造业转型升级；三是优化钢铁、石化产业；四是提升都市工业能级。

近年，特别是中国(上海)自由贸易试验区设立以来的改革措施，进一步优化了上海打造“上海服务”和“上海智造”的环境，对增强上海城市的辐射功能和国际竞争力提供了有力支撑。

第三节 上海“经济中心”功能的变化与现状

改革开放以来，随着经济发展战略和城市功能的调整，上海经济发展取得巨大的成就，作为“经济中心”支撑的制造功能和创新功能不断增强，其结构不断优化，竞争力不断提升。

一、形成以消费驱动的经济增长模式

2013 年上海市生产总值(GDP)比上年增长 7.7%，达到了 21 602.1 亿元，人均 GDP 超过 9 万元，达到 90 092 元(折合美元为 14 547 美元)。与改革开放战略启动之时的 1978 年相比，上海 GDP 规模和人均 GDP 分别增长了 28.3 倍、12.9 倍，年平均增长速度达到了 10.0%和 7.6%(均按可比价格计算)。上海经济在长期、整体高速发展的态势下，其增长的支撑结构已发生变化。从上海经济发展的趋势变化来分析判断，支撑上海经济增长的主动力已经从过去的工业部门转向服务业，经济发展由投资驱动转向消费驱动。

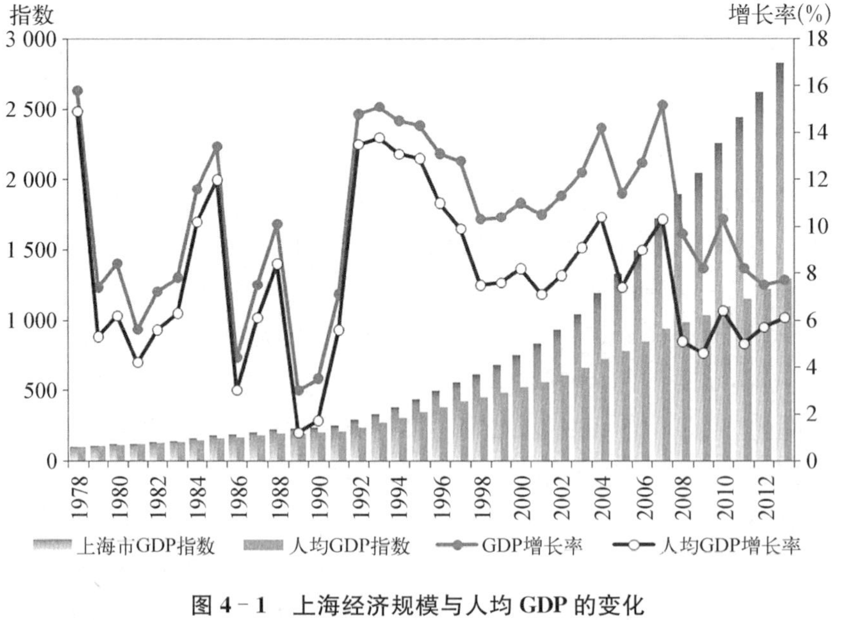

图 4-1 上海经济规模与人均 GDP 的变化

资料来源：《上海统计年鉴》2014 年版。

首先，从三次产业发展的速度来分析，第三产业的发展速度明显快于第二产业。如表4-1所示，改革开放初始的20世纪80年代，在各种制度条件的约束下，工业以结构调整为主，发展速度相对缓慢，第三产业由于得到恢复性发展，呈现出快速发展的态势，1979—1990年，工业与第三产业之间的平均发展速度差达到了3.8个百分点。90年代，工业与第三产业均呈现出快速发展的态势，但第三产业的平均增长率仍然高于工业2.2个百分点。进入21世纪后，工业与第三产业发展速度差曾一度大幅缩小，但随着2008年全球金融危机的爆发，这一趋势急剧逆转，2011—2013年工业的平均发展速度从前10年的12.0%下滑至5.5%，下降了6.5个百分点，而第三产业仍维持在快速发展的水平。

表4-1　　1979—2013年上海三次产业发展速度

	上海市生产总值	其　中			
		第一产业	第二产业		第三产业
				工　业	
1979—1990年	7.4	2.2	6.8	6.6	10.4
1991—2000年	12.3	2.4	11.8	12.0	14.2
2001—2010年	11.6	−1.1	11.6	12.0	11.8
2011—2013年	7.8	−1.0	5.2	5.5	9.7
1979—2013年	10.0	1.0	9.4	9.5	11.1

资料来源：《上海统计年鉴》2014年版。

其次，从三次产业对经济增长的拉动来分析，第三产业取代第二产业成为对经济增长拉动作用最大的产业部门。如图4-2所示，“九五”期（1996—2000年）之前，第二产业的发展对上海经济增长的拉动作用明显高于第三产业。但自“九五”期以来，第三产业拉动经济增长的作用越来越大，2006—2010年的“十一五”期，第三产业平均拉动经济增长6.8个百分点，高出第二产2.5个百分点。这一实事说明，上海经济增长的核心支撑由第二产业转向第三产业。

第三，从最终需求来分析，自“九五”期间以来，消费需求对经济的拉动作用大于投资需求，而且这一趋势近年更为显著。如图4-3所示，“六五”期（1981—1985年）至“九五”期（1996—2000年）的四个五年规划期，投资需求分别拉动经济增长5.04、4.23、7.95和6.04个百分点，均超出同期消费需求对经济的拉动作用。但“十五”期（2001—2005年）以来，消费需求对经济增长的拉动作用明显增强，“十一五”期（2006—2010年）的消费需求对经济增长的贡

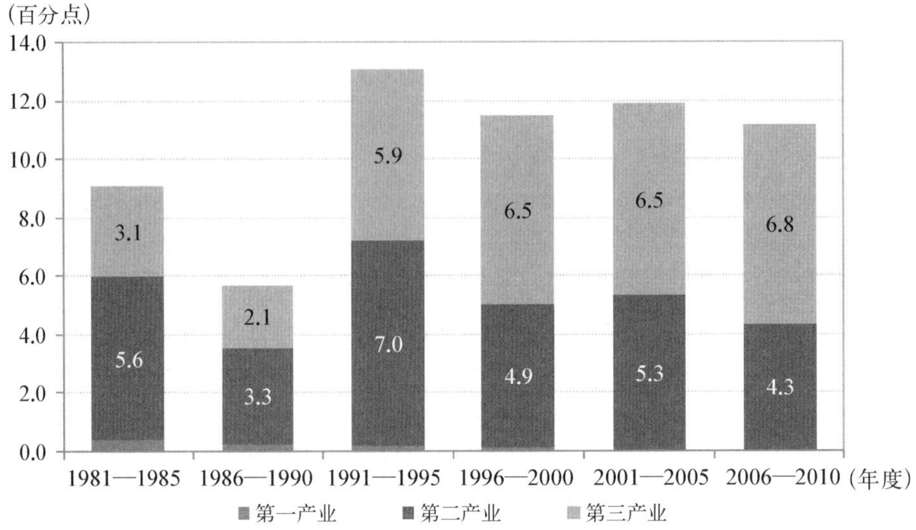

图 4－2　各时期三次产业对 GDO 增长拉动变化

资料来源：《上海统计年鉴》2014 年版，《上海市国民经济核算历史资料(1978—2005)》。

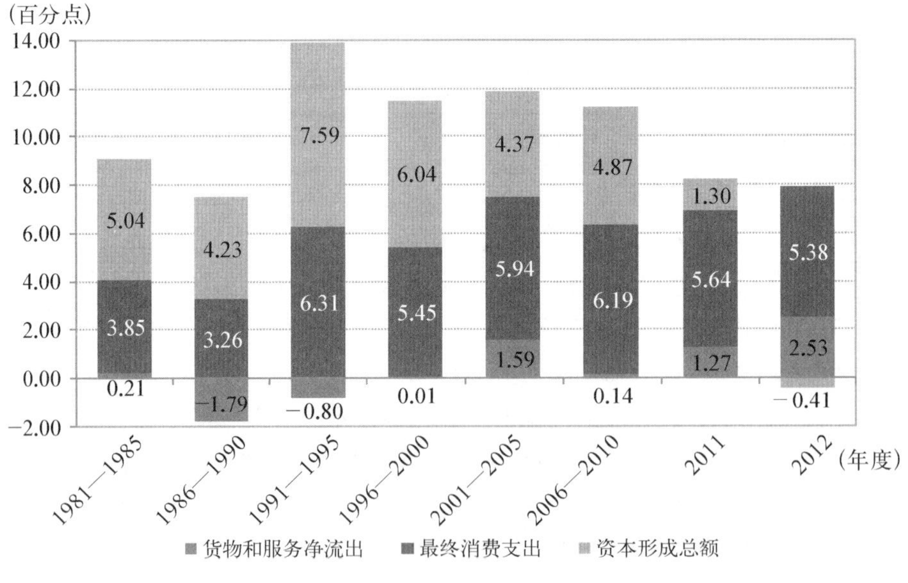

图 4－3　各时期三大需求对 GDP 增长的拉动

资料来源：《上海统计年鉴》2014 年版，《上海市国民经济核算历史资料(1978—2005)》。

献率达到 55.3%，而且这一贡献率呈不断上升的趋势，2011—2012 年消费需求对经济增长的贡献率分别为 68.8%和 71.7%，拉动经济增长 5.64 个百分点和 5.38 个百分点。同时，三大需求中的外部需求（货物与服务净流出）对经济增长的作用也在不断增强，2012 年拉动经济增长 2.53 个百分点，比 2011 年提升 1.26 个百分点。

二、形成以服务业为主导的经济结构

经济发展战略的转变和长期、快速的经济增长必然伴随着产业结构的演变。自改革开放以来，上海产业结构发生了明显的变化，三大产业产值比重趋于合理化。由表 4-2 可以看出，一、二、三产业的产值比重由 1978 年的 4.0∶77.4∶18.6 调整到 2013 年的 0.6∶37.2∶62.2。在三大产业产值结构中，第一、第二产业下降与第三产业上升的趋势明显。特别是 1978—2013 年间，第二产业由 77.4%下降到 37.2%，降幅达到 40.2 个百分点，而第三产业则由 18.6%上升到 62.2%，升幅达到 43.6 个百分点。同时，与产值结构的变化相适应，就业结构也出现相应的变动。第一产业从业人员持续下降和第三产业从业人员持续上升，而第二产业从业人员在 20 世纪 80 年代大幅上升后，自 1990 年以来呈持续下降趋势。无论是从三次产业的产值结构，还是从就业结构的变化来分析判断，上海经济的主体已由工业向服务业转变，经济的服务化是上海城市发展的趋势。

表 4-2　　上海产业结构的变化

	生产总值（亿元）	构成比（%）			从业总人数（万人）	构成比（%）		
		第一产业	第二产业	第三产业		第一产业	第二产业	第三产业
1978 年	272.8	4.0	77.4	18.6	689.3	35.1	43.8	21.1
1985 年	466.8	4.2	69.8	26.0	775.5	16.3	57.4	26.2
1990 年	781.7	4.4	64.7	30.9	787.7	11.1	59.3	29.6
1995 年	2 499.4	2.4	56.8	40.8	855.7	11.9	54.6	33.5
2000 年	4 771.2	1.6	46.3	52.1	828.4	10.8	44.3	44.9
2005 年	9 247.7	1.0	47.4	51.6	863.3	7.1	37.3	55.6
2010 年	17 166.0	0.7	42.0	57.3	1 090.8	3.4	40.7	55.9
2013 年	21 602.1	0.6	37.2	62.2	1 137.4	4.1	39.2	56.7

资料来源：《上海统计年鉴》2014 年版。

三、形成以先进制造业为主导的工业生产功能

在长期结构调整过程，制造业在上海经济中的地位虽然有较大的下降，但是制造业内部结构却不断优化。如图 4－4 所示，在制造业工业生产总值中，劳动密集型的原材料轻工业和加工组装轻工业的比重大幅下降，而资本密集、技术密集型的加工组装型制造业的比重则呈加速上升态势。原材料重工业自 20 世纪 90 年代中后期以来，也呈现出下降的趋势。制造业内结构的这一变化，实际上与上海城市功能转型相关，经济的快速扩张、劳动力及土地等生产成本的上升压力，导致制造业内部结构高端化，由劳动密集型、低附加值型向资本技术密型、高附加值型转变。

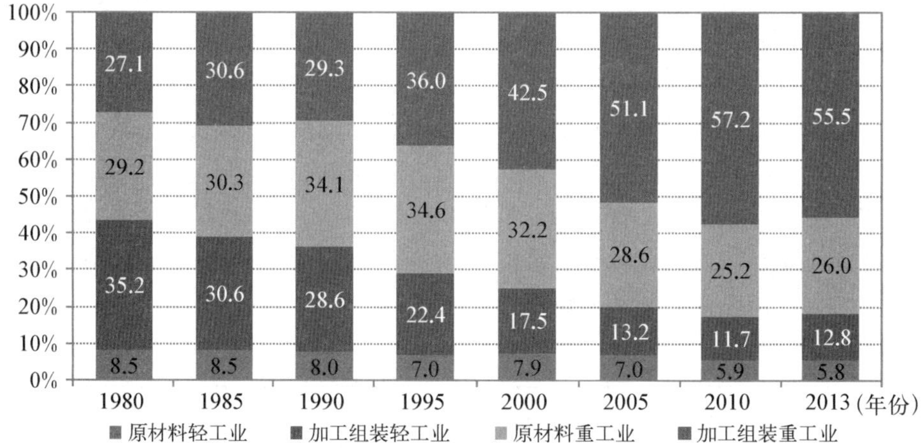

图 4－4　上海制造业工业总产值分类构成变化

资料来源：上海市统计局、上海市经济委员会编：《上海市国民经济和社会发展历史统计资料(1949—2000)工业交通分册》；上海市统计局编：《上海统计年鉴》2014 年版。1980—2000 年的数据是根据独立核算工业企业工业总产值计算，2000 年以后的数据是根据规模以上工业企业总产值计算。

注：加工组装重工业指，普通机械制造业、专用设备制造业、交通运输设备制造业、电气机械及器材制造业、电子及通信设备制造业和仪器仪表及文化、办公用机械制造业。加工组装轻工业指，食品加工业、食品制造业、饮料制造业、烟草加工业、纺织业、服装及其他纤维制品制造业、皮革毛皮羽绒及其制品业、家具制造业、印刷业记录媒介的复制、文教体育用品制造业和其他制造业。原材料重工业指，石油加工及炼焦业、化学原料及化学制品制造业、医药制造业、化学纤维制造业、黑色金属冶炼及压延加工业、有色金属冶炼及压延加工业和金属制品业。原材料轻工业指，木材加工及竹藤棕草制品业、造纸及纸制品业、橡胶和塑料制品业和非金属矿物制品业。

四、产业布局和城市功能布局进一步优化

随着经济发展略的转换，特别是以 20 世纪 90 年代浦东开发开放为契

机，上海加大了对产业空间布局及城市功能布局的调整力度。“九五”时期，上海提出了中心城区“退二进三”的产业调整战略。2004年，上海市政府出台了《关于切实推进“三个集中”加快上海郊区发展的规划纲要》，《纲要》中提出“郊区产业发展要提升能级、优化布局。……依托郊区新城和功能性、基础性设施项目建设，大力发展生产性服务业和生活性服务业。依托国家级、市级开发区和重大产业基地，大力发展先进制造业和高新技术产业。注重产业集聚，加快形成产业链和产业集群。”这些措施的实施加速中心城区的工业向郊区、工业园转移，同时也为上海的金融中心和贸易中心建设提供了空间。

（一）工业生产向郊区转移和向园区集中

经过长期的工业布局结构调整，上海已形成了重点产业基地为龙头、市级以上工业区为支撑、城镇工业地块和中心城区都市创意产业园区为补充的空间布局格。进入20世纪90年代以来，随着郊区各区县工业园区以及微电子产业基地、上海汽车产业基地、上海化学工业区、精品钢材基地、临港装备产业基地和长兴岛造船基地六大产业基建设和发展，上海的工业活动空间发生了巨大变化。表4-3和表4-4反映了1985—2013年间上海工业活动的区域分布情况，由于统计方法的变更，1985—2000年与2005—2010年、2013年之间的数据缺乏连续性，但从企业数和工业生产值来看，随着时间的变化，工业活动从城市中心区域向近郊、再向远郊（其他区县）转移的变化非常明显。1985年，仅占全市面积4.2%的中心城区集聚了全市各区县50%以上的工业企业和70%的工业生产，但2013年，这两种的比例均下降到10%以下，工业活动的郊区化效果非常显著。

表4-3　1985—2013年上海市工业企业的区域分布的变化

年　份	1985	1990	1995	2000	2005	2010	2013
全市工业企业数(家)	10 656	13 220	15 877	19 516	14 769	16 684	9 782
区域构成(%)							
中心城区	50.6	43.4	34.8	21.2	12.4	7.0	5.6
浦东新区	0.0	0.0	20.4	23.0	23.4	22.2	19.2
近郊区	19.2	23.8	18.2	27.2	31.5	32.3	30.9
其他区县	30.1	32.8	26.5	28.5	32.5	38.4	44.3

表 4－4　　1985—2013 年上海工业生产值的区域分布变化

年　份	1985	1990	1995	2000	2005	2010	2013
全市工业总产值(亿元)	830	1 516	4 663	6 604	15 768	30 114	32 089
区域构成(%)							
中心城区	71.5	57.3	34.9	22.0	11.4	7.3	7.5
浦东新区			18.1	30.8	27.1	28.2	28.3
近郊区	15.5	27.2	30.6	28.9	32.2	31.4	33.3
其他区县	13.0	15.5	16.4	18.4	25.6	33.2	30.9

资料来源：《上海统计年鉴》各年版。

注：企业数，1985—2000 年为独立核心工业企业，2005 年以后为规模以上工业企业，2013 年为新划分标准的规模以上工业企业。

与此同时，工业生产业的园区化也非常鲜明。2013 年全市开发区完成工业总产值 27 146 亿元，占全市工业生产的 80.6%，与 2005 年的 44.1%、2010 年的 72.9%相比，工业向园区集中度有了大幅的提升①。其中，国家级和市级开区的工业生产占全市工业总产值的比重如图 4－5 所示，从 2005 年的 35.9%上升到 2013 年的 48.9%。

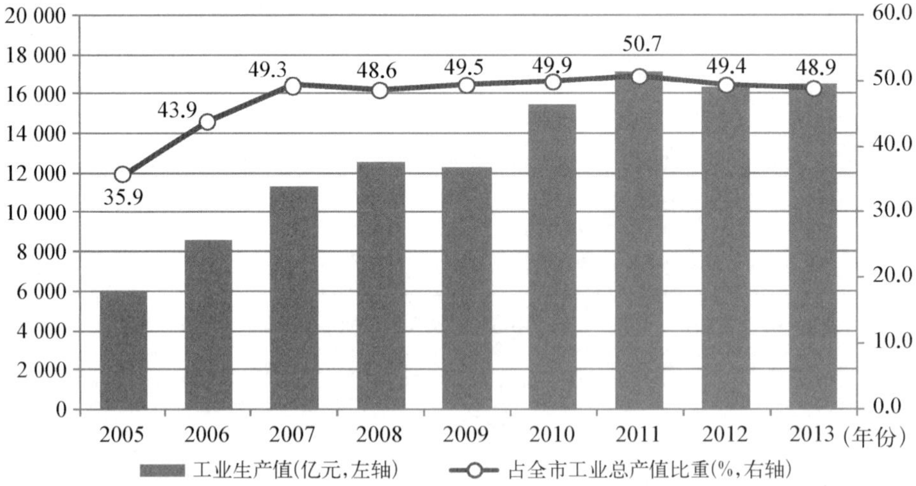

图 4－5　2005—2013 年上海国家级和市级开区的工业生产集中度

资料来源：《上海统计年鉴》各年版。

① 数据来自《上海市开发区统计手册》2006、2011、2014 年版。

(二) 中心城区服务功能空间的扩张

工业向郊区转移为中心城区的服务业发展带来了空间,也促进了上海城市各种服务功能的提升。1990—2013 年,上海市中心城区的房屋建筑面积由 15 236 万平方米扩大到 33 745 万平方米,增加了 2.2 倍,其中居住房屋面积增加了 2.5 倍,非居住房面积增加了 2.5 倍。从各种非居住房的构成变化来看,工厂用房面积出现了大幅减少,办公、商业、旅馆等服务业用房面则有了大幅增加,特别是办公用房和商业用房面积在 1990—2013 年间分别扩大了 6.8 倍和 5.3 倍。各种非居住用房屋面积的构成变化见图 4-6。

实际上,工厂用房面积的减少比统计数字更大。在工业空间布局调整的过程中,中心城区有不少的工业企业将生产转移到了向郊区、工业园区,但其厂房并未转化为办公、商业等用途,而是改造为各种创意产业园区,如“8 号桥”“M50”等创意产业园区,均为旧厂房改建而成。这些创意产业园区的出现和发展,促进了都市型服务业的发展和各种生产性服务业功能的强化。

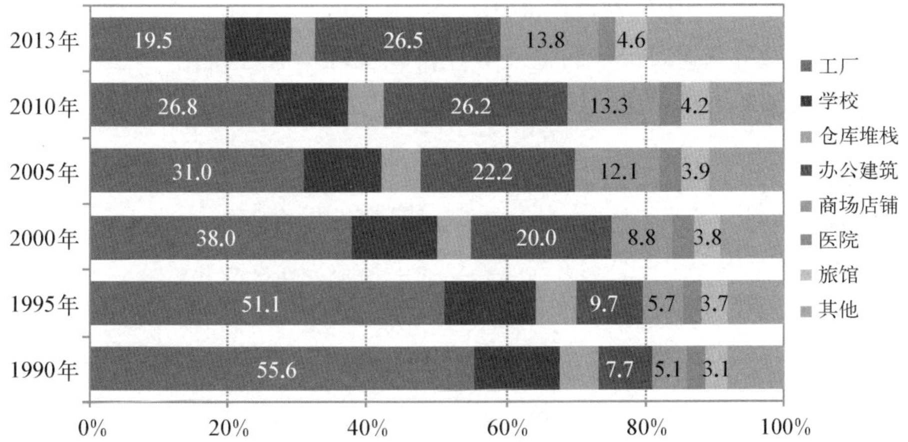

图 4-6　1990—2013 年上海中心城区各种非居住用房屋面积的构成变化

资料来源:《上海统计年鉴》各年版。

第四节　上海“经济中心”地位与国际比较

改革开放以来,上海对如何建设国际经济中心进行了积极探索和实践,取得了丰硕的成果。但是,目前,上海离“国际经济中心”建设目标还存在一定的差距。

一、上海"经济中心"的规模地位

从GDP及工业增加值的来看，在计划经济时期，上海在各省市中处于龙头地位，是全国规模最大的经济中心城市和最重要的工业基地，1978年上海的GDP和工业增加值占全国的比重分别为7.5%和12.9%。在长三角地区二省一市中，上海拥有作为区域中心的绝对优势，特别是上海的工业增加值超过了江苏和浙江两省之和，在区域内的份额高达55.8%(见图4-7)。改革开放后，全国各地，特别是周边地区的发展，快速地削弱了上海原有的经济中心地位优势，2013年上海GDP和工业增加值的规模占全国的比重仅为3.4%和3.8%，占长三角地区二省一市的比重也分别下降至14.7%和18.3%。20世纪80年代，上海经济因国家战略的调整，发展速度相对缓慢，导致上海在全国及长三角地区二省一市的经济地位急速下降。90年代因浦东开放开发战略的实施，上海的经济中心地位不降，反而有所回升。但是进入新世纪之后，随着中国加入世界贸易组织(WTO)和全球生产东移的加速、2008年全球金融危机爆发以及国内生产要素价格的上升等经济发展环境条件变化，上海经济中心的地位再次呈现下降态势，且有加速之势。

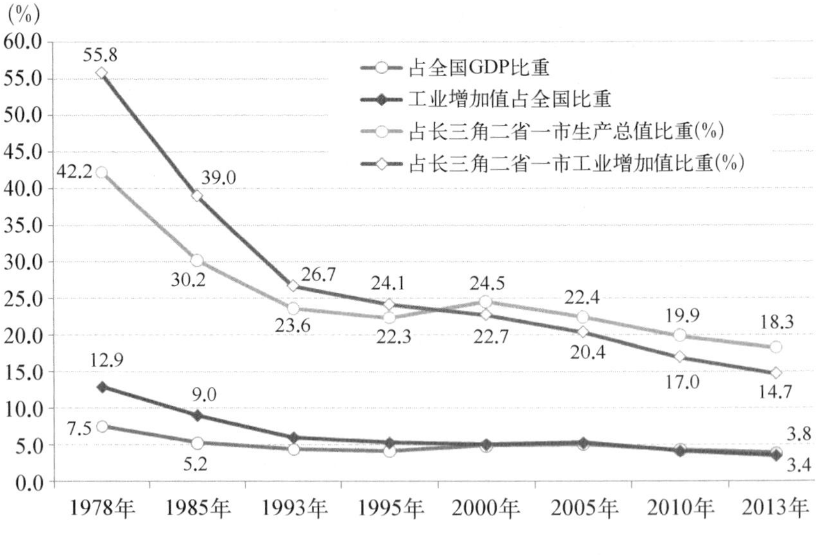

图4-7 上海经济规模占全国及长三角地区的比重变化

资料来源：《上海统计年鉴》2014年版，《上海市国民经济核算历史资料(1978—2005)》。

从全国主要城市经济发展来看，如图 4－8 所示，2013 年全国共有 18 个城市的 GDP 规模超过 7 000 亿元，其 GDP 总规模占全国的比重为 34.8%，比 2000 年的 28.4%提升了 6.4 个百分点，其中北京、深圳、天津、苏州、重庆和长沙 6 个城市有较大的提升。上海是 18 个城市中唯一规模超 20 000 亿元城市，也是唯一占全国份额下降的城市。

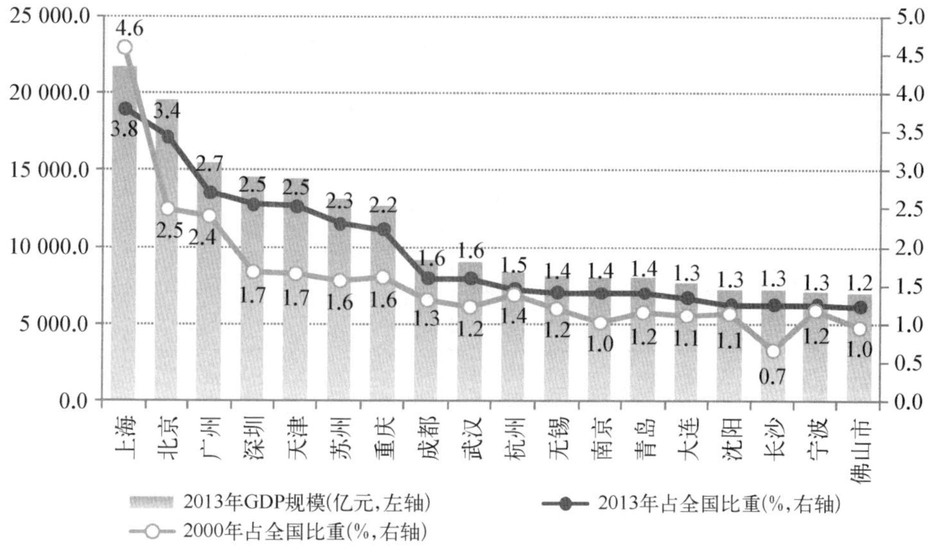

图 4－8　2013 年上海与国内主要城市经济规模的比较

资料来源：《中国城市统计年鉴》。

注：2013 年经济规模超 7 000 亿元的城市。

从上面的分析来判断，以 GDP 规模为衡量标准，上海国际经济中心的国内地位，在过去的 30 多年中有较大的下降。虽然目前上海仍然保持着全国最大的城市经济规模，但这种规模优势在逐渐消失。

二、上海"经济中心"的创新地位

科技创新活动是衡量经济中心的一个重要方面。根据科技部公布的《2014 全国及各地区科技进步统计监测结果》，上海的综合科技进步水平指数居全国各省市第二位，高出全国平均水平近 20 个百分点，在构成综合指数的 5 个分指标中，科技活动投入指数居全国各省市之首，科技活动产出指数位于第二位，科技进步环境、高新技术产业化和科技促进经济社会发展三个指数均居第三位。这一结果表明在全国各省市中，上海的科技进步综合实力较强，具有一定的竞争优势(见表 4－5)。同时，从科技部近几年的统计监测结果来分析，上海在全国科技进步中所具有的优势也正缩小，甚至原有的一些具有优势的领域被兄弟省市反超。与 2013 年的结果相比，上海的综合科技进步水平指数从第一位退至第二位，落后于北京。在五个分指标中，科技活动投入指数继保持全国领先地位，科技活动产出指数的地位不变；其他三项都有出现了后退，尤其是科技进步环境和科技促进经济社会发展两项指数均从第一位滑落至第三位。

表 4－5　　2014 年上海在全国科技进步统计监测中的地位

	全国平均		上　海		2014 年排名前五省市
	2014 年	2013 年	2014 年	2013 年	
综合科技进步水平指数	63.55	60.30	82.48	82.37	北京(83.12)、上海、天津(78.63)、江苏(73.06)、广东(72.41)
科技进步环境指数	61.60	58.58	80.60	86.49	北京(88.06)、天津(86.69)、上海、江苏(78.04)、山东(72.37)
科技活动投入指数	65.59	63.81	80.44	79.75	上海、广东(79.36)、江苏(79.21)、浙江(77.44)、天津(76.19)
科技活动产出指数	68.14	59.22	100.00	95.06	北京(100.00)、上海(100.0)、天津(86.86)、江苏(68.22)、陕西(66.82)
高新技术产业化指数	53.58	50.00	73.33	70.86	天津(82.69)、北京(77.37)、上海、重庆(71.14)、四川(70.55)
科技促进经济社会发展指数	64.99	62.84	77.11	79.25	广东(78.70)、北京(77.66)、上海、浙江(72.75)、福建(71.01)

资料来源：科技部：《2013 全国及各地区科技进步统计监测结果》和《2014 全国及各地区科技进步统计监测结果》。

至 2013 年年底，上海国内三种专利有效量为 194 496 件，占全国(不含港澳台)总量的 5.5%，位列江苏、广东、浙江、北京和山东之后，居全国省市第六位，每万人拥有的有效专利量(专利密度)为 81 件，居全国省市第三位(见图4－9)。与 2008 年相比，虽然上海国内三种专利有效量增加了 2.9 倍(2008 年为 66 941 件)，但其在全国的份额却不增，反而下降了 2.4 个百分点，规模位次后退了 2 位。

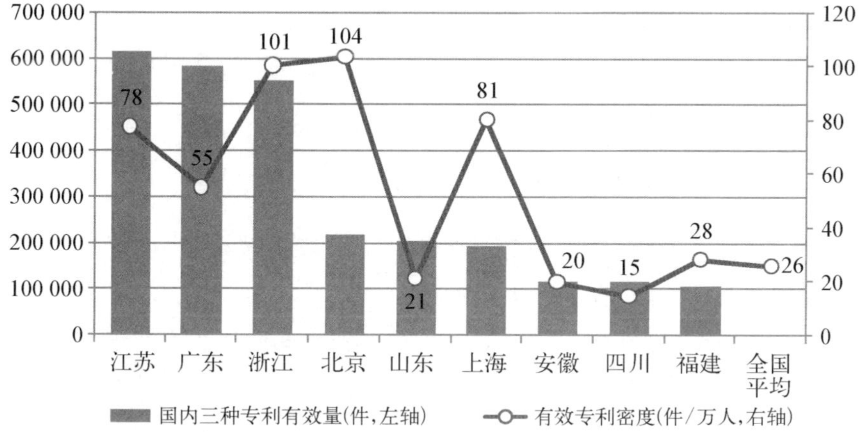

图 4-9　2013 年全国主要省市国内三种专利有效量及专利密度

资料来源：国家知识产权局：《2013 年专利统计年报》；国家统计局：《中国统计年鉴》2014 年版。

此外，从上海高技术产业活动来看，2013 年上海高新技术产业主营业收入为 6 823.4 亿元，占全国的 5.9%，排列在广东、江苏、山东之后，居全国省市第四位（见图 4-10）。但与 2010 年相比较，上海高技术产业占全国的比重下降了 3.5 个百分点，下滑幅度仅次于广东的 4.1 个百分点，与四川、河南、重

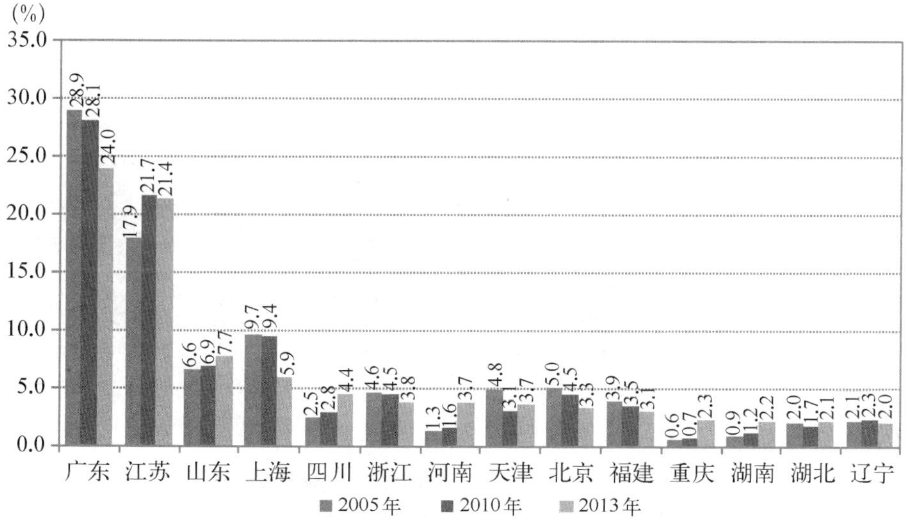

图 4-10　2005—2013 年全国主要省份高技术产业的构成变化

资料来源：科技部：《中国高技术产业数据》，http://www.sts.org.cn/sjkl/gjscy/index.htm。

注：2005 年的数值为各省市高技术产业总产值占全国的比重；2010 年和 2013 年的数值为各省市高技术产业主营业收入占全国的比重。

庆、湖南等中西部省市的比重上升形成了鲜明对比。

以上的分析表明，上海“经济中心”的创新活动，在全国仍占据重要的地位，但其优势正在减弱。

三、与纽约、东京国际大都市比较

上海作为国际经济中心城市，与纽约和东京两城市相比，无论是经济规模，还是其城市功能，均存在较大的差距。

首先，从城市的经济规模及其国内地位来看，如图 4-11 所示，2012 年，纽约和东京的 GDP 规模均超过 10 000 亿美元，分别达到了 12 807 亿美元和 10 540 亿美元，而同年上海的 GDP 约为 3 200 亿美元，不及纽约的四分之一、东京的三分之一，仅相当于 20 世纪 80 年代中期的纽约和东京的规模。[①] 同时，纽约与东京的经济在其国内地位也高于上海，2012 年两城市的 GDP 占本国的比重分别为 19.0%和 7.9%，远远高于同年上海占全国 3.9%的份额。

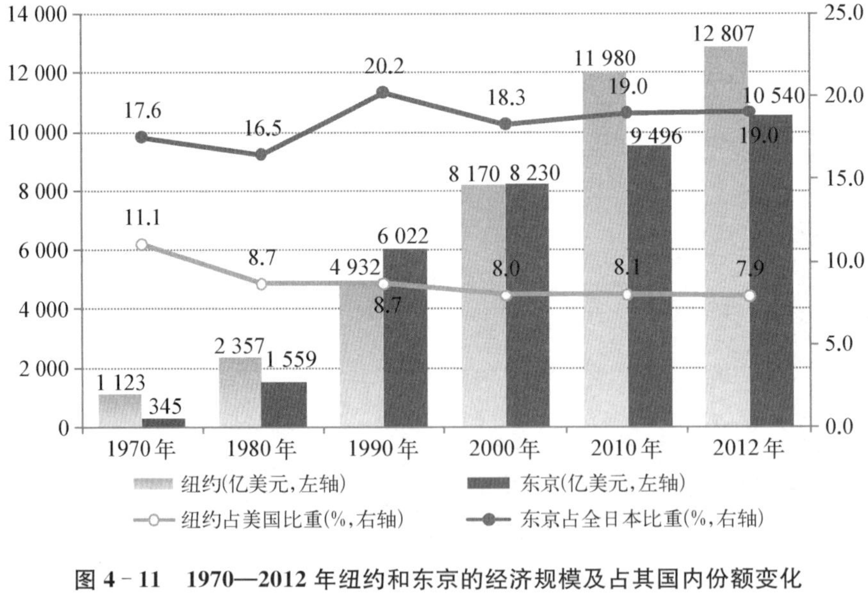

图 4-11　1970—2012 年纽约和东京的经济规模及占其国内份额变化

资料来源：美国经济分析局：《美国经济账户数据》(U.S. Economic Accounts)，www.bea.gov/national/index.htm；日本内阁府《县民经济计算》。

① 1985 年纽约的 GDP 规模为 3643 亿美元，1986 年东京的 GDP 规模为 3673 亿美元。

其次，从城市的产业功能来看，如表 4－6 所示，在城市 GDP 构成中，制造业仍是上海首位产业，其份额高达 35.2%，批发零售业和金融业分别居于第二位、第三位，比重分别为 16.3%和 12.1%，而房地产业、租赁和商务服务业、信息传输计算机服务软件业等行业的比重较低。纽约的首位产业是金融保险业，房地产业居第二位、专业和商业服务业居第三位。东京的批发零售业和服务业的比重均超过了 20%，房地产业、信息通信业和金融业三个行业的比重也均超过了 10%。制造业在纽约和东京两个城市的 GDP 中所占的份额都比较低，分别为 5.3%、8.2%。另外，从各行业的全国地位来看，纽约的金融、信息软件在全美国拥有较大的份额，分别为 18.4%、14.7%。东京的信息通信业、金融业在全日本的份额超过 35%，批发零售业的份额也超过 30%。相对于纽约和东京，上海在全国的行业地位并不高，占全国比重相对较高的行业依次是租赁和商务服务业、金融业和信息传输计算机服务软件业，其比重分别为 9.8%、8.5%和 8.4%。

表 4－6　2012 年上海、纽约、东京三城市产业功能比较

上　海			
	规模（亿美元）	GDP 构成比（%）	占全国比重（%）
工业	1 124.4	35.2	3.6
批发零售业	521.5	16.3	6.7
金融业	388.2	12.1	8.5
房地产业	181.7	5.7	3.9
租赁和商务服务业	168.8	5.3	9.8
信息传输计算机服务软件业	145.6	4.6	8.4
交通运输仓储和邮政业	141.8	4.4	3.6
建筑业	119.9	3.8	2.1
纽　约			
	规模（亿美元）	GDP 构成比（%）	占全国比重（%）
金融保险业	198 534	15.5	18.4
房地产业	171 257	13.4	8.9
专业和商业服务业	166 112	13.0	8.6

续 表

纽　约			
	规模(亿美元)	GDP 构成比(%)	占全国比重(%)
政府部门	150 417	11.7	7.2
信息软件业	113 931	8.9	14.7
医疗保健及社会援助	91 652	7.2	7.9
制造业	67 411	5.3	3.3
批发零售业	128 017	5.1	6.81
东　京			
	规模(亿美元)	GDP 构成比(%)	占全国比重(%)
批发零售业	2 422.1	23.0	28.6
服务业	2 357.5	22.4	19.2
房地产业	1 431.0	13.6	16.4
信息通信	1 291.4	12.3	39.8
金融业	1 089.1	10.3	37.4
制造业	868.7	8.2	7.6
建筑业	487.0	4.6	15.1
交通运输仓储业	457.2	4.3	15.1

第五章　未来三十年上海"国际经济中心"展望与分析

打造"国际经济中心"是一个长期而艰难的过程。1992 年上海正式提出了建设"国际经济中心"的目标，2006 年首次设定了"四个中心"建成的时间目标，即"到 2020 年上海要基本建成国际经济、金融、贸易、航运中心之一"。2015 年 5 月颁布的《关于加快建设具有全球影响力的科技创新中心的意见》提出，到 2030 年，"初步成为全球创新网络的重要枢纽和最具活力的国际经济中心城市之一"。目前，上海的经济发展水平和城市功能建设与国际经济中心城市的目标还存在较大的差距，但是这种差距在未来多种变量因素的影响下，将会被缩小、消除，上海将成为全球最具有活力、最具有影响力的"国际经济中心"城市之一。

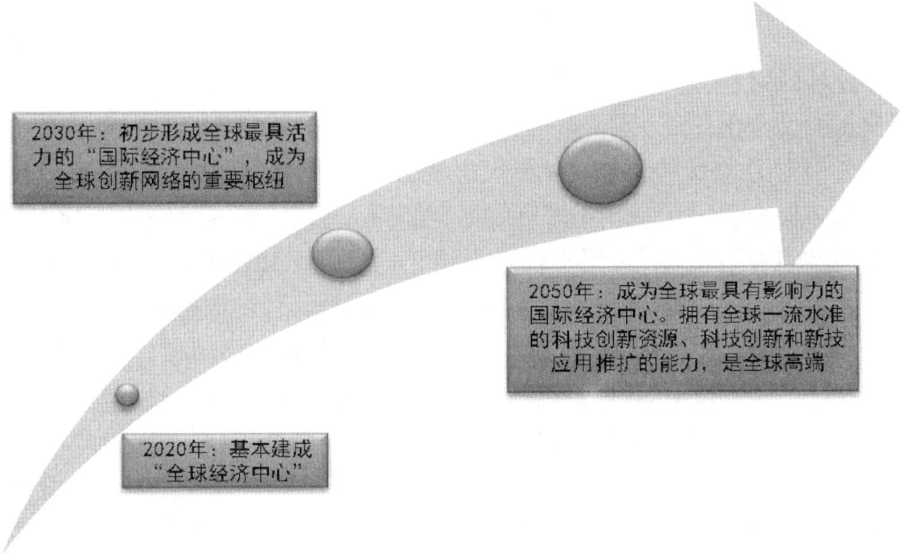

图 5－1　未来三十年上海"国际经济中心"展望

根据前面对上海“国际经济中心”的内涵分析，未来上海推进的“国际经济中”是一个以新兴产业、高端制造业为主导、以创新为推动力的全球“智能制造中心”。以目前上海的实际情况为基础，结合影响未来上海“国际经济中心”建设的重要变量因素，从三个阶段、即第一阶段（2020年前）、第二阶段（2020—2030年）和第三阶段（2030—2050年）来展望上海“国际经济中心”建设的进程。

第一节 影响上海“国际经济中心”建设的变量因素分析

2008年全球金融危机爆发后，上海经济发展面临的国内环境条件发生了巨大变化，这些变化及变化趋势为上海“国际经济中心”建设既带来了新的机遇，也添增了新的“变数”。我们认为以下四个方面的变量因素将对上海“国际经济中心”建设带来重大影响。

一、外部性变量因素

2014年5月，习近平在河南考察时提出了“推动中国制造向中国创造转变，中国速度向中国质量转变，中国产品向中国品牌转变”的“三个转变”要求。这充分体现了中央对国内外经济发展环境变化及未来发展趋势的判断，为中国经济、制造业的转型发展指明了方向。市场，特别是国际市场空间的扩张与国外技术的引进，是中国经济高速增长的两个重要支撑因素，但这种外部变量因素正发生变化。

（一）国内外经济形势变化显现出新态势

从国外来看，自2008年国际金融危机爆发后，以美国经济增长为引擎的世界经济陷入了衰退：美国不仅经济增长缓慢而且还面临严重的财政问题，复苏乏力；在金融危机和欧债危机的双重打击影响下，欧洲消费、投资、出口增长乏力，经济几乎陷入停滞状态，还引发严重失业和社会问题。从国内来看，中国经济增速也在不断减缓，从高速逐渐回落到中高速区间，经济发展进入新常态，经济发展方式正从规模速度型粗放增长转向质量效率型集约增长，经济发展动力正从传统增长点转向新的增长点。根据2014年12月11日中央经济工作会议的阐释，新常态意味着，在资源配置模式和宏观调控方式上，既要全面化解产能过剩，也要通过发挥市场机制作用探索未来产业发展方向；在投资需求上，传统产业相对饱和，但基础设施互联互通和一些新技术、新产品、新业态、新商业模式的投资机会大量涌现；在生产能力和产业组织方式上，新兴产业、服务业、小微企业作用更凸显，生产小型化、智能化、专业化将成新特征；在生产要素上，人口老龄化日趋发展，要素规模驱动力减弱，经济增长将更多依靠人力资本质量和技术进步；在市场竞争上，要逐步转向质量型、差异化为主的竞争。经济新常态倒逼制造业改变出口战略，立足国内巨大市场，提升国际竞争力，将是中国制造业发展的新常态。

（二）制造业技术发展展现出新趋势

创新成为全球制造业的新思维和新焦点，科技创新全球化时代到来。在创新全球化阶段，人、技术、资本的作用方式发生了重大变化：人从生产者、输送者、服务者，转变为创新者；知识技术从传统增长函数中的一个参数转变为研发创新的独立经济行为与产品本身，并衍生出大量新兴产业；金融资本的功能从扩大生产、运输和运营募集资金变得更加深刻和多样。随着"互联网＋"席卷全球，制造业的创新更加鲜明地体现在信息、数字、智能技术的深度融合。当前，无论是发达国家还是发展中国家均提出了加快制造业创新发展、抢占制造业发展先机和制高点。美国先后制定"再工业化战略""制造业复兴计划""先进制造业伙伴计划""重整美国制造业框架"等战略规划，推动制造业回归和复兴。德国推出"工业发展规划"和"德国高科技战略"，旨在加快制造业数字化、网络化和智能化进程。日本开始实施"制造业再兴战略"和"日本制造业竞争力策略"以巩固其制造业大国地位。韩国制定"制造业新增长动力战略"，走上创新驱动之路。法国提出"新工业法国战略"，力图重振法国实体经济。印度出台"制造业国家战略"，力争到年将制造业产值提高到 GDP 的 25%以上。巴西成立"国家工业发展理事会"，公布"工业强国计划"推行制造业减税政策，同时加快企业重组和制造业调整步伐。

二、结构性变量因素

改革开放战略决策实施以来，中国经济实现了长期的高速增长，创造了世界经济史的"奇迹"，也使中国经济从"半封闭型"的"小国"迅速成长为"开放型"的"大国"。2013 年中国的 GDP 规模超过 90 000 亿美元，达到 91 812 亿美元，占全球 GDP 总额的 12.1%，成为全球仅次于美国的第二大经济体。全球金融危机爆发前的 2007 年，中国的经济规模仅为美国的四分之一，不足日本的 80%，而 5 年后的 2013 年，中国的经济规模已达到美国的 54.8%，是日本的1.9倍[①]。2013年中国对外直接投资净额突破1 000亿美元，成为继美国、日本之后的全球第三大对外直接投资国[②]。以上的数据说明，中国经济已经成为全球性的大国经济，同时也表明中国经济进入了一个转型发展的新阶段。在新的发展阶段，我们认为以下两个方面的结构性问题将会发生深刻变发，直接关系到中国经济的发展和上海“国际经济中心”的建设。

（一）中国经济增长动力的结构性变化

改革开放30多年来，随着中国经济的崛起，中国制造业发展也突飞猛进，成为当之无愧的“世界工厂”。但进入新常态以后，中国制造业出口长期依赖资源成本优势占据国际市场的低成本出口导向型战略已经遭遇天花板，中国制造业乃至整个中国经济增长赖以支撑的动力已发生根本转变。表现在：（1）中国人口红利已经基本结束，老龄化时代到来，农村剩余劳动力正在减少，劳动密集型制造业的比较优势正从中国转向越南、印度尼西亚等工厂国家。（2）依靠廉价的农产品、矿产品为工业提供充足原料的时代一去不复返，能源价格上涨，环境承载能力已达到或接近上限，以消耗资源、牺牲环境为代价的传统发展之路不可持续。（3）中产阶级群体已经形成并发展壮大，改变了消费结构，模仿型排浪式消费阶段基本结束，个性化、多样化消费渐成主流。（4）国际市场环境总体低迷，全球总需求不振，由出口与投资拉动型向内需拉动型增长转变势在必行，但中国出口竞争优势依然存在，高水平引进来、大规模走出去正在同步发生。

（二）中国经济发展决策的结构性调整变化

国务院总理李克强在2015年瑞士达沃斯论坛上强调，当前中国经济发展已经进入新常态，要顶住经济下行压力，保持战略定力，继续实施积极的财政政策和稳健的货币政策，增强宏观调控的灵活度和精准性，不搞“大水漫灌”。这表明中国经济发展决策已发生结构性调整，由“内向型”向“内外兼顾型”决策转型，即国内经济决策与国际社会协调，具体体现在以下两个方面：（1）加速开放性的趋势。中国加入世界贸易组织（WTO）后15年间积极融入国际市场，产业也沿全球价值链不断攀升，尽管开放度不断提高，但服务业和资本市场仍具有很大封闭性。从2013年以来陆续开放自贸试验区来看，中国正在深化对外开放、推进要素市场改革、促进政府职能转变等方面不断尝试；将通过

① 根据日本总务省统计局《世界统计》公布的数据计算。

② 中国商务部、国家统计局、外汇管理局：《2013年度中国对外直接投资统计公报》。

服务业和金融业的开放，发挥改革切入点的功能，为中国进一步深化改革、解决转型结构性难题提供强大的推动力。(2) 国际化的趋势。中国更注意兼顾在财政、货币、金融等宏观经济政策上与世界各国特别是经济大国政策的协调和均衡，应对各国宏观经济政策之间通过国际贸易渠道和国际金融渠道发生的相互传递、相互影响，更好地发挥汇率政策、贸易政策、外资政策的作用。

三、战略性变量因素

随着中国经济的快速发展和国际地位的上升，国家战略也随之进行了调整。国内经济发展从“量”的重视转变为“质”的追求，创新将取代资源要素的投入成为重要支撑，同时在国际经济体系中，中国将从过去的“追随者”“参与者”走向“引领者”，成为全球投资贸易规则的主要制定者，发挥领头羊的作用。因此，国家制造业发展战略和“一带一路”战略等战略的实施，将对上海“国际经济中心”的建设带来新机遇、产生重要的影响。

(一) “一带一路”战略

习近平总书记在 2013 年 9 月和 10 月先后提出了建设“新丝绸之路经济带”和“21 世纪海上丝绸之路”的“一带一路”战略构想，这一战略构想意味着中国对外开放实现战略转变，即表明中国将在对外开放区域结构、中国要素流动和国际产业转移、与其他经济合作国家结构以及国际经贸合作与经贸机制等方面实施转型。如果说“中国制造 2025”指明了以装备和智能制造为核心的中国制造业由大变强发展路径，那么“一带一路”则描绘了打通创新资金及物资通道、进而走向超级大国的战略蓝图。这将为上海的“国际经济中心”提供国内其他城市无可比拟的发展机遇和空间，特别是有利于上海进一步深化服务市场与资本对外开放，促进各创新要素之间的互通互动，将企业和个人的创新活力从体制束缚与制度瓶颈中解放出来，打通创新链与产业链之间的阻隔，走出一条具有上海特色、中国特色的创新发展道路。

(二) 国家制造业发展战略

2015 年 5 月 19 日，国务院正式印发了《中国制造 2025》。这是中央、国务院总揽国际国内发展大势，站在增强中国综合国力、提升国际竞争力、保障国家安全的战略高度做出的重大战略部署，其核心是加快推进制造业创新发展、提质增效，实现从制造大国向制造强国转变。《中国制造 2025》明确提出了建设制造强国的“三步走”战略，以十年为一个阶段，通过“三步走”实现制造强国建设，并对第一个十年的战略任务和重点进行了具体部署。总体看，《中国制造2025》不是一般意义上的中长期发展规划，而是兼顾当前和长远、兼顾战略和战术的一个行动计划。既立足当前，面向制造业转型升级、提质增效，提出了九大战略任务、五项重点工程和若干重大政策举措；又着眼长远，着眼应对新一轮科技革命和产业变革、抢占未来竞争制高点，围绕先进制造和高端装备制造，前瞻部署了重点突破的十大战略领域，描绘了未来三十年建设制造强国的宏伟蓝图和梯次推进的路线图。这一国家战略的实施，将为拥有坚实的制造业基础和具备发展装备制造业、智能制造条件的上海制造业提供新的发展机遇，实现创新发展。

（三）“国际科创中心”的城市功能定位

改革开放以来，国家对上海的城市功能不断产生新的认识，上海的城市定位也经历了从20世纪80年代的“太平洋西岸最大的经济、贸易中心”，到20世纪90年代的“一个龙头、四个中心”，再到21世纪“四个中心”历史演进过程。2015年5月，上海市委、市政府根据2014年习近平总书记考察上海时提出的要求和中央、国务院对上海城市发展的战略部署，制定和颁布了《关于加快建设具有全球影响力的科技创新中心的意见》，提出了推进“全球科创中心”建设的目标。实际上，“全球科创中心”这一新目标的提出意味着上海城市功能建设的重心转变，即从“四个中心”向“全球科创中心”转型。

“全球科创中心”的建设离不开先进制造业的基础支撑；没有制造业的转型与提升，科技创新也将是无源之水。在上海市委、市政府发布《关于加快建设具有全球影响力的科技创新中心的22条意见》中，已经明确将民用航空发动机与燃气轮机、大飞机、北斗导航、高端处理器芯片、集成电路制造及配套装备材料、先进传感器及物联网、智能电网、智能汽车和新能源汽车、新型显示、智能制造与机器人、深远海洋工程装备、原创新药与高端医疗装备等重大制造业创新作为战略重点项目。纵览全球科创先进地区和城市，都有在某些领域位居世界领先地位的制造企业，即使在地震阴云笼罩着的硅谷和干旱的以色列沙漠中，也有高精尖的集成电路芯片制造工厂。因此，我们认为“全球科创中心”这一新的城市功能的定位，不仅进一步丰富了上海“国际经济中心”的内涵，也将为上海制造业的发展提供新机遇，推进上海制造业通过技术创新、模式创新和业态创新，实现转型发展。

四、阶段性变量因素

中国经济迈入了一个由投资驱动向创新驱动转换的转型阶段。曾经支撑中国经济快速发展的土地、劳动力等要素资源的比较优势正逐消退，而弥补这一衰减的创新动力还未跟上。特别是率先进入转型发展阶段的上海如何形成以技术创新、模式创新和业态创新来推动经济的转型，将直接关系到"国际经济中心"建设的成败。

(一) 上海经济转型阶段的变量因素

目前中国经济面临的主要问题是整体需求疲软、创新动力不足。这也是上海经济向创新驱动发展转型必须克服的关键性问题，从上海目前的现状来看，以下的因素将成为影响上海经济转型发展的关键。

第一，人口红利。上海在20世纪70年代完成了人口低生育率、低死亡率和低增长率的转变，在21世纪初人口自然变化的红利期已经结束，户籍人口中劳动适龄人口比重已经下降，社会总抚养比上升。但第六次人口普查的结果显示，常住人口的劳动适龄人口仍在继续上升，大量的人口导入维持了上海的人口红利窗口期，满足了以劳动密集型产业为主的工业制造业发展对大量劳动力的需求。虽然当前上海仍处于人口红利窗口期，但随着经济转型而出现的产业结构调整，将可能放缓人口导入的速度，并由此结束人口红利期。因此，上海必须形成人力资本驱动的经济发展方式，使经济产业转型与人口变动相适应。

第二，政策红利。过去30多年，上海根据自身资源禀赋条件积极探索发展之路，提出并实施了一系列积极有效的政策措施，主要完成了4方面工作：经济体制改革、全方位对内对外开放、加强城市基础设施建设和产业结构战略性调整。应该说，上海经济跨越式发展是充分利用中央赋予的支撑政策和自身实际相结合的结果。但随着全国发展战略布局的调整，过去集中优势资源支持少数地区率先发展的环境将不复存在。在政策环境发生变化的形势下，上海必须转变过去依靠政策驱动基础建设、产业项目和结构调整的发展模式。

第三，成本红利。20世纪90年代，相对低廉的劳动力和土地成本，以及率先对外开放的政策环境，都曾经是上海制造业迅速发展的优势条件。但随着经济的快速发展，上海的成本优势逐渐消退，主要表现在：由于居民收入快速增长和社会保障制度不断完善，劳动力成本不断上升；随着城市开发强度的提高，土地资源稀缺性开始显现，包括土地价格、房屋价格和办公楼租金在内的经营性成本开始明显高于周边地区。目前，包括上海在内的中国沿海地区，不但面临着制造业向发达国家"逆转移"的态势，还遭遇了中低收入国家的产业竞争。越南、孟加拉、印度等国家的人力成本仅仅为中国的三分之一左右，双向挤压的挑战不容乐观。

(二) 制造业投资空间

上海经济30多年的较快增长基本上维持着以增量投入实现规模扩张、以投资高速增长拉动经济发展的模式。根据英国当代著名经济学家邓宁(J. H. Dunning)的投资发展周期理论,上海投资发展陆续经过“空白阶段”“起步阶段”“迅速增长阶段”“大规模阶段”,此后必然出现投资增速放缓时期。并且,上海是以奔跑的速度走过了西方工业国家曾经花费很长时间走完的路程,后遗症就是资金盲目扩张、项目重复建设、基础设施饱和、企业产能过剩等粗放式工业发展模式无法回避的问题。因此,在未来相当长一段时期内,上海固定资产投资的扩张空间很小,大规模基础设施建设投资难以启动,投资规模和增长速度必定会有所下降。

第二节 未来上海“国际经济中心”三个阶段的展望

一、第一阶段: 2020年完成“国际经济中心”基本的功能建设

基本研判:2020年上海基本形成“国际经济中心”的功能,能够在某些领域具备一定的国际影响力;成为国内最具有影响力和活力的“经济中心”,成为长三角城市群的科技创新中心、成果转化交易中心、最大的先端制造业基地(确立长三角地区经济中心的地位)。其判断支撑分析如下:

(一) 至2020年的国内外环境变化趋势

至2020年前后,是中国经济转型发展的关键期,也是新一轮国际秩序(第二次世界大战后)重构的探索期,存在许多不确定的因素。这也为上海的转型发展和国际经济中心的建设提供了战略性的机遇。

从国内发展宏观环境来看,到2020年前后,中国的经济规模与美国相匹配,在国际上的经济大国地位进一步巩固,国际竞争力进一步提升,具有一定的国际资源配置能力。同时,中国也将是一个更为开放的社会,在全球的人才流、资金流、信息流等方面,将扮演重要的角色,或者说,将成全球人才、资本、技术和信息等重要汇集地之一。但是,中国的人均收入水与发达国家存在巨大差距,区域之间的不均发展现象有所收敛,但仍明显存在;区域之间的市场壁垒仍存在,但全国统一市场形成的趋势不可阻挡。

从国际环境来看，未来 5 年，国际社会处于一个新的国际秩序摸索时期，融合与对抗共存，中国的崛起与制约的矛盾仍未消除。但全球经济的一体化以及中国经济的国际化、中国企业国际化的趋势，不可逆转。全球资源竞争、人才竞争和科技创新竞争将进一步加剧。

(二) 国内的产业发展与创新活动的变化趋势

虽然支撑中国经济高速增长、产业大规模化发展的比较优势条件已减弱或已变劣势，但短期内中国作为全球最大的生产基地、最大的产品供应国的地位不会动摇。随着国内改革的深化和对外开放的推进，中国的产业结构将进一步优化、空间布局将进一步改善，中国企业的国际化战略将更加鲜明。

在“中国制造 2025”战略引领下，制造业，特别是高端装备制造、智能化制造、新兴产业等领域，将有重大突破，中国制造的全球影响力将进一步提升。在“互联网＋”计划的推动下，以新一代信息技术的应用为基础、以市场需求为导向、以跨界融合为特征的新业态和新商业模式，将助力中国新兴产业、智能制造业的发展，在一部分制造业领域成为全球的引领者。

到 2020 年，中国将成为全球科技创新活动新最为活跃的国家之一。无论是在创新投入方面，还是在专利等创新产出方面，中国将成为全球最重要的国家之一。未来几年中国将进入一个科技创新的新阶段，是一个以提升科技创新质量、以促进创新成果产业化等为核心的创新阶段，这是中国实践“创新驱动发展、经济转型升级”的内在要求。在某些高端领域(航空航天等)、节能环保及新材料、网络科技等领域中的某些细分行业，中国可能成为全球科技创新或新技术应用的先行者。

(三) 2020 年初步形成“国际经济中心”三大功能

2020 年基本建成的上海“国际经济中心”，是一个全国最具有影响力、规模最大、功能最强的区域经济中心，初步形成以下三种功能。

一是创新功能。上海将成全国规模最大、最富具有创新活力的城市之一，依托区位、交通便捷、先进制造业基础以及创新人才、市场等优势，将成为长三角城市群创新、创意、创业和研发的中心，也将成为全国新技术应用、产业化的重要基地。

二是产业功能。技术创新和市场需导向将进一步推动制造业内部结构的高端化，高端制造业和新兴产业将成为上海制造业的主体。在少数几个战略型装备制造、某些新兴产业领域，形成一定规模、具有较强的研发能力、拥有核心技术，是全国同行业的引领者，在国际上具有较强的竞争力，也是全国高端装备制造、新技术产业化的重要基地和高新技术及产品的重要出口基地。

三是辐射功能。上海将成为全国科技创新资源的集聚地(各种创新资源占有绝对优势),是全国科技创新成果展示、学术交流和技术交易、科技成果转化中心和高端制造业、新兴产业的基要基地。上海的科技创新成果、产品和各种服务的影响力将超越长三角城市群,面向全国。

二、第二阶段:2030 年形成具有全球影响力“国际经济中心”

基本研判:2030 年前后,上海将发展成为全球经济活动最活跃的国际化大都之一,成为全球科技创新资源汇集、科技成果交流和科技成果转化的重要节点大都市,也成为全球高端制造业和高新技术产业的重要基地之一。其判断支撑分析如下:

(一) 2020—2030 年的国内外环境变化预测

从国内发展宏观环境来看,2030 年前后,中国已是全球最大的经济体,但人均收入水平与美国等发达国家相比仍存较大差距;中国经济发展从“追随者”走向“开拓者”,从“劳动力过剩”走向“劳动力不足”,从“区域市场分割、城乡分离”走向“区域市场统合、城乡融合”的时代;内需主导经济增长,创新成为经济增长的动力源。

从国际环境来看,2020—2030 年期间,中国经济大国的地位确立,将成为全球投资、贸易的重要参与者,国际经济秩序的主要参与者和规则的制定者;全球经济“板块”发生变化,以中国为核心的亚洲、以中国为核心的“新兴市场”国家仍是全球经济增长的引擎,美国与欧洲在全球经济中的地位将进一步弱化。同时,存在的不确定因素是:霸权与对抗是否将世界引入新的对立,发达国家的经济相对衰退是否加剧经济保护主义抬头,资源环境等能否支撑全球经济的持续发展等,将成为全球经济社会关注的重点。

(二) 国内的产业发展与创新活动的变化预测

从产业发展来看,2030 年前后,中国确立全球产业发展的地位,拥有全球最完整的制造业体系、最大的生产规模,并在一些制造业领域如装备、高新技术成为领先者;中国制造业的全球化、网络化全面展开,中国将完成由“引进来”向“走出去”的战略转变;国内制造业完成新一轮布局(生产由东向西转移),东部将成为产业价值链高端环节的集聚基地,即研发和售后服务的集聚地带。

从创新活动来看,与 2020 年相比,中国的科技创新活动更为活跃,投入强度更高,成为全球科技资源、研发机构的主要集聚地之一;在互联网、新材料、航空航天、新能源、节能及生命科学、健康医疗等领域，中国可能走向世界的前沿；中国也成为全球科技成果应用的前沿基地。中国与美国的差距将大幅缩小，是全球最大或仅次于美国的科技活动中心。

(三) 2030年上海"国际经济中心"的功能与影响力

15年后的上海，将是全球产值规模最大的经济城市，是全球最大城市群——长三角城市群的中心城市(首位城市)，也是集制造功能、科技创新功能和服功能为一体的国际经济大都市。2030年前后，上海"国际经济中心"的三种功能和国际影响力将进一步提升。

一是创新功能。上海将具备全国科技创新的引领能力，是全球科技资源的重要汇集地，科技创新成果发布中心和新技术孵化、应用重要基地，拥有全国乃至全球最为完善的科技创新网络、服务支撑体系以及良好的创新氛围，基本确立具有国际影响力的全球科技创新中心的地位。

二是产业功能。上海将形成以服务经济为主体的经济结构，服务业的比重将达到70%—80%，但制造业仍是上海经济的重要支撑、其产值结构比重也将高于其他国际经济中心城市。同时，由于受到城市空间和劳动成本、生态环境等因素的制约，上海制造业将通过转型发展，走向"精、专、高"(精细化、专业化和高端化)，成为全国少数战略领域、高端领域的核心制造基地、研发基地和新技术应用基地。上海制造是在全国乃至全球将以"质"获取竞争优势，以"精、专、高"引领全国和服务全国。

三是辐射功能。上海将形成开放性的创新和生产网络平台，在全国乃至全球范围具有较强的创新资源配置、生产要素配置的掌控能力。上海的创新成果和产品与服务不仅能辐射长三角和全国，也将对全球产生重要影响。

三、第三阶段：2050年全球"国际经济中心"城市的引领者

基本研判：2030—2050年间的20年，上海城市将完成由"国际经济中心"向"全球超级大都市"的演变，此时的上海已打破了原有的地域行政区划的概念，是长三角城市群的代名词，是长三角城市群的"CBD"(Central Business District)。巨大的经济规模、产业基础、服务功能和活动空间，将改变以往的国际经济中心城市的概念。2050年的上海(长三角城市群)，即使保持目前(2012年长三角30个城市)在国内的地位不变，用约全国15%的人口、20%的GDP和近40%的对外贸易来衡量，仍无疑是全球最大的城市群、全球的经活动中心和全球科技创新中心，也是全球经济、科技创新的最前沿城市。其判断支撑分

析如下：

（一）2030—2050年的国内外环境变化预测

从国内发展宏观环境来看，2030—2050年期间，将是中国完成从全球经济大国转变为“超级大国”，并走向成熟的阶段。国内的市场空间巨大，但扩张速度较低；人口规模巨大，但人口结构“恶化”，且规模不断缩小；网络化、信息化缩小了区域之间差距，但市场的多样性仍然存在（区域文化、生活习惯等多样性的存在）；产业呈现出高度融合发展的态势，发达的科学技术将改变制约产业发展的劳动力和土地等要素资源制约条件，缩短东中西部区域空间距离，同时由于巨大且多样的市场存在，“产业空心化”现象将可避免或将减轻，对产业体系的影响作用将受到抑制，各种制造业依然具有生命力和发展空间；国际竞争加剧，创新以及新技术的应用成为产业发展的动力源，且非常突出；对外投资、贸易活动成为中国经济发展的重要组成部分。

从国际环境来看，2030—2050年间，中国成为全球超级大国，将成为全球投资、贸易的引领者，国际经济秩序形成和维持的主导者；信息化、贸易投资的自由化以及新技术发展，将进一步促进全球经济的一体化；非洲、南美、中国周边邻国的发展，将对中国形成巨大挑战，并加剧全球竞争。两大不确定因素是：技术创新能否缓解全球资源、能源的短缺以及生态环境的恶化；大国之间，特别是新的超级大国中国与以往的霸权美国之间，能否顺利完成全球“领导者”角色的转变，走向协调。

（二）国内的产业发展与创新活动的变化预测

从产业发展趋势来看，2040—2050年间，中国将完成由“中国制造”向“中国创造”的转变，全球产业基地的地位突出，拥有相对完善的产业体系，成为全球最大的生产规模和产品供应者、技术创新的先行者和新技术应用的引领者；中国制造业进入全球化、网络化的生产阶段，产业价值链的高端掌控权进一步强化，但竞争进一步加剧。不确定因素有：以3D打印、机器人、移动互联网等为代表新技术应用与发展，对制造业的影响（制造业可能迎来重新“洗牌”局面，新技术将改变以往的生产模式和资源配置方式）；国内制造业重心的西移（向中西部转移）和向海外发展，对东部地区产业的影响（是否出现国外已发生过的产业空心化现象）。

从创新活动来看，中国成为全球最为重要的科技创新国家，许多领域的创新活动走在世界前列；随着巨大的、多样的国内市场存在和全球竞争的加剧，中国将成为全球新技术应用的开拓者、引领者，也将聚集全球更多的科技资源，成为真正的全球科技创新大国。同时，迎来新的产业技术革命，太空技术、海洋技术以及生命科学技术、新的网络通信技术和新材料技术等将成为新一轮创新活动、产业发展的焦点。

（三）2050 年上海"国际经济中心"的新形态与新作用

2050 年前后，上海"国际经济中心"将以一个新的形态出现，是一个新型国际经济中心城市群，即长三角国际经济中心城市群。与以往的"国际经济中心"相比，具有以下两个方面的特性。

一是综合性。除了具备一般国际大都市所有的强大的金融服务功能、贸易服务功能和物流服务功能之外，上海"国际经济中心"更具备制造、技术创新和技术服务功能。这是中国发展战略的需求以及上海的区位优势所决定的。

二是独特性。中国发展模式（国家体制机制）是上海必然成为"国际经济中心"城市的原因。上海不仅是中国经济发展的前沿城市，更是中国经济发展体制机制探索的实践城市，这使得上海具有更大、更富有开拓性的创新发展空间，更有吸引全国乃至全球创新资源的魅力。

第三篇 国际金融中心建设

上海国际金融中心未来中长期建设和发展的最重要影响因素是中国经济贸易发展、人民币国际化进程和互联网创新发展。当然,这些因素之间有复杂的交互作用。经济贸易规模的提升与人民币国际化进程的加快相互促进,两者的进一步增进都将极大地支持上海国际金融中心的建设。互联网的创新发展既带来机遇,也带来挑战。总体分析,未来上海国际金融中心的重要性将更加突出。

本篇主要研究上海国际金融中心中长期建设和发展的基础、面临的关键问题和未来发展目标和愿景展望。对标分析伦敦、纽约和东京三大国际金融中心的地位、特征及未来发展,明确上海国际金融中心建设未来的拓展方向。回顾总结上海国际金融中心建设在金融市场体系建设、金融市场规模拓展和金融市场功能完善等方面的成就,以及具备的优势条件和面临的约束因素,可以更加清楚地认识上海国际金融中心建设的基础。在对国内外经济金融发展背景、中国经济贸易发展趋势、人民币国际化进程以及互联网创新发展等方面进行研究的基础上,我们认为,到 2020 年,上海将基本建成国际金融中心;到 2050 年,上海将超越东京、香港、新加坡等金融中心,成为亚洲地区首屈一指的国际金融中心,进而与纽约、伦敦一起,构成三足鼎立的全球金融中心格局。

第六章　全球主要金融中心发展

上海，作为一个年轻的新兴金融中心，经过多年来的发展，已经确立了其全国金融中心的地位。然而，若要发展成为全球性的国际金融中心，需要学习的地方还有很多。2009 年 4 月，国务院颁布了《关于推进上海加快发展现代服务业和先进制造业建设国际金融中心和国际航运中心的意见》，以一项国家战略的方式提出了上海建设国际金融中心的总目标：到 2020 年，基本建成与中国经济实力以及人民币国际地位相适应的国际金融中心。近年来，上海在国际金融中心排名中呈不断上升的趋势，并且有着很强的成长性，然而在金融市场、产业支撑、服务水平等方面与纽约、伦敦这些较成熟的国际金融中心相比，还有较大差距。在建设上海国际金融中心这条路上我们应该何去何从，仍有待进一步的探索。

本章分析全球各大金融中心近年来的发展格局及变化，提供了一个国际金融中心发展格局的总览，并着重介绍了久经考验而兴盛不衰的伦敦金融中心、最具实力的纽约金融中心、快速崛起而又历经没落的东京金融中心这三大较成熟国际金融中心的当今地位、具体特征以及未来发展方向。通过对这三个金融中心的分析，我们可以总结出建设金融中心的一般规律，从而为上海建设国际金融中心出谋划策，以实现建设上海国际金融中心的战略目标。

第一节　全球主要金融中心发展格局

纵观近三百年来世界金融市场的发展，国际金融中心的地位往往与一国经济金融实力紧密关联。一个城市的崛起往往伴随着一国的兴盛，同样，一个国际金融中心的没落也往往代表着一国经济实力的衰落。世界上最早的国际金融中心当属 17 世纪荷兰的阿姆斯特丹。伦敦的国际金融中心地位是在第一次工业革命的进程中确立的。而两次世界大战又给纽约金融中心提供了绝好的契机，使其成长为当今的国际金融中心。国际金融中心的变迁往往伴随着一国经济实力的兴衰，拥有一个具有影响力的国际金融中心是一国雄厚经济实力的前提与保障，这对中国是一个启示。本节我们根据新华·道琼斯国际金融中心发展指数(IFCD)分析全球主要金融中心的发展格局及变化，为上海在全球的发展提供一个定位，并据此寻找上海国际金融中心未来的发展机遇。

一、国际金融中心的定义以及分类

金融中心是指在金融活动集聚过程中出现的、在一定地理区域内实现金融资源配置的城市或地区。从国际市场角度看，就是国际金融中心。国际金融中心的特征是各类金融机构与金融市场高度集中，金融活动与金融交易高度繁荣，金融价格与金融信息高度凝聚。其基本功能是聚集金融机构并发挥资金交易中介以及价值贮藏作用。

对国际金融中心的分类主要有两种方法。一种是按业务涉及的区域范围进行划分。这种方法将国际金融中心划分为三类：次区域金融中心、区域性金融中心、全球性金融中心。次区域金融中心主要为本国以及周边国提供金融服务，在国际上的影响力不是很大，这类的金融中心主要有韩国的首尔、美国的芝加哥以及中国的上海等。区域性金融中心的业务范围可以扩展到洲级别，这类金融中心主要有新加坡、德国的法兰克福、中国的香港等。全球性金融中心的业务范围是世界性的，提供全球性的金融业务，这类的金融中心目前只有纽约、伦敦以及东京。

对金融中心的另一种划分方法是按其功能进行分类，这种方法将国际金融中心分为功能中心与簿记中心。功能性国际金融中心是指进行着大量实质性的金融活动、具有实际的投融资功能的国际金融中心。功能中心又细分为一体化中心与隔离化中心。一体化中心是指对境内业务与境外业务不加以区分，而隔离化中心严格区分境内外业务。簿记性国际金融中心主要是为非居民提供金融服务，往往是为了避税而设置的一个记录交易的地点，几乎不会发生实际的金融业务，例如开曼群岛、巴拿马等。

二、全球金融中心发展格局现状

金融中心象征着一国的经济金融实力，建设金融中心往往被提升到一国的战略层面。毋庸置疑，作为金融资源汇聚场所的金融中心是一国争夺世界金融资源的主要赛场，对参赛选手们而言，自然是东道主占尽了天时地利，所以当不当东道主就意味着在这场残酷的赛事中有没有主场优势，也就在某种程度上意味着淘汰。

近几年来，国际金融中心的格局相对稳定，并没有发生较大的变化，仍然呈现出明显的多元化、多层次的格局。就多元化而言，纽约与伦敦仍然占据着首要国际金融中心的地位，紧接其后的是分布在世界各地的城市，东京、新加坡以及香港都是首要国际金融中心地位的有力挑战者。多层次的特征主要凸显在空间地理结构上，国际金融中心在世界的版图上错落排布，各自占据着一个或大或小的辐射带。在图 6－1 中，我们可以清楚地看到，国际金融中心往往处于经济已经高度发达或者经济正在高速发展的地区。这并不是偶然，恰恰说明了国际金融中心的建设对于一国经济实力的非凡意义，拥有一个具有影响力的国际金融中心是一国雄厚经济实力的前提与保障。

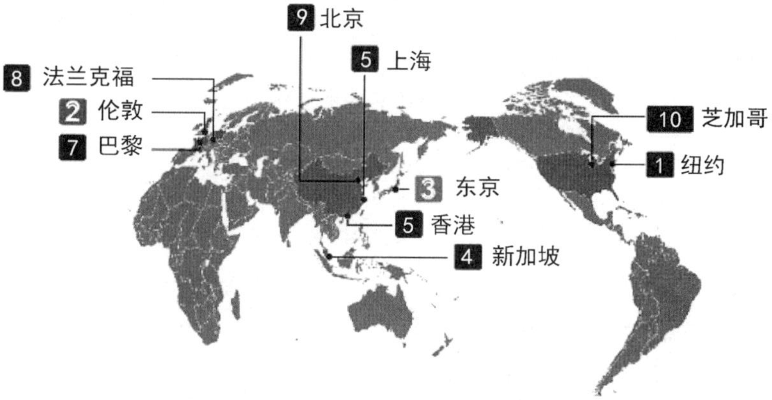

图 6－1　2014 年世界十大金融中心

资料来源：《新华・道琼斯国际金融中心发展指数报告(2014)》。

在全球国际金融中心你追我赶的大背景下，如何衡量一个国际金融中心的地位成了一个研究热点。对世界各国的大型城市的比较分析是一个相对成熟的研究领域，已有大量学者对此问题进行了研究分析，并形成了各自的理论。在这些研究的基础上，当今主要有这样几种指标体系：新华・道琼斯国际金融中心发展指数(IFCD Index)，伦敦智库 Z/Yen 集团发布的全球金融中心指数(GFCI)报告，世界经济论坛(WEF)发布的全球竞争力指数(GCI)以及瑞士洛桑国际管理发展研究所(IMD)发布的国际竞争力评估指标体系等。值得关注的是，近几年来，中国新华社与芝加哥交易所集团联合研制的 IFCD 指数得到了越来越多的认可，在国际上的影响力也与日俱增。

新华·道琼斯国际金融中心发展指数(IFCD)是由五个维度构成的指标体系,每个维度又包含了一系列指标,总共包括有5个一级指标,15个二级指标,46个三级指标。如图6-2所示,这五个维度分别为金融市场、成长发展、产业支撑、服务水平以及国家环境。这五个维度相当全面地概括了一个国际金融中心的发展条件。

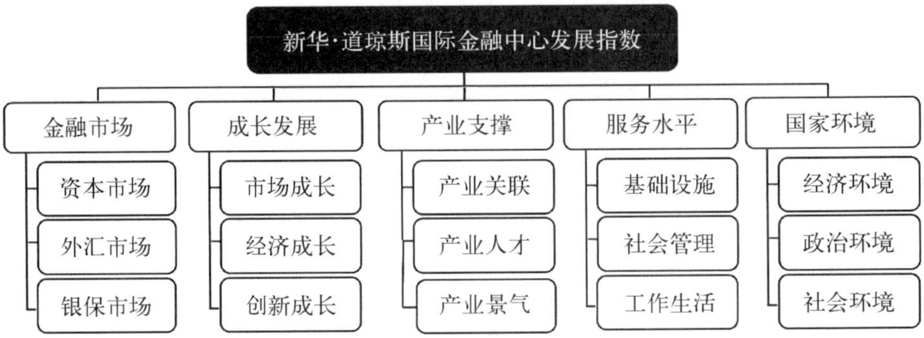

图6-2 IFCD的指标体系

资料来源:《新华·道琼斯国际金融中心发展指数报告(2014)》。

IFCD在选取了全球具有代表性的45个金融中心的基础上进行数据分析,得出了一个翔实可靠的国际金融中心排名。通过整理近年来发布的IFCD指数,可以得到当代国际金融中心格局的大致状况,如表6-1所示。在表6-1中,可以清楚地看到,纽约与伦敦牢牢占据着第一与第二的位置,而东京、香港、新加坡以及上海都有着不容小觑的实力。作为实力雄厚的国际金融中心,纽约与伦敦分别排在第一第二的位置是意料之中的事情,值得关注的是位于亚洲地区的城市的兴起,尤其是中国的香港、上海以及北京,其金融实力稳步增强,相信在不久的将来,中国的城市,尤其是上海,必然会在前三席占据一席之地。

表6-1 新华·道琼斯国际金融中心发展指数排名

名次	2014	名次	2013	名次	2012	名次	2011	名次	2010
1	纽约	1	纽约	1	纽约	1	纽约	1	纽约
2	伦敦	2	伦敦	2	伦敦	2	伦敦	2	伦敦
3	东京	3	香港	3	东京	3	东京	3	东京
4	新加坡	4	东京	4	香港	4	香港	4	香港

续　表

名次	2014	名次	2013	名次	2012	名次	2011	名次	2010
5	香港	5	新加坡	5	新加坡	5	新加坡	5	巴黎
6	上海	6	上海	6	上海	6	上海	6	新加坡
7	巴黎	7	巴黎	7	法兰克福	7	巴黎	7	法兰克福
8	法兰克福	8	法兰克福	8	巴黎	8	法兰克福	8	上海
9	北京	9	芝加哥	9	苏黎世	9	悉尼	9	华盛顿
10	芝加哥	10	悉尼	10	芝加哥	10	阿姆斯特丹	10	悉尼

资料来源：根据相关资料整理。

就单项指标而言，这 45 个城市又有着不同的表现，选取每个单项的前五名进行排序，产生表 6－2。在表中较为明显的是，纽约与伦敦在产业支撑、服务水平以及国家环境这三个维度上都处于领先的地位，这也正是它们排在总指数前列的原因。就亚洲的城市而言，上海与香港都处在一个不错的位置，尤为突出的是，上海是成长发展维度的第一名，这也是上海连续五年来都处于成长发展单项指标的第一名。毋庸置疑，在建设国际金融中心方面而言，上海有着美好的发展前景。

表 6－2　　新华·道琼斯国际金融中心发展指数单项排名

名次	金融市场	名次	成长发展	名次	产业支撑	名次	服务水平	名次	国家环境
1	纽约	1	上海	1	纽约	1	纽约	1	伦敦
2	伦敦	2	东京	2	伦敦	2	伦敦	2	纽约
3	东京	3	新加坡	3	东京	3	香港	3	东京
4	香港	4	纽约	4	香港	4	东京	4	新加坡
5	新加坡	5	伦敦	5	上海	5	新加坡	5	上海

从近几年的数据来看，当前的国际金融中心的格局相对稳定，大致处于一种多元化且多层次的状态。就排名靠前的国际金融中心而言，各自又有着各自的特点。

首先，纽约一直保持在第一的位置，这是由纽约金融市场自身的特点所决定的。长期以来，在世界市场上，纽约一直凭借着其金融创新能力笑傲群雄。自 19 世纪以来，众多富有开拓精神的金融机构纷纷在华尔街安营扎寨，随着这些金融机构的不断发展,纽约逐步在金融证券以及保险业务上建立了绝对的优势。然而,在享受金融创新所带来的好处的同时,纽约也面临着过度创新的隐患,次贷危机所带来的后果至今仍然未能完全消除。伦敦一直是纽约的有力竞争者。近年来,纽约的种种不利政策不但使得越来越多的金融企业把关注点从纽约转向了伦敦,而且加剧了金融从业人员的流失。纽约不仅面对着欧洲对手的挑战,还不得不正视来自发展中国家的竞争。近来,纽约股市的竞争力正在下降。2015 年 1 月至 4 月的中国上证所的总成交额已经超过了美国纽约股市。而且据《华尔街日报》6 月 5 日的报道,中国已经超越了美国,成为世界上最大的 IPO 发行市场。

伦敦一直是纽约的最主要的竞争对手,伦敦拥有世界上上市公司最多的交易所,并且在黄金现货、保险业务方面处于世界最前端的位置。位于伦敦的伦敦金融城有着独立的管理条例以及运作方法,尤其是其 24 小时接连运转的特点。通过 24 小时不间断的运转,伦敦金融城实现了与纽约市场以及东京市场的完全对接。

在亚洲市场上,最主要的国际金融中心是日本的东京,中国的香港、上海以及新加坡。

东京是能够与纽约、伦敦相提并论的国际金融中心,经历过 20 世纪 60 年代的崛起以及 90 年代的衰退,东京国际金融中心是亚洲最重要的金融中心之一。相对于纽约、伦敦而言,东京最主要的特点是政府主导的能力很强,这种政府主导性导致了东京金融中心的发展对政府政策的依赖性很强。

新加坡和中国香港有着相似的背景,二者都是新兴市场亚太地区的国际金融中心。香港金融中心的特点是自由化氛围浓重,各项优惠政策使得国际资金不断流入香港,作为一个远东重要港口以及贸易中转站的香港,自然而然就成为亚太地区国际金融中心。新加坡的成功主要在于推进亚洲美元市场的建设。随着亚洲美元市场的发展,新加坡的外汇市场也得到了发展,并且成为世界上最主要的外汇市场之一。

中国的上海是新兴国际金融中心的代表,作为成长发展前景最好的城市之一,上海正在获得越来越多的关注与重视。上海具有优越的区位优势与庞大的内地市场,这是亚太地区其他金融中心所不具备的。自 20 世纪 90 年代以来,上海始终秉持建设经济、金融、航运、贸易"四个中心"的国家战略,其中,国际金融中心的建设始终是"四个中心"的核心。

三、全球金融中心格局的变化

国际金融中心的地位往往与一国经济金融实力紧密关联，一个城市的崛起往往伴随着一国的兴盛，一个国际金融中心的没落也往往代表着一国经济实力的衰落。

世界上最早的国际金融中心当属17世纪荷兰的阿姆斯特丹，在当时有“海上马车夫”之称的荷兰，国际贸易达到了前所未有的繁荣，一时之间，阿姆斯特丹成为东西方商品贸易的连接点。随着荷兰国际地位的提升，阿姆斯特丹逐步确立了国际金融中心的地位。作为第一个有影响力的国际金融中心，阿姆斯特丹创造了很多的第一，第一家现代银行、第一支股票、第一个股票交易所以及第一个经济泡沫——“郁金香泡沫”。但随着英国颁布《航海法》禁止使用荷兰的船只进行运输，以及随着而来的在三次英荷战争的失利，荷兰逐步走向了没落。阿姆斯特丹的国际金融中心的地位也被“日不落帝国”英国的伦敦所取代。

伦敦的国际金融中心地位是在第一次工业革命的进程中确立的。工业革命开始于18世纪60年代，其发源地点为英格兰的中部，机器的发明以及运用使得生产力得到了极大提升，使生产方式也发生了巨大的改变。凭借着巨大的生产能力以及廉价的原料来源，英国迅速成为“世界加工厂”，随着英国工业品在全世界范围的流通，英镑也成为当时世界上最普遍使用的货币。自然而然地，作为英国首都的伦敦成为国际金融中心，并且延续至今。老牌的国际金融中心伦敦在当今世界仍然具有相当大的影响力，长期以来，伦敦一直都是第一国际金融中心的有力竞争者。在伦敦，你可以看到历史所留存下来的厚重感，尤为突出的是1773年成立的伦敦交易所至今仍是全球第四大的股票市场，这不仅代表着伦敦的金融实力，更重要的是，它意味着老牌的伦敦依然焕发着崭新的活力。

两次世界大战给欧洲列强留下了一个千疮百孔亟须重建的家园，美国则成为世界第一经济大国。恰如英镑的地位保证了伦敦国际金融中心的确立，在“布雷顿森林体系”的建立之后，美元的不可动摇霸主地位也促使纽约取代伦敦成为世界首要的国际金融中心，直到现在。

在20世纪60至70年代，涌现了大量的国际金融中心，例如东京、法兰克福、巴黎、新加坡以及香港等，这些金融中心的产生的原因主要是离岸美元的流通以及离岸金融活动的盛行。60年代美国严格限制美元流出，导致了需要资金进行重建的欧洲严重缺乏美元，这一情况的结果就是大量美元通过各种方式流出美国。随着流通在欧洲市场上的美元越来越多，这些离岸的美元开始独立于美国本土，可以单独经营一些基于美元的金融活动，包括存贷美元、交易美元定值证券等。很快地，“离岸”的趋势就蔓延到了全世界，例如新加坡凭借着推进“亚洲美元”的进程而跃升为亚太地区金融中心。在这一进程中涌现出的国际金融中心至今仍保持着相当的活力。

80年代至今，在经济高速发展的地区出现了大量国际金融中心，这些金融中心往往是为了满足本区域的市场需求而建立的，例如孟买、曼谷等。在这一过程中出现的国际金融中心往往有着浓重的政策色彩，它们的崛起大多也是依靠着本国政府强有力的支持。

在国与国之间长期以来的国际金融中心地位的争夺中，我们可以清楚地看到，国际金融中心的影响力大小与本国的经济地位以及经济发展前景有着密切的联系。正是基于这样的共识，各国对于建设国际金融中心的竞争非常激烈。如何建设国际金融中心，如何发挥本国国际金融中心的优势，以及如何稳固国际金融中心的地位，这些都是我们要考虑的问题。为了对这些问题进行解答，我们必须对各国金融中心进行详尽的分析。鉴于上海的发展前景，我们决定采取具有代表性的国际金融中心进行分析，即：久经考验而兴盛不衰的金融中心——伦敦、当今最具实力的金融中心——纽约、快速崛起而又历经没落的亚洲金融中心——东京。通过对这三个各具特点的金融中心的分析，我们可以总结出建设金融中心的一般规律，从而为上海建设国际金融中心出谋划策。

第二节 伦敦金融中心的发展

伦敦，作为三大国际金融中心之一，有着悠久的发展历史，其国际金融中心地位是在第一次工业革命的进程中确立的。在经历了两个世纪的兴衰之后，到今天伦敦仍然是三大金融中心中不可或缺的一个。两百多年的发展历程使伦敦金融中心得以不断完善，并逐渐形成自己的特色，其金融市场模式、监管体系以及资本市场结构等对一些新兴金融中心都是一个良好的借鉴。在未来，伦敦金融中心一方面面临着来自纽约的强势竞争，另一方面，又与欧元区的发展有着千丝万缕的联系。伦敦金融城的未来走向也势必会影响到全球金融中心的发展格局。

一、伦敦金融中心的地位

伦敦金融城，又称作“一平方英里”(Square Mile)，这个位处伦敦最古老的街区、经久不衰的金融中心，不仅是英国及伦敦市的经济心脏，也是全球领先的金融、商业和经济中心。作为与纽约、东京齐名的世界三大金融中心之一，丰富的资本和技能在这里高度集中，并吸引着众多的海外金融机构和投资者在这里开展业务。近年来，伦敦持续吸引着全球的关注。它是世界上最大的国际银行贷款来源之一，跨国贷款占全球总额的19%，居世界之首；具有世界领先的国际保险业市场，同时也是世界上最大的外汇市场和场外衍生品交易市场；它的国际债券交易量占全球交易量的70%以上，并且吸引了2/3的世界顶级律师事务所，聚集了超过1/3的全球五百强公司的欧洲总部，以及几乎所有主要国际银行和金融机构的办事处、分支机构或总部。①

（一）伦敦金融城的历史地位

伦敦金融城作为国际金融中心的起源可以追溯至16世纪，它的发展是与英国的贸易地位及海军强弱的演变交织在一起的。16世纪后半叶，贸易与航运的发展促进了集中的交易场所的出现。到17世纪初，伦敦成为世界上最繁荣的港口，港口业务的发展带来了租船、贸易、海运保险等的发展。这时的伦敦作为港口的地位已经超过了阿姆斯特丹，但在国际货币市场上阿姆斯特丹仍保持其突出的地位。在1739年至1815年这半个多世纪期间，英国频繁地发动战争或进行备战，公共债务大量增加，这导致了政府债券进行交易的二级市场的发展；此外，法国在1795年占领了阿姆斯特丹，使其国际中心的贸易和金融业务受到了极大破坏，商人们也大量移民到伦敦。这段战争期间，伦敦逐渐崛起，并取代阿姆斯特丹成为世界上最重要的交易和金融中心，在1815年至1914年间达到了伦敦金融城的鼎盛时期。1914年之后一战、二战的相继爆发，以及1931年金融危机引发的国际性的经济衰退，使伦敦金融城陷入了长久的动荡，业务萎缩，这给纽约提供了一个绝好的机会，使其成为一个新的国际金融中心。二战后，英国提出了凯恩斯计划以对抗美国的怀特计划，但最终因为经济军事实力严重衰退不敌美国，从而确立了以美元为中心的布雷顿森林货币体系，伦敦金融城的地位受到了很大的削弱。1986年10月，一场由撒切尔发动的规模宏大的金融改革对英国传统的金融制度产生了剧烈的冲击，

① 伦敦金融城官网，http://www.cityoflondon.gov.uk。

即所谓的“金融大爆炸”，这次变革的核心是促进金融服务业的自由化。1997年10月，布莱尔政府上台后，伦敦证券交易所进行了又一次规模宏大的金融监管改革，即所谓的“第二次金融大爆炸”，这次改革是以统一金融监管为特征的金融整合。两次“大爆炸”使英国形成了开放竞争的市场环境，奠定了有力而适度的监管基础，扭转了伦敦国际金融中心地位不断下降的趋势，使伦敦金融城走上了根本变革之路，确立了伦敦金融城世界三大国际金融中心之一的地位。

（二）伦敦金融城的当今世界地位

我们根据英国Z/Yen公司发布的全球金融中心指数（GFCI）以及新华通讯社联合芝加哥商业交易所集团发布的新华·道琼斯国际金融中心发展指数（IFCD）来分析伦敦近年来作为国际性金融中心在全球所处的地位，Z/Yen公司从2007年3月起每年发布两次GFCI指数，至2014年9月共发布了16期GFCI指数，图6-3列出了排名前四的国际金融中心从2007年到2014年的指数变化情况；新华·道琼斯国际金融中心发展指数（IFCD）从2010年起共发布了五期，表6-3列出了金融中心前五名的排名状况。

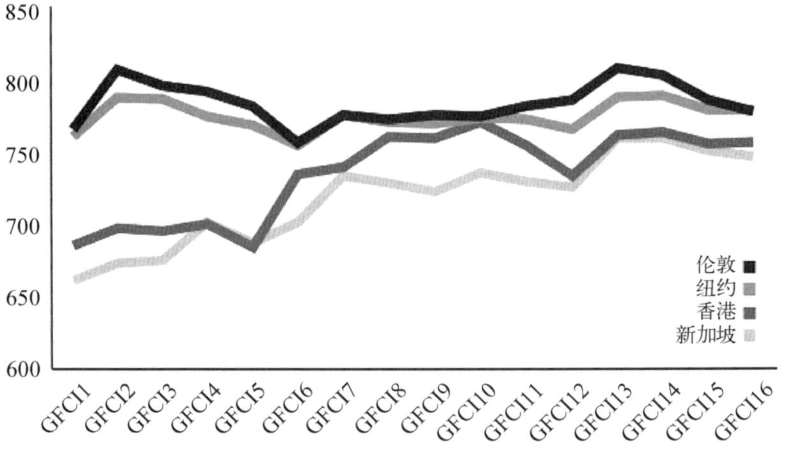

图6-3 排名前四金融中心往期GFCI得分变化

资料来源：The Global Financial Centres Index 16，Sepetember 2014。

GFCI指数在分析一个金融中心的综合实力时主要考虑该地的商业环境、金融发展状况、基础设施水平、人力资本以及声誉等一般性因素，并把这些因素再细分成许多类别进行评判，最终转换成GFCI指数。从图6-3我们可以看出，伦敦从2007年到2013年连续十四期位列排行榜第一名，直至2014年上半年 GFCI15 发布，纽约才以 786 的综合分数略高于伦敦的 784 分，成为排名第一的国际金融中心，由此可以看出伦敦金融城作为国际性金融中心在全球所处的重要地位。近两年伦敦金融城排名下降的趋势主要受以下几个方面影响：首先，英国在欧盟成员国中地位的不确定性以及苏格兰独立事件等对该国的声誉及商业环境产生了一定的影响；其次，伦敦近年来对付款保证保险、利率互换领域以及伦敦银行同业拆借利率和外汇市场内幕交易等方面的监管不力也削弱了其综合实力；最后，税收的不确定性以及对国外劳工和游客的吸引力下降也从一定程度上影响了伦敦金融城的 GFCI 分数。

IFCD 指数在分析一个金融中心的综合实力时主要从金融市场、成长发展、产业支撑、服务水平、国家环境这五个指标着手分析，再细分成 15 个二级指标，46 个三级指标，IFCD 指数采用的评价体系与 GFCI 指数有所差别，得出的金融中心排名也不完全一致。根据 IFCD 从 2010 年起发布的五份报告来看，伦敦的 IFCD 综合指数连续五年位列排行榜第二名，排在纽约之后，东京之前。我们再参考表 6－2 中 IFCD 指数的单项排名，可以具体得出伦敦在国家环境方面排名第一，在金融市场、产业支撑和服务水平方面位列第二，在成长发展方面排名第五。从伦敦的单项排名中我们可以看出，伦敦作为一个老牌的国际金融中心，有着悠久的历史积淀，在不断的发展中形成了完善的税收制度、优越的基础设施建设、合理的市场规模和流动性，使其在国家环境、服务水平等方面位居世界前列，但在成长性方面却弱于一些新兴国际金融中心。

表 6－3　　排名前五金融中心历年 IFCD 指数排名情况

名次	2014	名次	2013	名次	2012	名次	2011	名次	2010
1	纽约	1	纽约	1	纽约	1	纽约	1	纽约
2	伦敦	2	伦敦	2	伦敦	2	伦敦	2	伦敦
3	东京	3	香港	3	东京	3	东京	3	东京
4	新加坡	4	东京	4	香港	4	香港	4	香港
5	香港	5	新加坡	5	新加坡	5	新加坡	5	巴黎

此外，表 6－4、6－5、6－6 中的一些数据也显示伦敦证券交易所在股票市场、债券市场以及基金市场等方面的表现位居世界前列。2013 年，伦敦证券交易所的股票市值达到 44 290 亿美元，并呈现逐年递增的趋势，在各大交易所中排名第四，并且与第三名日本交易所集团 45 430 亿美元的市值相差无几；伦敦

证券交易所的债券成交额位列全球第二，排在西班牙马德里交易所之后，不过受国际形势的影响，2011 年到 2013 年伦敦证交所的债券交易量逐年递减；2013 年，伦敦证券交易所的 ETF 交易量为 3 042 亿美元，位列各大交易所第三名，不过在实际数额方面与前两名差距较大。

表 6-4　各大交易所股票市值(单位：10 亿美元)

交易所名称	2011	2012	2013
纽交所-泛欧证交所(US)	11 796	14 086	17 950
纳斯达克-OMX 集团	3 845	4 582	6 085
东京证券交易所	3 325	3 681	4 543
伦敦证券交易所	3 266	3 397	4 429

资料来源：世界交易所联合会 http://www.world-exchanges.org。

表 6-5　各大交易所债券成交额(单位：10 亿美元)

交易所名称	2011	2012	2013
西班牙马德里交易所	17 345	9 514	8 499
伦敦证券交易所	5 386	4 571	3 953
纳斯达克-OMX 集团	2 666	3 023	2 537
约翰内斯堡证券交易所(南非)	2 883	2 801	2 123

资料来源：世界交易所联合会 http://www.world-exchanges.org。

表 6-6　交易型开放式指数基金(ETF)交易量(单位：10 亿美元)

交易所名称	2011	2012	2013
纳斯达克-OMX 集团	8 992.9	6 564.4	6 695.7
纽交所-泛欧证交所(US)	4 797.0	3 189.8	3 589.2
伦敦证券交易所	325.1	262.0	304.2
东京证券交易所	—	54.9	236.6

资料来源：世界交易所联合会 http://www.world-exchanges.org。

综上所述，伦敦是当之无愧的国际性金融中心，历经几个世纪的发展，古老的伦敦金融城到今天仍然在国际市场上占据重要的地位，位列三大国际金融中心之一。不过面临纽约华尔街以及其他一些新兴金融中心的强势竞争，古老的伦敦金融城仍需进行不断的探索和发展。

二、伦敦金融中心的特征

(一) 内外一体型的金融市场模式

伦敦金融中心在发展过程中采取的是内外一体型的金融市场模式,即境内金融市场与境外金融市场不进行严格的分离,而是相互融为一体,伦敦金融中心的在岸业务与离岸业务具有同等地位并且相互共存,两种业务之间也没有严格的界限。市场参与者们在伦敦金融中心进行交易时,不会受到居民与非居民之间的差别对待,本币、外币的使用也不加以严格区分。此外,还能享受到租金、税负方面的公平对待,可以充分享受到自由宽松的市场环境,免受各种各样的金融限制。

(二) 不断创新的监管体系

2010 年以前,英国采用的监管模式是由英国金融服务局(FSA)进行统一监管,依据的法案是 2000 年通过的《金融服务与市场法》。尽管该法案容量巨大,但仅仅提供了粗略的法律框架,因此 FSA 在获得明确授权后根据该法案编写了厚达 9 000 多页的监管手册,并提出了"以原则为基础"(principles-based)的监管理念。"以原则为基础"的监管体系不同于"以规则为基础"(rules-based)的监管体系,在后一种监管体系下,公司只要不违背具体监管规则便可"高枕无忧",但在"以原则为基础"的监管体系下,监管者对公司的看法同样非常重要,即便公司没有违反具体的监管规则,若是监管者认为该公司有损害市场或公众的行为,同样可以对其采取相应的制裁措施①。这种监管原则可以更好地捍卫市场的公平和效率,并促进产品的创新。英国的这种监管模式给伦敦金融中心创造了一种协同高效的监管环境,有助于提高监管的灵活性,激发金融市场的活力并有效提升市场参与者的信心。

表 6-7　　FSA 的 11 条商业原则

基本原则	具体内容
1. 诚实与规范	公司必须诚实经营
2. 技能、审慎和勤勉	公司在业务经营中必须具备适当的技能,保持适当的审慎和勤勉

① 廖凡,张怡:《英国金融监管体制改革的最新发展及其启示》,《金融监管研究》2012 年第 2 期。

续 表

基本原则	具体内容
3. 风险管理	公司必须充分运用风险管理系统,在适当谨慎的前提下负责任地审慎地组织和控制事务
4. 资金来源	公司必须保持足够的资金来源
5. 市场行为准则	公司必须遵守恰当的市场行为标准
6. 客户利益	公司必须给予消费者利益以合理的关注,公平对待消费者
7. 与客户交流	公司有义务向消费者提供他所需的信息,并且用清晰的、公平的、没有误导的方式向消费者传达信息
8. 利益冲突的管理	公司必须公平地处理利益冲突问题,包括自己与消费者的利益冲突以及消费者之间的利益冲突
9. 建议和决定的适当性	公司面对任何依赖于其判断的消费者都必须采取合理的谨慎以保证自己的建议和决定的适当性
10. 客户资产的保护	当公司对消费者的财产负责时,应对消费者的财产提供足够的保护
11. 对监管者的责任	公司必须以开放和合作的态度对待监管者,并且应及时通知 FSA 有关公司的事项

2008 年爆发的全球金融危机使伦敦金融中心受到重创,也使英国人引以为傲的监管原则饱受质疑。为了改变这种局面,2010 年 4 月,英国议会通过了《2010 年金融服务法》作为对《2000 年金融服务和市场法》的修改和补充,新法案中将金融稳定明确规定为 FSA 的法定监管目标,FSA 的规则制定权也大幅扩展。2011 年 6 月英国发布了题为《金融监管新方法:改革蓝图》的白皮书,开启了对英国金融监管体制更进一步的改革。新的监管体制在 2013 年年初开始运作,并把原有的英国金融服务管理局(FSA)拆分成两个新的监管机构,即审慎监管局(Prudential Regulation Authority, PRA)和金融行为监管局(Financial Conduct Authority, FCA)。《白皮书》中规定银行、保险以及一些重要的投资公司由 FCA 和 PRA 进行双重监管,而其他金融机构则由 FCA 单独监管。这种监管模式更加适合于当今复杂多变的金融环境。

(三) 以伦敦证券交易所为中心的多层次资本市场

伦敦金融城资本市场是以伦敦证券交易所为中心的多层次的资本市场,可以划分为英国股票市场和国际股票市场。其中英国股票市场具体包括以下

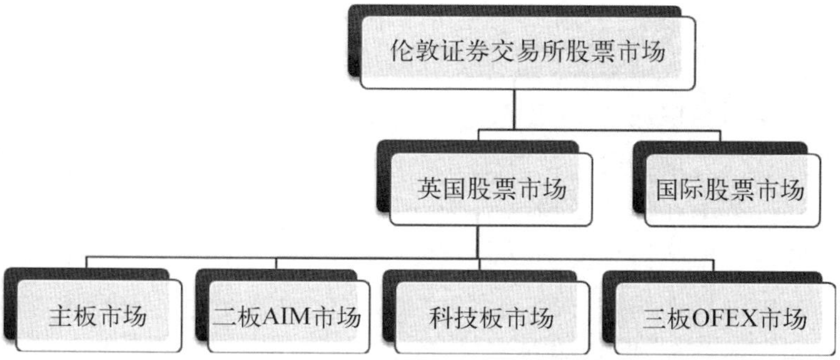

图 6-4　伦敦股票交易市场的多层次性

资料来源：李俊辰：《日不落帝国金融战：伦敦金融城的前世今生》，清华大学出版社 2012 年版。

几个板块：主板市场、二板 AIM(Alternative Investment Market)市场、科技板市场和三板 OFEX(Off-Exchange)市场。主板市场是传统意义上的股票市场，又称作全国性的集中市场，主要是为大型企业融资服务的，对上市企业的要求较高；二板市场的上市标准相对主板市场要低一些，伦敦证券交易所还为二板市场设计出几套不同的标准，可以由中小企业根据自身情况选择适宜的标准上市融资；科技板市场是直属伦敦证券交易所的，于 1999 年 11 月推出，是为了满足创新型科技企业上市而开辟的市场，“科技板是伦敦证券交易所非常重要的一环，它也是世界上唯一的为满足科技公司融资和科技投资者进行投资而设立的证券子市场”①。三板 OFEX 市场，又称新兴市场，属于非正式的市场，它是为更初级的中小企业提供融资服务的市场，在这个市场上交易的证券属于未上市、未公开证券，但这些证券经历市场培育达到一定标准后可以在二板 AIM 市场进行挂牌交易。

英国在原有柜台市场、区域性初级市场的基础上不断发展，产生了新的二板市场、三板市场以及科技板市场等，朝着“证券百货公司”的方向不断迈进，形成了今天的以伦敦证券交易所为中心的多层次、多元化、风险分散的资本市场。

三、伦敦金融中心的未来发展

(一) 竞争全球第一金融中心的地位

伦敦和纽约同为世界性的国际金融中心，伦敦是全球最大的外汇交易市

① 李俊辰：《日不落帝国金融战：伦敦金融城的前世今生》，清华大学出版社 2012 年版。

场和场外利率衍生品市场，纽约则是全球最大的证券市场，伦敦金融中心和纽约金融中心又分别占据着GFCI、IFCD两种指数排行榜的第一名。尽管由于一直以来的美国霸权地位，纽约被公认为是国际上最大的金融中心，但伦敦金融城同样拥有称为世界第一金融中心的有利条件。美国是公认的世界第一大经济体，因此，英国在经济总量上是无法同美国相竞争的，但伦敦金融城可以从金融市场软环境建设上着手，创建一个更加吸引金融机构、投资者和企业的金融中心。美国在经历“9·11事件”之后，移民政策变得更加严格，签证、入境手续等也变得非常繁琐，这阻碍了许多优秀的金融工作者继续留在美国。此外，由于安然事件等一系列丑闻，美国加强了对其证券市场的监管，这也使得一些企业逃离纽约证券市场。在这样的背景下，伦敦才得以在一战之后又重新追赶上纽约成为世界性的金融中心。因此，伦敦若想真正地和纽约抗衡，可以从税收、监管制度、金融市场环境、服务水平等方面着手。国际债券市场对税收和监管制度等都异常敏感，伦敦若能实施较美国更加吸引投资者的税收条件和监管制度、提高金融市场服务水平、降低市场门槛，并且以欧盟成员国的优势为依托，必然可以吸引到更多的企业和金融机构，并最终撼动美国世界第一金融中心的地位。

（二）英国若退出欧盟对伦敦金融城产生何种影响

2013年1月23日，英国首相卡梅伦曾公开宣布，若保守党在2015年大选中获胜，他会在2017年年底通过全民公投的方式决定英国是否继续留在欧盟。5月7日，保守党在大选中再次获胜，卡梅伦首相得以再度组阁，并开始着手准备2017年的公投工作。英国是否真的会脱离欧盟，成为国际社会普遍关注的一个问题。英国若真的脱离欧盟，这对伦敦金融城的未来发展也必将产生深远的影响。

英国从最开始加入欧盟便与其他国家不太一样，始终与欧盟其他国家保持着“若即若离”的关系，不愿过深地介入欧洲一体化的进程。虽然作为欧盟的成员国，但英国一直未加入欧元区，而是使用自己的本国货币英镑。英国不加入欧元区的初衷是为了保持伦敦作为国际金融中心的重要地位和英镑在国际金融体系中的独立地位，但若英国真的脱离了欧盟必定会对其国际金融中心的地位产生影响，也会使其失去一个重要的与纽约国际金融中心相竞争的优势，并且可能面临其他国家的孤立。许多国际企业在投资英国时，不仅考虑到伦敦是一个具有悠久发展历史的成熟的金融市场，另一个很重要的原因是选择在英国设立欧洲业务总部可以自动获得在欧盟28个成员国开展业务的通行证。如果英国退出欧盟，那么伦敦金融中心的这一优势便会丧失。此外，欧洲央行最近发布了一项政策规定，处理欧元计价交易的清算中心应该设在单一货币区域，这项政策可能会迫使一些处理以欧元结算业务的清算机构从伦敦搬迁至欧元区。类似的一些政策都表明，英国置于欧元区之外会对其伦敦金融中心的发展产生一定影响，若英国更进一步脱离欧盟，其金融中心的发展会受到更大的影响。然而，2009年爆发的欧债危机显示，独立的货币体系可以使英国更加灵活地应对经济和金融危机，运用独立的货币政策来降低此类危机的影响。英国在欧盟问题的选择上，必将对其经济和金融的发展产生深远的影响，也必然会给伦敦金融城的未来发展带来一系列的机遇和挑战。

第三节　纽约金融中心的发展

纽约，作为伦敦金融中心最强有力的竞争对手，是当今世界上最大的国际金融中心。一战、二战的爆发为美国提供了绝好的机会，在此基础上，纽约金融中心在短短的五六十年间成长为全球领先的国际金融中心。GFCI和IFCD指数均显示纽约的各项指标都位居世界前列，并且有着自身独特的金融市场模式、监管制度以及多层次的金融体系。在当今的国际金融市场中，纽约金融中心有着举足轻重的地位，其一举一动都有可能影响到全球金融市场的发展方向。在未来，纽约金融中心面临着欧元区的发展带来的机遇和挑战，同时在金融全球化的今天，纽约需要更多努力来把握金融全球化的联动效应，引导世界各国在全球范围内的金融合作。

一、纽约金融中心的地位

相较于古老的伦敦金融城，纽约金融中心就显得年轻得多。著名的经济学家陈彪如先生在《国际金融市场》一书中曾指出“纽约金融市场作为国内金融中心已有一二百年的历史，但作为国际金融中心却是最近五六十年的事情”①。这种转变很大程度上是因为一战、二战的爆发改变了原有的世界格局，给美国带来前所未有的机遇。在这种背景下，美国金融业迅速发展，纽约金融中心也由原来的国内金融中心发展为现在的三大国际金融中心之一，并在全球占据主导地位。两次世界大战给纽约金融中心的发展提供了良好的契机，

---

① 陈彪如：《国际金融市场》，复旦大学出版社1998年版。

不过这种发展并非一蹴而就的，纽约能够成长为世界性的金融中心与美国战后国内稳定的经济环境、罗斯福新政的及时实施、布雷顿森林体系确定的美元中心地位等都有莫大的关系。尽管20世纪70年代布雷顿森林体系崩溃后美元的地位稍有下降，并且面临重新崛起的伦敦金融城以及新兴金融中心东京的挑战，纽约金融中心仍然在许多方面以绝对的优势保持领先地位，并在不断的发展中完善自己。

根据英国Z/Yen公司发布的全球金融中心指数(GFCI)，在综合考虑了商业环境、金融发展状况、基础设施水平、人力资本以及声誉等因素后，纽约金融中心的GFCI指数在2007年到2013年间位列全球第二，排在伦敦金融中心之后。不过这种局面在2014年发生了逆转。2014年上半年Z/Yen发布的指数GFCI15显示，纽约以两分的差距超过伦敦成为排名第一的国际金融中心，并在之后的两期依旧保持这种优势，由此可以看出纽约金融中心在国际金融市场上发展势头强劲，并且有很强的竞争力。

除此之外，另一个比较权威的金融中心指数是新华通讯社联合芝加哥商业交易所集团发布的新华・道琼斯国际金融中心发展指数(IFCD)。IFCD主要从金融市场、成长发展、产业支撑、服务水平、国家环境这五个指标着手进行分析，其中成长发展指标是对GFCI指数的一个很好的补充。尽管IFCD指数从2010年起到今天共发布了五期，但因其涵盖的指标范围非常完善，因此从创立起到现在，该指标逐渐发展成为一个较权威的金融中心指数。根据上节表6-1，纽约金融中心的IFCD指数从2010年到2014年连续五年排在第一名，这与GFCI指数反映的排名情况稍有不同。此外，根据表6-2列出的IFCD指数单项排名情况，纽约在产业支撑和服务水平这两个单项指标上均保持第一的位置，但在国家环境这个指标上排在伦敦之后，位列第二；在成长发展这个指标上排在上海、东京和新加坡之后，但位于伦敦之前。无论从综合指标还是单项指标来看，纽约金融中心的领先地位都是不容否认的，尽管GFCI指数显示在2007年到2013年年间纽约是排在伦敦之后的，不过当综合考虑了GFCI指数、IFCD指数以及纽约华尔街在全球的影响力之后，我们得出的判断是纽约金融中心是排名第一的国际金融中心。

此外，表6-4、6-5、6-6中的数据显示，纽交所-泛欧证交所(US)2013年的股票市值为179 500亿美元，远高于日本交易所集团的45 430亿美元和伦敦证券交易所的44 290亿美元；不过纽约泛欧交易所的债券成交额较低，排外前五名之外，远低于伦敦证券交易所的债券成交量；此外，纽约泛欧证交所

2013年的ETF交易量为35 892亿美元，排在第二名，同样高于伦敦证券交易所和日本交易所集团。

二、纽约金融中心的特征

（一）内外分离型金融中心

纽约金融中心采取的市场模式是内外分离型，这不同于伦敦金融中心的内外一体型模式。在这种模式下，境内金融市场和离岸金融市场会被严格地分离开来，金融中心的市场主体在开展离岸金融业务时，需要把在岸、离岸业务用两个账户进行分账管理，并且两个账户在税收、币种、利率、存款准备率等方面采取的标准也是不一样的，两个账户间的资金不能相互转移。这种模式在管理和运作方面比较方便，也可以更好地防范金融危机，其缺点是市场的参与者在进行交易时面临各种金融限制，金融中心的自由性减弱。

（二）不断创新的监管体系

美国金融监管理念的变化过程也是纽约金融中心监管体系不断发展的过程。2008年的金融危机是美国监管体制的一个转折点，在此之前，美国实行的是一种“双重多头”的金融监管体制，即“不同的金融行业由不同的金融机构负责监管，甚至实行金融监管的区域化。其中，州和联邦银行监管者监督银行业务，州和联邦证券监管者监管证券业务，州保险委员会负责保险经营和销售”[①]，具体如图6－5所示。这种模式下，监管机构之间存在重复、交叉监管的现象，并且缺乏有效的协调机制。当爆发系统性的金融危机时，单个监管机构很难做到全面监管，多个监管者之间也容易出现因目标不同而导致的各种监管冲突，这些都不利于防范系统性金融危机。

为应对这种监管模式的缺陷，2008年3月美国财政部公布了一份长达212页的金融监管改革计划《现代金融监管构架改革蓝图》（以下简称《蓝图》），提出对美国金融监管体制进行重建。《蓝图》中列出了美国金融监管体制的短期、中期、长期目标，其中短期目标是解决美国住房抵押市场监管缺失的问题，中期目标是消除监管机构之间的监管重叠，提高监管的有效性，长期目标是提高美国金融业的竞争力。《蓝图》试图最终把美国的“双重多头”的金融监管体制转变为“以目标为基础”的监管模式。

2010年7月21日，美国总统奥巴马签署了一份名为《多德-弗兰克华尔街

① 伍巧芳：《美国金融监管改革及其借鉴——以次贷危机为背景》，北京大学出版社2013年版。

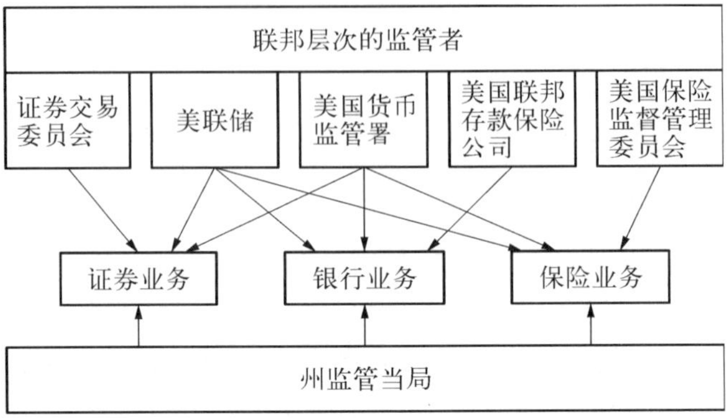

图 6-5 美国的“双重多头”金融监管体制框架

改革和消费者保护法》的法案(以下简称《多德-弗兰克法》),该法案是美国大萧条以来规模最大的一次金融改革法案。《多德-弗兰克法》的两大核心分别为监管系统性风险和消费者金融保护。围绕这两个核心,该法案总共分成了16个部分,并且对美国金融监管机构的职责进行了重新界定,涉及的金融机构不仅包括传统的证券、银行、保险业等,还包括了对冲基金、私募基金等新型金融机构。这部法案在稳定金融体系、保护消费者、加强衍生品监管以及股东薪酬等方面都发挥了重要的作用,有望成为美国金融监管史上的一座新的里程碑,并且可能成为世界金融监管改革的新标尺。

(三) 规模庞大、职能齐全的金融体系

纽约金融中心有各种各样的金融机构,共同构成了美国特有的金融体系。这个金融体系包括银行类金融机构和非银行类金融机构两大类。其中银行类金融机构可以细分为联邦储备体系、政策性金融机构、商业银行以及一些诸如存款类金融机构的专业银行;而非银行类金融机构可以细分为人寿保险公司、财产与灾害保险公司、共同基金、企业集团财务公司以及融资租赁公司。

美国的金融体系是立体化的金融体系,立体化是相对于平面化而言的,美国特有的市场竞争和法律体系推动了这种立体化金融体系的形成。纽约金融中心的众多参与者们,银行、证券公司、保险公司、共同基金等都具有不同的资产规模,面向不同地区、面向不同层次、不同类型客户,同时还受到责任交叉的监管机构的监管,这些共同构成了美国立体化的金融体系。立体化的金融体系有利于在盈率性发展上形成较大的差异性,美国不论大小的金融机构都在发展各自擅长的领域,充分发挥专业化经营的优势;并且,立体化的组织机构有更强的透视风险的能力，比起平面化的组织机构，可以更加敏锐地监控风险。

此外，美国的金融体系是多层次的金融体系，其中银行组织体系可以分为以下四个层次：面向全球的跨国银行、服务各州企业和个人的跨州银行、面向州内所有企业和客户的银行、面向州内特定区域或社区企业和客户的银行。这种金融体系为保证美国经济和金融良好运行发挥了重要作用。

三、纽约金融中心的未来发展

（一）把握金融全球化的全球联动效应

金融全球化，是指世界各国放松金融监管，形成一个全球统一的金融市场和运行机制，各国在金融业务、金融政策等方面相互协调、相互渗透、相互竞争，从而保证金融资源在全球范围内自由配置，形成一个不可分割的整体。随着金融全球化的发展，世界各国间的资本流动障碍在逐渐减少，使得金融资源得以更好地配置。这种全球一体化的发展也使得各国金融市场之间的价格联动不断加强，一国金融市场产生危机，会迅速地在全球范围内扩散，产生巨大的波及和扩散效应。在金融全球化的背景下，国际金融动荡已经成为一种常态，2007 年美国次贷危机便迅速蔓延至全球，导致国际金融市场上的震荡和恐慌，最终演变为全球范围的金融危机。作为全球最大的金融中心，纽约国际金融中心的一举一动都会对一些新兴金融中心产生示范效应。在未来，纽约金融中心需要充分发挥其在国际金融市场上的主导作用，引导世界各国在全球范围内的金融合作，加强各国之间的信息共享，推动全球金融市场监管制度的完善和交易规则的趋同。金融全球化背景下，几个主要的国际金融中心把全球连成一个不可分割的整体，任何一个国家的金融市场产生问题都有可能迅速蔓延至其他国家，纽约这个世界性的金融中心自然也不可能超脱其外。因此，纽约金融中心未来一个重要的发展方向是如何更好地把握金融全球化的联动效应，使美国和世界各国免受金融市场的频繁动荡。

（二）来自欧元的挑战

一国金融中心在国际上的地位是与该国经济地位和货币地位相联系的，纽约之所以成为全球最大的金融中心离不开美国是全球第一大经济体以及美元享有霸权地位的事实。因此，纽约国际金融中心想要保持现在的地位需要美元的国际地位作为支撑。在布雷顿森林体系下，美元取得了与黄金相挂钩的法定地位，这也奠定了其世界本位货币的地位，即便在布雷顿森林体系瓦解后，美元仍是事实上的世界本位货币。然而，随着 2007 年美国次贷危机的爆发，美元逐渐走弱，以整个欧盟为支撑的欧元开始走强，尽管美元仍占据第一层的位置，但与第二层的欧元、英镑、日元等货币的差距逐渐缩小，形成了欧元与美元相竞争的态势。由于 2009 年欧债危机的爆发，欧元有走弱的趋势，因此，短期内不可能挑战美元的霸权地位。但欧元有整个欧盟作为支撑，其发行国的经济总量、金融市场发达程度等方面都有能力与美元一较高下。因此，在长期欧元与美元的竞争将一直存在，美国若想捍卫其世界第一大金融中心的地位，必须在长期捍卫其美元霸主的地位。

（三）与欧元区的合作前景

纽约作为全球第一大金融中心，面临的最大竞争是来自大洋彼岸的伦敦金融城的竞争。纽约是全球最大的证券市场，而伦敦是全球最大的外汇交易市场和场外利率衍生品市场。此外，美元的国际地位又时刻面临着新兴货币欧元的不断竞争，这种欧美之间的竞争关系短期内并不会改变。但从另一个角度来看，美国和欧洲有着相似的政治体制、发展背景，并且有着长久的合作历史。因此，在全球金融市场一体化的背景下，纽约金融中心在未来可以更多地寻求与欧洲金融市场之间的合作。2006 年 6 月，纽约证券交易所（NYSE）与泛欧证券交易所（Euronext）合并组成全球第一家横跨大西洋的纽交所—泛欧证交所（NYSE Euronext）。合并后的交易所拥有明显的地域和资本优势，并且可以加强美国与欧洲之间的联系，使欧美各国可以共同应对国际金融市场上存在的问题，这是交易所之间合作的一个案例。在未来，美国可以从监管标准、支付清算系统、货币兑换等领域进一步寻求与欧洲各国的合作，在合作中可以借鉴欧洲的税收制度、金融市场服务体系、监管制度等，以不断完善自身的金融体系，增强对投资者的吸引力。

第四节　东京金融中心的发展

相较于伦敦、纽约这两个发展较为平稳的国际金融中心，东京金融中心的发展历程显得更加跌宕起伏，并伴随着泡沫的膨胀和破灭，这或许能给众多新兴金融中心的发展提供更多的经验和教训。20 世纪 90 年代后期的日本金融体系改革奠定了其当今的金融监管体系，但这并未能改变东京金融中心自泡沫破灭后一蹶不振的局面。尽管东京仍是亚洲重要的金融中心，但其与纽约、伦敦的差距却在不断地加大。在未来，东京金融中心如何从泡沫破灭的衰退中快速复苏，并建设有自身特色的国际金融中心，是值得日本管理当局考虑的问题，也是其他新兴金融中心需要关注的问题。

一、东京金融中心的地位

东京是日本的经济、政治、文化中心，也是亚洲唯一能够和欧美发达国家相比的国际金融中心，虽然近年来随着日本经济泡沫的破灭以及香港金融中心的不断发展，其在亚洲的影响力已有所下降。20 世纪 70 年代后期到 80 年代中期，日本拉开了金融自由化改革的帷幕，实施新的外汇管制法，并取消许多金融领域的限制，金融自由化程度越来越高。加之东京是亚洲重要的经济贸易中心，其股票市场、债券市场以及外汇市场等都迅速地发展起来，到 20 世纪 80 年代中后期，东京金融中心到达了最繁荣的阶段，东京证券交易所的资产存量和证券交易量甚至一度超过美国成为世界第一，从而被国际上公认为是与纽约、伦敦齐名的世界三大金融中心之一。然而，这种繁荣并不稳定，20 世纪 90 年代，日本经济泡沫开始破裂，日经 225 指数在一年内暴跌 40%，大量金融机构破产，银行、股票等市场面临有史以来的困境，东京金融中心的国际地位也在迅速褪色。虽然 90 年代后期日本政府开展了一系列的金融改革，但经济的低迷使得东京金融市场发展缓慢，东京金融中心在很多方面已经无法与纽约和伦敦相提并论，并且在亚洲也要受到香港、新加坡等金融中心的挑战。虽然东京国际金融中心的影响力已远不及 20 世纪 80 年代，但我们有时候仍把它看作三大国际金融中心之一，东京国际金融中心在发展过程中的许多经验教训也非常值得我们借鉴。

根据新华通讯社联合芝加哥商业交易所集团发布的新华·道琼斯国际金融中心发展指数（IFCD），东京金融中心在 2010 年、2011 年、2012 年以及 2014 年这四年中 IFCD 指数排名全球第三，而在 2013 年东京金融中心排在香港金融中心之后，位列第四（见表 6-1），我们可以看出东京第三名的地位不像前两名纽约和伦敦那么稳定。IFCD 指数从金融市场、成长发展、产业支撑、服务水平以及国家环境五个方面进行评价，2014 年东京金融中心在金融市场、产业支撑、国家环境这三个指标上排在第三名（位于纽约和伦敦之后），服务水平指标排在第四名（这一指标在 2010 年到 2013 年排在第三位）（见表 6-2）；相对于前四个指标，东京在成长发展这个指标上的排名波动较大，2010 年排名第五，2011 年排名第三，2012 和 2013 年排在前五名之外，不过到 2014 年名次又上升到第二名（见表 6-8）。根据东京国际金融中心的 IFCD 综合指数和单项指数排名，可以看出东京金融中心在国际金融市场上仍然占据一席重要的地位，尽管在经历20世纪90年代经济泡沫破灭后东京金融中心在很多方面实力都远不及纽约和伦敦金融中心，但其在亚洲仍然是非常重要的金融中心。不过，东京金融中心在成长性方面远远弱于中国的上海金融中心，大部分年份其成长性也弱于香港金融中心，面临这两个亚洲城市的强势竞争，东京金融中心在亚洲的领先地位并不稳固。

表6-8　　IFCD成长发展前5位的城市

排名	2014年	2013年	2012年	2011年	2010年
1	上　海	上　海	上　海	上　海	上　海
2	东　京	香　港	纽　约	香　港	香　港
3	新加坡	伦　敦	伦　敦	东　京	北　京
4	纽　约	纽　约	香　港	纽　约	纽　约
5	伦　敦	新加坡	北　京	新加坡	东　京

再来看Z/Yen公司发布GFCI指数。根据GFCI指数排名，东京金融中心在全球的排名大致在第五位，而非IFCD指数所反映的第三名。这两种金融中心指数所涵盖的指标不同，因此考察的结果也不同，无法很明确的判断这两种指数孰优孰劣，因此综合地考虑这两种指数以更好地加以判断。表6-9显示东京金融中心在全球排在第五名左右，前两名的纽约和伦敦分数比较接近，排在第一梯队；第三名、第四名的香港和新加坡分数相差也不大，排在第二梯队；东京金融中心的分数低于第四名的新加坡30分左右，排在第三梯队。根据这个排名情况，东京不用是亚洲最领先的金融中心，已经被香港、新加坡这两个发展模式比较相近的金融中心所超越。GFCI指数所涵盖的指标大致包括商业环境、金融发展状况、基础设施水平、人力资本以及声誉等因素，在计算金融中心指数时给予各个指标的权重不一样也会带来最终结果的不一样，因此在看待IFCD和GFCI这两个指标时我们要考虑到权重分配的差异。

表6-9　　GFCI前五位城市的分数和排名

	GFCI17		GFCI16		GFCI15	
城市	排名	分数	排名	分数	排名	分数
纽约	1	785	1	778	1	786
伦敦	2	784	2	777	2	784

续 表

	GFCI17		GFCI16		GFCI15	
城市	排名	分数	排名	分数	排名	分数
香港	3	758	3	756	3	761
新加坡	4	754	4	746	4	751
东京	5	722	5	718	6	722

此外，如表6-4、6-5、6-6所示，东京证券交易所2011年、2012年的股票市值分别为33 250亿美元和36 810亿美元，排在纽约泛欧交易所集团和纳斯达克-OMX集团之后，位列第三名；2013年，东京证券交易所和大阪证券交易所合并为新的日本交易所集团，合并之后当年的股票市值为45 430亿美元，较前两年有很大的提升。东京证券交易所的股票市值排在伦敦证券交易所之前，不过其债券市场发展较弱，债券成交额排在十名之外。东京证券交易所的ETF交易量则排在第四名，位于纳斯达克-OMX集团、纽约泛欧交易所集团以及伦敦证券交易所之后。

综合IFCD指数、GFCI指数以及表6-4、表6-6中的数据来看，东京国际金融中心尽管经历了20世纪90年代以来的衰退，综合实力有所下降，但仍然是非常重要的国际金融中心。同时，东京在亚洲不再绝对地保有领先地位，尽管其在股票市值、ETF交易量等方面仍较亚洲其他金融中心领先，但优势已不太明显，并且其成长性也不如亚洲其他几个城市。总的来说，在国际上，东京金融中心与纽约和伦敦金融中心差距在逐渐拉大；在亚洲，东京金融中心面临着香港和新加坡的不断竞争；在未来，东京金融中心面临着上海这个成长性很强的新兴金融中心的强势挑战。

二、东京金融中心的特征

（一）内外分离型金融中心

与纽约金融中心相似，东京金融中心采取的市场模式同样是内外分离型，即把在岸金融市场与离岸金融市场区分开来，进行分账管理。这种金融模式可以防止境外金融危机干扰和冲击国内的金融市场，但会降低效率。

（二）金融市场与经济泡沫同起同落

回顾东京金融中心30年来的发展历程，其最大的特征便是金融市场伴随着日本经济泡沫的兴起而繁荣，伴随着经济泡沫的破灭而衰退。东京金融中心跌宕起伏的发展历程及经验为中国建立上海国际金融中心提供了很好的借鉴和警醒。

20世纪80年代东京金融市场的崛起是以二战后日本实体经济的迅速发展为依托的，从60年代起日本经济开始了突飞猛进的增长，加之七八十年代实施的金融自由化改革，到80年代中期东京金融中心的交易规模、参与者数量以及金融产品种类等已经达到世界级高水准金融市场的标准，成为与纽约、伦敦齐名的三大国际金融中心之一，其股票交易额甚至超过了纽约和伦敦，排名世界第一。日本的经济泡沫是伴随着房地产业的兴起而不断扩张的，从20世纪50年代中期到90年代初，日本的房地产价格几乎没有下跌过。这一时期的利率也是有史以来最低的，人们对房地产价格抱有只涨不跌的预期，疯狂地贷款购买土地，期待土地的升值，而土地的升值反过来又使银行更愿意贷出款项，这样不断循环催生出房地产泡沫，形成日本经济泡沫最重要的组成部分。此外，过低的利率使得货币市场供应过剩，大量的资金流入股市，引发了股市的过度繁荣，并且存在大量投机行为，"1980年，日本股市市值/GDP只有32%，到了1989年，这一比值达到149.6%"，①由此可以看出日本金融市场已经脱离实体经济过度繁荣。1990年，世界主要股市大幅下降，加之日本"地价税"的推出，对房地产业和股市是一个较大的打击，引发了日本经济泡沫的破灭，由此也导致了东京金融市场的急剧衰退，金融机构大面积破产，股市市值大幅缩水，银行机构发放贷款也变得异常谨慎。此外，由于经济金融泡沫的破裂，金融机构积累了大量不良债权，问题长久得不到解决，最终使得日本陷入严重的金融危机，整个90年代日本经济都处于萧条状态，东京国际金融中心的地位也不断下降。

(三) 监管体系的特征

1997年是日本监管体系的一个转折点。这一年6月，日本大藏省公布了《金融体制改革规划方案》，拉开了金融改革的帷幕。这次改革几乎涉及日本所有的金融领域，可以说是日本战后最深刻的一次金融改革。这次改革也被称作是日本版的"金融大爆炸"。这次改革之前，日本的金融监管职责主要由大藏省和日本银行共同承担。大藏省负责对金融机构进行审批、管理和监督，其监管带有浓重的行政指导色彩。日本主银行制的金融体制也使得银行在监管方面具有较大权力；此外，"日本的金融监管主要集中于事前管制，其事前管

---

① 倪权生：《东京国际金融中心地位的崛起和衰退及其启示》，上海交通大学出版社2009年版。

制甚至包括大量明文规定以外的内容，监管当局进行大量选择性很强且详细的干预”①；并且，日本的监管体系较为注重提高资金分配的效率，进而促进经济的高速增长，往往忽视了对存款人利益的保护。这种监管体系的弊端在经济泡沫膨胀期并未明显地显现出来；在经济泡沫破灭、金融市场急剧衰退后，大量问题开始暴露出来，监管体系具有明显的不适应性。1997—1998 年，日本对其金融体系进行了一次规模宏大的改革，即我们前面所提到的日本版“金融大爆炸”，在这次改革中，日本通过了新的《外汇管理法》和《日本银行法》。作为此次改革主要的法律依据，《外汇管理法》放宽了日本外汇交易的限制，使得外汇交易的场所不在局限于特许银行，甚至超级市场也可以从事货币兑换。此外，《日本银行法》赋予了日本银行独立制定货币政策的职能，使其在金融监管方面能发挥重要作用，日本银行和大藏省之间的关系也发生了根本性变化。1998 年 6 月，日本还成立了独立于银行体系之外的金融监管厅，强化了对非银行金融机构的监管。金融监管厅的设立是日本金融监管由过去政府主导的“事前指导”向重视市场的“事后监管”的一个重要转变，并且标志着日本摆脱大藏省行政干预和影响，拥有了真正独立行使金融监管权力的监管机构②。

三、东京金融中心的未来发展

（一）如何从泡沫经济的衰退中复苏

作为曾经能与纽约、伦敦比肩的国际金融中心，当下东京的主要建设目标在于从泡沫经济导致的衰退中复苏。经过当地政府的不懈努力，近年来东京取得了一系列的发展成绩，但它还远远未能走出衰退的影响。想要走出阴影，重新拥有成为未来国际首要国际金融中心的潜质，对东京而言，将会是一个漫长且充满不确定因素的努力过程。

导致东京衰弱的原因是多种多样的，政策导向失误、监管不力、实体经济空洞以及美元贬值等都是原因。如何解决这些问题，以及如何规避将来可能出现的种种其他威胁，都是东京必须考虑的问题。其中，最首要的是确保政府政策指引的正确性。作为初始就带有强烈政策导向意味的国际金融中心，东京的盛衰都与当地政府的政策导向正确与否息息相关，正确且得到有效实施的政策给东京的金融发展带来了极大的促进作用，而不合适的政策例如推动

①② 郑秀君：《日本泡沫经济与美国次贷危机的比较——基于金融体系视角的分析》，复旦大学出版社 2012 年版。

房地产泡沫、放任股市泡沫等却在 20 世纪 90 年代对东京乃至日本经济造成了重创。所以，为了避免这种体制的弊端，政府必须保证政策指向的正确性，而为了获得这种保证，政府就必须加强自身强有力的智库的建设。此外，政策的正确指引还需要一个良好的监管制度，自日本经济泡沫破灭以来，政府对金融监管体制进行了卓有成效的改革，加强了对金融机构以及金融活动的监管与指引。进一步加强金融监管是不可或缺的，只有严格的金融监管才能确保正确的金融指引政策得到执行，才能杜绝市场上的金融主体避重就轻、趋利避害，才能防止金融主体只执行对自己有利的政策而选择性地忽略对自己不利的政策。

（二）明确自身定位，建设有特色的国际金融中心

纵观世界，各个有影响力的国际金融中心都有着自身的特色，例如，纽约以涵盖所有高新技术行业的纳斯达克笑傲群雄，英国伦敦有世界最大的外汇市场，新加坡以其亚洲美元为特征。但东京始终没有自己的特色，在发展的历史上，东京始终未能把握自身的定位。在 20 世纪 70 年代高速发展的时期，东京似乎只是满足于自身绝对规模的扩张，没有适时地转型，建立具有自身特色的国际金融中心。在 20 世纪 90 年代泡沫破裂之后，东京虽然采取了一系列的积极措施，但在国内经济一蹶不振的背景下，仍然举步维艰，重振衰退之前地位尚不可得，遑论正确定位自身、建设有特色的国际金融中心了。当前，东京国际金融中心的建设不仅面临着国内经济疲软的问题，还面临着亚太地区其他国际金融中心的挑战。作为亚太地区最具实力的国际金融中心，东京本该在积极参与亚太地区尤其是新兴发展地区的金融经济活动，并且牢牢巩固自身的金融地位。但是，随着时间的推移，东京未能正确定位自身的弊端逐渐显现，新加坡、香港以及上海的崛起都是对东京保证自身金融地位的巨大挑战。这些新兴的金融中心都明确了自身的发展战略，有着自身的优势，而在它们各自的优势领域，东京是缺乏一较高低的竞争力的。所以，明确自身定位，在服务本国金融业务基础之上巩固在亚太地区的优势地位，是东京国际金融中心的当务之急，也是东京未来的希望所在。

第五节　上海国际金融中心的发展机遇

纽约、伦敦和东京作为成熟的国际金融中心的代表，有着各自的特色和发展模式，也面临着各自的机遇和挑战。我们在分析这三大国际金融中心的地位、特征及未来发展后，对上海国际金融中心的发展也有了更全面的把握。未来上海国际金融中心的发展应主要从基础设施建设、人民币国际化以及监管体系改革这几个方面着手，把握全球金融中心发展格局变化给上海带来的机遇，立足亚太、问鼎全球，寻求合作、共谋发展，建设具有世界领先水平的上海国际金融中心。

一、主要国际金融中心发展经验的启示

（一）完善基础设施建设，实行政策优惠

在世界各国的国际金融中心的建设过程中，可以清楚地看到金融中心所在地的基础设施建设以及政府给予的各项政策优惠是相当重要的。良好的城市规划、完善的公共服务以及发达的通信系统对于一个国际性的金融中心来说，其重要性是不言而喻的。长久以来，在人们的印象中，金融中心就是鳞次栉比的高楼大厦、富丽堂皇的购物中心以及干净整洁的街道，但这些表象背后，是当地政府不遗余力地进行大量基础设施建设。其中，最为典型的就是“花园城市”新加坡，新加坡以其完善的城市设施和优美的生活工作环境赢得了世界各地金融机构以及金融人才的青睐。

自 20 世纪 60 年代起，世界上涌现了一批离岸国际金融中心，这固然是由美国严格限制美元外流为前提的，但毋庸置疑的是，这些金融中心大多都是在政策支持下发展起来的，如东京国际金融中心就有着浓厚的政策支持背景。在当下的国际金融中心发展过程中，随着各国政府越来越意识到建设自身的国际金融中心的重要性，政策指引以及政策优惠也越来越普遍，其中的往往包括税收优惠、财政补贴乃至来自中央银行的直接支持。例如，日本政府进行金融自由化的改革，并且主导银行之间的兼并，这些政策措施造就了一大批“不倒神话”的银行，从而为东京国际金融中心的快速发展提供了必要的本国金融主体条件。

毋庸置疑，良好的“硬件”环境——基础设施，以及适当的“软件”条件——政策指引，这两者是缺一不可的。在发展国际金融中心时，必须大力完善城市建设，营建一个安全可靠、交通便利、环境优美、服务业发达的中心区域是十分必要的。同时，必需采取措施提高金融中心应对各项危机的能力，特别是应对恐怖袭击的快速处理能力。“9・11 事件”、伦敦恐怖袭击事件等恐怖袭击活动给当时的金融市场迅速带来了恐慌，这种恐慌随着全球化的金融活动极快地蔓延到世界各地，造成了程度不等的损失。作为“软件”最重要的组成部分，政

府政策的支持程度对于一个国际金融中心而言，是至关重要的。获得了政府的大力支持，往往意味着抗风险能力的大幅提高，港币危机的解决正是这一事实的良好写照。每当危机降临，各金融中心所在国的政府无不竭尽全力去帮助本国金融中心度过危机，而度过危机与否，往往与本国政府实力大小有关。在当今世界，国际金融中心的建设都得到了当地政府的鼎力支持，这不仅说明了给予政策指引的必要性，更进一步说明了国际金融中心的建设关乎一国盛衰。

（二）要加快实现本币国际化

在伦敦与纽约的发展历程中，都有着一个明显的特征，那就是英镑、美元建立起自身的强势地位。19 世纪凭借着工业革命兴起的英国，将贸易势力扩展到世界各地。随着英国对外贸易以及对外投资的增多，英镑逐渐成为当时流通广泛的货币，而掌握了英镑控制权的英国，自然就建立了自身的金融地位，伦敦也适时成为当时的国际金融中心。二战后，布雷顿森林体系的建立确定了“美元与黄金挂钩，其他货币与美元挂钩”的双挂钩体系，从而奠定了美元的霸主地位。当时的纽约，担当着融通美元资金的功能，随着美元的流通，纽约的国际金融中心地位也逐渐确立起来。一国货币的强势，固然与本国经济实力息息相关，国家实力强大，本国货币自然就为他国居民乐意接受。但在一国经济实力逐渐增强的时候，不应坐等本国货币崛起，而应当适时施加推动力，促进本国货币的国际化进程。美元霸主地位的获得不可不谓是美国政府一手造就的，在这样的霸主地位确立之后，美国凭借着其货币发行、资金管制等一系列措施，不断巩固自身的超级大国地位。在这样的背景下，纽约始终保持着自身的首要国际金融中心地位。

近几年来，人民币的国际化进程在不断地进行之中。在中国的周边，人民币正在被越来越多的地区认可，并当成“硬通货”使用，韩国、蒙古、缅甸、俄罗斯等国内都流通着大量的人民币，有的国家甚至鼓励银行开通存储人民币的业务。当下的这些成果只是随着中国经济实力不断增强而促成的，并没有让人民币国际化反过来成为推动经济金融建设的利器。必须正确认识到人民币国际化所能发挥的巨大作用，并在人民币国际化的进程之中不断巩固中国国际金融中心的地位。依赖于他国货币，在世界市场以及国际竞争上将会受制颇多，而建立自身的国际货币，是本国经济发展以及国际金融中心建设的重要前提。

（三）在金融自由化改革进程中加强金融监管

在建设国际金融中心的过程中，随着发展程度的不断提高，瓶颈问题将会逐渐显现，为了提高金融活力，政府往往会推动“金融自由化”。金融自由化改革的推进无疑会增加金融市场的竞争性，提高市场效率，从而促进本国金融业的大力发展。然而，伴随着金融自由化发展，资本流动速度逐渐加快、金融创新层出不穷，现有的金融监管部门往往会跟不上金融自由化改革的步伐，从而出现监管脱节的问题。纵观世界上各大金融中心的发展历程，当金融市场发展到一定程度时，往往会伴随着监管体系的重大改革，监管体系改革的成功与否决定着一国金融中心的未来发展前景。

伦敦金融城的发展历程中有过两次重大改革——“金融大爆炸”和“第二次金融大爆炸”。第一次变革的核心主要是促进金融服务业的自由化发展，第二次改革是以统一金融监管为特征的金融整合，这两次“大爆炸”使英国形成了开放竞争的市场环境，奠定了适度而完善的监管基础，从而扭转了 20 世纪伦敦国际金融中心地位不断下降的趋势，奠定了如今伦敦金融城作为世界三大国际金融中心之一的地位。

东京金融中心也是在经历 20 世纪 70 年代的金融自由化改革后开始了突飞猛进的发展，到 80 年代东京金融中心的交易规模、金融产品种类等指标已经达到世界级高水平金融市场的标准，其股票交易额甚至一度超过纽约排名世界第一。然而，随着日本经济泡沫的破灭，东京金融中心迅速衰退、大量金融机构破产，股票和债券市场面临有史以来的困境。这其中很重要的一个原因便是监管体系无法跟上金融自由化改革的步伐。如果在泡沫破裂之前监管机构能看出金融市场上存在的一些问题并采取相应的措施抑制泡沫膨胀的速度，便不会出现如此之多的不良债权，东京金融中心也不会衰败得如此之迅速。泡沫破裂后的 1997 年，日本大藏省公布了《金融体制改革规划方案》，拉起了日本金融改革的帷幕。这次改革可以说是日本战后最深刻的一次金融改革，它使日本的金融监管机构得以摆脱大藏省的行政干预，真正拥有了独立行使监管权力的金融监管机构。这次改革使日本的金融监管体系发生了根本的变化，东京金融中心在这次改革之后开始逐渐复苏，重新步入高水准金融中心的行列，尽管已经不能再同泡沫破灭前的地位相提并论。

纽约金融中心也是在经历了次贷危机之后展开了一系列金融监管方面的改革，使得美国的监管体系能够更好地应对当今复杂多变的金融环境。从世界三大国际金融中心的发展经验中可以看出，金融中心在推进自由化改革以增强金融市场竞争性、提高金融市场效率的同时，需要配以与市场相匹配的、合适的金融监管制度，防止金融市场过度膨胀，产生一些潜在的容易引发金融危机的问题。中国现今经济金融的发展模式与20世纪的日本有许多相似的地方，因此，在建设上海国际金融中心这个问题上要非常谨慎，吸取日本及其他国家金融市场的发展经验和教训，在推进金融自由化改革发展金融市场的同时一定要加强金融监管，防范潜在的危机。

二、全球金融中心发展格局变化给上海带来的机遇

（一）立足亚太，问鼎全球

当今世界政治格局呈现“一超多强”的局面，相应的经济金融格局则表现为群雄并起。在这样的背景下，建设国际金融中心的竞争尤为激烈，起步较早的欧美国家纷纷巩固自身已有的金融中心的地位，近年来以高速经济增长为特征的新兴发展中国家也纷纷加快了建设国际金融中心的工作。这样的竞争在亚太地区也十分明显，东京、香港以及新加坡是发展水平较高的国际金融中心，这三个国际金融中心也每时每刻都处于一个相当激烈的竞争环境之中，不但要应对彼此之间的竞争，还要面对来自新兴发展中国家的金融中心的挑战，例如上海、北京、孟买、曼谷等都是争夺亚太地区首要国际金融中心的有力竞争者。诚如风险与收益总是成正比，这样的激烈竞争既意味着建设国际金融中心的挑战，也意味着机遇。当今世界格局使得各大国际金融中心面临着来自各方的挑战，在这个多方角逐的舞台上，崛起、衰弱的二重奏反复上演，成就一个国际金融中心已经不需要残酷战争的淬炼以及漫长岁月的积累，取而代之的是这样的原则：抓住机遇，就能快速发展起来。

在亚太地区激烈竞争的大环境中，上海要想发展成为能够媲美纽约、伦敦的国际金融中心，就必须明确自身定位，在服务国内金融市场的基础之上，牢牢地确立起在亚太地区的地位。作为内地金融中心的上海，在建设国际金融中心的目标上具有国内其他城市所不具备的优势。政策方面，中国政府给予了正确的政策指引。从1992年起，中国就已经明确了上海三个中心的战略目标，以国际经济中心、国际金融中心以及国际贸易中心为战略定位，而这三个中心中又以国际金融中心为核心。2009年，中国更是进一步明确了要在2020年把上海发展成为与中国经济地位相适应的国际金融中心。在基础设施方面，在境内的各大城市之中，上海居于前列，完善的公共设施、便捷的交通以及良好的环境都为上海的未来发展提供了保障。在邮电通讯、信息化基础设施建设方面，上海也处于较高的水平。最后，上海拥有的最大优势是区位优势，正处于经济高速发展阶段的中国地区是上海发展国际金融中心的坚实后盾。

上海不仅位于长江的出海口，而且还拥有货物、集装箱吞吐量位于世界第一的上海港，这让上海在连接内地、服务本国金融的同时，也能够发挥自身天然港口的优势，建设成有着大量实体业务来往的国际金融中心。

在定位亚太的基础上，上海应当谋求进一步的发展，在牢牢把握时代机遇的前提下不断缩小与纽约、伦敦的差距，巩固自身国际金融中心的地位，并在此基础上全面发展，最终实现2050年成为“世界性全球城市”的目标。

（二）寻求合作，共谋发展

当今世界是一个紧密联系的整体，尤其在经济发展方面，国际贸易、国际金融的高度发达使得各国经济牢牢地联系在了一起。今天，大洋另一端的美国纽约商品交易所的原油期货价格将会在几分钟之内影响世界各地的原油交易价格，进而对原油产量造成影响；远在巴西的玉米产地的丰收与否将会在短时间迅速反映到全球各地玉米的售价上；同样，一家位于上海企业的技术革新将可能对国际市场造成深远的影响；这样的紧密联系使得一国已经不可能在经济上不与国际接轨，仅仅依靠自身进行发展。随着科技的进步、信息化的普及，全球化的进程也大幅加快，全球范围内的分工、合作正成为主要的产业组织形式。当下，人们越来越认识到，以贸易全球化、生产全球化、资本全球化以及科技全球化为特征的经济全球化的进程是不可阻挡的时代潮流。在这样的潮流中，中国要想把上海发展为有一定影响力的国际金融中心，必须在世界范围内寻求合作，进而共谋发展。

首先，在金融业务以及金融机构上与国际接轨。当下中国的金融体制还不能完全适应国际要求，还存在着改革的余地。特别需要对交易系统进行改进，当前上海存在着大量的证券营业部，这种运作方式存在着成本增加、资源浪费以及难以监管等问题。另一个方面，中国采取的T+1的结算制度也存在着效率问题，而国际上普遍使用T+0的结算制度。其次，在金融监管上也需要与他国合作，共同监管。对比于发达市场的金融监管制度，中国的金融监管制度还有很大的进步空间。随着国内金融市场与国际金融市场接轨，势必会遇到很多国际金融风险问题，为了解决这些问题，必须与他国金融监管机制进行合作。在与他国金融监管机制进行合作的同时，中国必须明确国内各监管机制的运作范围以及协调关系，把中国的金融监管机制整合为一个能够快速反应、相互协调的整体。最后，加强与他国国际金融中心之间的人才流动也是不可或缺的。在把上海建设为国际金融中心的过程中，中国清楚地认识到了人才的重要性。在过去的几十年里，通过发展金融方面的高等教育，上海获得了大量的本土金融人才，同时，通过良好的政策吸引，海归以及国外的金融人才也纷纷投身建设上海的事业中。然而，我们必须看到，要把上海建设为重要的国际金融中心，继续吸引大量来自世界范围的金融人才是必要的。为了达到这一目的，政府引导下的交流、培养项目将是很好的选择。只有在人才流动方面加强与他国国际金融中心的合作，才能确保自身的长久不衰。

经济金融全球化是时代特征，也是时代机遇，在建设上海为国际金融中心的进程中，中国应当牢牢把握这样的时代机遇，在全球化的过程中不断加强与他国的合作，进而取长补短，快速提高自身的发展水平。在发展自身的同时，也应当遵循互惠互利共同发展的原则，推动合作伙伴的共同发展将会进一步拓展自身的发展空间。

第七章　上海国际金融中心建设历程

早在20世纪二三十年代，上海便是著名的远东金融中心，金融辐射作用十分显著，影响力巨大。虽然抗日战争以后上海金融业一度衰退，但是上海牢牢抓住改革开放的机会，依托其优越的地理位置以及雄厚的经济实力，迅速开展各种重建工作，锁定了全国金融业龙头的地位。经过多年的高速发展，上海国际金融中心建设取得了巨大成效，金融市场体系不断健全、规模明显提升，国际化程度稳步提高。

第一节　上海国际金融中心建设的主要成就

1992年，在经济金融全球化趋势加快的背景下，党的十四大从国家层面确立了上海国际金融中心的战略地位。经过二十多年的建设，上海国际金融中心建设取得了很大进展，主要体现在金融市场体系以及金融市场功能的建设完善方面。一方面，上海建立了股票市场、期货市场、外汇市场、债券和货币市场等共同发展的多元化金融市场体系；另一方面，上海金融市场功能不断完善，主要包括融资功能、投资功能、定价功能以及宏观调控功能。

一、金融市场体系建立和发展

十一届三中全会以来，上海抓住改革开放的机遇，重新建设金融市场。经过多年发展，金融要素市场不断集聚于上海，上海牢牢锁定了全国金融中心的地位，并在国际金融中心建设中取得不错的成效。2014年上海市实现金融业增加值3 268.43亿元，全年新增各类金融单位96家，年末各类金融单位总数为1 336家，其中，货币金融服务单位601家，资本市场服务单位292家，保险业单位 363 家；在沪经营性外资金融单位达到 216 家，外资金融机构代表处 190 家。2014 年年末，全市中外资金融机构本外币各项存款余额 73 882.45 亿元，贷款余额 47 915.81 亿元。全年通过上海证券市场股票筹资 3 962.59 亿元，发行公司债 2 955.2 亿元。至 2014 年年末，上海证券市场上市证券 3 758 只，其中股票 1 039 只。

表 7－1　　2014 年中外资金融机构本外币存贷款情况

指　　标	绝对值（亿元）	比年初增减额（亿元）
各项存款余额	73 882.45	4 612.96
＃单位存款	44 149.12	2 597.06
个人存款	24 057.05	959.70
各项贷款余额	47 915.81	3 424.23
＃短期贷款	13 412.75	－413.54
中长期贷款	28 451.63	2 568.66
＃人民币个人消费贷款	8 753.46	920.84
＃个人住房贷款	6 258.86	575.60
汽车消费贷款	1 524.11	245.85

资料来源：2014 年上海市国民经济和社会发展统计公报。

2014 年上海金融市场（包括外汇市场）交易总额达到 786.66 万亿元。上海证券交易所各类有价证券总成交金额 128.15 万亿元，其中，股票成交金额 37.72 万亿元。上海期货交易所总成交金额 126.47 万亿元。中国金融期货交易所总成交金额 164.02 万亿元。银行间市场总成交金额 361.51 万亿元。上海黄金交易所总成交金额 6.51 万亿元。上海全年原保险保费收入 986.75 亿元，其中，财产险公司原保险保费收入 320.36 亿元，人身险公司原保险保费收入 666.39 亿元；全年保险赔付支出 378.66 亿元，其中，财产险赔款支出 177.24 亿元，寿险给付 158.41 亿元，健康险赔款给付 37.51 亿元，意外险赔款支出 5.5 亿元。①

经过二十多年的发展，证监会、银监会、保监会等监管机构均在上海设立

① 2014 年上海市国民经济和社会发展统计公报。

分支机构，上海证券交易所、上海期货交易所、中国金融期货交易所、中国外汇交易中心暨全国银行间同业拆借中心、上海钻石交易所等国家级金融交易市场纷纷落户上海，上海基本建成了股票市场、期货市场、外汇市场、债券和货币市场等共同发展的多元化金融市场体系。

表 7-2　　　　上海主要金融交易市场

金融市场	成立(迁入)时间	主要功能
上海证券交易所	1990 年成立 1997 年迁入浦东	● 证券融资 ● 证券交易
上海期货交易所	1999 年重组成立	● 商品期货交易
中国外汇交易中心暨全国银行间同业拆借中心	1994 年	● 外汇交易 ● 银行同业拆借
人民币债券交易中心	1997 年	● 短期债券交易
上海钻石交易所	2000 年	● 钻石交易
上海黄金交易所	2002 年	● 黄金现货交易
票据市场服务中心	2003 年	● 票据报价、查询等服务
上海石油交易所	2006 年	● 石油期货交易
中国金融期货交易所	2006 年	● 金融期货交易

资料来源：根据媒体报道整理。

(一) 股票市场

1990 年 12 月 19 日，上海证券交易所成立，股票市场从场外交易转向场内交易，股票市场逐渐规范化。经过 20 多年发展，上海股票市场交易规模不断扩大，服务上市公司越来越多，为全国的上市企业发展提供了广阔的融资渠道。截至 2014 年年末，上海证券市场共有上市证券 3 758 只，其中股票 1 039 只，2014 年全年上市企业通过上海证券市场股票筹资 3 962.59 亿元。

1990 年 11 月 26 日，经国务院授权，由中国人民银行批准，上海证券交易所正式成立，成为改革开放以来中国内地的第一家证券交易所。交易所成立之初，仅有八只上市股票，成交非常不活跃。从开业至 1991 年年底，交易所实际开市 265 天，股票成交金额仅为 16.14 亿元。

1991 年，中国出现了外汇储备增速降低但是外汇需求不降反升的矛盾情况。为此，国家兴建 B 股市场，为中国企业通过外资融资开辟了渠道，解决了当时资本账户未放开、外汇不可自由兑换的问题。

1992 年，邓小平南巡讲话之后，加快了市场化建设进程，上海证券市场获得了快速发展。到 1992 年年底，上交所上市公司数量已经上升至 29 家，总市值超过 500 亿元，上海证券交易所开始成为全国性股票交易市场。1996 年拉开了国有企业改制的序幕，上市公司规模快速扩大，至 1998 年年底，上交所上市企业已经达到 438 家。1998 以后，《证券法》《上海证券交易所章程》《公司法》等法律法规的出台、修订，加上股权分置改革的推行，上海证券交易所进入了规范发展阶段，上市公司的质量、数量以及投资者规模等都获得了较大提升。2014 年，沪港通的推行，为上海股票市场的发展带来了新的活力。

表 7-3　1992—2013 年上海证券交易所股票交易情况

年份	年成交量(亿股)	日均成交量(亿股)	成交金额(亿元)	日均成交金额(亿元)
1992	17.78	0.07	248.96	0.97
1993	147.42	0.57	2 340.54	9.11
1994	656.76	2.61	5 735.07	22.76
1995	513.83	2.05	3 103.46	12.36
1996	1 101.88	4.46	9114.82	36.90
1997	1 215.68	5.00	13 763.17	56.64
1998	1 127.95	4.59	12 386.11	50.35
1999	1 560.38	6.53	16 965.79	70.99
2000	2 437.65	10.20	31 373.86	131.27
2001	1 819.95	7.58	22 709.38	94.62
2002	1 781.10	7.52	16 959.09	71.56
2003	2 692.73	11.17	20 824.14	86.41
2004	3 607.74	14.85	26 470.60	108.93
2005	3 986.59	16.47	19 240.21	79.51
2006	10 283.93	42.67	57 816.60	239.90
2007	24 325.38	100.52	305 434.29	1 262.13
2008	16 311.60	66.31	180 429.95	733.46

续　表

年份	年成交量(亿股)	日均成交量(亿股)	成交金额(亿元)	日均成交金额(亿元)
2009	33 679.64	138.03	346 511.91	1 420.13
2010	25 964.43	107.29	304 312.01	1 257.49
2011	21 192.91	86.86	237 555.30	973.59
2012	18 928.43	77.90	164 460.86	676.79
2013	26 718.85	112.26	230 266.03	967.50

资料来源:《中国证券期货统计年鉴 2014》。

(二) 期货市场

当前,上海的期货市场是以上海期货交易所和中国金融期货交易所为核心的金融市场。其中上海期货交易所于 1999 年由上海金属交易所、上海商品交易所、上海粮油交易所合并成立,受中国证监会集中统一监督管理。经过多年发展,上海期货交易所交易品种不断增加,交易规模不断扩大,当前上市交易的有铜、白银、黄金、铝、铅、锌、螺纹钢、线材、燃料油、天然橡胶、石油沥青、热轧卷板等 12 种期货合约,并推出了黄金、白银和有色金属的连续交易。2014 年上海期货交易所成交总金额为 126.47 万亿元。中国金融期货交易所成立于 2006 年,主要交易品种为股指期货和国债期货,是商品期货市场的补充。2014 年,股指期货成交总量为 2.17 亿手,成交金额 163.1 万亿元;国债期货成交 92.3 万手,成交金额 8 785 亿元。

1988 年 3 月,在第七届全国人大第一次会议上,《政府工作报告》指出:“加快商业体制改革,积极发展各类批发市场、探索期货市场。”为响应中央号召,1992 年,物资部和上海市政府下发了《关于建立上海金属交易所的通知》,并于当年 5 月 28 日,正式成立上海金属交易所,标志着上海期货市场正式形成。1993 年,上海市场推出标准化合约。

1992 年,为增强国债现货的吸引力,上海证券交易所引入国债期货交易,标志着上海期货市场首次拥有了金融期货品种。国债期货的推出使国债现货交易额大幅增加。但是由于交易制度存在缺陷,以及当时的监管力度不够,1995 年 2 月 23 日爆发了震惊中国金融市场的“327”国债期货事件,同年 5 月又发生了“319”国债期货风波,导致国债期货交易被暂停。

1998 年,鉴于当时全国期货市场存在的乱象,国务院下发了《关于进一步整顿和规范期货市场的通知》，期货交易所在全国范围内仅保留上海、郑州、大连三家。1999 年，上海金属交易所、上海商品交易所、上海粮油交易所合并成为上海期货交易所，交易品种压缩为铜、铝、胶合板、天然橡胶、籼米五个。经过此次整顿，全国期货市场之间再无重叠的交易品种。其后，上海期货交易所不断研究和推出新的品种与合约。2004 年 8 月，燃料油合约上市；2007 年 3 月，锌合约进入交易；2008 年 1 月，黄金合约成为新的交易品种；2009 年 3 月，螺纹钢和线材合约上市；此后又于 2011 年 3 月、2012 年 5 月、2013 年 10 月、2014 年 3 月，以每年一个新品种的速度分别推出了铅、白银、沥青、热轧卷板的期货交易，为商品市场提供了价格参考，也为中国争夺国际定价权做出了贡献。

在商品期货市场繁荣发展的同时，金融期货市场也在暂停十年后重新出现在上海。2006 年，中国金融期货交易所在上海成立。2010 年 4 月 16 日，中金所首支产品——沪深 300 股指期货上市，从此中国股票投资者有了对冲下跌风险的金融工具。股指期货推出短短四年，交易额就已经赶上股票现货市场。2010 年，股指期货全年交易 4 587 万手，交易总额达到 4.1 万亿元。2013 年，全年实现交易 1.97 亿手，成交金额为 140.7 万亿元。2013 年 9 月 6 日，国债期货于中金所上市。时隔十八年后，国债期货重新出现于上海，表明中国金融监管水平的提高，也彰显了决策层大力发展金融创新的决心。

表 7 - 4　　2012—2013 年期货品种交易情况

交易所	交易品种	成交金额(亿元)		成交量(万手)		交割金额(亿元)		交割量(万手)	
		2012 年	2013 年	2012 年	2013 年	2012 年	2013 年	2012 年	2013 年
上海期货交易所	铜	163 745	167 324	5 728	6 430	185	139	6	5
	铝	3 095	2 407	394	331	68	60	9	8
	锌	16 132	9 041	2 110	1 208	38	28	5	4
	铅	265	246	7	17	10	32	0	2
	黄金	20 182	53 545	592	2 009	9	8	0	0
	白银	20 654	115 555	2 126	17 322	29	42	3	6
	螺纹钢	67 386	109 407	18 056	29 373	7	7	2	2

续　表

交易所	交易品种	成交金额(亿元)		成交量(万手)		交割金额(亿元)		交割量(万手)	
		2012 年	2013 年	2012 年	2013 年	2012 年	2013 年	2012 年	2013 年
上海期货交易所	线材	1	1	0	0	—	—	—	—
	燃料油	24	3	1	0	1	0	0	0
	石油沥青	—	1 371	—	313	—	—	—	—
	天然橡胶	154 493	145 268	7 518	7 244	14	29	1	1
	合计	445 977	604 168	36 533	64 247	361	346	26	29
中国金融期货交易所	指数期货	758 400	1 407 002	10 506	19 322	167	281	2	4
	国债期货	—	3 064	—	33	—	4	—	0
	合计	758 400	1 410 066	10 506	19 355	167	285	2	4

资料来源：《中国证券期货统计年鉴 2014》。

(三) 外汇市场

上海外汇交易市场的核心是中国外汇交易中心暨全国银行间同业拆借中心。该交易中心成立于 1994 年 4 月 18 日，总部位于上海张江，是人民银行总行直属的事业单位。主要职能是：为外汇市场、银行间同业拆借市场、债券市场等提供交易、基准、信息、培训等服务，承担市场交易的日常监测工作，为央行货币政策操作和传导提供服务，开展经人民银行批准的其他业务。

在外汇交易方面，该交易中心向银行间外汇市场提供统一、高效的电子交易系统，可为客户提供集中竞价与双边询价两种交易模式，并提供单银行平台、交易分析、做市接口和即时通信工具等系统服务。目前，交易中心支持人民币等十二种货币（美元、欧元、日元、港元、英镑、澳大利亚元、新西兰元、新加坡元、加拿大元、林吉特、俄罗斯卢布和泰铢）的即期，人民币对八种货币（美元、欧元、日元、港元、英镑、澳大利亚元、新加坡元和加拿大元）的远期、掉期，人民币对五种货币（美元、欧元、日元、港元、英镑）的货币掉期和期权交易，以及与上海黄金交易所合作的银行间黄金询价即期、远期和掉期交易。同时，该交易中心也是人民币汇率中间价的发布人。

1994 年之前，中国实行的是汇率双轨制，官方汇率和市场汇率长期不一致，各地外汇调剂中心价格也不统一，造成市场混乱。1994 年，中国对外汇管理体制进行改革，实行结售汇制度和以市供求为基础的单一的、有管理的浮动汇率制度，并建立全国统一的银行间外汇市场，即中国外汇交易中心。从此，中国外汇交易有了集中平台和统一价格。

该交易中心成立之初，产品仅为美元和港币两种外币对人民币交易。2005 年，人民币汇率实现浮动，市场上亟须外汇衍生品对冲风险。该交易中心适时将产品扩展至外汇远期、掉期、期权等多种工具。同年 11 月 24 日，外汇管理局发布《银行间外汇市场做市商指引(暂行)》，开始在外汇市场引入做市商制度。

在对外开放方面，2004 年，中银香港和中银澳门成为该交易中心会员，从事银行间外汇交易，标志着该交易中心的服务和网络首次延伸至境外。此后，银行间市场迎来境外机构入驻潮，截至 2014 年 8 月底，已有 73 家境外机构、41 家 RQFII、11 家 QFII 获准进入银行间债券市场。

(四) 债券和货币市场

上海的债券和货币市场以上海证券交易所和上海银行间债券市场为主，前者为场内市场，后者为场外市场。

上海证券交易所债券市场形成于上海证券交易所成立之初。1990—2002 年，上海证券交易所的债券交易额占比均高于上海银行间债券市场。2003 年，由于上海证券交易所债券市场的逐步萎缩和上海银行间债券市场的繁荣，后者的交易量开始超越前者，并呈逐年扩大之势。截至 2014 年年底，上海证券交易所挂牌债券数量 2 603 只，债券托管量为 2.28 万亿元，成交总额超过 86 万亿元。

上海银行间债券市场成立于 1997 年 6 月，人民银行决定在全国银行间同业拆借中心的基础上开办银行间债券交易业务。目前，上海银行间债券交易市场提供信用拆借、质押式回购、买断式回购、同业存单、现券买卖、债券借贷、债券远期、利率互换、远期利率协议、信用风险缓释凭证等交易品种，支持询价、做市报价、请求报价、双边授信撮合等多种交易方式。截至 2013 年年末，上海银行间债券市场债券托管总额达 32.4 万亿元，全年拆借、现券和债券回购的成交总额达到 302.4 万亿元。

1990 年之前，中国已经存在在银行柜台进行现券交易的债券场外市场。1990 年，上海证券交易所成立，开始进行实物债券的托管，并可以开展记账式债券交易，首次形成了中国的场内债券市场。当时在上海证券交易所挂牌交易的债券共有 22 只(其中企业债有 8 只)。从上海证券交易所开业至 1991 年年底，债券交易总额为 77 亿元。

但是，由于当时的场内债券市场没有一个统一的托管机构，无记名实物券在发行后需要分散在不同代保管机构内，因此，债券交易只能在代保管机构所在地进行，无法跨区域交易，上海证券交易所也就不能算作全国性的债券市场，在 1994 年之前，上海证券交易所的债券交易量一直较低。

1994 年，财政部发行国债 1 028 年亿元，比 1993 年增加近 2 倍，再加上国债期货的带动，当年上海证券交易所债券市场交易总额大增。1995 年 2 月，“327”国债期货事件爆发后，监管部门停止了一切场外交易，上海证券交易所成为全国唯一合法的交易市场。1996 年，财政部记账式国债发行了 1 116.7 亿元，是上一年的近十倍，导致二级市场交易额同步上升。与此同时，债券回购交易开始出现，上海证券交易所债券市场体系初步形成。

1997 年，是上海证券交易所债券市场和上海银行间债券市场的分水岭。其时，人民银行要将直接货币政策转为间接货币政策，但是上海证券交易所债券市场的机制不适合进行公开市场业务操作。同时，政府开始实行积极的财政政策，需要一个大规模发行国债的场外债券市场。此外，商业银行的信贷资金通过上海证券交易所债券回购流入股票市场，导致经济过热。针对这些问题，人民银行决定银行退出上海证券交易所债券市场，并建立全国银行债券市场。

自 1999 年起，银行间债券市场发展速度惊人。1999 年，在银行间市场发行国债和金融债共计 4 426 亿元，占当年全国债券发行总量的 74%。2000 年，银行间市场的国债和金融债发行总量达到 3 904 亿元，占当年全国发行债券总量的 62%。期间，保险公司、城乡信用社、证券公司、投资基金、财务公司纷纷被批准进入银行间债券市场。此后，银行间债券市场全面超越了交易所市场，主导中国债券市场的发展。

表 7－5　　　　1996—2013 年上海证券交易所债券交易数量

年份	现货（万张）							回购（万手）
	合计	企业债	公司债	可转债	可分离债	中小企业私募债	国债	
1996	43 545	10	—	—	—	—	43 536	124 392
1997	31 646	128	—	—	—	—	31 518	119 122
1998	46 027	170	—	—	—	—	45 857	151 885

续 表

年份	现货(万张)							回购(万手)
	合计	企业债	公司债	可转债	可分离债	中小企业私募债	国债	
1999	38 288	300	—	—	—	—	37 987	121 241
2000	33 865	790	—	—	—	—	33 074	131 472
2001	41 845	610	—	—	—	—	41 235	153 430
2002	61 515	455	—	228	—	—	60 832	244 192
2003	61 719	2 992	—	3 888	—	—	54 838	529 815
2004	35 260	978	—	2 971	—	—	31 310	440 862
2005	32 366	1 202	—	3 035	—	—	28 128	236 212
2006	18 078	1 301	—	1 460	—	—	15 317	154 873
2007	17 720	3 711	—	1 333	—	—	12 676	183 451
2008	426 852	6 797	23 613	26 405	142 405	—	227 474	243 068
2009	397 681	36 570	41 570	31 075	75 105	—	213 302	359 293
2010	482 738	64 290	82 097	115 701	59 905	—	160 744	700 176
2011	610 137	119 228	114 776	193 008	55 051	—	128 043	2 046 213
2012	837 789	270 149	213 561	212 270	48 293	3 994	89 522	3 713 783
2013	1 485 751	627 008	256 534	442 063	59 639	23 004	76 979	6 105 518

资料来源:《中国证券期货统计年鉴 2014》。

表 7-6　　1996—2013 年上海证券交易所债券成交金额

年份	成交金额(亿元)							回购(亿元)
	合计	企业债	公司债	可转债	可分离债	中小企业私募债	国债	
1996	4 964	1	—	—	—	—	4 962	12 439
1997	3 484	16	—	—	—	—	3 468	11 912
1998	6 078	31	—	—	—	—	6 047	15 189
1999	5 323	46	—	—	—	—	5 277	12 124

续　表

年份	成交金额(亿元)							回购(亿元)
	合计	企业债	公司债	可转债	可分离债	中小企业私募债	国债	
2000	3 749	92	—	—	—	—	3 657	13 147
2001	4 451	68	—	—	—	—	4 383	15 343
2002	6 455	51	—	23	—	—	6 381	24 419
2003	6 262	316	—	445	—	—	5 500	52 982
2004	3 396	96	—	339	—	—	2 961	44 086
2005	3 219	125	—	322	—	—	2 773	23 621
2006	1 831	125	—	169	—	—	1 537	15 487
2007	1 787	313	—	212	—	—	1 262	18 345
2008	3 981	68	244	302	1 095	—	2 272	24 307
2009	3 987	367	436	418	602	—	2 163	35 929
2010	4 936	658	838	1 300	512	—	1 627	70 018
2011	6 129	1 175	1 140	2 041	496	—	1 276	204 621
2012	8 443	2 722	2 150	2 177	448	40	906	371 376
2013	15 312	6 378	2 562	4 794	572	230	772	610 527

资料来源:《中国证券期货统计年鉴 2014》。

二、金融市场功能

在上海国际金融中心多年的建设进程中,金融市场获得了快速发展,并为实体经济的发展做出了巨大贡献。在这个阶段,上海市金融市场的功能不断完善,主要包括融资功能、投资功能、定价功能以及宏观调控功能。

(一) 融资功能

作为中国股票和债券市场的核心,上海金融市场在直接融资方面走在了全国前列。1990 年 12 月 19 日,上海证券交易所成立,标志着上海在场内市场进行股票融资和债券融资的开始。1991 年,上海在全国范围内首次推出 B 股市场,“电真空 B”上市融资 1 亿美元。1997 年,上海成立银行间债券市场,为国债和金融债发行提供了新的场所。2014 年,上海股票市场融资总额

3 962.59 亿元，债券市场共发行各类债券 11.87 万亿元。其中，在中央结算公司登记新发债券 1 458 只，发行量共计 5.95 万亿元；上海清算所登记新发债券 4 691 只，发行量共计 5.54 万亿元；交易所新发债券 624 只，发行量共计 0.38 万亿元。

此外，上海还是全国银行间同业拆借市场，为各类金融机构提供头寸拆借服务。2014 年，银行间同业拆借、现券和债券回购累计成交 302.4 万亿元，其中，同业拆借总额为 37.7 万亿元，债券回购总额为 224.4 万亿元，现券交易总额为 40.4 万亿元。

（二）投资功能

经过二十多年的发展，上海金融市场为投资者提供了丰富的交易品种。

在股票方面，1990 年，“老八股”在上海证券交易所挂牌交易，标志着中国 A 股市场的诞生；1991 年，上海推出 B 股市场，为海外投资者投资内地上市公司开辟了最早的通道；2004 年 12 月，上海市场首只 ETF 产品——“50ETF”上市，自此投资者有了可以跟踪指数的投资品种；2007 年 3 月，上海证券交易所引入融资融券的交易方式，进一步增加了投资者的选择余地。

在债券方面，上海证券交易所成立之初，就已经形成了国债和企业债的场内市场；2005 年 12 月，“中国联通 CDMA 网络租赁费收益计划”于上海证券交易所的大宗交易系统上市，这是全国首款在交易所交易的资产支持债券；2006 年 11 月，“06 马钢债”于上海证券交易所上市，这是全国第一只分离交易可转债；2007 年 12 月，中国第一只公司债“中国长江电力股份有限公司债券”于上海证券交易所上市，此后，公司债渐渐成为信用债的代表品种；除现货债券之外，上海证券交易所还提供了买断式国债回购、新质押式国债回购、企业债回购等债券回购品种。

在衍生品方面，1992 年上海金属交易所成立，形成了商品期货市场；1992 年 6 月，第一只权证——飞乐股份配股权证于上海证券交易所上市，为喜好衍生品的投资者提供了交易品种；1992 年，股指期货上市，虽然于 1995 年被暂停交易，但于 2010 年 4 月又重回上海市场。此外，上海金融市场还大力引入外汇和货币远期、掉期、期权、互换等产种，在增加市场交易品种的同时，为投资者提供了金融避险工具。

（三）定价功能

上海金融市场已成为国内公司资金、资产及外汇等人民币金融产品的定价中心，并取得部分商品的交易规则制定权和国际市场定价权。

在公司资产定价方面，上海证券交易所的换手率高、成交量大，市场交易充分，其交易价格可以较好地代表市场定价。此外，上海证券交易所拥有多元化的上市公司类型，几乎涉及所有行业，同时其来源地区不同，规模大小也不一，交易所的交易价格已成为其他非上市公司资产定价的一个标杆。因此，上海证券交易所成为名副其实的公司资产定价中心。

在资金定价方面，尽管尚未完全实现利率市场化，特别是存款利率还受到管制，但银行间同业拆借利率能比较充分地反映中国资金市场的供求关系。2006 年 10 月 8 日，上海银行间同业拆借利率（Shanghai Interbank Offered Rate，SHIBOR）建立并开始试运行。2007 年 1 月 4 日，SHIBOR 正式对外公布。自推出以来，SHIBOR 已经成为中国资金市场最重要的价格指标，并成为其他金融产品定价的基准。由此，上海成为全国的资金定价中心。

在商品的国际市场定价权方面，上海期货交易所已与纽约商品交易所、伦敦金属交易所一起，成为国际公认的世界三大定价中心，并拥有全球铜价的"定价话语权"。这首先表现在国内所有现货购销交易合同全部只确定交易数量，成交价格以交易时点的上海期货交易所的交易价格为准；第二，上海期货交易所的期货铜价格已成为国际铜价定价标杆，并作为全球 24 小时时区交易链条的重要组成部分，而且其铜库存量等信息，已成为智利等全球铜主产国的重要指导信息；第三，除取得定价中心地位之外，上海期货交易所还取得制定国际市场交易规则的"话语权"，目前，上海期货交易所的铜期货交割规则，已与伦敦金属交易所的相关规则一样，成为国内外铜交易的国际标准。

（四）宏观调控功能

改革开放之初，中国宏观调控往往沿用计划经济中行政干预的手段，虽然可以取得立竿见影的效果，但经济活力也受到很大影响。其时，政府开始探寻从直接调控向间接调控的转变方式。1996 年 1 月，全国统一的银行间同业拆借市场在上海联网运行，为人民银行进行公开市场业务提供了场所。1997 年 6 月，上海金融市场开始出现银行间债券回购业务，它为人民银行开展公开市场业务，以及商业银行运用证券资产调节资金头寸创造了条件。2002 年 9 月，银行间市场引入央行票据，为公开市场操作提供了工具。2013 年 1 月，短期流动性调节工具（SLO）登陆银行间市场，使央行拥有了调控市场短期流动性的新方式。

第二节　上海国际金融中心建设的主要优势

随着中国金融业的迅速发展，上海在中国金融业的主导地位已经不可撼动。经过短短数十年的发展，上海的金融业已经发生了翻天覆地的变化，其国际影响力正在不断扩大。上海在建设国际金融中心方面有着天然优势，主要体现在以下几个方面。

一、历史积淀

从 20 世纪二三十年代的金融业爆发式发展，成为远东地区金融中心，到新中国成立以后受计划经济体制限制，辉煌不再，再到改革开放以后重新建设金融中心，上海的金融中心建设经历了曲折的发展历程，形成了深厚的历史积淀。

(一) 曾经的多功能经济中心城市，金融辐射作用显著

20 世纪早期，上海成为著名的“多功能经济中心城市”，影响力波及远东地区。尤其在 20 年代至 30 年代，上海的金融业、交通运输业、文化产业以及商业等都获得了迅速发展，取得了举世瞩目的成就，成为当时中国甚至远东地区的金融中心、文化中心以及商业中心。① 上海能成为远东金融中心，主要得益于其优越的地理条件以及贸易业的快速发展和开放的历史条件。

首先，这一时期，上海集聚了大量国内外金融机构。1890 年到 1926 年间，中国开设了日资、美资、法资等 38 家外资银行。此后，上海又开设了数家外资银行，同时停业数家，到 1936 年，上海拥有外资银行 27 家，数量上超过了东京和香港等地；这期间，国内金融机构也大量集聚于上海，至 1935 年，全国华资银行有 164 家，总行设在上海的就有 58 家。上海的 43 家银行公会会员银行中，有 35 家总部设于上海。上海还有外地银行所设的分支行机构 182 个、11 家信托公司、48 家汇划钱庄、3 个储蓄会、1 个邮政储金汇业局。

其次，这一时期为上海集聚了大量社会资本。1932 年，上海汇入汇款为 4.38 亿元，占全国的 59.3%。存款总额据估算占全国 40%以上。1934 年上

① 邹仲海，张学森：《论上海国际金融中心建设的基础条件与特色发展之路》，《商业时代》2013 年第 31 期，第 135—136 页。

海证券交易所的债券成交量便超过40亿元，是当时北京证券交易所年交易量的40多倍。

最后，这一时期让上海成为全国利率以及其他金融资产行市的标杆。这一时期，上海的金融业高度发达，成交量在世界上名列前茅，例如，这一时期上海的黄金市场交易量已经超过日本东京和大阪两大市场。高度发达的金融业使得当时的上海成为全国乃至远东的资金集散地，成为世界各地建立广泛金融联系的桥梁，发挥着极强的金融辐射作用。

（二）依托改革开放，重新构建富有活力的社会主义金融体系

新中国成立以后，改革开放之前，受计划经济体制以及历史条件所限，上海金融业迎来了一个短暂的冬天。1978年十一届三中全会提出的改革开放，为上海金融事业带来了新的机遇，上海迅速开展各项金融重建工作，重新构建了全新的、富有活力的社会主义金融体系。

经过这一阶段的迅速发展，上海打破了原先"大一统"的金融业格局，催生了一大批富有活力的金融机构，实现了金融体制的重大变革。1979年起，出于对农村经济加以扶持的考虑，中国恢复了中国农业银行，此后中行、建行以及工行相继成立，并指定中国银行为专门的外汇专业银行，同时设立国家外汇管理局以适应对外开放背景下的国际金融业务要求；之后重新启动保险业务，成立中国人民保险公司，各地相继成立地方信用合作社以及信托投资公司。经过几年的发展，中国人民银行逐渐过渡为中国的中央银行；1986年后，交通银行作为金融改革试点，实施重组，成为全国首家国有股份制的商业银行。之后，上海出现了一大批富有活力的新型金融机构，包括上海国际信托投资公司和爱建信托投资公司等非银行金融机构。1988年以后，一批专业的证券公司相继成立，包括上海申银、上海万国、海通和上海财政证券。到1990年年底，上海已经集聚了1 356个中资金融组织及其营业机构。

在这一阶段，上海也建立并完善了包括资本市场、外汇市场和货币市场的多元化金融市场体系。1986年9月，经中国人民银行上海分行批准，中国工商银行上海信托投资公司静安分公司挂牌代理买卖飞乐音响公司和延中实业公司股票，开启了上海证券柜台交易业务。到1988年年底，上海向社会公开发行股票的股份制企业已经达到8家。1987年，在全国信贷资金管理体制实施重大改革的背景下，上海形成了辐射范围广泛的同业拆借市场。1988年上海先后建立了上海融资中心和外汇调剂中心。1990年12月，上海证券交易所成立。至此，上海初步完成了资本市场、货币市场和外汇市场这三个核心市场的建立。

此外，在这一阶段上海渐渐恢复了对外金融业务的开展，加快了金融业对外开放步伐进程。1990 年 4 月，中国政府决定开发开放浦东，给上海对外金融的发展带来了机遇。这一时期，上海不断优化外资投资环境，放开外资机构入驻上海的限制，落户上海的外资银行不断增加。1991 年，中国人民银行批准 8 家外资银行上海代表处升为分行。至 1991 年年底，有汇丰、渣打(麦加利)、东亚、华侨、三和、日本兴业、花旗、美洲、东方汇理、里昂信贷、东京、第一劝业等 12 家外资银行在上海设立分行，外汇资产总额 3.82 亿美元，外汇贷款余额 0.98 亿美元，外汇存款余额 0.39 亿美元。

上海牢牢把握改革开放带来的机遇，迅速恢复金融体系重建工作，经过十多年的高速发展，上海已初步建立了以中央银行为领导、国家银行为主体、多种金融机构分工协作的具有活力的社会主义金融体系，为上海建设国际金融中心创造了条件。

(三) 新时期上海加快国际金融中心建设，金融机构集聚

1992 年，在经济金融全球化的趋势逐步加快的背景下，为了增强国家竞争力，中国正式从国家战略角度提出建设上海国际金融中心。江泽民同志指出，“尽快把上海建设成为国际经济、金融、贸易中心之一，带动长江三角洲和整个长江流域地区经济的新飞跃”。此后，上海朝着国际金融中心的建设目标开始了全新的探索。在党中央、国务院的正确领导下，经过有关部门和所有金融机构的共同努力，上海用了很短的时间变确立了国内金融中心的地位，并在国际金融中心建设方面取得了重大进展。

经过多年的发展，金融机构不断发展壮大，上海已经逐步成为国内外金融机构主要集聚地。为了适应社会主义市场经济的建设需要，中国金融市场建设重新起步，上海开始加快金融市场建设。[①] 1990 年，上海证券交易所成立，股票及债权交易转向场内市场；1992 年，上海金属交易所和上海商品交易所建立，开始探索发展期货市场；1994 年，中国外汇交易中心暨全国银行间同业拆借中心总部落户上海；进入新世纪后，一批新型的金融机构也开始涌现，如全国性商业银行的业务营运中心(包括票据中心、资金交易中心、信用卡中心、数据处理中心等)、货币经纪公司、汽车金融服务公司、农业保险公司、保险资产管理公司等纷纷落户上海，进一步丰富了上海金融机构的种类。在这个阶段，

① 邓智团：《论国际金融中心的形成与演变》，华东师范大学出版社 2005 年版。

证监会、银监会、保监会等监管机构均在上海设立分支机构，为金融业的健康有序发展保驾护航。截至2014年年底，上海共有各类金融机构1 336家，其中货币金融服务单位601家，资本市场服务单位292家，保险业单位363家。至年末，在沪经营性外资金融单位达到216家，外资金融机构代表处190家。年末全市中外资金融机构本外币各项存款余额73 882.45亿元，贷款余额47 915.81亿元。①

二、经济实力和腹地

作为长三角经济区的核心城市，上海拥有极其优越的自然条件。一方面，关键交通枢纽的位置为其提供了广阔的腹地，增强了上海的辐射能力；另一方面，发达的第三产业为其提供了坚实的经济基础，为金融业的发展提供了实体经济依托。

（一）地理位置优越、经济腹地广泛

上海地处长江三角洲，由于濒临大洋，又拥有极其便利的长江水道航运，因此，上海的贸易范围可深入内陆千余公里，辐射面积尤为广阔。正是由于上海优越的地理位置，上海早在20世纪二三十年代便成为远东多功能经济中心，辐射范围极其广泛。上海港是中国最大的枢纽港之一，共有35个客运站、长途班线1 611条，可抵达全国14个省市的660个地方。上海已形成由铁路、水路、公路、航空等多种运输方式组成的具有超大规模的综合交通运输网络。综合来看，陆路方面，上海处于长江中下游平原地区，有多条铁路、公路通向全国各地。海陆方面，上海邮轮经济发展迅速，轮船可以沿长江通向中国内陆地区，有多条海上国际贸易航线连接国外市场与原料产地。空港方面，上海拥有浦东、虹桥两大国际机场，成为连接国内外各个城市的纽带。可以说，上海拥有全国最广泛的腹地，它的经济服务范围甚至覆盖了全国。

2014年上海实现交通运输、仓储和邮政业增加值1 044.46亿元。全年各种运输方式完成货物运输量90 340.88万吨。旅客发送量17 560.06万人次。2014年上海港口货物吞吐量达到75 528.89万吨，集装箱吞吐量3 528.53万国际标准箱；集装箱水水中转比例为45.8%，国际中转比例为7.1%；上海浦东、虹桥两大国际机场全年共起降航班65.54万架次，进出港旅客达到8 965.9万人次，其中，国内航线进出港旅客6 073.57万人次，国际及地区航线

---

① 2014年上海市国民经济和社会发展统计公报。

进出港旅客 2 892.33 万人次。全年上海港接待邮轮靠泊 269 艘次，其中，以上海为母港的邮轮 240 艘次，邮轮旅客吞吐量 121.52 万人次。①

表 7－7　2014 年货物运输量与旅客发送量及其增长速度

指　　标	绝对值	比上年增长(%)
货物运输量(万吨)	90 340.88	－1.3
铁路(万吨)	548.96	－20.9
水运(万吨)	46 582.53	－0.2
公路(万吨)	42 848.00	－2.2
机场(万吨)	361.39	7.4
旅客发送量(万人次)	17 560.06	10.2
铁路(万人次)	9 194.19	15.3
港口(万人次)	90.26	32.5
公路(万人次)	3 754.15	0.9
机场(万人次)	4 521.46	8.3

资料来源：2014 年上海市国民经济和社会发展统计公报。

(二) 经济实力雄厚

中国的经济最为发达、增长速度最快的地方是长江三角洲，而上海是长江经济带的核心城市，一直是中国传统的经济中心。作为中国最大的综合产业城市之一，上海的经济实力在国内名列前茅，改革开放以来 GDP 年平均增速超过 10%。2014 年，在面对中国经济下行压力下，上海坚持稳中求进、改革创新，积极应对外部环境严峻复杂和自身经济下行压力加大等挑战，全面落实国家稳增长、促改革、调结构、惠民生、防风险各项政策措施，全力推进创新驱动发展、经济转型升级等各项重点工作，国民经济保持平稳增长。2014 年，土地面积仅占全国 0.06%的上海，完成的生产总值占全国的比重为 3.7%，实现市生产总值(GDP)23 560.94 亿元，其中，第一产业增加值 124.26 亿元，第二产业增加值 8 164.79 亿元，第三产业增加值 15 271.89 亿元——占上海市生产总值的比重达到 64.8%。按常住人口计算，2014 年上海市人均生产总值为 9.73 万元。

① 2014 年上海市国民经济和社会发展统计公报。

上海的工业十分发达，2014 年上海工业总产值占中国的 14%。一方面，上海的钢铁、汽车、电气工程、装备制造、石油化工、电子工业等传统产业始终保持优势；另一方面，上海积极发展生物医药、航空航天、高端造船、精密仪器等高端产业；此外，一大批高端制造业和高新技术产业在张江高科孕育。

上海的经济结构也十分合理。2014 年上海第三产业增加值占上海生产总值的比重已经超过 60%，第三产业已经成为上海经济增长的支柱。作为国际化大都市，上海每年吸引众多国外游客，极大促进了上海的旅游业以及商业发展。作为中国的商业之都，上海集聚了大量商业集团，各国奢侈品公司都在上海设立总部，包括 LVMH、厉峰和 PPR 等。此外，上海积极发展楼宇经济，上海的商铺租金极其高昂，一个商业楼一年的租金相当于一个小城市一年的生产总值。

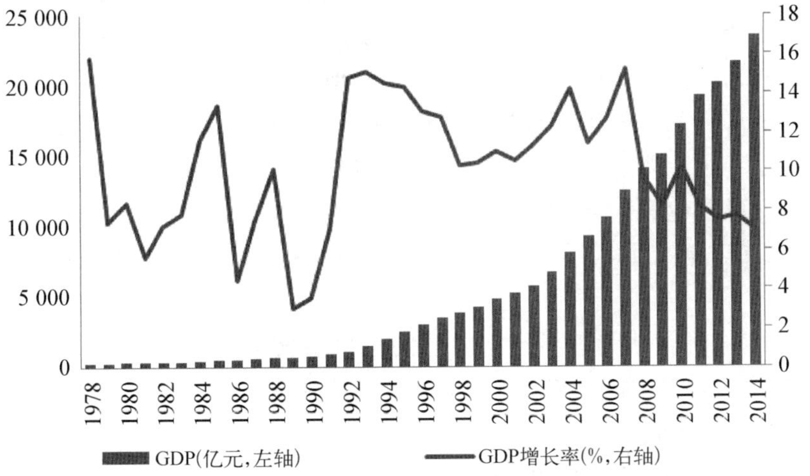

图 7－1　上海 1978 年以来经济增长情况

资料来源：《上海统计年鉴》。

三、未来经济和金融开放趋势

国际金融中心的建设需要一个高度开放的环境，只有经济金融高度开放，才能保持对国际金融机构的吸引力，维持金融中心的持续发展。上海作为中国对外开放的窗口，在经济金融的开放方面始终走在全国前列，已经成为中国对外开放的标杆城市。

(一) 经济开放

为了适应经济全球化的发展趋势，上海作为中国对外开放的窗口，自改革开放以来，不断优化开放环境，发展对外经济。首先，上海对外贸易不断开放，主要贸易对象为美国、欧盟等地。2014 年上海关区货物进出口总额达到 8 634.55 亿美元，其中，进口 3 402.43 亿美元，出口 5 232.12 亿美元。全年上海市货物进出口总额 4 666.22 亿美元，其中，进口 2 563.45 亿美元，出口 2 102.77 亿美元。其次，上海加强与国际的服务贸易。2014 年全年上海市实现服务进出口总额 1 753.9 亿美元，其中出口 494.3 亿美元，进口 1 259.6 亿美元。再次，上海不断加强对外经济合作。一方面，上海积极实施“引进来”战略，2014 年上海新设外商直接投资合同项目 4 697 项，合同金额 316.09 亿美元，实际到位金额 181.66 亿美元，主要用于第三产业，第三产业实际到位金额 163.85 亿美元，比重达到 90.2%。2014 年新增跨国公司地区总部 45 家，其中亚太区总部有 15 家，投资性公司有 14 家，外资研发中心有 15 家。至 2014 年年末，在上海落户的跨国公司地区总部达到 490 家，投资性公司有 297 家，外资研发中心有 381 家，在上海投资的国家和地区已经达到 159 个。

另一方面，上海积极实施“走出去”战略。2014 年新批对外投资项目 594 项，投资总额达 122.9 亿美元，其中签订对外承包工程合同金额 108.9 亿美元，实际完成营业额 74 亿美元；派出人员 8 532 人次，对外劳务合作派出人员 18 163 人次。至 2014 年年末，上海对外承包工程和劳务合作涉及的国家和地区达 178 个。①

在经济全球化成为世界经济发展的不可逆转的重要趋势下，上海将实施更主动的开放战略，重点培育开放型经济打造新优势。

(二) 金融开放

改革开放以来，上海的金融改革始终走在全国前列，多年来，上海不断优化环境，积极发展对外金融业务，加快金融业对外开放步伐，为促进中外资金融机构的合作以及中外金融市场的对接、实现资金跨境流动做出了巨大贡献。2005 年 6 月 21 日，经国务院批准，上海浦东新区在全国率先进行综合配套改革试点，给上海带来了更宽泛的自由。2005 年 10 月 22 日，国家外汇管理局宣布了跨国公司外汇资金管理方式改革在浦东先行先试的“九条措施”，成为中国外汇管理体制改革的新突破。2005 年 10 月 29 日，中国第一个保税港区、洋

---

① 2014 年上海市国民经济和社会发展统计公报。

山保税港首期通过国家主管部门的联合验收，享受保税区、出口加工区相关税收和外汇管理政策。2006年，国家发改委批复上海“以上海浦东新区陆家嘴金融贸易区为载体推进金融改革创新先行先试”。此后，为了探索全新的外汇管理措施，以适应保税港区等特殊经济区域发展需要，人民银行成立上海总部，专门为洋山保税港区等特殊经济区域制定配套政策以提供便利服务，并进一步带动了外汇管理方面的改革方案的推行。2008年8月，为了提高本外币兑换业务的服务水平，以满足人们日益增长的本外币兑换需求，国家外汇管理局根据新修订的外汇管理条例，批准在北京和上海开展个人本外币兑换特许业务试点，上海率先成为首批试点地区。2009年6月，上海浦东新区开展外商投资股权投资管理企业设立试点，吸引了多家全球著名投资管理公司。2009年7月，上海正式启动了跨境贸易人民币结算试点。2013年9月29日，中国（上海）自由贸易试验区正式挂牌成立，更是开启了上海引领全国金融业改革，加大金融对外开放力度的新篇章。上海始终是中国金融业开放的先驱，而金融开放将是一个大趋势，这也成为上海建设国际金融中心的一个独特优势。

第三节　上海国际金融中心建设的瓶颈问题

尽管上海在国际金融中心建设方面取得了不少成就，确立了其国内金融中心的地位，但是也存在不少制约因素，阻碍了上海国际金融中心的发展。上海国际金融中心建设主要受到来自法制环境、市场机制以及金融人才短缺等方面的制约。

一、法制环境有待进一步完善

随着经济全球化的不断发展，国际金融中心之间的竞争变得越来越激烈。如果一个国际金融中心的政策与法律建设滞后，那么就会使该国际金融中心在竞争中处于劣势。比如当年亚洲美元市场在新加坡迅速发展的原因就是因为香港不愿放弃对非居民利息所得的15%预扣税。随着这些年来新加坡的不断发展，新加坡金融中心在外汇交易额和衍生金融产品交易上已经超越香港，香港仅仅在国际银团贷款方面领先新加坡。相比于新加坡和香港，上海在法制环境上还存在着较大不足，比如上海在离岸业务上的税收优惠还没有明确的法律条文，没有在法律上对离岸业务做出专门的规定。

从监管层面来看，上海也存在着很大的不足。对于一个国际金融中心来说，放松资本控制以及取消外资参与金融业的限制是必需的。但是由于我们国家的基本国情以及现实情况，上海还不具备放松资本控制以及取消外资参与金融业的限制的时机。如今大部分在沪的外资银行虽然已经获得批准可以开展人民币业务，但在诸多业务上仍然受到严格限制，比如人民币业务只能面向三资企业和境外客户，以及不得经营本地客户的业务。同时，保险业迄今为止也仅仅发放了十几份许可证，外企购买国内金融工具是受到严格限制的。

随着上海的不断发展，上海的金融立法工作在有序开展中，迄今为止上海已经陆续制定了30多个金融法规。虽然近几年上海金融立法进展迅速，但是从总体上来说上海的金融立法与监管仍然远远落后于国际金融中心的发展要求，现有的金融法规对防范化解金融风险远远不够。如今上海离岸金融的监管还是仅仅依靠中国人民银行1997年10月发布的《离岸银行业务管理办法》以及《离岸银行业务管理办法实施细则》等有限的几个法律法规。这根本无法满足上海国际金融中心对于离岸金融市场的管理，因此限制了上海国际金融中心离岸金融业务的发展。①

二、市场机制培育有待深化

自20世纪90年代以来，上海便一直在推进金融改革，旨在培育一个与现代金融业发展相适应的市场机制。然而二十多年过去了，上海在金融业的市场机制培育方面始终没有重大突破，传统体制始终成为制约上海国际金融中心建设的重要因素。

（一）金融改革步伐缓慢

上海作为国际大都市，近年来虽然取得了巨大的发展，但是在成长发展方面远远没有达到预期。在城市进档升位的过程中上海没有放开步伐，在金融改革方面没有提出更加新颖的创新路径。显然，如今上海金融改革所面临的诸多问题也是中国金融改革所面临的问题。

从20世纪90年代以来，我们国家一直在谈金融改革。为了将金融改革更好地贯彻下去，国家也出台了不少政策。但是每次遇到利率市场化这个核心问题，金融改革就会停滞不前。利率非市场化严重限制了上海金融市场的建设。如今上海与世界一流国际金融中心相比，货币市场、资本市场、外汇市

① 邓智团：《论国际金融中心的形成与演变》，华东师范大学出版社2005年版。

场以及保险市场等金融市场普遍市场化程度不高，规模也难以达到国际金融中心的标准。利率的非市场化还会造成商业银行不能灵活制定借贷利率，当前的金融工具不能很好地为中国实体经济发展提供支持，影响了上海国际金融中心建设。上海要想成为国际金融中心，必须是全球金融产品定价的中心，但在中国的利率非市场化的背景下，上海国际金融中心的定价功能无法得到很好的体现。

中国之所以没有放开利率主要是因为政府担心利率市场化会造成中国金融市场的混乱，一旦遭遇到大规模的金融危机就会给中国带来巨大的危害。但是随着经济全球化的发展，各国金融都在逐渐进入市场化。在当今世界，如果金融还是完全依靠政府管制，就很难完全发挥出有效配置资源的作用。

根据中国的基本国情和经济发展来看，由于在中国经济发展的过程中金融改革过于谨慎迟缓，金融与经济发展出现了严重的不适应。经济发展决定了金融，金融反作用于经济发展，金融与经济发展的这层关系正在逐渐变得扭曲。所以上海的金融改革能否顺利进行直接决定了未来上海国际金融中心在国际中的地位。为了更好地推行上海的金融改革，中央已经批准了多项措施，比如在上海放开存款利率限制、贷款利率实行浮动制、在个别地区进行金融改革试点等具体办法。相信随着改革举措的不断推出，金融改革一定会更加顺利，上海国际金融中心的地位也会更加牢固。①

（二）金融服务水平限制金融发展

除了金融改革步伐较慢以外，金融服务水平较低也严重限制了上海国际金融中心的发展。由于上海金融改革步伐不够大，同时在中国金融业又是一个相对垄断的行业，因此中国的金融服务水平与发达国家相比仍处于一个较低的水平。比如相比于发达国家，上海在金融产品的开发、金融产品对实体经济的支持、消费者与金融企业之间建立平等关系等方面都还有很大的提升空间。只有通过彻底的金融改革才能打破金融垄断地位，从而提高金融服务水平，让金融更好地为中国经济发展提供坚实的后盾。上海国际金融中心能否在世界占据一席之地，上海的金融改革成为重中之重。只有金融改革顺利进行，金融服务水平才能显著提高。首先上海应该大力推动金融资源配置市场化，加速促进利率市场化、提高汇率弹性以及资本账户可兑换。只有解决了这

---

① 谭浩俊：《上海提升国际金融中心地位的“四大瓶颈”》，《上海证券报》2013 年 9 月 12 日，A02 版。

些问题，国际资金才可以在上海畅通无阻，上海才能成为一个真正的国际金融中心。

如今的上海中央集权特征比较明显，虽然经过多年的改革和努力已经具备了相对完善的市场体系，但是金融市场仍然没有完全市场化，是一个非常典型的行政主导型市场。由于金融市场的不完全市场化，导致上海金融市场交易功能较强，而其他功能明显较弱，整个金融市场缺乏层次。不同的金融市场之间由于归属于不同部门，因此缺乏沟通和联系，资金在各个市场间不能完全流动，价格关联也不大。由于受到政府管制的原因，上海金融产品类型和数量都受到限制，市场参与主体有限，因此不能完全发挥出市场的资源配置功能，市场也不能达到完全竞争。比如现在证券市场每年的成交额已经可以与发达国家国际金融中心相比，但是中国证券市场国际化程度不够，品种相比于发达国家也较少，缺少避险交易工具。同时，中国外汇市场也并不是一个完善的外汇市场，因为中国的外汇市场只能进行美元、日元、港元、欧元四种货币与人民币之间的买卖。上海市场一年外汇的交易总额远远落后于发达国家国际金融中心的水平。此外，在推进金融市场化的过程中，上海缺少自主决策的能力，缺乏决策权，这也限制了上海金融改革的空间和速度。

相比于发达国家国际金融中心，上海在金融机构聚集度和金融组织结构上与成熟的国际金融中心有着较大差距。不仅是外国金融机构数量方面，上海非银行金融机构数量以及质量也与成熟的国际金融中心差距明显。如今在上海，没有一家像波士顿、德勤一样在国际上有知名影响的中资咨询服务机构。同时，目前在上海的金融机构比较单一，绝大部分是银行，非银金融机构所占比例不大，这种现象很不利于上海国际金融中心的发展和地位的确立。另外，虽然上海的金融机构绝大部分都是银行，但是国内几大商业银行的总部都位于北京，几大商业银行总行的结算和大宗交易等业务都是北京，这些情况十分不利于上海国际金融中心的发展。

（三）产业基础不适应金融业发展

上海进档升位速度较慢、难度较大部分也因为产业基础条件与金融地位不匹配。上海作为中国经济最为发达的地区，经济能够辐射整个长三角地区，经济聚集度也远远超过其他城市，成长发展条件十分优越。尤其是自 21 世纪以来，由于上海自身迅速的发展和经济地位，上海已经成为中国经济迅速发展最不可或缺的城市。上海已经成为中国的金融中心，却无法成为国际一流的金融中心，一个重要的原因在于上海的产业基础条件无法辐射周边地区。一个国际金融中心需要有非常强的集聚力和扩散力，但由于受到现有经济体制的约束，上海与长三角地区的一体化进程并不顺利。此外，在上海，传统制造业和一般制造业占据了上海产业的很大一部分，而现代服务业和高端制造业在上海仍然缺乏。在科技不断创新的今天，上海在技术创新和研发方面都还存在着较大的不足，这些都会阻碍上海向一流国际金融中心发展。

近几年来，上海针对自己现代服务业和高端制造业缺乏的现状，开始加快产业升级的步伐以及改造传统制造业的力度。不仅注重引进高端制造业和现代服务业，还大力建设研发中心、转移一般制造业。虽然这些年上海取得了很大的进步，但是现有的产业结构仍然与国际金融中心的要求相差甚远。因此，要想使上海更快地成为一流的国际金融中心，上海就必须加快产业升级，调整自身的产业结构，注重创新。一个城市没有金融创新，金融就难以全面地服务于实体经济发展，也难以对现有的金融进行改革。如今的上海，机遇和风险同在。上海自由贸易区的建立，毫无疑问给上海提高自身金融创新提供了一个无与伦比的机会和平台。上海只有好好把握住这次机会，加快产业结构改革和注重创新，才能向一流国际金融中心迈进。

三、金融人才短缺

除了法制环境和市场培育机制方面，上海本土创新性人员短缺也是制约上海国际金融中心发展的因素之一。作为国际大都市的上海出现了金融人才短缺的现象，一方面是因为上海本地培养不出大规模的高端金融人才，另一方面又无法从境外引进高端金融人才。由于高端金融人才的短缺，上海金融市场工具比较单一，远远无法满足金融市场参与投资、避险、投机的需求，也不能很好地为实体经济提供足够的支持。这主要归咎与中国的体制问题，体制因素对金融市场的发展产生了巨大的制约。就目前上海拥有的能为金融业发展提供中介服务的机构而言，无论是数量还是质量都远远不能满足上海国际金融中心的要求。这些因素都会对上海国际金融中心的发展带来制约。

将上海建设成世界一流的国际金融中心是一项国家战略。一个一流的国际金融中心需要优秀高端的金融人才，高端金融人才是将上海建设成国际金融中心的关键和保证。近几年随着中国经济的高速发展以及上海的培养，上海的高端金融人才队伍正在逐渐扩大，无论是本地培养还是从国外引进，高端金融人才的数量和质量都在提高。但是高端金融人才供给仍然存在着突出的结构性矛盾。如今上海高端复合型金融人才严重短缺，供给和需求严重不均衡。此外，上海金融人才市场建设不完善，造成上海金融业人才无法充分流动，薪酬标准也没有达到相对统一，十分不利于高端金融人才的培养和引进。上海本地金融人才培养也相对落后，与世界一流的国际金融中心的要求相比还存在较大差距。①

① 霍颖、刘锋：《建设上海国际金融中心的制约因素分析》，《商场现代化》2015年第9期，第150—151页。

第八章　2020年上海国际金融中心基本建成

国际金融中心的形成与实体经济的发展紧密相连。目前，全球经济中心正在从欧美地区逐步向东亚地区转移。在这个过程中，东亚地区的金融中心也面临着升级发展的机遇。特别是金融全球化趋势愈演愈烈的今天，金融竞争与合作已经超越国界，形成了一张覆盖全球的金融网络。与金融扁平化同时存在的是，主要金融城市的节点作用更加明显，国际金融中心对全球金融体系的领导力和控制力进一步加强。同时，金融业对本国国际竞争力的促进作用也更加显著，经济转型升级、货币国际化需要金融体系的积极参与。上海国际金融中心的建立可以有效提升中国金融实力，促进本国金融改革，并对实体经济产生积极影响。因此，确保2020年基本建成上海国际金融中心就成为一项重要的战略任务。

第一节　上海国际金融中心建设面临的机遇

一、金融全球化格局

（一）金融全球化的主要表现形式

金融全球化指的是金融业跨国发展，金融活动按全球同一规则运行，同质的金融资产价格趋于等同，巨额国际资本通过金融中心在全球范围内迅速运转，从而形成全球一体化的趋势。金融全球化主要包括三个方面：资本流动的全球化、金融机构的全球化，以及金融市场的全球化。

资本流动的全球化指的是，随着信息技术的进步和交通网络的普及，国际间、洲际间的隔阂被有效打破，不同时区间24小时接力交易成为现实，投资者和融资者都可以在世界范围内选择最符合自己要求的金融机构和金融工具，金融资本以前所未有的速度在全球流动。从20世纪70年代开始，各国纷纷启动金融自由化改革，资本管制被放松，资本的全球配置速度显著加快，跨国投资、跨国并购、跨国信贷成为潮流。进入21世纪以来，金融创新层出不穷，流动性较低的资产被制作成结构性金融产品，金融资产规模迅速膨胀，国际流通速度也达到了一个新的高度。

金融机构的全球化指的是，金融机构在本国以外地区广设分支机构，形成国际化或全球化的经营网络。第二次世界大战结束后，跨国公司开始主导国际贸易。各国银行为了配合本国企业的全球化战略，开始在海外广设分支机构。此后，金融机构为了提高国际竞争力，将扩大规模、扩展业务范围和推进国际化作为战略选择，以达到降低风险、提高效益的目的。国际金融机构之间掀起了声势浩大的跨国并购，跨国界、跨行业的兼并重组此起彼伏，形成了你中有我、我中有你的复杂竞争格局。过去40年，世界主要金融机构的海外利润占总利润的比重大幅提升，机构遍布全球各个角落。

金融市场全球化是指，金融交易的市场超越了时空与地域的限制而趋于一体。市场的全球化首先有赖于信息技术进步。在互联网高速发展的今天，金融市场之间的依赖性和相关性日益密切，全球金融信息系统、交易系统、支付系统和清算系统等技术手段已经实现网络化。外汇市场和黄金市场可以完成每天24小时连续不间断交易。在规模效应极强的金融世界中，金融市场之间也在通过业务合作、联盟、并购等方式保持竞争优势，并促进金融全球联网的形成。例如，2008年，美国纳斯达克交易所与瑞典OMX交易所合并，形成了横跨欧美，集股票、债券、衍生品于一身的交易所集团。金融市场的合作，可以有效降低管理成本，增强金融产品间的协同效应，增加市场流动性，对投资和融资双方均极具吸引力。

（二）金融全球化的影响

金融全球化作为一种不可抗拒的浪潮正在席卷世界。作为一种浪潮，一方面金融全球化为世界经济的发展带来了活力，另一方面，也给世界各国特别是发展中国家的金融安全带来了严峻挑战，所以它具有正反两方面的影响。

在正面影响方面，首先，金融全球化有效提高了世界范围内的资本积累速度和配置效率，促进了实体经济增长。金融全球化之后，发达国家的过剩资本加速向发展中国家转移，缓解发展中国家资本不足的瓶颈。同时，资本的全球配置，使资本不足地区的规模经济程度得以提高，也促进了产业分工的深化和市场的扩大。此外，资本不足地区往往是技术水平、管理水平相对落后的地区。这些地区通过承接发达地区的资本转移，吸收、学习发达地区的技术和管理经验，实现自主式发展，增加本地就业，推动产业升级。反过来，发达地区获得了可观的资本收入，双方实现双赢。其次，金融全球化对金融体系本身规模的扩张、功能的增强具有重要作用。金融全球化是一个将金融体系的触角伸向世界各个角落的过程。在这个过程中，金融机构、金融资本在世界范围内扩张和流动，形成了一张覆盖整个世界的巨大金融网络，增加了金融活动的规模。同时，金融中心对金融人才、金融交易的集聚作用更加明显，促进了金融创新，也使实体经济金融化的趋势日益显著，传统上流动性较低的资产被证券化并打包上市，在全球金融市场流转，分散了金融风险。

但是，金融全球化也导致了一系列问题。

第一，金融全球化造成了金融风险的传递，加剧了金融危机的破坏性。金融全球化允许单个金融产品或者运营实体的风险在世界范围内分散，拖延了个体风险爆发的时间。但是当系统性风险爆发时，过往积累的风险会引发席卷全球的金融危机。例如，2008年开始的国际金融危机至今仍然对世界经济活动具有深远的负面影响，然而其起因仅仅是美国国内的次级住房抵押贷款的违约。由于次级住房抵押贷款的过度证券化，不仅其衍生品规模远远超过了原始标的，而且持有该类证券的投资者也早已分布在世界各地。因此，美国房地产领域的信贷危机，通过多次放大，最终造成了全球范围内的经济危机。

第二，金融全球化为国际游资套利攻击提供了便利，不利于金融系统的稳定。金融全球化虽然有利于金融资本的国际流动，但是出于逐利的目的，游资会在短期内针对部分国家利率政策、汇率政策上的不完善，快速进出该国，制造资产泡沫，并进行攻击和套利，导致金融产品价格的大幅波动，进而严重影响实体经济的正常运行。例如，1997年，正是由以索罗斯量子基金为代表的国际游资对部分亚洲国家的金融系统进行了攻击，才导致了举世瞩目的亚洲金融危机，并使这些国家的国民经济出现严重倒退。

第三，金融全球化强化了传统金融中心的地位，弱化了区域金融市场的作用。金融业的重要特点之一是规模经济。在金融全球化的过程中，金融人才与金融活动向主要金融中心集聚，区域金融市场的作用被大幅削弱，为后发国家建设国际金融中心制造了障碍。

在金融全球化背景下，本国金融实力对本国综合国力和全球竞争力的影响变得越发重要。金融体系既需要积极利用全球资本发展本国经济，也需要防范金融风险的发生。

二、中国经济和贸易的发展

(一) 金融与经济、贸易发展的关系

金融与经济发展互相促进、互相影响。金融是在商品经济发展的过程中产生,并伴随着商品经济的发展而发展。在经济发展初期,人们不需要通过金融活动来进行商品贸易。随着商品经济的不断发展,信贷活动、信用消费、资金流通等金融服务逐渐产生,金融体系的规模日益扩大,满足了经济发展的需求。

国民经济的不同发展阶段对金融活动的需求不同,由此决定了金融发展的结构、规模和层次。从结构上看,国民经济的结构决定了金融体系的结构。例如,公有制部门与非公有制部门并存的二元经济结构决定了二元金融结构。从规模上看,国民经济的规模决定了金融体系的规模。例如,一定时期的货币供给量主要受当前商品供给量的影响,一定时期的信贷规模也主要与经济的活跃程度有关。从阶段上看,经济发展阶段决定了金融发展的阶段。在经济发展的低级阶段,只可能产生简单的金融需求,金融活动只需要解决货币流通、资金融通和支付清算等基本金融问题即可。当经济发展达到高级阶段,金融体系需要同时提升能级,否则将抑制经济的发展。

金融体系的发展不仅受经济发展阶段的影响,也会反过来促进经济发展。第一,金融活动可以为经济发展提供各种便利条件,例如通过支付清算促进商品生产和流通,通过信用促进资金融通和利用,通过其他金融活动分散风险等。第二,金融活动可以为经济发展提供资金支持,例如通过存贷款业务、发行有价证券、贴现票据、向外国借款等为经济部门融资。第三,金融部门可以向科技部门提供资金支持和金融服务,促进技术进步和科技成果的普及应用,从而大幅度提高社会生产率。第四,金融活动促进资源的合理配置,节约交易成本,提高经济发展效率。第五,金融业自身产生的增加值也直接为经济规模做出贡献。

总的来说,金融体系与经济和贸易的发展是一种相辅相成的关系。对于经济发展进入新阶段的国家和地区来说,金融部门需要与时俱进,也必然与时俱进。

(二) 中国经济和贸易发展的前景

中共十八大报告提出了中国经济未来发展目标,即在发展平衡性、协调

性、可持续性明显增强的基础上，实现国内生产总值和城乡居民人均收入比 2010 年翻一番。预计至 2020 年，中国可以实现全面建成小康社会的总体目标，经济总量与经营效率都将在现有基础上大幅上升。在经济总量方面，林毅夫预计，2020 年中国将实现 GDP 翻一番、城乡居民收入翻一番的目标，加上人民币升值的因素，2020 年中国人均年收入或将达到 1.27 万美元，可实现从低收入变身中等收入再进入高收入的演变。世界银行预测，经购买力调整后，2020 年中国的人均 GDP 将是美国的四分之一，而经济总量可能在 2020 年到 2030 年间的某个时间超越美国，成为世界最大的经济体。[①] 在贸易发展方面，服务贸易将成为未来对外贸易新的增长点。商务部认为，加入世贸组织以来，中国服务贸易规模快速扩大，服务贸易在对外贸易中的比重持续上升，2011 年、2012 年、2013 年占比分别为 10.3%、10.8%、11.5%，2014 年 1—5 月，占比更是达到 12.4%。今后一段时期，服务贸易规模有望保持较快增长，增速将继续快于货物贸易，2015 年将超过 6 600 亿美元，2020 年将突破 1.2 万亿美元。

在经济总量增长的同时，预计中国经济结构也将发生新的变化。

第一，中国的需求结构将发生变化。消费、投资、出口是需求的三个组成部分，也是拉动经济增长的三驾马车。在过去相当长的一段时间内，中国的经济增长主要依靠投资与出口，而消费所占的比重不高，制约了中国长期发展的潜力。目前，中国正把促进消费作为一项战略任务。预计到 2020 年，消费占中国经济总量的比重将显著上升。

第二，产业结构将发生新的变化。改革开放之后，中国积极发展加工制造业和重化工业，为经济的起飞奠定了坚实的基础。但是 2008 年金融危机后，传统的发展模式与国内外形势之间的矛盾越来越显著。从外部因素看，金融危机导致了全球经济增长格局的大调整，危机所引发的全球需求萎缩以及消费模式的转变对中国出口带来了严峻挑战。从内部因素看，主要是中国经济存在的结构性失衡已成为影响中国经济运行质量和竞争力的主要制约因素，要求进行产业升级的呼声不断加大。此外，劳动力价格上升、资源与环境约束也要求中国经济深入进行产业结构调整。目前，国务院印发了《中国制造 2025》规划，表明中央层面推动产业结构调整的决心。预计到 2020 年，中国的产业结构调整将初见成效。

---

① 关于中国经济总量超越美国的预测研究有很多，较有影响的还有 IMF 的预测。2013 年 4 月，IMF 发表的《世界经济展望》认为，2017 年中国经济规模将超越美国。

第三，中国的贸易结构将发生新的变化。改革开放之后，特别是中国加入世界贸易组织之后，对外贸易成为中国经济的重要支撑力量。但是，由于中国出口部门主要为加工制造业，附加值较低，付出了高昂的资源、环境代价，贸易收益却较为有限。此外，这种贸易模式还造成了贸易摩擦增加、国际收支不平衡等问题，影响了宏观经济的稳定。目前，中国正在推行“一带一路”战略、“走出去”战略，并且通过建立自贸区和“负面清单”减少贸易壁垒，这些都表明中国正在处于贸易结构调整的新时期。可以预见到的是，到 2020 年，中国的服务贸易在贸易总额中的占比将不断提高，高附加值产品在出口总额中占比将不断提高，进口总额占贸易总额的比例将不断提高。

第四，中国的要素结构将发生新的变化。以往中国经济快速增长的背后，是物质资源、能源和劳动力的巨大消耗，事实已充分证明，这种依靠资源消耗的发展是不可持续的，必须对生产要素的投入结构进行坚决调整，走自主创新之路，由要素投入推动型转为科技创新推动型。目前，中国正在实行“大众创业，万众创新”的战略，同时也正在建设上海科技创新中心，可以预见的是，在今后相当长一段时间内，科技创新将成为中国重要的发展主题。

在上述经济与贸易发展的背景下，中国金融业发展将面临重要的战略机遇期。经济规模和贸易规模的提升，意味着对金融机构、金融服务不断膨胀的需求；“一带一路”“走出去”战略的实施，将为中国金融开放与国际化进程创造有利条件；新的经贸环境和经贸活动需要合适的风险控制工具和融资工具，这为金融创新提供了市场。

三、人民币国际化

（一）人民币国际化的意义

人民币国际化指的是人民币能够跨越国界，在境外流通，成为国际上普遍认可的计价、结算以及储备货币的过程。实现人民币国际化对中国有着重要意义。第一，人民币国际化可以显著提升中国的国际地位，增强中国对世界经济的影响力。人民币实现国际化后，中国就拥有了一种世界货币的发行和调节权，对全球经济活动的影响和发言权也将随之增加。同时，人民币在国际货币体系中将占有一席之地，可以减少国际货币体制对中国的不利影响。

第二，人民币国际化可以减少汇价风险，促进中国国际贸易和投资的发展。对外贸易的快速发展使中国外贸企业持有大量外币债权和债务。由于货币敞口风险较大，汇价波动会对企业经营产生一定影响。人民币国际化之后，对外贸易和投资可以使用本国货币计价和结算，减少企业所面临的汇率风险，这可以进一步促进中国对外贸易和投资的发展。同时，也可以促进人民币计价的金融产品市场的发展。

第三，人民币国际化进一步促进中国对外贸易的发展。对外贸易和出境旅游等实体经济发生的人民币跨境流动，在可以有效减少因兑换货币产生交易费用，推动和扩大双边经贸往来。

第四，人民币国际化可以获得国际铸币税收入。实现人民币国际化后最直接的收益就是获得国际铸币税收入。铸币税是指发行者凭借发行货币的特权所获得的发行面额与发行成本之间的差额。发行世界货币可以从别国征收铸币税，获得无成本、无风险收益。中国拥有数额庞大的外汇储备，实际相当于对外国政府的巨额无偿贷款，同时还要承担通货膨胀税。人民币国际化之后，中国不仅将减少因使用外汇引起的财富流失，还可以获得国际铸币税收入，为中国利用资金开辟一条新的渠道。

(二) 实现人民币国际化的前提条件

人民币国际化需要三个前提条件。

第一，人民币国际化需要稳定的政治格局。令人欣喜的是，中国国内政局一直十分稳定，同时具有较高的国际政治地位，在世界政治舞台上发挥着重要的作用。这种稳定的政治格局可用以加强人民币在国际上的地位。

第二，人民币国际化需要强大经济实力的支撑。美元、欧元、英镑等长期作为世界货币，与其发行国雄厚的经济实力密不可分。目前，中国正在围绕“全面建设小康社会的”的伟大目标经济发展，预计到2020年仍能保持年均7%左右的增长速度，物价稳定，国际收支基本平衡，因此中国也基本具备了实现人民币国际化的经济条件。

第三，人民币国际化需要健全金融体系的支持。充当世界货币是一种货币符号，由其发行国的中央银行发行、调控，又由整个银行系统和其他经济机构支持和运作，因此，一种货币能否胜任世界货币职能，其发行国必须拥有一个先进的银行体系。宏观金融调控能力的强弱很大程度上决定着金融业的稳定，进而影响着汇率和币值的稳定。货币国际化后，由于国际上各类大小不一的经济金融危机和动荡时有发生，使得国内经济金融领域常常面临着外来的冲击。为了减弱和及时消化外来的种种冲击，国际货币发行国的宏观金融管理部门必须具备强有力的宏观金融调控和监管能力。目前，中国已经建成了现代银行体系和金融市场体系，经营管理水平不断提高，业务创新能力显著增强，一个健全的金融体系已经形成，并在不断改进当中。

(三) 实现人民币国际化的步骤

货币国际化通常分为三个步骤：第一步是本币成为国际贸易的主要结算货币，第二步是本币提升为国际投资(例如股票、债券、外汇交易)的主要结算货币，第三步是本币进一步提升为主要国际储备货币。其中，成为国际贸易结算货币是不可逾越的环节。理论研究表明，贸易结算功能突出的国际货币，由于具有真实的交易基础，其国际地位更为稳定；而贸易结算功能较弱的国际货币易沦为纯粹的投机、投资工具，即使作为外汇储备，也会受到汇率波动的重大影响。美元在长期汇率走弱的情况下仍是各国主要的储备货币，原因在于它是国际大宗商品最重要的结算货币。与之相反，在日元国际化的过程中，以日元计价的投资市场发展很快，但日元在国际贸易中的使用则相对不足，这导致当今日元地位不断下降。此外，发展投资结算功能的难度相对较大也是货币国际化首先从贸易结算功能开始的一个原因。发展人民币投资市场的前提是资本账户开放以及人民币利率、汇率的市场化，进而建立一个资本可以自由流动又无明显套利空间的金融市场。这需要在中央层面改革监管体系，重新分配多个部门的职权，不仅难度大，而且耗时长。因此，发展人民币的贸易结算功能应是现阶段人民币国际化的重点。这需要积极培育跨境贸易人民币结算市场，在时机成熟之后，开始稳步发展以人民币计价的金融市场，最终推动人民币成为主要国际货币。

(四) 上海国际金融中心建设在人民币国际化过程中的作用

人民币国际化要求加快构建以上海国际金融中心为核心的人民币跨境金融循环。当前人民币国际化正在遵循“计价结算货币→投资货币→储备货币”的演化模式稳步推进。在此过程中，构建强大、高效的跨境人民币金融循环，是实现人民币国际化的必然要求。在当前阶段，人民币金融循环与跨境实体经济循环之间的非对称发展，是人民币国际化进程中需要突破的主要障碍。从全国范围看，人民币跨境贸易结算对发挥人民币国际计价、结算货币功能具有更大的基础性作用。从上海在人民币国际化进程中的作用看，上海处于人民币金融循环枢纽的核心地位，应重点建设发展具有足够活力、流动性和开放的微观金融市场。因此，在人民币国际化的过程中，上海的作用定位主要应在资本市场的深化和国际化方面，而非直接倚重于上海本身的跨境贸易、跨境直接投资等实体经济活动。与这些实体经济活动直接相关的金融服务，需要立足于全国、国际重点区域甚至全球范围。

四、互联网技术的发展

（一）互联网对金融发展的影响

互联网金融是依托于互联网而开展的各种金融活动的总称。在互联网出现以前，金融活动基本以纸质为载体。与之相比，互联网金融以互联网为载体，突破了纸质载体对时间与空间的局限性；同时，充分利用互联网所具有的快速便捷、信息透明、大数据和云计算等技术手段，有效拓展了金融交易各方的选择权，降低了金融交易成本。

互联网与金融的结合并非是现在才有的新鲜事物。自 20 世纪 90 年代，互联网向公众开放以后，世界各国和地区的金融机构开始利用互联网展开了一系列金融业务。美欧等发达经济体的各类金融机构广泛运用互联网提供的便利，在银行卡上开辟了存款与证券投资相连接的多账户管理模式，在金融交易中开辟了网络银行、网络理财、网上交易所和网络保险等多样性产品。在中国，20 世纪 90 年代中期之后，各类金融机构也广泛利用互联网开展了诸多业务活动和业务创新，包括证券销售、私人银行业、缴纳各种费用（如水、电、手机费和电话费等）、查询相关金融交易资讯等。

在互联网时代，金融＝制度＋技术＋信息。制度决定谁能够做金融，包括金融业务活动的范式、法律和规则，是金融功能的基础。技术提供金融功能实现的基础设施，技术变迁驱动着金融创新和功能结构创新。信息则是金融业务活动和处理的核心。在互联网、移动互联网、物联网、大数据、云计算等新技术之下，金融的内涵、外延已经得到很大的拓展和提升。现代金融的范畴已大幅突破传统金融所能覆盖的范围和实现的功能。随着金融需求的不断创新，需要更快捷、方便、高效的金融功能实现形式来满足这些需求。

但是，互联网无法改变金融的本质。金融是建立在资产权益基础上，并为获得这些权益的未来收益而进行的交易关系的总和。互联网金融只是借助了互联网的渠道和技术开展金融活动，所以不可能改变金融的实质和各项核心功能，反而有利于使金融实质和金融功能借助互联网而变得更加突出和有效。毋庸置疑，正如金融活动的载体从贵金属转变为纸质之后，金融运作方式和金融产品创新大为增加一样，随着金融活动的载体从纸质、电子媒体向互联网的转变，金融运作方式和金融产品创新也将日新月异。这种变化既可能发生于实体企业介入的金融领域，也可能发生在各种金融机构的运作过程中。

（二）互联网金融对上海国际金融中心建设的启示

在互联网高速发展的今天，世界将更加扁平化、去中心化和移动化。便捷的信息基础设施以及广泛的对外金融联系，将成为决定一座城市能否建成国际金融中心的重要条件。这或许就是互联网带给发展中国家建设国际金融中心“弯道超车”的新契机，由此开启建设上海国际金融中心的新模式。

第一，应加快提升上海信息基础设施建设水平。以互联网金融产业链的视角检视信息基础设施建设情况，赢得全国性用户网络接入权，促进通信、大数据、云计算、软件开发、数据库管理、互联网终端设备、互联网维修等关联产业，完善智慧城市基础设施建设。

第二，应有序构建上海本地金融机构集聚平台。在平台规制理论的指导下，通过平台合作、跨界整合，价值链重组、差异化服务等方式，争夺用户信息资源，培育和优化具有上海本地特色的综合金融服务平台，辐射整个长三角地区。

第三，应实行兼有信息披露的金融监管模式创新。推进互联网金融分类分期监管试点，有针对性地进行风险控制，对于纯平台类不涉及资金融通业务的互联网金融企业，需要加强信息披露监管。

第四，应大力完善个人信用评估机制建设。需要结合《社会信用体系建设规划纲要（2014—2020 年）》的实施，借鉴国际上普遍使用的个人信用评级方法，打破信用和信息的部门垄断，推进个人信用的第三方评估机制建设，促进社会信用体系规范与完善。

目前，上海在国际金融中心建设方面已取得了长足进步，在基础设施建设、金融市场规模、金融机构集聚、金融业务创新、人力资本积累等方面均处于国内领先水平。从互联网时代国际金融中心建设的新要求出发，在流量空间的金融发展方面，上海将大有作为。

第二节　金融市场规模

一、金融机构和人才集聚

国际金融中心是金融资源集聚的城市，其基本特点是金融机构大量集聚，产生对当地和区域较强的服务功能。目前，上海已经是国内最重要的金融中心，集聚了众多的金融机构。截至 2013 年年末，上海辖区内共有证券公司 20

家，占全国的 17.4%；上海 20 家证券公司的资产总计 4 571.6 亿元，净资产 1 687.8 亿元，净资本 1 233 亿元，全年实现营业收入 307.8 亿元，净利润 91.9 亿元。截至 2013 年年末，上海辖区内共有期货公司 28 家，占全国的 17.9%；上海 28 家期货公司的客户权益达到 501.9 亿元，占全国的 25.7%；代理交易额为 143.8 万亿元，占全国 26.9%；全年实现营业收入 41.3 亿元，净利润 7.0 亿元。截至 2013 年年末，上海辖区内共有基金公司 44 家，占全国的 49.4%；上海 44 家基金公司管理资产总规模为 1.28 万亿元；发行公募基金产品 675 只，占全国的 43.5%，总净值占全国的 31.3%。

但是上海金融业规模与纽约、伦敦等国际一线金融中心相比还有较大差距，金融业人均 GDP 更是在主要金融中心中排名末尾。统计资料显示，截至 2012 年年末，纽约共有金融从业人员 88.63 万人，金融业创造的 GDP 达到 1 985 亿美元；香港金融从业人员总数为 20.77 万人，金融业创造 GDP 为 412 亿美元；东京金融从业人员为 28.78 万人，金融业创造 GDP 为 685 亿美元；新加坡金融从业人员 18.5 万人，金融业创造 GDP 为 279 亿美元；伦敦金融从业人员 39 万人，2011 年金融业创造 GVA 为 890 亿美元。相比之下，截至 2012 年年末，上海金融业为 30 万人，金融业创造 GDP 为 395 亿美元。这充分证明上海的金融机构集聚程度、人才集聚程度、金融机构经营效率等方面距离国际金融中心的标准仍相去甚远。

金融机构集聚对金融中心的服务功能主要体现在两方面：一是增加对金融中心城市所在地的服务供给，为所在地的企业、居民和跨国公司总部服务；二是增强对金融中心所在区域的服务功能，即集聚和辐射功能。从金融中心集聚辐射金融资源的定义来看，金融机构集聚的目的和作用主要应该是能有效发挥对区域的服务作用。目前，针对金融集聚程度不足的现状，上海正从多个方面进行改进。

根据《国务院关于推进上海加快发展现代服务业和先进制造业建设国际金融中心和国际航运中心的意见》的部署，上海目前正在大力加强金融机构和业务体系的建设。具体来说，第一，上海将根据金融市场体系建设的需要，大力发展各类金融机构，发展重点是投资银行、基金管理公司、资产管理公司、融资租赁公司、货币经纪公司、企业集团财务公司等有利于增强市场功能的机构。第二，上海正在积极推进符合条件的金融企业开展综合经营试点，培育和吸引具有国际竞争力和综合经营能力的金融控股集团，在试点过程中探索建立金融监管协调机制。第三，鼓励发展各类股权投资企业（基金）及创业投资企业，做好上海金融发展投资基金的试点工作。第四，积极拓展各类金融业务，推动私人银行、券商直投、离岸金融、信托租赁、汽车金融等业务的发展，对跨机构、跨市场、跨产品的金融业务有序开发。第五，开展商业银行并购贷款业务，为企业并购活动提供资金支持。第六，鼓励个人购买商业养老保险，由财政部、税务总局、保监会同上海市研究具体方案，在适当时候开展个人税收递延型养老保险产品试点。第七，根据国家金融对外开放总体进程，稳步推进金融服务业对外开放，支持设在上海的合资证券公司、合资基金公司率先扩大开放范围。

随着上述工作的逐步推进，预计到 2020 年，上海的金融机构和人才集聚程度将达到新加坡、香港等亚洲金融中心的水平。

二、金融市场交易规模

上海的金融市场体系由股票市场、期货市场、外汇市场、债务和货币市场组成，为国民经济的投资、融资和定价提供了众多便利。当前，上海的金融市场建设面临重要机遇，这主要包括：第一，2020 年之前，中国将完成利率市场化、汇率市场化和资本项目开放改革，除了将导致国际资本大量涌入、交易总额大规模增加以外，市场对于衍生品的需求也将大幅增加，促进上海积极进行金融创新；第二，伴随着人民币国际化的进程，人民币在国际贸易和国际投资结算当中的比例将大幅上升，上海作为全球最大的人民币产品在岸市场，将充分享受人民币国际化带来的业务流量；第三，中国政府正在推进的"一路一带"战略，以及 2017 年将要建成的金砖国家银行，有利于中亚地区、远东地区，以及金砖国家的金融资源向上海汇聚；第四，中国正在推动金融体制改革，将由目前银行主导的间接融资体系转变为由市场主导的直接融资体系，新三板、企业债券、地方政府债券等新兴金融产品将再造一个上海资本市场；第五，中国为应对养老金缺口，很可能推出与美国 401K 类似的年金计划，这将为上海资本市场带来源源不断的流动性；第六，中国企业走出去的步伐正在加速，上海作为内地资金出国的最佳通道，将承接大量金融服务工作。

面对上述机遇，上海正在大力加强金融市场体系建设。根据《国务院关于推进上海加快发展现代服务业和先进制造业建设国际金融中心和国际航运中心的意见》的部署，上海的工作主要包括：第一，努力拓展金融市场的广度和深度，形成比较发达的多功能、多层次的金融市场体系。第二，不断丰富金融市场产品和工具，大力发展企业（公司）债券、资产支持债券，开展项目收益债券的试点,研究发展外币债券等其他债券产品;促进债券一、二级市场的建设及其协调发展;加快银行间债券市场与交易所债券市场的互联互通,推进上市商业银行进入交易所债券市场进行试点。第三,根据投资者资产配置和风险管理的需要,正按照高标准、稳起步和严监管的原则,研究探索并在条件成熟之后推出以股指、汇率、股票、利率、债券、银行贷款等为基础的金融衍生品。第四,加大期货市场发展的力度,做深做精现有期货产品,有序推出新的能源和金属类大宗产品期货,支持境内期货交易所在海关特殊监管区域内探索开展期货保税交割业务。第五,拓宽上市公司行业和规模覆盖面,适应多层次资本市场发展的需要,研究建立不同市场和层次间上市公司转板的机制,逐步加强上海证券交易所的主板地位和市场影响力。第六,研究探索推进上海服务长三角地区非上市公众公司股份转让的有效途径。第七,优化金融市场参与者的结构,积极发展证券投资基金、社保基金、保险资产、信托计划、企业年金等各类机构投资者。第七,根据国家资本账户和金融市场对外开放的总体部署,逐步扩大境外投资者参与上海金融市场的比例和规模,逐步扩大国际开发机构发行人民币债券的规模,稳步推进境外企业在境内发行人民币债券,在适当时候启动符合条件的境外企业发行人民币股票。第八,积极发展上海再保险市场,鼓励发展中资和中外合资的再保险公司,吸引国际知名的再保险公司在上海开设分支机构,培育和发展再保险经纪人,积极探索开展离岸再保险业务。

随着上述工作的逐步推进,预计到2020年,上海的股票市场、期货市场、外汇市场、债务和货币市场的交易规模将比2014年有大幅度增长,与纽约、伦敦等国际金融中心的差距将明显缩小。

第三节　金融服务功能

一、企业融资功能

融资指的是为支付超过现金的购货款而采取的货币交易手段,或者为取得资产而集资所采取的货币手段。根据资金是否经过金融中介,融资方式又可以分为直接融资和间接融资。直接融资主要包括股权融资和债券融资,间接融资主要指的是银行贷款。与间接融资相比,直接融资具有筹资成本低的特点,资金快速合理配置,提高资金使用效率。因此,提高直接融资规模是金融发展的重要方向。

作为中国股票和债券市场的中心，上海在直接融资方面走在了全国前列。1990年12月19日，上海证券交易所成立，标志着上海在场内市场进行股票融资和债券融资的开始。1991年，上海在全国范围内首次推出B股市场，“电真空B”上市融资1亿美元。1997年，上海成立银行间债券市场，为国债和金融债发行提供了新的场所。2013年，上海市场股票融资总额2 515亿元；交易所市场债券发行总额为8.86万亿元，其中政府债6.58万亿元，公司债2.28万亿元；银行间债券市场共发行债券8.59万亿元，其中政府债和金融债5.28万亿元，公司债3.31万亿元。此外，上海还是全国银行间同业拆借市场，为各类金融机构提供头寸拆借服务。2013年，银行间同业拆借、现券和债券回购总额为235.3万亿元，其中，同业拆借总额为35.5万元，债券回购总额为158.2万亿元，现券交易总额为41.6万亿元。

目前，上海为了进一步提升上海国际金融中心的融资功能，提出了一系列措施，推进发展直接融资，并改善融资结构，以推进上海企业融资结构的调整和优化。这些措施主要包括：第一，积极放宽创业板财务准入标准动态，鼓励上海符合条件的创新型、成长型企业在创业板上市；对实施产能整合的企业探索发行优先股。第二，结合中国(上海)自由贸易试验区的建设，积极推进信贷资产证券化的常规化运作，并推动跨境人民币结算业务的发展，扩大人民币在贸易、保险、投资等领域的使用，研究开展个人境外直接投资的试点。第三，积极配合和开展民营资金进入金融业的政策研究，探索设立民间资本发起的民营银行和金融租赁公司和消费金融公司。第四，积极配合开展政策研究，扩大银行不良贷款的自主核销权，探索银行不良贷款转让常规化路径。第五，为了推进小微企业的融资服务，将完善小微企业风险补偿政策和小微企业信贷奖励政策。第六，继续推进政府出资参股的融资性担保公司，发挥政府资金的引导作用，完善上海融资性担保公司奖励措施和商业性融资担保机构的担保代偿损失风险补偿政策。第七，加强中小企业信用体系建设。

随着上述措施的顺利实施，预计到2020年，上海的直接融资比例、小微企业融资规模将进一步提升，融资机制越发完善，国际化程度显著提高。上海国际金融中心的融资功能将明显增强。

二、财富管理功能

财富管理指的是以客户为中心，设计出一套财务规划，通过向客户提供现金、信用、保险、投资组合等一系列的金融服务，对客户的资产、负债、流动性进行管理，以满足客户不同阶段的需求，帮助客户实现财富增殖、降低风险的目的。财富管理的范围包括现金储蓄及其管理、个人风险管理、保险计划、债务管理、投资组合管理、退休计划及遗产安排等。

财富管理长期受到国际金融业的重视，具有经济资本占比低，受周期性波动影响小的特点，现在已经成为金融机构利润的重要来源。世界各地都有财富管理机构，特别是重要的金融中心，例如伦敦、纽约、苏黎世、多伦多等。在中国，财富管理作为金融行业的一个分支，正在冉冉升起，私人银行、证券、信托、基金、保险、第三方理财机构等相继加入财富管理的业务中。2014 年，中国 GDP 达到 63.6 万亿元，经济总量位居世界第二，全社会的个人存款总量达到 51 万亿元，信托公司的信托资产规模达到 14 万亿元，保险公司总资产规模突破 10 万亿元，基金公司管理资产达到 6.7 万亿元。招商银行与贝恩管理顾问公司联合发布的《2015 年中国私人财富报告》显示，综合各项宏观因素对中国私人财富市场的影响，2015 年中国私人财富市场仍将继续保持增长势头，全国个人总体可投资资产规模将达到 129 万亿元，同比增长 16%；高净值人群规模达到 126 万人，同比增长 22%；高净值人群持有的个人可投资资产总规模将达到 37 万亿元，同比增长 17%。

近些年，上海在财富管理方面虽然进步明显，但是财富管理水平总体上处于初级阶段，在业务模式、投资渠道、服务队伍素质水平方面，与先进同行相比仍有较大差距。财富管理中心需要具备三个条件：首先是强有力的监管体系，其次是多元化、开放的资本市场，再次是金融专业服务方面具有竞争力的发展。此外，财富管理不仅需要私人银行、金融顾问、资产管理人等直接从事金融服务的职业，也需要好的律师、会计、信托投资人等一系列专业服务人员。与伦敦等国际金融中心相比，上海的财富管理功能建设还有四大差距：首先是金融集聚度不够，例如 2012 年伦敦金融城的金融业占整个 GDP3.7%，上海仅为 0.47%；第二是交易规模和金融产品种类不足；第三是缺乏国际化金融人才，特别是本土化和国际化人才都紧缺；第四是金融生态环境有待提高，包括监管环境、货币自由度、资本项目开放以及利率汇率市场化等。

目前，上海正在积极行动，通过建立健全金融交易市场，提高金融机构和金融人才的集聚程度，完善金融法规和监管环境，提高对外开放程度，增强上海国际金融中心的财富管理功能。预计到 2020 年，上海将成为东亚顶尖的财富管理中心。

三、风险管理功能

金融体系的风险管理功能指的是金融体系为中长期资本投资的不确定性，即风险进行交易和定价，形成风险共担的机制。如果社会风险不能找到一种交易、转移和抵补的机制，社会经济的运行将无法顺利进行。

在经济全球化、资产证券化、交易网络化、商品金融化的今天，金融市场跨品种、跨市场以及跨境之间的联动日益紧密，风险传递和扩散的路径更加复杂。新的交易主体和交易模式不断涌现，使市场运行呈现出更加多样化的特征，并可能导致市场违法违规行为呈现出一些新的手法、新的特点。此外，近年来受政治、经济、安全等多重因素影响，世界经济以及地缘政治风险不断增大。上述这些都给风险管理带来了潜在挑战。

期货市场和衍生品市场是风险管理的最重要场所。当前，中国正处于全面深化改革的时期，促进实体经济转型升级和金融市场改革，对积极发展期货及衍生品市场提出了迫切需求。上海正在会同证监会大力拓展期货市场，优化市场体系结构，促进场内场外市场协调发展，建设一个与经济发展程度相匹配、风险管理需求相适应、竞争力强的期货和衍生品市场。具体来说，主要包括：

第一，大力推动市场创新发展。加大期货品种的创新步伐，形成商品期货和金融期货协调发展新格局。一方面，扎实推进国际化原油期货市场的建设，争取早日推出原油期货；配合资源性产品价格形成机制的改革，继续推出其他大宗商品期货品种；研究发展商品期权、商品指数、碳排放权等新交易工具；加大宜农惠农期货品种的研发上市工作，积极拓展期货市场服务“三农”的渠道与机制。另一方面，积极配合国家利率市场化和人民币汇率形成机制改革，适应资本市场风险管理需要，推动其他国债期货品种、股票指数期货品种、交叉汇率期货品种和金融期权的研发上市。

第二，改善市场投资者结构。进一步完善证券公司、基金公司等金融机构参与期货交易的政策，推动制定银行、保险、企业年金、社保基金等机构参与期货交易的政策，为各类机构投资者入市交易提供更多的便利。同时，推动取消对产业企业、国有企业等利用期货市场进行风险管理的各种不必要限制，包括信贷、审计、会计和国资管理等政策，为产业企业参与套期保值提供更加优质的服务。

第三，进一步完善市场体系。在深化场内市场建设的同时，积极推进场外衍生品市场的发展，促进场内场外市场的互相补充与协调发展。积极支持具有风险承受能力的金融机构和实体企业开发符合实际需要的衍生产品。推进场外市场服务设施的建设，强化交易报告、报价系统、数据提供、场内集中清算等基础服务。研究发展多层次商品市场，努力满足实体经济多元化需求。积极推进市场对外开放，在成熟商品期货品种中引入外投资者，逐步扩大期货保税交割试点范围。

第四，加大监管转型和执法力度。政府部门坚持以提升市场效率和服务能力为导向，进一步简政放权，创新监管模式，提高市场公信力和透明度。加强市场运行监管，强化市场风险监测监控和预警以及防范和处置机制。加强跨市场、跨境监管，严厉打击市场操纵等违法违规行为，提升监管执法的效能与威慑力，维护市场"三公"原则，保护投资者的合法权益。

随着上述措施的逐步推进，预计到2020年，上海国际金融中心的风险管理能力将显著提高。

第四节 2050年上海国际金融中心的地位

一、2050年中国经济和贸易发展规模

2050年的中国经济总规模和彼时人民币的国际地位是上海从亚洲脱颖而出，成为与纽约、伦敦三足鼎立的国际金融中心的现实基础。在经济总量方面，据普华永道预测，按照市场汇率计算，到2028年中国将超越美国成为全球第一大经济体，并且此后每年仍然会以3%—4%的速度增长。到2050年，按照购买力平价计算，中国的GDP将是美国的1.5倍，占全球GDP的比例将达到19.5%①。随着国内经济总量的持续增长，中国对外贸易规模也将持续扩大，服务贸易、对外投资等在贸易总额中的占比也将稳步提高，为人民币国际化创造良好条件。预计到2050年，人民币在国际流通中的使用规模将大幅增加，成为与美元、欧元同等重要的国际货币。在上述条件共同作用下，上海金融中心将成为与纽约、伦敦比肩的世界金融第三极。

---

① 普华永道：《The World in 2050: Will the shift in global economic power continue?》2015年版。

二、2050 年全球金融发展

金融交易方式的变迁与科技进步有重要关系。目前还处于萌芽状态的科技将在 2050 年成为主流技术。物联网将大幅增强社会信息的收集能力，大数据分析和云计算则将大幅提高信息处理能力，两者将共同改变金融体系收集信息和处理信息的能力；高速互联网和全息影像技术将大幅降低金融业扩张成本，导致金融服务扁平化和线下实体网点的逐步消失。以上技术的发展将引发下述金融交易方式和金融中心发展模式的新变化。

(一) 金融交易方式的创新

第一，直接融资占比大幅提高，网络信贷将成为主流。在传统信贷体系中，借款人与贷款人之间的信息不对称较为严重，必须通过银行等金融中介收集和加工信息，促成信贷交易。然而，这种间接融资方式的交易成本很高，制约了信贷规模的扩大。物联网和大数据分析技术的发展，将大幅动摇银行在信贷关系中的基础地位。分布在社会各个角落的传感器将把各类细分数据收集起来，通过互联网汇聚到大数据分析企业进行多层次分析，建立起比银行体系更为精准全面的征信体系，并向公众开放。公众可以根据这个征信系统，获得每个人的信用评级，大幅降低借款人和贷款人之间的信息不对称，从而可以绕过金融中介，显著增加网络信贷规模，提高直接融资在社会融资总额中的比重。

第二，股权融资难度将大为降低。在传统股权融资体系中，除了少数上市公司之外，绝大部分企业的股票流动性较差，受到证券分析师关注的几率很低，信息不对称严重，所以这些企业的股票对投资者的吸引力不大，很难通过股权融资获得资金。随着物联网和大数据分析技术的进步，即使在没有证券分析师跟踪的情况下，投资者对企业的了解程度仍将大幅度提高，信息不对称性显著降低。同时，互联网技术的发展不仅将建立多层次资本市场，还可以将各资本市场间的隔阂打通，使资本流动更加顺畅。这将导致非上市公司股权融资便利程度显著提高，股权融资在社会融资总额中的比例也将进一步提高。

第三，金融监管水平提高，混业监管、混业经营将成为常态。在传统金融体系当中，由于受到监管水平的限制，分业监管、分业经营成为维护金融稳定不得不采取的方式。然而，这并不符合一站式金融服务的理念，也为提高金融服务效率设置了人为障碍。技术进步将同样改变金融监管的格局。由于信息技术的发达，监管当局获得的信息将不再局限于各自监管的金融机构，而是从全社会范围内收集经济运行数据，并通过大数据分析技术挖掘这些信息中的共性与趋势，从而可以对金融风险做出更准确、更快速的判断。由于信息收集和处理水平的提高，监管部门的监管水平将大幅提高，混业监管将逐步成为主流，并进一步促进金融混业经营的发展。

第四，绝大部分金融机构的线下实体网点将消失，互联网金融平台将成为主流。在传统金融体系中，由于部分金融服务操作过程复杂，必须通过线下撮合方能完成，这也使得实体网点成为金融企业的重要组成部分，为金融交易规模的增加、金融服务覆盖范围的扩大做出了重要贡献。但是，实体网点的运营成本较高，限制了金融体系扩张的速度，使用互联网金融平台取代实体网点将有效降低金融运营成本，促进金融业发展。互联网技术的发展将使这个愿景成为现实。随着网络传输速度的提高，全息影像传输将使线上服务的真实程度与线下服务非常接近，从而使互联网金融平台取代绝大部分实体网点，为客户提供复杂的金融服务。

（二）金融中心发展新模式：金融要素流动的节点

随着科学技术的日新月异，金融服务的边际成本将日益趋近于零，这将大幅扩展金融服务的深度和广度，一个扁平化、高效率的金融体系终将出现在人们面前。而支撑起这张金融大网的是要素高度集聚的国际金融中心。要素的集聚将进一步提高规模效应，大幅降低运营成本，加强服务能力，使无边界的金融网络成为可能。作为金融要素流动的节点，国际金融中心将成为金融信息汇聚和分析中心、人才集聚中心、金融产品创新中心和金融规则制定中心。

国际金融中心将是金融信息汇聚和分析中心。在传统金融体系中，资金和信息是支撑国际金融中心地位的最重要要素。随着金融交易方式的改变，资金将不需要再通过金融中心进行周转，而是直接在本地完成匹配。因此，信息作为单一最重要要素起到的作用将愈发突出。物联网的发展将大幅扩宽金融机构收集信息的范围和规模，并引发信息爆炸。应对信息爆炸最有效的方式是大数据分析平台。然而，构建功能强大的大数据分析平台需要巨大的固定资本投入，只有收益丰厚的金融中心才能负担起这项开支。大数据平台的建立将通过规模效应显著提高信息处理速度和处理精度，并吸引更多信息向这些金融中心汇聚，形成良性循环，巩固这些金融中心的地位。

国际金融中心将是人才集聚中心。金融信息的汇聚和分析需要大量人才，因此未来的国际金融中心必将是人才集聚中心。由于在互联网金融时代，网络平台的建立与维护将成为重中之重，所以人才结构也将与传统金融体系有所不同。金融机构将不仅仅雇用设计产品的产品经理和销售产品的一线员工,还将大量引进具有数学背景、统计学背景、计算机背景、互联网背景的人才。那时的国际金融中心将成为各色金融人才集聚和碰撞的场所。

国际金融中心将是金融产品创新中心。金融信息与金融人才的结合,将会产生我们现在难以想象的金融创新,因此未来的国际金融中心必将是金融产品创新中心。大数据分析企业通过先进的算法探索巨量信息中隐含的特征,金融机构根据这些特征设计出更适合社会潮流的金融产品。由于信息收集和处理速度如此之快,以至于金融机构对客户群的细分工作将更加细致,金融产品的设计也需要根据细分需求进行改良。可以预见的是,未来的金融产品创新数量将呈爆发式增长,而国际金融中心将是金融创新的主要策源地。

国际金融中心将是金融规则制定中心。在一个扁平化的金融世界中,为了让发展程度参差不齐的各国金融机构都接入这张金融网络,必须有统一的金融规则,而制定规则的必将是伫立于国际金融体系顶峰的国际金融中心。国际金融中心作为金融信息的汇聚和分析中心,将比其他地区更快知晓全球金融特征;作为人才集聚中心,具有制定规则所必需的智力资源;作为金融产品创新中心,对金融动态和金融体系需要何种规则更加熟悉。上述因素共同决定了只有国际金融中心可以作为金融规则的制定中心。

三、2050 年上海国际金融中心在全球的地位

(一) 2050 年上海国际金融中心特点展望

到 2050 年,上海将超越东京、香港、新加坡等金融中心,成为亚洲地区首屈一指的国际金融中心;然后与纽约、伦敦一起,构成三足鼎立的全球金融中心格局。

在信息汇聚和分析方面,上海将成为亚洲地区的金融信息集聚地和金融大数据分析中心,不仅收集分析中国各区域金融中心的数据以及各省市的经济运行数据,还将与东京、香港、新加坡等地展开深入合作,共建信息平台。在金融人才方面,上海将为世界各地的高端金融人才、互联网人才和数据分析人才创造良好的生活条件和工作条件,为他们在上海开展金融服务工作提供多方面便利,并形成全球精英集聚上海的局面。在金融产品创新方面,上海将立足亚洲,面向世界,通过与全球金融业的交流和合作,不断开发和完善符合亚洲地区发展特点的金融产品。在标准制定方面,上海将代表亚洲向世界金融体系发出声音,使亚洲标准成为国际金融体系中的重要力量。

（二）上海与其他金融中心的合作

由于上海国际金融中心与其他国际金融中心处于不同的发展阶段，满足不同的功能需求，所以上海的发展不会损害到其他金融中心的利益，上海与这些金融中心的关系应是合作多于竞争，这是由多方面因素导致的。

首先，建设上海国际金融中心的意义在于提升中国全球资源配置中的竞争力。当前，中国经济总量虽然很大，但是还缺乏在全球产业链当中配置资源的能力。党的十八届三中全会提出深化改革这个战略任务，正是为了提升中国的全球竞争力。中国当前的金融格局、金融体系、金融服务能力距离实现这个战略任务仍然有较大差距。因此，金融改革也就成为中国改革的重要任务之一。建立上海国际金融中心，正是金融改革中的关键一环。与亚洲其他金融中心合作，有利于提升中国金融体系服务能力和监管水平，使之更好服务于其他国家战略，促进国内经济转型和改革。

第二，人民币国际化要求上海加强与其他金融中心的合作。自 2009 年中国启动了人民币跨境贸易结算试点以来，人民币国际化进程之快远远超出了人们的预期，短短几年间已经从最初的人民币国际贸易跨境结算发展到了人民币境外投融资、境内人民币和境外离岸人民币的可兑换等。人民币国际化进程的加快，与上海和香港等境外金融中心的合作是无法分开的。未来人民币国际化的进程，需要上海作为人民币的在岸市场，香港等境外金融中心作为人民币的离岸市场。根据人民币国际化的进程形成的离岸市场与在岸市场的联动，必然会对人民币国际化产生重要的支撑，提供更好的服务。

因此，上海需要积极发挥本地独有的优势，与其他金融中心进行差异化竞争，形成优势互补、强强联合。在这个过程中，上海不会威胁到其他国际金融中心的地位，反而会通过进一步扩大合作为其他金融中心建设产生新的动力和更多的需求，做大整个蛋糕，实现多方共赢。

第四篇　国际贸易中心建设

从贸易发展的现状看，上海与纽约、伦敦等国际贸易中心相比，在软实力、品牌建设、辐射力和影响力、跨国运营公司集聚度等方面还存在较大差距。上海国际贸易中心早至19世纪的后半期即已形成，20世纪二三十年代成为当之无愧的国际贸易中心。20世纪30年代后期至新中国建立和改革开放前，上海国际贸易发展偶有振兴，但总体处于衰落阶段。20世纪90年代，上海国际贸易中心建设目标重新确立，并成为国家战略和上海中长期发展的重大目标。经过多年发展，目前核心功能框架已基本具备，正朝着2020年基本建成的目标进军。上海未来发展应借鉴现有国际贸易中心成长经历和发展经验，突破现有发展瓶颈，加快国际贸易中心建设。未来几十年间，上海国际贸易中心将根据国际贸易发展的趋势，适应上海城市发展的未来定位，逐步发展成为全球性的投资贸易枢纽中心，并最终过渡到国际信息中心。

第九章　国际贸易中心建设的全球经验

纽约、伦敦和东京是顶级全球城市，也是全球知名的国际贸易中心。上海建设国际贸易中心，需要对标全球领先的国际贸易中心，借鉴纽约、伦敦和东京的成功经验。作为中国特别行政区的香港成为国际贸易中心的经验，对于上海未来建设国际贸易中心，具有更加特殊的参考价值，是上海首先应该学习和参考的对象。

第一节　纽约国际贸易中心的形成与经验

纽约作为美国乃至世界上最具影响力的城市，其国际贸易中心的地位不容小觑。凭借优良的港口、广阔的福地、发达的制造业、高效的信息及金融服务等优势，纽约成为最具实力的国际贸易中心。然而，纽约国际贸易中心的发展并非一蹴而就，而是经历了从区域型贸易中心到传统国际贸易中心再到现代国际贸易中心的巨大转变。学习纽约的发展经验，对建设上海国际贸易中心有着深远的意义。

一、纽约国际贸易中心发展的历史阶段

（一）区域性贸易中心的确立

纽约最早是由远洋贸易的先行者——荷兰建立的，最初的纽约被命名为新阿姆斯特丹。荷兰人以此为据点与东印度公司、波罗的海及地中海沿岸国家进行着广泛的贸易。1664 年，英国海军袭击了新阿姆斯特丹，并把它纳入了英国的殖民地，命名为——纽约。英国人把弗吉尼亚州的烟草、南卡罗莱纳州的稻米和靛蓝，通过纽约港运到世界各地。远洋贸易的频繁，使得纽约的航运

业愈加规范化。1818 年，来自纽约长岛的教友派信徒艾萨克莱特及其合伙人建立了“黑球班轮”公司。黑球班轮声明，不论天气情况如何，不论货物多少，都保证正点开船。正点守时、保证信誉的做法为该公司带来了大量的客户订单，欧洲绝大多数的贸易商们都将纽约港作为他们西部贸易的终点。这使得纽约港在各个港口城市争先发展港口贸易的激烈争夺中独占鳌头，逐步成为区域性的贸易中心城市。

（二）传统国际贸易中心向现代国际贸易中心的转变

19 世纪末 20 世纪初，美国的经济总量跃居世界第一。第二次世界大战后，整个欧洲辉煌不再，美国成为西方世界的政治、经济中心。纽约作为美国首屈一指的大城市和商贸中心，在全球经济中扮演着更加重要的角色。二战以后的很长时期，纽约港的吞吐量约占全美港口总吞吐量的 40%，进出口总值约占美国对外贸易总额的 40%。1985 年，纽约港的集装箱的运输量超过 200 万箱，成为世界第一。

然而，随着第三次工业革命的深入开展，美国西部、南部以科技为支撑的港口城市迅速发展，高新技术产品的大量出口，使得西岸城市国际贸易额迅速增加；与此同时，纽约的传统制造业却因为技术落后、劳动力成本大幅度上升等原因而逐渐凋敝，出口萎缩。此外，随着亚洲经济的快速发展，特别是中国在改革开放后经济的突飞猛进，使得整个世界的经济中心由大西洋沿岸向太平洋沿岸转移。处于西太平洋中心地带的洛杉矶、长滩等港口城市迅速壮大，成为纽约强有力的竞争者。随着经济全球化浪潮的持续推进，东京、神户、新加坡、香港等国际贸易中心的勃兴，也使得纽约面临的国际形势更为严峻。从 1985 年到 2005 年美国前五大港口的集装箱吞吐量数据中可以清晰地看到这一变化。从图 9－1 中可以看出：纽约港的优势在逐渐丧失，并在 90 年代初丧失了第一大港的地位。位于西海岸的洛杉矶和长滩得到长足发展，逐渐超越纽约并有差距越拉越大的趋势。

面对经济实力的下滑和国际贸易中心的地位日趋不稳的现实，纽约当局迅速规划了新的发展蓝图，为纽约未来发展做出了重大战略调整，明确了其由传统国际贸易中心到现代国际贸易中心的转型路径。1997 年纽约/新泽西港的外贸集装箱吞吐量 173.8 万 TEU；2006 年其外贸集装箱吞吐量超 362.9 万 TEU，外贸集装箱吞吐量年均增长率 8.52%①。纽约重新回到了美国乃至世

① 彭传圣：《美国港口集装箱运输发展分析》，《集装箱化》2006 年 11 期。

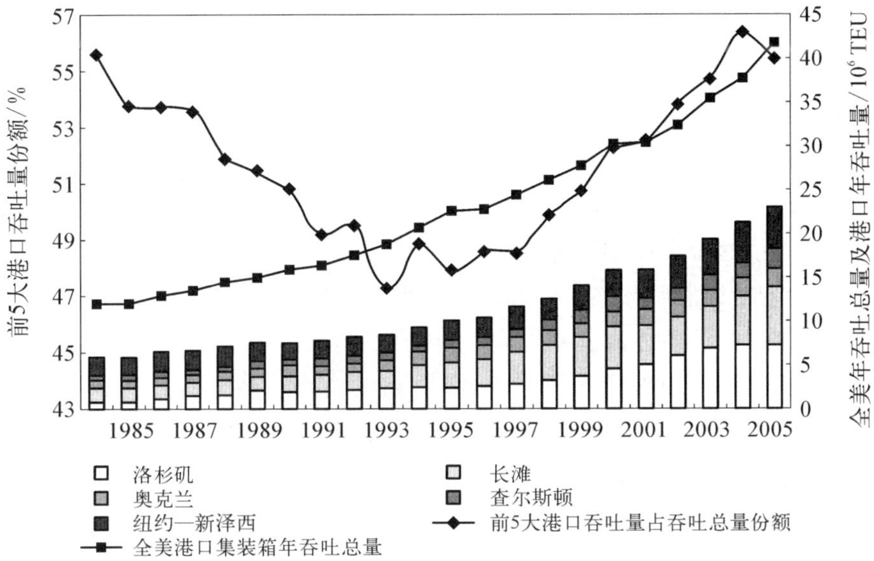

图 9-1　美国集装箱运输趋势图

资料来源：彭传圣：《美国港口集装箱运输发展分析》，《集装箱化》2006 年 11 期。

界重要国际贸易中心的地位。

二、纽约成为国际著名贸易中心的成功因素

（一）优良港口和便利的运河交通

纽约不仅是美国最大的港口，也是整个大西洋最大的港口。首先，纽约港水域宽阔，是天然的深水港，非常有利于大型船舶的停靠。其次，纽约港的冰冻时间比较短，其冰冻时间甚至比位于其南部的费城和巴尔的摩还要短，更不用说其北部的波士顿，这使得纽约港可以常年通行，为远洋运输提供极大的便利。再次，便利的交通运输。纽约州位于美国东部平原地带，通过便捷的陆路交通与新泽西州、康涅狄格州以及华盛顿特区紧密相连，促进了早期的人员交流和商贸往来。随着东部经济迅速发展，陆路交通已经远远不能满足商贸往来的要求。于是，1825 年，美国开通了从伊利湖东端至哈得逊河的伊利运河。后经数度扩建，于 20 世纪初，形成了长 544 公里、宽 45 米、水深 3.6 米的大运河。伊利运河连通了五大湖的水运与纽约港，成为纽约州通航运河系统的主要水道。由伊利湖到纽约的货运，走伊利运河的费用只需陆路运输的十分之一，这使得当时比费城和波士顿小得多的纽约，迅速发展成为全美最大的港口和城市。伊利运河的开凿为纽约崛起为国际贸易中心提供了重要的交通

基础。

(二) 发达的金融业

在纽约由传统国际贸易中心到现代贸易中心的战略调整中,最为重要的措施就是充分发挥纽约作为全球金融中心的优势。全球资本额排名前 10 位的金融机构中,有 6 家的总部设在纽约,它们的并购业务、股权业务和债务融资业务收入都处于全球领先地位。2005 年美国金融业的总收入达 1 090 亿美元(占全球金融业总收入的 45%),高于同期整个欧洲的 980 亿美元①。发达的金融业为纽约的各种高新技术企业、外贸企业提供短、中、长期信贷,降低了企业因为资金断裂而破产的风险。此外,纽约有着世界规模最大的证券交易市场,它在全美乃至整个世界的资本配置中都有着举足轻重的地位。发达的证券业为纽约的企业进行上市融资提供了便利的平台。更为重要的是,发达的金融业为纽约作为国际贸易和航运中心的运行提供了融资、贴现、抵押、担保、并购等多样化的金融服务,使得纽约顺利完成由传统国际贸易中心到现代国际贸易中心的转型。

(三) 雄厚的现代服务业和强大的科技创新能力

当然,仅靠虚拟经济还不足以使纽约完成这种转型,这种转型需要现代产业的支撑。在发达的金融业和拥有众多高等院校的优势下,纽约的知识密集型产业和生产服务型产业迅速壮大。知识密集型产业生产了具有高附加值值的产品,迅速抢占了世界市场。成熟的生产服务业则为纽约乃至全国的制造业提供了大量的服务支持,成为连接国内外的信息沟通和贸易往来的重要平台。

此外,为了在国际贸易中立于不败之地,纽约特别注重科技创新,极力推动新型产业的发展。高科技的产业集群如雨后春笋般在曼哈顿和布鲁克林登波区涌现,互联网公司 Stella Service 和 Etsy 的总部也在其中。2008 年至 2012 年,纽约高新技术从业人员数量年均增长接近 30%,仅谷歌一家公司就有 1 200 名工程师在纽约工作。在对风投的吸引上,纽约已排名全美第二,仅次于硅谷。2002 年起,纽约就启动了超过 40 个项目扶持生物科技产业,并帮助建立了一系列的孵化网络扶持初创公司。纽约还设立了高达 2 200 万美元的市政府创业基金,这是全美在硅谷之外的第一个政府创业基金。2012 年,纽

① 魏思思:《纽约及伦敦金融中心对北京建设国际金融中心的启示》,《时代金融》2010 年第 2 期。

约市长迈克尔·布隆伯格宣布将在曼哈顿以东的罗斯福岛打造一座与硅谷抗衡的应用科学园。根据布隆伯格的计划,在罗斯福岛修建的科学院占地 195 平方公里,由美国康奈尔大学和以色列理工学院斥资 20 多亿美元建造,纽约市政府则为项目投资 1 亿美元用于改造基础设施。科学园预计 2017 年完成。科学园主要招收工程学和计算机科学专业的硕士生和博士生。修建科学园,只是纽约打造全球科技“创新之都”的一步。更宏伟的雄心是,未来三十年,科学院将孵化出 600 家高新科技公司,产生 75 亿美元的经济活动,为纽约市财政带来约 14 亿美元新税收①。

发达的服务业为纽约的国际贸易的开展提供了必要的支撑,强大的科技创新能力使纽约保持了饱满的活力,两者相辅相成共同促进了纽约由传统贸易中心到现代国际贸易中心的转变。

(四) 自贸区的设立

为了吸引更多的企业入驻纽约港,纽约市政府积极建立了自贸区,其中最为成功的就是纽约一号对外贸易区。纽约一号对外贸易区不仅为辖区企业提供政策服务、法律咨询等服务,还为出口企业提供出口退税等税收优惠。因此,贸易区很快吸引了大批出口型企业的入驻,从而为纽约国际贸易中心带来了丰富的货物流量。

三、纽约国际贸易中心形成的经验启示

回顾纽约国际贸易中心的发展历史,有许多经验值得我们学习。

(1) 充分利用自身的区位优势。纽约能够迅速崛起为国际商贸中心的一个重要原因,是它有着得天独厚的自然条件。优良的港口、便利的运河运输、广阔的经济腹地,这些都为纽约的发展提供了必不可少的条件。

(2) 国际贸易中心发展需要现代服务业的支撑。纽约之所以能保持其世界贸易中心的地位长久不衰,一个重要的条件是它有世界上最先进的现代服务业。现代服务业为纽约乃至整个美国的实体经济提供了高效的信息咨询、管理培训、企业融资等服务,加快了本土企业迅速进军全球市场的步伐,也保证了纽约商品和服务贸易的持久繁荣。

(3) 国际贸易中心的发展需要政策支持。纽约之所以能吸引大量从事国际贸易的企业,另一个重要的原因就是当地政府所给予的在管理服务和税收

---

① 唐烨:《学硅谷,纽约拥抱高新技术产业》,《解放日报》2012 年 3 月 17 日。

方面的优惠。这些优惠措施提高了当地企业的全球竞争力。

第二节　伦敦国际贸易中心的地位与特点

在英格兰东南部的平原上，横跨泰晤士河两岸，有颗璀璨的明珠，这就是大英帝国的首都——伦敦。伦敦是英国政治、经济、文化、科技中心，也是欧洲最大的城市，与美国纽约、日本东京、法国巴黎齐名。坐拥深厚的贸易底蕴、密集的人口、雄厚的制造业、发达的金融业，伦敦成为世界最悠久的国际贸易中心。

一、伦敦国际贸易中心的地位

英国作为第一次工业革命的先行者，最早建立了当时世界上最为强大的工业体系和国际贸易体系。凭借着大英帝国的坚船利炮，英国殖民者在世界范围内开拓殖民地，并逐步使殖民地沦为英国资本主义商品经济的原料产地和商品倾销市场。在这历史上饱含贪婪和血泪的经济殖民史上，英国的政治、经济、文化中心——伦敦，当仁不让地处于中心地位。

19 世纪 20 年代，在英国完成工业革命，由农业国变成工业国之后，曾经的重商主义实施的关税以保护本国农业的政策已经成为英国经济发展的障碍。在本国消费日趋饱和的情况下，英国廉价的工业品却因为重商主义的制度因素难以打开世界市场。为了满足英国资本主义全球扩张的需要，英国政府开始规划实施自由贸易战略，并选择伦敦作为本土的自由贸易区试验场。这一具有历史开创性的决策，使得伦敦驶入成为全球性国际贸易中心城市的快车道。英国政府为实施自由贸易战略制定了一系列的支持性政策，包括变商品税为财产税并大幅下调税率，与各殖民帝国签订了在各殖民地之间的《完全互惠条约》。通过殖民地之间的互惠政策，使每一个殖民地都变成了贸易的自由港，在极低的税收水平下，疯狂地掠夺原材料并倾销工业制成品。在获得英西大海战、英荷战争胜利后，英国几乎使本土航运业囊括了英国本土和各殖民地之间全部的海上运输贸易，为实现英国资源全球化、市场国际化的国家利益服务。宽松的税收政策、不断辐射的市场网络和逐渐扩张的海运垄断，使伦敦的商贸资源和与贸易配套的外向型金融业资源高度集聚，最终让伦敦成为全球范围内最大的国际贸易中心城市之一。

二、伦敦国际贸易中心的特点

伦敦作为世界著名的国际贸易中心，不仅仅因为它发达的商贸及服务业，更在于它对整个国际贸易制度的贡献。作为第一个世界级的国际商贸中心和英美法系的发源地，伦敦有着自己鲜明的特色。

(一) 发达的金融服务业和严格的金融管理制度

伦敦金融城有超过 560 家外国银行在经营着全球的国际银行业务，伦敦金融城每天的外汇交易量超过 6 000 亿美元，是华尔街的两倍，占全球外汇交易的三分之一。近 200 家外国证券公司，在这里管理着近 3 万亿英镑的全球资产。在伦敦股票交易所上市的外国公司的数量家超过世界上任何其他的交易所，来自 60 多个国家的 482 公司在伦敦上市和交易，交易总额超过 8 万亿美元①。更为重要的是，伦敦还是世界保险和再保险中心，全球的航空保险业务的和水险业务的都集中在这个市场②。名列世界 500 强的企业，有 75%在伦敦金融城内设立分公司或办事处。由此可以看出，伦敦作为全球重要的国际金融中心的地位(见表 9－1)具有牢固基础。

表 9－1　历年排名前十的金融中心城市(新华—道琼斯国际金融中心指数)

排　名	2014 年	2013 年	2012 年	2011 年	2010 年
1	纽约	纽约	纽约	纽约	纽约
2	伦敦	伦敦	伦敦	伦敦	伦敦
3	东京	香港	东京	东京	东京
4	新加坡	东京	香港	香港	香港
5	上海	新加坡	新加坡	新加坡	巴黎
5	香港	上海	上海	上海	新加坡
7	巴黎	巴黎	法兰克福	巴黎	法兰克福
8	法兰克福	法兰克福	巴黎	法兰克福	上海
9	北京	芝加哥	苏黎世	悉尼	华盛顿
10	芝加哥	悉尼	芝加哥	阿姆斯特丹	悉尼

① 伦敦证券交易所简介，http://www.rf.hk/listed/uk/686.html。
② 上海市商务委：《中国改革开放年上海对外经济贸易回顾和展望》，上海人民出版社 2008 年版。

有着优良制度传统的英国，颁布了一系列法律法规来调整和规制伦敦金融市场。其中最重要的是英国证券法。英国证券法是一个由若干单行法规组成的，包括《金融服务法》《友谊会社法》《保险公司法》《银行业法》等。科学完善的法律体系保障了伦敦金融业的健康有序发展。

仅有法律是不够，还需要强有力的法律监督执行机关。1997 年，英国财政大臣宣布改革金融监管体系，并成立综合性金融监管机构——英国金融服务局。1998 年，金融服务局接替英格兰银行行使银行监管职责。根据《财政部、英格兰银行和金融服务局之间的谅解备忘录》，英国财政部主要负责立法，英格兰银行主要负责货币政策的执行，金融服务局则全面负责金融监管。随后英国《2000 年年金融服务和市场法》赋予金融服务局统一行使对银行业、保险业、证券业的监管职能。该法案明确指出，任何一项针对交易规则的变化，必须提前 30 天告知金融服务局，由金融服务局来决策其可行性①。

发达的金融多样化服务、高素质的专业人才、灵活有效的监管环境，这些都是伦敦作为国际金融中心的巨大优势。

（二）发达而完善的商业仲裁制度

一个良好的国际贸易中心需要有完善的纠纷解决机制。商人往往更倾向于利用省时高效的仲裁来解决其纠纷。英国每年通过仲裁和调解手段解决 10 000 余件案件，其中大多都是国际案件，争议解决地首选伦敦。这需要归功于英国完善的仲裁制度。

英国是世界上最早颁布仲裁法的国家之一。1889 年，英国国会制定了英国乃至世界的第一部仲裁法。该法案明确了仲裁的受案范围，强化了当事人意思自治，赋予仲裁员更多的自由裁量权，明确限制法院对仲裁的干预。

长期的实践经验，使得伦敦产生了许多享有世界声誉的仲裁机构和调解组织，例如伦敦海事仲裁员协会、伦敦国际仲裁院、国际争议解决中心等。其中最为著名的是伦敦国际仲裁院。伦敦国际仲裁院前身为伦敦仲裁会，1903 年改名为伦敦仲裁院，1975 年改名为伦敦国际仲裁院，这是国际上最早成立的常设仲裁机构。现由伦敦市政府、伦敦商会和女王特许协会三家共同组成的联合管理委员会管理，仲裁协会的会长兼任仲裁院的主席，女王特许协会负

---

① 贺瑛、华蓉晖：《金融中心建设中的政府作为——以纽约、伦敦为例》，《国际金融研究》2008 年第 2 期。

责仲裁院的日常工作[①]。伦敦国际仲裁院的职能是为解决国际商事争议提供服务。该仲裁院在组成仲裁庭方面有一条重要原则：涉及不同国籍的双方当事人的商事争议中，独任仲裁员和首席仲裁员必须由1名中立国籍的人士担任[②]。仲裁庭组成后，一般应当按照伦敦国际仲裁院的仲裁规则进行仲裁程序，但同时，该仲裁院也允许当事人约定按《联合国国际贸易委员会仲裁规则》规定的程序仲裁。它目前是英国也是世界最主要的国际商事仲裁机构，尤其擅长国际海事案件的审理。伦敦国际仲裁院的仲裁质量受到国际社会的一致好评，享有崇高的声望。发达而完善的仲裁制度和一批高水平的仲裁机构为伦敦国际贸易的发展作出了不可磨灭的贡献。

（三）极富特色的行业协会制度

庞大而有效的行业协会是伦敦作为国际贸易中心的象征之一。伦敦的行业协会不仅是权威的贸易中介机构，而且作为独立的第三方广泛参与商业仲裁和监管。伦敦的行业协会活跃在政府与企业之间，既是企业的代言人，也是帮助政府治理和监管经济贸易不可或缺的重要力量。沿袭英美法系的传统，在英国，没有关于行业协会和商会的设立、宗旨、组织与行为的成文法律。英国行业协会主要靠行业自律，政府不直接干预行业组织的管理。英国的行业协会主要分三类，一类是综合性的行业组织，一类是负责组织培训的行业组织，还有一类是专门的行业组织。

伦敦工商会是综合性的行业组织，独立于政府，为非盈利性组织，活动经费及日常开支来源于会员所缴纳的会费。伦敦工商会是伦敦地区最大的商业性协会，目前拥有会员多家，其会员大多是伦敦地区或伦敦附近地区的工商企业。伦敦工商会在英国政界和商界均很有影响，被视做“伦敦商业的喉舌”。

伦敦工商会与英国贸工部、国际贸易局等联系密切，具有很强的游说作用，对政府经贸方面的政策措施有很强的影响力。伦敦工商会下设出口单证、国际贸易、政策研究、信息中心、营销、信息技术、会员、财务等部门，组织机构庞大，实力雄厚。伦敦工商会作为保护英国工商业者的典型代表，为伦敦的工商业者顺利进入国际市场、参与国际竞争奠定了良好基础。

---

① 艾伦·雷德芬、马丁·亨特等：《国际商事仲裁法律与实践》，林一飞、宋连斌译，北京大学出版社2005年版。

② 陈治东：《国际商事仲裁法》，法律出版社1998年版。

英国伦敦城市行业协会(City & Guilds of London Institute，以下简称 City & Guilds)是伦敦市政府和16个行业工会于1878年联合组建的职业技能教育组织。1884年City & Guilds成为面向全国的职业教育和资格等级考试、发证的机构。作为英国乃至全世界规模最大的职业资格证书颁授机构，120多年来City & Guilds一直致力于为全球各个大学、企业、行业协会和政府机构提供服务。该协会的资格证书有多种，涵盖个行业领域，在全球拥有共8 500家授权考试中心，遍布五大洲100多个国家，全世界每年近一百万人获得该协会颁发的证书。该协会的认证制度现已被世界上多个国家和地区所接受和采用。英国伦敦行业协会作为一个教育性的行业协会，把伦敦的贸易发展理念和规则传播到世界各地，是伦敦作为世界国际贸易中心的重要软实力①。

劳合社是专门的行业组织，也是英国最大的保险组织，更确切地说是一个保险市场。劳合社由其社员选举产生的一个理事会来管理，下设理赔、出版、签单、会计、法律等部，并在多个国家设有办事处。但劳合社只向其成员提供交易场所和有关的服务，本身并不承保业务。劳合社不直接与被保险人打交道，而只接受保险经纪人提供的业务。保险经纪人是受过训练的专家，他们精通保险法和业务，有能力向当事人建议何种保险单最能符合其需要。劳合社为其所属承保人制订保险单、保险证书等标准格式，此外还出版有关海上运输、商船动态、保险海事等方面的期刊和杂志，向世界各地发行。今天，劳合社仍然是海险和航空险的主要国际中心，这两大业务占劳合社市场保费收入的32.5%。劳合社作为一个非典型的行业协会，为伦敦发展为世界航运中心作出了卓越的贡献②。

此外，英国的专业机构、商会和贸易组织内都设有行业性的仲裁机构。如茶叶、黄麻、可可豆、油籽、油籽、羊毛等同业会所设立的行业性仲裁机构。作为专业性的纠纷解决机构，行业仲裁不但费用低、时间短，也往往能令当事人信服，迅速化解经济纠纷，促进贸易发展，是伦敦国际贸易不断发展的重要条件。

---

① http://baike.baidu.com/view/1493194.htm。
② http://baike.baidu.com/view/4449651.htm。

第三节　东京国际贸易中心的演变与启示

虽然在东京的城市规划中少有有关国际贸易中心的论述，但作为亚洲唯一发达国家的首都，世界著名的、与纽约、伦敦齐名的大都会，东京无可争辩地处于国际贸易的核心地位。下文具体介绍东京国际贸易中心的演变过程以及启示。

一、东京的经济地位及贸易地位

（一）经济地位

东京是日本的首都，全称东京都。东京是日本的政治、经济、文化中心，是日本的海陆空交通的枢纽，扩张相连的繁华都市区是全球规模最大的巨型都会区。东京都人口 1 333 万，东京都市圈人口达 3 680 万（2014 年）①。东京都的 GDP 约为 100 万亿日元，总量占日本 GDP 近五分之一（图 9－2）②，和整个韩国的经济总量相当。东京也是日本乃至全球的金融中心（表 9－2）。众多的人口，巨大的经济总量，发达的金融业，使得东京成为亚洲首屈一指的大城市，也是世界级的三大国际贸易中心之一。

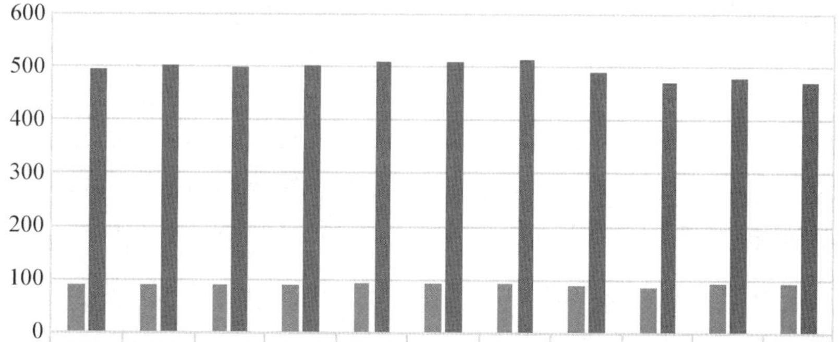

	2001	2002	2003	2004	2005	2006	2007	2008	2009	2010	2011
■ 东京都 GDP	89.047	88.206	86.673	89.991	92.269	91.661	93.954	89.714	85.201	91.447	92.387
■ 日本 GDP	496.45	504.11	498.49	503.18	510.92	510.92	515.85	492.06	474.04	480.23	473.90

■ 东京都 GDP　■ 日本 GDP

图 9－2　东京 GDP 与日本 GDP 对比（单位：1 万亿日元）

① 东京都统计厅：http://www.toukei.metro.tokyo.jp/index.htm。

② 日本总务省统计厅：http://www.stat.go.jp/data/sekai/0116.htm#c03。

表 9-2　　日本主要城市金融状况一览

城　市	银行数	有价证券（100 万日元）	现金流量（100 万日元）	定期存款（100 万日元）
东京都区部	1 106	194 474 300	2 243 700	18 609 900
横滨市	230	2 304 103	135 420	122 786
名古屋市	334	2 294 760	219 229	397 501
京都市	126	—	71 350	41 058
大阪市	358	—	—	—
神户市	115	754 345	70 543	48 067

资料来源：日本横滨统计厅：http://www.city.yokohama.lg.jp/ex/stat/daitoshi/index2.html#08。为 2012 年年末数据。

（二）贸易地位

1. 东京的批发零售业

作为日本经济总量最大和人口最密集的城市，东京的消费能力在国内无可匹敌，这也使得它的国内国际贸易量处于日本国内国际贸易的前列。东京的商贸活动中表现最突出的是它的批发零售业。图 9-3 为东京 1996 年至 200 年批发与零售的情况，从图中可以看出这十年间批发零售业营业额虽有起伏，但整体保持在 18 万亿日元高位以上。东京批发零售业的兴旺的原因是多方面的。首先，其密集的人口给批发零售业提供了充足的劳动力和广阔的消费市场。其次，发达的金融业为该行业的资金周转提供了必要的保障。最后，东京也是日本工业最发达的地区，是日本最发达的制造业基地，为该地的批发零售业提供了丰富的产品。

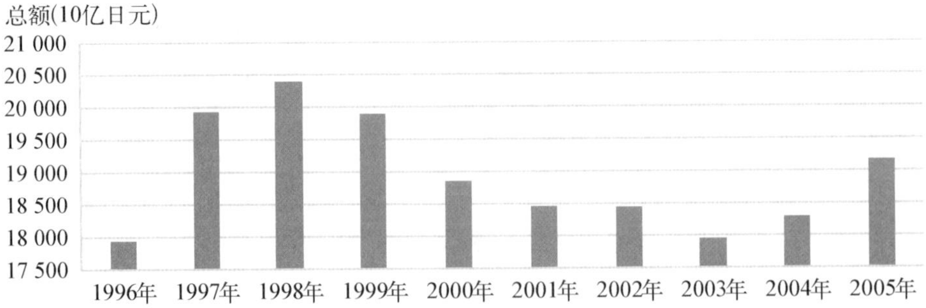

图 9-3　1996—2005 年东京批发与零售总额

2. 对外贸易城市的横向比较

长期以来东京都的对外贸易一直处于日本对外贸易的重要地位，是日本的五大国际贸易港口之一。因为横滨紧邻东京都，并且横滨本身就是日本政府为了转移东京都的经济职能，特别是国际贸易的职能，而逐步发展起来的，因此横滨和东京共同构成了日本最大的工业区——京滨工业区。而该区也是日本国际贸易最为繁盛的区域。名古屋虽然有着最大的贸易额，但因其出口的商品比较单一——汽车和钢铁，因此称不上具有国际影响力的综合贸易中心。图 9－4 即为日本 2012 年主要城市对外贸易的情况。①

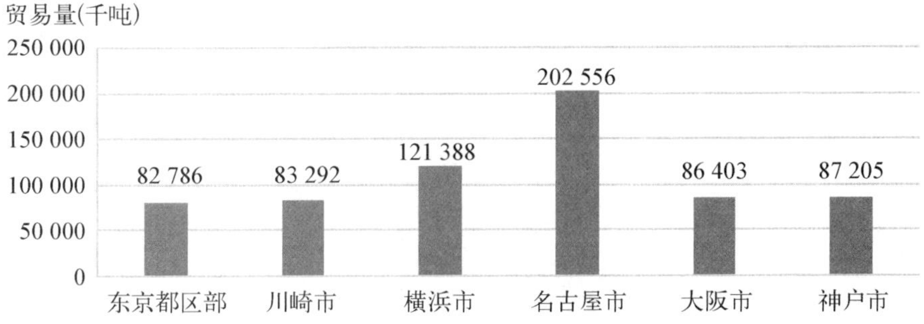

图 9－4　主要城市对外贸易量对比

二、东京的主要贸易伙伴及贸易结构

20 世纪 80 年代中后期，世界传统国际贸易中心——纽约和伦敦相继面临不同程度的衰落，唯独东京的对外贸易长期保持稳定的增长，港口的货物吞吐量持续在高位运行。研究其中原因不难发现，这与东京的主要贸易伙伴的构成不无关系。从表 10－3 中可以看出，日本最大的贸易伙伴为中国，其次为美国，此外东盟国家也是其重要的贸易伙伴。从 20 世纪 80 年代以来，以中国为代表的东亚国家全面实行开放的市场经济，日本作为这些国家的近邻，自然很容易利用自己的区位优势、发达的工业体系和对外贸易体系，积极出口自己的产品，抢占新兴市场。东京作为东亚经济的桥头堡，必然成为这些国家积极实行走出去战略，参加全球经济竞争的第一站。

① 横滨统计厅：大都市统计比较年表，http://www.city.yokohama.lg.jp/ex/stat/daitoshi/index2.html#07。

表 9-3　　　　东京都进出口货物量统计(2014 年 12 月)①

	国别与地区	出口(千吨)	构成比	进口(千吨)	构成比
1	中国内地	356 510	32.0%	1 322 769	45.6%
	中国香港	59 072	5.7%	193 953	7.4%
	中国台湾	69 516	5.8%	90 391	3.1%
2	美国	217 183	20.1%	269 512	10.4%
3	越南	74 770	6.3%	115 589	4.1%
4	泰国	64 893	6.2%	177 666	6.6%
5	韩国	66 605	5.2%	149 383	4.8%
6	荷兰	50 073	3.8%	48 927	1.3%
7	印度尼西亚	35 138	3.3%	55 456	2.0%
8	马来西亚	26 760	2.6%	78 857	2.5%
9	加拿大	19 198	1.7%	111 610	3.7%
10	新加坡	17 382	1.7%	77 553	2.7%
11	其他	128 180	11.3%	100 538	5.8%
	总计	1 130 152	100%	2 861 387	100%

第二次世界大战使得日本的经济几乎走到了崩溃的边缘，明治维新以来积累的财富被消耗殆尽，二战后期美国对日本本土的轰炸使得其原有的工业园区成为一片废墟。在这种极其危难的时刻，日本充分利用美国的帮助和自身所拥有的高素质劳动力这一优势，以贸易立国为导向，发展劳动密集型工业。这种发展模式使得日本充分利用世界资源维持本国的经济发展命脉，又为随后的产业转移积累财富。20 世纪七八十年代，日本积极融入第三次工业革命的浪潮，在日本通产省的支持下，大力发展半导体电子工业和高精密仪器制造业。产业结构的转型带来日本贸易机构发生重大变化，日本从发展中国家进口食品、工业原料、非耐用消费产品，大规模出口机械产品和耐久消费品，赚取了巨额利润。日本具有优势的机械产品贸易规模巨大，长期以来一直占年出口总额的 60%以上。日本通过出口机械产品，使产业比较优势不断增强，逐步实现产业结构的升级优化。很多学者认为，日本政府实施的产业政策获

① 东京都港湾局：http://www.kouwan.metro.tokyo.jp/yakuwari/toukei/。

得了巨大的成功，例如，伊藤（1992）认为，日本产业政策的提升有效地刺激了经济的快速增长。麻省理工学院在1996年的研究报告《美国制造如何从渐次衰落到重振雄风》中，高度评价了日本产业政策在提高产业竞争力方面的突出作用①。日本工业结构的成功转型，也使得东京的对外贸易机构也发生了重大的变化——由传统的低附加值的工业品变为具有高附加值的高新技术产品。这种贸易结构的转变使得东京完成了从传统国际贸易中心到现代贸易中心的华丽转身。图9-5为2012年东京进出口结构图②，从图中可以看出当年农产品的进口量占15.7%，而出口量占1.72%。金属机械工业品和化学工业品的进口量约占31%，而出口量占52.6%。由此可见东京形成了以高附加值为主导的出口模式，这种模式正是东京作为全球三大贸易中心的重要支撑。

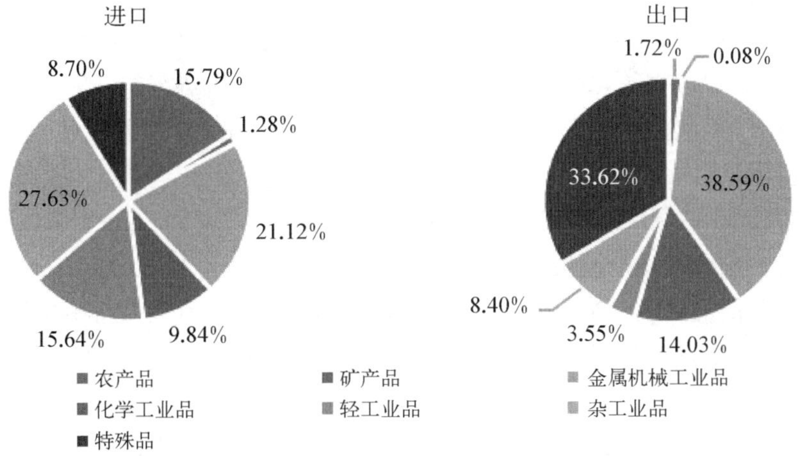

图9-5　2012年东京进出口结构图

三、东京复兴的经验总结

从单纯的海港城市，到日本帝国的维新之都，再到战后的二次崛起，最终成为世界三大国际贸易中心、亚洲经济的领头羊，作为深受儒家传统文化影响的东京，在发展中有着鲜明的政府主导的烙印。

（一）政府主导的"东京一极"建设

战后的日本，百废待兴，资源有限。为了能够迅速地实现经济的复兴，日

① 张泽一：《日本产业政策与企业竞争力》，《日本问题研究》2008年第4期。
② 横滨统计厅：大都市比较统计年表。

本政府拼尽全力发展东京，称之为“东京一极”建设。日本政府为了促进东京的发展，制订了大量政府主导的产业政策，积极介入资源在产业间和产业内的分配。通产省在日本国会的授权下，极力规范竞争秩序。通过协调大企业间的竞争，促使各个行业之间和内部之间由“过度竞争”转变为“有效竞争”。

此外，在日本政府的主导下，东京最早建立了现代化的物流体系，为东京国际贸易的发展打下了坚实的基础。日本于 1950 年颁布了《港湾法》，一定程度上有力地帮助日本经济的复苏。日本于 1997 年颁布了《新综合物流施政大纲》，将物流业的发展提高到了一个新的高度。在信息化社会的新时代，日本企业在发展过程中逐步认识到第三方物流的作用，并将之充分利用起来，逐步实现供应链物流管理和整合。“日本的物流产业，受到了电子商务、计算机信息网络、电子标签、电子数据交换、全球卫星定位等新技术高科技的重大影响①。”1998 年，日本政府内阁审议通过了《物流大纲》。该大纲将空港、港湾、高速道路等建成一体化的网络模式，以日本东京湾、伊势湾、大阪湾和北部九州的中枢国际港湾为核心，大幅提升进出日本的物流量，以实现日本“修正高成本的构造”和“创造国际通用的物流基地”的目标，服务于创造并改革新的产业构造，使其在“质量、数量和成本”上满足世纪高度信息社会的要求②。

（二）系统的城市发展规划

为了保持东京的持久竞争力，巩固其作为国际贸易中心的地位，东京政府于 2000 年 12 月制订了前景发展规划。这一规划为今后 25 年的发展提供了原则性的方针——四个政策和四个目标③。

四个政策方向为：(1) 产业政策从中央行政主导转为民间和地方主导；(2) 从全面铺开专项个别突破，以点带面；(3) 从重视投为转为重视成果的产出；(4) 从信息锁国转向信息技术革命。

四个政策目标是：(1) 形成新的产业集聚并最大限度地发挥原有产业集聚的作用。形成秋叶原和涩谷两大 IT 产业基地，把多摩地区建成日本的硅谷。把东京临海形成会展中心、研究开发中心、通信中心和演出美术中心。(2) 培育各区产业。其中主要发展信息产业、环保产业，培育各区的非盈利组

---

① 中国物流学会亚洲国际物流研究交流与合作部：《日本物流概况》，《中国物流与采购》，2005 年。

② 沈玉良：《上海国际贸易中心建设研究》，上海人民出版社 2009 年版，第 215 页。

③ 张泓铭等：《走向上海国际贸易中心：从纽约、东京、新加坡、香港到上海》，上海社会科学院出版社 2011 年版，第 61 页。

织，形成政府、社会、市场之间的良性互动。(3) 优化自然环境，建立自然循环型经济。(4) 创造就业机会。规划将这一政策目标列为振兴产业的最终目标。

此外，东京政府还制定了一系列鼓励创新的政策措施，提升东京在国际产业链中的地位。

东京政府具有未来战略眼光的政策规划，为东京的良性发展指明了方向。在未来上海国际贸易中心的建设中，上海市政府也应制定符合上海发展规律，充分发挥上海优势的发展规划。只有这样，未来上海国际贸易中心的建设才能充分抓住时代所赋予上海的伟大机遇，实现上海国际重要贸易中心的跨越式发展。

第四节　香港国际贸易中心建设的特色与借鉴

香港由香港岛、九龙、新界三大部分构成，总面积 1 104 平方千米，人口 726.4 万(2014 年年末)。香港三面环海、背倚华南、珠江在侧，乃是一个天然港口。鸦片战争后，香港被割让和租借给英国。英国在香港推行自由贸易政策，把其作为对中国进行经济入侵的桥头堡。1984 年，中英两国签订《联合声明》，宣布香港的主权属于中国。1997 年 7 月 1 日，香港回到祖国怀抱，香港特别行政区正式成立。香港是一座高度繁荣的国际大都市，是仅次于纽约和伦敦的全球第三大金融中心，在世界享有极高声誉。香港也是亚洲重要的金融、服务和航运和贸易中心，以廉洁的政府、良好的治安、自由的经济体系以及完善的法制闻名于世，有“东方之珠”“购物天堂”等美誉。

一、香港贸易中心的发展历程

(一) 香港贸易中心的起步阶段(1840—1945 年)

香港在被英国占领之前，是作为英国打开中国大门的前哨阵地而存在的。当时，因为中国自给自足的自然经济仍然庞大，英国暂时还不能通过其廉价的工业品，打开中国的大门，甚至很长一段时间内，英国对中国的贸易处于入超地位。这让奉“重商主义”为圭臬，视金银为生命的英国人寝食难安。为了扭转这一局面，英国人开始向中国大量走私鸦片。因为其优越的地理位置和优良的深水港，香港被英国人视为鸦片走私的基地。香港贸易业便从如此罪恶的勾当中渐渐起步。

香港于1841年被英国政府宣布为自由港。但在起步之前，因为香港经济落后，缺乏工业基础，因此只能向大陆和东南亚国家开展转口贸易。随着西方列强对中国的侵略愈演愈烈，香港的地位也更加重要。到19世纪末，大量西方商业银行进驻香港，港口设施不断完善，香港逐渐成为远东第一大转口贸易基地，也和中国境内的贸易也愈加频繁(见表9－4)。但是总体来看，虽然经历了一百多年的发展，由于缺乏工业基础，经济结构单一，香港的贸易业仍处于初级阶段。

表9－4　　主要国家和地区在中国进出口贸易中的地位变迁①

年份	进口(%)					出口(%)				
	英国	印度	香港	美国	日本	英国	印度	香港	美国	日本
1863	19.9	43.9	17.5	5.4	3.1	67.3	0.3	14.8	8.3	0.6
1867	23.4	35.6	21.4	1.1	3.6	61.8	0.4	13	9.5	1.3
1871	37.4	23.7	29.8	0.5	4	51.4	0.5	16.1	15.9	1.7
1875	30.2	21.2	39.3	1.5	3.6	42.3	0.3	18.5	11.1	2.8
1879	24	29.1	35	3	4	36.1	0.8	22.7	124	3.1

(二) 香港贸易中心的成长期(1945—1978年)

第二次世界大战后，英国殖民者从日本人手中重新接收了香港。由于国际形势的好转，香港的转口贸易重新繁荣起来。国共内战时期，大陆经济凋敝、政治动荡，大批知识分子、资本家和技术工人进入香港。知识和资本的涌入为香港经济的转型奠定了坚实的基础，香港逐步由“转口型”经济转为以轻工业为主的“加工型”经济。1952年到1966年，香港经济增长速度一直在8.5%以上，人均GDP排名亚洲第二，仅次于日本。这一阶段，香港的批发零售、金融保险、房地产业、国际贸易等行业都有着长足的发展。进入20世纪70年代，香港的经济增速有些滑落，不过仍保持在6%左右，经济结构进入了深度调整时期，制造业的科技含量不断提升，“加工型”经济向“制造型”经济转变。制造业水平的升级，极大地促进了香港企业的国际竞争力，香港进入了港产产品贸易的新阶段。港产产品占出口产品总量的比重从50年代起迅速增长，60年代后常年保持在70%以上(见图9－6)。

① 汇丰银行编：《百年商业》，转引自张晓辉：《香港与中国近代贸易》，华侨出版社2000年版。

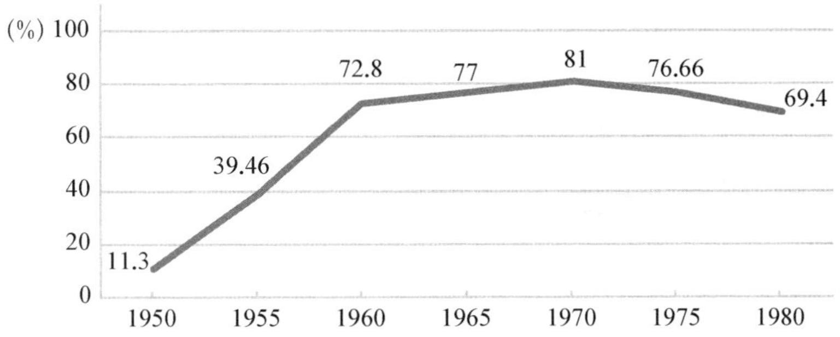

图 9－6　港产产品占出口产品的比例

（三）香港贸易中心的腾飞期(1978—1997 年)

20 世纪六七十年代，在第三次工业革命和经济全球化浪潮的推动下，西方发达国家经济进入了黄金时期，在对商品和服务的需求不断上升的同时，大批劳动力密集型的产业向其他国家转移。香港政府采取出口导向型的战略，积极承接产业转移，从而在与其他发展中国家和地区的竞争中抢占了先机。此外，中国大陆实行改革开放，香港与内地的贸易日益密切。大陆广阔的市场和巨大的需求极大地刺激了香港贸易业的繁荣。1980 年香港对外贸易总额为 2 098.93 亿港元，比上年增长了 24,37%，1983 年贸易总额为 2 261.42 亿美元，比上年增长 23.37%。1984 年贸易总额为 4 448.11 亿港元。不足五年时间，香港贸易总额迅速突破了 2 000 亿、3 000 亿、4 000 亿港元大关。1978 年到 1997 年期间，香港经济增速维持在 5%左右，1988 年，香港人均 GDP 首次突破 10 000 美元，进入高收入国家和地区行列，表明香港正式进入现代化发展阶段。1993 年香港人均 GDP 为 20 395 美元，标志着香港迈入国际中心城市的行列。

（四）香港贸易中心的辉煌阶段(1998 至今)

1997 年 7 月 1 日，香港回归，香港与中国内地的联系更为紧密。中国内地丰富、低廉的劳动力对香港的制造业产生了巨大的吸引力，大量制造业向中国内地转移。1990 年香港工业增加值占 GDP 的比重为 26%，其中制造业占 GDP 的比重为 18%；而在 2000 年制造业占 GDP 的比重不及 1990 年的一半。与此同时，香港服务业增加值 1990 年占 GDP 的 73%，而在 2000 年则占 86%。香港和珠三角地区形成了“前店后场”的发展模式。在这种模式下，香港的国际贸易地位更加凸显，贸易总量迅速攀升(见图 9－7)。1998 年香港以中国内地为依托，成功抵挡了亚洲金融风暴，香港抵御国际风险的能力，受到世界肯定，使其世界三大金融中心之一的地位更加稳固。

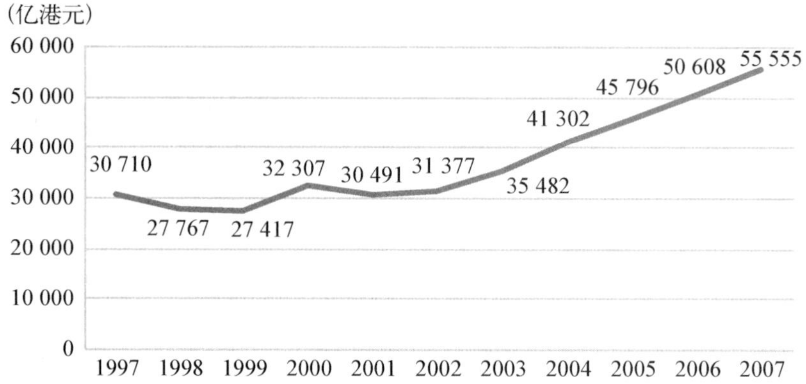

图 9－7 1997—2007 年香港贸易总额

资料来源：香港特区政府统计处贸易资料分析组。

二、香港国际贸易中心建设的经验总结

(一) 自由港制度

自由港是指一国规定的置于海关辖区之外的特别区域，外国船只可以自由进出，全部或绝大部分外国产品可以免税进入港口。商品免税进口后，可以在区内储存、分类包装或简单加工，而后免税出口，借以吸引外籍船只入港，发展直接贸易或转口贸易。较高的开放度、自由度和安全度是自由港吸引外资与技术的优势。设置自由港需要良好的基础设施与高效率的经营管理水平。此外，港口状况、地理位置、空间条件、人力资源等因素也是非常重要的。随着经济全球化的不断发展，自由港在世界经济交往中起着越来越重要的作用。香港是目前世界上最大、最开放的自由港，香港自由开放的程度和范围是世界其他国家和地区的任何一个自由港所不能比拟的。香港对进出口贸易基本上没有管制，不存在关税贸易壁垒和非关税壁垒，凡符合国际惯例的贸易行为均畅通无阻、没有国界限制和国籍歧视。对本地厂商的出口商品不提供任何优惠和特权，对外地进口商品也不存在任何歧视。除了对酒类、烟草、高档化妆品等少数商品征极低的税之外，其余商品一概免税。香港进出口贸易手续十分便捷，只要在进出口后 14 天内报关，一般无须事前批准。香港对无形贸易，包括出入口航运、空运、旅游等都没有管制。20 世纪 70 年代以来，香港除了维持免税和低税制度外，坚持积极的“不干预主义”经济政策，全面放开黄金、外汇进出口管制，简化进出口贸易手续，香港自由港功能进一步完善。对大部分

商品免税以及便利的通关程序，大幅增强了香港对外资的吸引力与对外贸易的竞争力，巩固了香港国际贸易中心的地位。

（二）发达的金融业

2008 年 1 月，美国《时代》周刊（亚洲版）刊登一篇为《三城记》（*A Tale of Three Cities*）的文章，认为纽约、伦敦和香港这三座城市是促进全球经济发展的金融枢纽，并且首次提出了“纽伦港”（Nylon Kong）这个概念。那么香港能与纽约、伦敦这样全球公认的金融中心比肩吗？根据伦敦金融城发布的 2013 第 14 期《全球金融中心评价指数》（GFCI）可以看出：香港得分 759 分，仅次于伦敦（794 分）、纽约（779），位列第三①，并且香港的排名长期以来一直相当稳定。

在香港的金融业中，资本市场一直处于核心地位。从 1997 年至 2014 年，香港股市上市公司由 658 家增至 1 667 家，增长 153.3%；总市值从 32 000 亿港元增至 255 252 亿港元，增长近 80 倍；交易额由 3 789 亿港元增至 77 579 亿港元。香港位列十大证券市场第六位②（见表 9－5），若以市值占 GDP 的比重计算，香港股市总市值占 GDP 的比重在全球十大证券市场中高居首位。

表 9－5　　2014 年年底全球十大证券交易所总市值表

证券交易所	总市值（亿美元）	证券交易所	总市值（亿美元）
1. 纽约泛欧交易所（美国）	17 950	6. 香港交易所	3 101
2. 纳斯达克 OMX（美国）	6 085	7. 上海交易所	2 497
3. 东京证券交易所集团	4 543	8. TMX 集团（多伦多）	2 114
4. 伦敦证券交易所集团	4 429	9. 德意志交易所	1 936
5. 纽约泛欧交易所（欧洲）	3 584	10. 瑞士国家证券交易所	1 541

更重要的是，香港已经发展为内地企业的境外首要融资中心，这使得它在全球金融体系中的优势更加明显。2006 年，香港股市（主板＋创业板）首次公开募股（IPO）集资总额创下 3 339 亿港元的历史记录。该年，中国银行、中国工商银行先后在香港上市，其中中国工商银行股票发行是首次以“A＋H”的方式发行。仅中国工商银行 IPO 一个项目，就融资 220 亿美元，是 2006 年全球

① 全球金融中心评价指数，http://www.qqjjsj.com/yjbg/30306.html。
② World Federation of exchanges, 2013 WFE Market Highlights, 28 January, 2014.

资本市场上单次融资额最大的新股发行。凭借中国工商银行、中国银行的发行上市，该年香港新股融资额一举超过美国，仅次于伦敦，名列全球第二。2010 年香港证券交易所首次公开募股(IPO)集资总额达到创纪录的 4 450 亿港元，连续第二年位居全球第一[①]。发达的金融业为香港开展国际贸易提供了充足的资金支撑，这一点对香港作为国际贸易中心至关重要。

(三) 积极不干预政策与高效廉洁的政府

香港国际贸易地位不断提升，其中一个重要的原因就是香港政府一贯奉行的“积极的不干预政策”。香港政府从来没有制定过具有硬性约束力的经济计划。政府所参与的经济活动只限于维护公共利益的基础设施。香港政府笃信：建立一个适当而稳定的体制，使工商业活动可在最少干预的情况下有效地进行。政府的政策是既不偏袒也不补贴厂商，而是尽力建立世贸组织奉行的以规条为本的多边贸易制度。

当然奉行不干预政策，并不等于香港政府尸位素餐，无所事事。香港政府在廉洁高效地为香港的经济发展服务。

香港政府一向以廉洁高效著称，2013 年其廉洁程度排名世界第 15 位、亚洲第 2 位[②]。香港廉政公署是独立于政府机构，全权处理一切贪污腐败的机构，其工作业绩得到全体香港市民的高度评价。香港政府廉洁高效的形象极大地吸引了一大批著名的企业落户香港、开展贸易，提升了香港贸易中心的活力。香港政府部门中有专门的工商及旅游科，是香港政府管理对外贸易的最高统筹机构，负责制度制定和协调香港对外贸易的一切事务。此外还有工业贸易署，直接管理香港贸易事务，处理香港特区的对外贸易关系，保障香港的权益及贸易利用，并推广香港作为独立贸易地区及国际贸易楷模的声誉。工业贸易署负责为本地企业提供一系列的服务，包括开具地产来源证、出入口货物签证和香港服务提供者证明书。此外，工业贸易署还负责统筹有关香港与其他经济体系的区域贸易协议的草拟和谈判事宜，并肩负与香港贸易伙伴就促进和保护投资的双边协议进行谈判的责任。香港成立专门的机构来维持和推广服务产业发展。1995 年 8 月成立了服务业专责小组负责推广和支持服务业的工作。1997 年，又设立了工商服务推广署，专门负责对服务业的监查工作，确保政策和计划的推广，防止官商勾结。此外，政府经常举办国际性大型

---

① 香港 IPO 连续两年全球第一，http://www.rf.hk/listed/hongkong/13808.html。

② 2013 年廉政指数排行，http://money.163.com/14/0415/08/9PRVBI4N00253G87.html。

会议，宣传香港服务业的特色和优势，提高香港服务业在国际上的地位①。

正是由于以上原因，香港由一个小渔村成功跃居国际贸易中心的地位，在亚洲乃至世纪的贸易中扮演着不可替代的角色。

三、香港国际贸易中心建设对上海的启示

（一）提高上海的开放程度

虽然上海是中国内地经济自由程度最高的地区，但与香港相比仍有不小的差距。香港自由港的形成有其特殊性，但仍然有值得上海借鉴的地方。上海应逐步降低国际贸易行业进入门槛、采取扩大开放领域、推进自由化、引入竞争机制等措施，促进行业生产效率和管理水平的提高。上海要利用在全国率先建立自贸区的优势，全面实行负面清单制度，积极鼓励民间资本和外国资本投入国际贸易行业，给予国外资本的国民待遇，创造公平竞争的发展环境，促进国际贸易健康、稳定的发展。同时，上海应重点发展高新技术产业和信息、金融、保险、专利特许以及其他现代服务行业，提升上海开展国际贸易的综合实力。

（二）建立完善的国际贸易法律体系

完善的服务贸易法律体系可以为服务贸易活动提供一个稳定、有序、安全的发展环境。上海市政府应立足国际贸易发展实际，结合上海国际贸易发展的现状，遵循国际贸易立法原则，有针对地解决上海国际贸易法律上的问题。上海应加快国际贸易地方立法工作的开展，并积极向全国人大建言，促使设立全国性的国际贸易法规，尽快填补贸易行业上的立法空白，让国际贸易活动有法可依。此外，上海市政府应组建专门机构，监督和推动贸易法律法规的贯彻执行。

（三）加快构建人民币离岸中心

上海距离其他国际贸易中心还有很大差距。比如，上海的资金、保险、黄金、期货等市场规模较小，人民币不能自由兑换，人民币跨境国际结算业务刚刚起步，相关的制度不完善，这严重制约了上海吸引国外金融资本，并使上海很难与其他国际金融中心进行竞争。随着中国经济实力的不断增强，人民币国际化的前景越来越明朗，上海应该抓住机遇，构建全球首个人民币离岸中心。首先，上海应该有限度地进行资本账户的开放，允许境内居民的人民币资

---

① 王艳杰：《香港服务业及服务贸易发展评析》，《黑龙江对外贸易》2006 年第 7 期。

产通过专门账户进入离岸市场进行交易，允许境外居民或机构通过专门账户在监管下，从离岸市场进入中国国内金融市场，进行资本账户类的投资。其次，尽快建立科学、有效、完善的征信系统，并建立一个高效、统一、有全国公信力的信用评级机构，从而构建一个与上海金融中心地位相匹配的信用体系。最后，上海要积极推动离岸金融立法，完善人民币离岸中心的法律体系。

第十章　上海国际贸易中心建设的历史沿革

上海早在19世纪中后期就已确立国际贸易中心的地位，20世纪20年代达到顶峰。随着日本侵华战争的发动，上海国际贸易中心地位不断受到削弱。新中国成立后的几十年间，受国际经济环境和国内政策的影响，上海的贸易地位和影响力大幅下降，遑论国际贸易中心建设。改革开放后，上海成为改革开放的前沿城市。因国家战略和自身发展的需要，上海瞄准国际贸易中心建设目标，并不断取得进展，目前已经完成核心功能框架的搭建，力争在2020年基本建成国际贸易中心。

第一节　近代上海贸易中心地位的确立(1843—1949年)

1843年上海开埠到1949年解放前夕这100多年，上海国际贸易发展经历了曲折历史。虽然上海国际贸易因战争、政策等因素起起落落，但是始终撼动不了其在中国国际贸易中心的地位。上海贸易的发展推动了上海工业、金融业、运输业的繁荣，也促进了长江流域的经济发展，对整个中国的经济发展也有重要的作用。近代上海国际贸易中心地位的确立为当前上海加速建设国际贸易中心地位提供了历史借鉴。

一、开埠带动上海对外贸易(1843—1863年)

鸦片战争前夕，上海的市场已经初具规模，商品经济因埠际贸易而有了相当程度的发展。上海是中国南北沿海的交通枢纽，长江流域的吞吐要塞。西方资本主义列强对自然地理条件得天独厚的上海垂涎已久。鸦片战争失利，清政府被迫签订《南京条约》，答应开放包括上海在内的五个通商口岸。西方资本主义列强垂涎已久的这个口岸大门终于被拉开，上海市场逐渐从依赖埠际贸易转向依靠国际贸易，由此也开辟了其由商而兴之路。从1843年上海开埠到1863年这20年间，上海直接对外贸易随着自由通商贸易条约的实施而逐步发展。表10－1是上海进出口贸易值表。

表10－1　　上海对外进出口贸易值(1844—1860年)

年　份	进　口	出　口	合　计
1844	501千镑	488千镑	989千镑
1845	1 224千镑	1 347千镑	2 571千镑
1846	1 066千镑	1 517千镑	2 593千镑
1847	1 009千镑	1 517千镑	2 526千镑
1848	806千镑	1 306千镑	2 112千镑
1849	1 209千镑	1 755千镑	2 964千镑
1850	3 908千元	8 021千元	11 929千元
1851	4 299千元	10 403千元	14 702千元
1852	5 303千元	10 281千元	15 584千元
1853	8 845千元	25 827千元	34 672千元
1854	4 906千元	34 334千元	39 240千元
1855	9 080千元	32 765千元	41 845千元
1856	8 700千两	30 294千两	38 994千两
1857	14 549千两	33 344千两	47 893千两
1858	18 895千两	30 624千两	49 519千两
1859	28 860千元	51 288千元	80 148千元
1860	36 679千元	43 866千元	80 545千元

资料来源：张仲礼主编：《近代上海城市研究(1840—1949年)》，上海文艺出版社2008年版，第90页。

从这些数字可以看出，上海在这20年间对外贸易的发展速度相当快，除个别年份外，基本是逐年增加。从开埠到1849年贸易规模翻了约3倍。进入19世纪50年代，贸易规模更是增加了6倍之多。这个时间段内，出口主要以丝茶等大宗商品为主，而进口则主要是鸦片和棉织品。鸦片是走私进口的，多数鸦片进口未列入上表，从而导致除1844年外，每年都是贸易顺差。

进口贸易方面，鸦片是近代中国最大宗的进口商品，长期占据进口商品第一位，而上海是中国鸦片进口的最大口岸。1847—1860 年间，上海鸦片进口量呈波动上升趋势，以 1859 年的 33 798 箱为最高。该时间段内，从上海进口的鸦片占全国进口总量的比重基本维持在半数，而以 1860 年为最高，占比达到了 59.6%（见表 10－2）。从这些零星的数据，我们可以看出上海当时的贸易地位已经很高。

表 10－2　　全国和上海鸦片进口情况（1847—1860 年）

年　份	全国进口量（箱）	上海进口量（箱）	上海占比（%）
1847	33 250	16 500（约）	49.6
1848	38 000	16 960	44.6
1849	43 075	22 981	53.3
1850	42 925	19 498	45.4
1851	44 561	22 592	50.7
1852	48 600	27 313	56.2
1853	54 574	24 176	44.3
1854	61 523	25 163	40.9
1855	65 354	28 730	43.96
1856	58 606	33 581	57.3
1857	60 385	31 883	52.8
1858	61 966	33 090	53.4
1859	62 822	33 798	53.8
1860	47 681	28 418	59.6

资料来源：上海对外经济贸易志编纂委员会：《上海对外贸易志》（中），上海社会科学院出版社 2001 年版，第 1016—1017 页。

出口贸易方面，上海出口丝茶大宗商品的数量急剧上升，十几年间，生丝出口量翻了十几倍，而茶叶出口量竟翻了五十几倍。因上海距离著名的产丝地区近，很快就形成了中国生丝市场，到 1846 年已经超越广州，进入 19 世纪 50 年代，几乎全国的生丝都由上海出口，广州所占的份额已经寥寥无几了。广州的茶市有悠久的历史，因而其地位没有被立即撼动，但是到 1852 年，广州的茶叶出口量还是被上海超越了，此后广州的口岸地位逐渐被削弱（见表 10－3）。由此可见，上海在五口通商期间，一跃成为全国对外贸易的中心。到 1853 年，上海对外贸易量远超广州 64%，对外贸易额占全国对外贸易额的 60%以上，上海一跃成为中国最大的贸易口岸。中国国际贸易的重心逐渐由广州转移到上海，为上海成为国际贸易中心奠定了重要基础。

表 10－3　　上海与广州生丝、茶叶出口量比较(1843—1860 年)

年　份	生丝出口量(包)		茶叶出口量(千镑)	
	上海	广州	上海	广州
1843	—	1 787	—	17 728
1844	—	2 604	1 149	69 328
1845	6 433	6 787	3 801	76 393
1846	15 192	3 554	12 460	71 556
1847	21 176	1 200	12 494	64 193
1848	18 134	—	15 711	60 243
1849	15 237	1 061	18 303	64 678
1850	17 245	4 305	22 363	55 067
1851	20 631	2 409	36 723	62 468
1852	41 293	3 549	57 675	36 127
1853	58 319	4 577	69 431	31 796
1854	54 233	—	50 344	59 025
1855	56 211	—	80 221	16 700
1856	79 196	—	59 300	30 404
1857	59 986	—	40 914	19 638
1858	85 970	—	51 317	24 394
1859	67 874	—	39 136	25 185
1860	—		53 464	27 924

资料来源：张仲礼主编：《近代上海城市研究(1840—1949 年)》，上海文艺出版社 2008 年版，第 99—100 页。

上海开埠导致上海对外贸易的发展，其在全国对外贸易中的地位也发生了翻天覆地的变化。较早开放的通商口岸，如广州、厦门、福州和宁波等城市，对外贸易却没有出现明显增长，广州的对外贸易额甚至开始下降。逐年增长的势头使上海逐渐取代老的外贸口岸广州，并远远领先于同时期开埠的其他口岸。这种惊人成就的取得与上海优越的地理位置、便利的交通是分不开的。更重要的原因则是，当时的上海是新辟口岸，对外贸易无章可循，洋商可以全凭己意，任意发展，从而促进了自由贸易的发展。所有这些都为上海对外贸易日后的发展奠定了坚实的基础。

二、上海国际贸易中心地位的确立(1864—1937年)

进入19世纪60年代中期,上海的发展势头更加迅猛。在1864年海关建立系统的贸易报告后,上海对外贸易总额经常占全国一半以上,上海国际贸易中心的地位正式确立并不断巩固,并维持到淞沪抗战前夕。

从表10-4可见,1864年,上海的洋货进口净值占全国比、国货出口总值占全国比、对外贸易总值占全国比分别为58.88%、55.92%、57.37%,均超过半数,说明在那一年,上海在全国对外贸易上的首要地位已经稳固地确立。1870年上海对外贸易规模占全国的比重达到了顶峰,而其余年份也基本保持着龙头地位。进入20世纪,特别是1910年后,上海的洋货进口净值占全国比和对外贸易总值占全国比呈现稳步上升态势,仅在1937年出现了跌势。出口贸易总值占全国比则有部分年份出现了下降。抗日战争前夕,上海的洋货进口净值占全国比、国货出口总值占全国比、对外贸易总值占全国比分别为58.74%、51.26%、55.53%,依然保持着绝对的优势。显然,在这60多年的历史当中,上海真是全国国际贸易中心,地位甚至达到绝对领先。

表10-4　　上海对外贸易占全国比重(1864—1937年)

年　份	洋货进口净值占比(%)	国货出口总值占比(%)	对外贸易总值占比(%)
1864	58.88	55.92	57.37
1870	70.12	57.42	64.22
1880	67.94	46.45	57.3
1890	50.92	37.57	45.49
1900	56.42	49.14	53.3
1910	40.99	46.13	43.31
1920	48.36	35.78	43.14
1930	50.89	34.94	44.42
1936	58.74	51.26	55.53
1937	53.37	48.25	50.96

资料来源:张仲礼主编:《近代上海城市研究(1840—1949年)》,上海文艺出版社2008年版,第103页。

从进口商品结构上看，鸦片已经不再是上海进口的主要大宗商品，到1931年以后已无鸦片报关进口。过去占比很大的棉纺织品进口也由于国内棉纺织品产业的发展而逐步下降，到1936年，其占比只有2.2%。机器、车辆、化学产品、燃料、电器料等生产资料的进口则成倍数增加。中国轻工业的发展导致棉花、小麦、烟叶等原材料的进口比重增加，而棉纺织品、面粉、纸烟等制成品的进口比重则相应下降。与此同时，中国的交通运输业和工业也发展起来，动力需求的增加带来了汽油进口的增长（见表10-5）。显然，中国进口商品结构在这段时间内，特别是甲午战争后，发生了巨大的变化。帝国主义投资的大批工矿企业、交通运输以及中国政府和民营的新型企业的兴起，扩大了对国外物资设备的需求。资本主义物资设备代替了传统的大宗进口商品鸦片和棉纺织品。

表10-5　上海主要进口商品所占比重变化(1894—1936年)

	1894年(%)	1913年(%)	1921年(%)	1929年(%)	1931年(%)	1936年(%)
鸦片	19.8	12.3	—	—	—	
棉制品	40.9	43.1	25.—	14.9	7.—	2.2
杂项纺织品	2.8	2.8	3.5	9.4	5.9	3.1
金属和矿砂	5.5	3.6	5.5	5.4	6.1	11.3
棉花	—	1.—	7.7	12.6	19.9	6.2
小麦	—	—	0.1	3.3	9.—	2.—
面粉	0.1	0.3	0.2	0.3	0.2	0.2
糖	6.9	5.—	6.3	7.8	4.6	0.6
煤油	4.8	2.1	3.4	2.3	2.1	0.9
汽油	—	—	0.3	0.6	1.—	2.1
米	—	—	—	0.4	0.5	0.1
纸烟	0.2	2.9	5.3	2.5	1.3	0.2
烟叶	0.1	0.9	2.7	3.7	5.3	2.6
机器	1.1	0.9	8.4	3.—	3.6	5.9
车辆	—	0.5	1.4	1.4	1.—	4.—
纸张	—	1.5	2.2	3.5	3.6	5.4

续　表

	1894 年（%）	1913 年（%）	1921 年（%）	1929 年（%）	1931 年（%）	1936 年（%）
化学产品	0.4	0.8	1.3	2.2	3.1	5.1
燃料	1.2	4.9	4.6	3.3	3.—	4.4
木材	1.2	1.2	1.5	2.5	2.6	2.6
电器料及装置	0.1	0.7	2.2	1.5	2.2	2.5
合计	84.9	84.3	81.6	80.4	82.1	61.1

资料来源：上海社会科学院经济研究所、上海市国际贸易学会委员会：《上海对外贸易》(上册)，上海社会科学院出版社 1989 年版，第 195 页。

从出口商品结构看，丝、茶等传统大宗出口商品由于来自世界市场的竞争而逐步被取代。到抗日战争前夕，丝、茶的出口占比均已不到十分之一。许多小商品则慢慢演变成大宗出口商品。其中最显著的是桐油，其占比由 1894 年的微乎其微发展到 1936 年的 18.7%。另外两项值得注意的是籽仁、籽饼和猪鬃，其出口占比在 40 年间均翻了数番。而皮及皮毛制品和蛋品的出口占比相对稳定。出口商品中，蛋品、肠衣、花边、草帽都是甲午战争以后而兴起的。出口商品结构的变化也是显著的，新兴商品、小商品出口日益扩大，挤占了传统商品的统治地位(见表 10－6)。

表 10－6　　上海主要出口商品所占比重变化(1894—1936 年)

	1894 年（%）	1913 年（%）	1921 年（%）	1929 年（%）	1931 年（%）	1936 年（%）
丝	39.5	27.7	28.4	28.5	17.9	8.1
茶	14.9	12.2	4.2	9.5	9.6	6.9
豆及豆饼	0.8	3.1	1.1	1.3	1.2	2.—
桐油	0.1	1.6	1.9	3.9	3.9	18.7
籽仁、籽饼	1.4	8.6	7.8	5.8	7.6	6.7
蛋品	—	1.3	4.5	5.8	4.5	4.5
皮及皮制品	4.4	10.7	4.4	4.9	5.3	5.8
毛类	4.—	3.5	2.—	0.9	0.7	0.7
煤	—	—	—	0.2	0.2	0.1

续 表

	1894 年（%）	1913 年（%）	1921 年（%）	1929 年（%）	1931 年（%）	1936 年（%）
猪鬃	0.6	2.—	1.3	1.5	1.6	4.3
肠衣	—	0.2	0.4	0.4	0.5	2.1
羽毛	0.2	0.5	0.3	0.5	0.5	0.9
花边	—	—	2.1	0.8	2.5	3.6
草帽	—	—	—	—	1.4	1.—

资料来源：上海社会科学院经济研究所、上海市国际贸易学会委员会：《上海对外贸易》(上册)，上海社会科学院出版社 1989 年版，第 198 页。

三、“孤岛时期”上海对外贸易(1937—1941 年)

1937 年 8 月日军进攻上海到 1941 年 11 月是一段特殊的历史时期。上海已沦陷，但日军没有立即占领公共租界和法租界，两地区成为日军围困下的“孤岛”，贸易继续发展。这种特殊的“繁荣”，不得不重点关注。

“孤岛”时期，上海的国际贸易随日军的军事战略和国际形势的变化，呈现先衰后兴的现象。1937 年淞沪抗战的爆发给上海经济带来极大的冲击，直至 1938 年秋，上海的进出口业务都极度萧条。1938 年上海出口贸易值从战前的 10 763.9 万美元陡降至 4 686.3 万美元，比数降至 44。出口贸易值也表现出了相似的变化趋势(见表 10 - 7)。随着 1938 年广州、武汉的相继沦陷，“孤岛”国际贸易重新焕发生机。1938—1941 年间，进出口都表现出逐年上升的趋势。特别是 1939 年第二次世界大战爆发到太平洋战争前夕，上海的国际贸易因为服务日本的军需呈现一种畸形的繁荣。

表 10 - 7　上海口岸历年进出口贸易值消长(1937—1941 年)

年份	出口贸易值		进口贸易值		进出口贸易总值	
	金额(万美元)	比数	金额(万美元)	比数	金额(万美元)	比数
1936	10 763.9	100	16 495.6	100	27 259.5	100
1937	11 858.9	110	14 969.3	91	26 828.2	98
1938	4 686.3	44	8 075.6	49	12 761.9	47
1939	6 706.4	62	17 914.1	109	24 620.5	90

续　表

年份	出口贸易值		进口贸易值		进出口贸易总值	
	金额(万美元)	比数	金额(万美元)	比数	金额(万美元)	比数
1940	8 295.9	77	18 971.7	115	27 267.6	100
1941	10 825	101	19 677	119	30 502	112

注：比数以战前 1936 年为 100。

资料来源：上海社会科学院经济研究所、上海市国际贸易学会委员会：《上海对外贸易》(下册)，上海社会科学院出版社 1989 年版，第 3 页。

1937—1941 年间，上海对外贸易值除 1938 年下降外，其余三年还有增长，甚至出超。[①]“孤岛”的这种畸形繁荣主导原因是日本方面。显然，该时期内，上海自日本进口较快下降，而对日出口却快速增长，1941 年出口较战前增长了 3 倍多(见表 10－8)。因为日本国内物质匮乏，日本政府限制了对沪商品的输出，并加紧从上海输入军需品和工业原料。这种日本单方面控制的贸易关系表面上促进了上海的国际贸易，但事实上只是服务日本而非中国。

表 10－8　　沪日贸易情况(1937—1941 年)

年份	自日本进口(万金)	占上海总进口比重(%)	对日本出口(万法币元)	占上海总出口比重(%)
1937	3 309	14.8	3 199	7.9
1938	1 615	14.1	1 470	6.6
1939	3 301	13.8	2 260	3.8
1940	2 502	9.1	5 554	4.1
1941	2 205	7.6	13 536	6.6

资料来源：张鸿铭等：《走向上海国际贸易中心——从纽约、东京、新加坡、香港到上海》，上海社会科学院出版社 2011 年版，第 153 页。

四、上海对外贸易的中断与重启(1941—1949 年)

1941 年 12 月太平洋战争爆发，日军占领两租借，结束了“孤岛”的特殊形态。海运不通，商轮绝迹。上海进行国际贸易的条件丧失，进出口业务全部停顿。华商在这次打击中受到普遍伤害，远近洋贸易因海运断绝都告停止，商品

① 张仲礼主编：《近代上海城市研究(1840—1949 年)》，上海文艺出版社 2008 年版，第 95 页。

货物损失严重,出口业受创尤重。[①]

1945 年 8 月,日军宣布无条件投降。上海进出口业务重新启动。1948 年年底以前,上海的进出口总值仍占全国进出口总值绝大部分。从金额来看,上海对外贸易额是逐年大幅递减的,而以进口为最(见表 10 - 9)。从 1945 年起,上海进出口业务随政令的变化而兴衰更替。抗战胜利初期,国民政府推行“鼓励输入”的低汇率政策,大幅有利于进口。进口泛滥直接导致本国工农业损失惨重。低汇率还引起通货大量膨胀,物价飞涨,国民经济几近崩溃。受“钉住制”低汇率影响,出口业务则几乎停滞。一时间进口激增,出口困难,逆差严重。这一点从 1946 年的进出口数字可以明显看到。1946 年年底起,国民政府政策 180 度大转变,强力管制进口,推行“输入限额分配”,以挽救贸易严重逆差、外汇枯竭的危机。这无疑压制了进口业务,导致 1947 年进口额陡降至 33 024 万美元,下降了约 40%,很多华商民营进口行被迫倒闭。出口方面,1947 年秋,国民政府将汇率改为机动后,出口业务迎来了短暂的春天,但是瞬间又失效。出口值只在 1947 年出现了一个小幅的增长。在物价飞涨无法控制的局面下,国民政府无计可施,只能于 1948 年 8 月使出最后一招,废止发行了 10 多年的法币,改用金圆券为本位币,并且加强对进口的配额控制,规定出口必须严格按照规定汇率。在金圆券的限价风暴中,进出口贸易陷入全面停顿,导致 1948 年的进出口值较 1947 年又有了大幅的下降。进入 1949 年,受长年内战影响,进出口业务趋于衰落。

表 10 - 9　　上海进出口贸易概况(1946—1949 年)

年份	进出口总值		进口		出口	
	金额(万美元)	占全国比重(%)	金额(万美元)	占全国比重(%)	金额(万美元)	占全国比重(%)
1946	66 811.1	80.3	55 729.2	85.3	11 081.9	62
1947	46 786.4	69.9	33 024	74.8	13 762.4	60.4
1948	28 725.4	75.3	16 573.2	78.5	12 152.2	71.3
1949(至解放止)	11 527.1	61.7	6 371.6	67.1	5 155.5	56.1

资料来源:上海社会科学院经济研究所、上海市国际贸易学会委员会:《上海对外贸易》(下册),上海社会科学院出版社 1989 年版,第 139 页。

① 上海社会科学院经济研究所、上海市国际贸易学会委员会编:《上海对外贸易》(下册),上海社会科学院出版社 1989 年版,第 129—130 页。

第二节 改革开放前上海国际贸易中心的衰落(1949—1978年)

新中国成立伊始,经济计划化成为国家经济发展的基本方针政策。上海对外贸易在经历了由近代形成的市场经济向社会主义计划经济转轨的短暂过渡后,逐步纳入高度集中的计划经济体制当中,形成了与之对应的国营贸易独占江山的局面。加上国际环境和国内政治因素的影响,从新中国成立到改革开放的近30年里上海进口贸易发展缓慢,1956—1974年进口贸易额全都低于1亿元,只有1975—1978年超过1亿元;上海进口贸易额占全国比重微乎其微,除1958年占3.5%,其余年份都在1%—3%之间徘徊。相比之下,上海出口贸易额显然要大许多,在全国所占比重呈波动增长趋势。实际上,上海昔日国际贸易中心地位已经明显衰落。[①] 1949—1978年这30年间,上海开埠以来形成的国际贸易中心的地位彻底衰落。这种非经济原因造成的衰落说明高度集中的计划经济是不符合经济发展规律的,被历史证明对上海贸易发展产生了极大的抑制。

一、上海国际贸易中心地位的基本改变(1949—1956年)

新中国成立初期,为铲除帝国主义、官僚资本主义对上海贸易的控制,新中国大力发展以社会主义性质国营贸易体制为基础的新民主主义贸易机制。受此影响,上海国营贸易的主导地位日益显著,私营贸易的发展则受到限制。上海在长期市场经济条件下形成、发展起来的商品流通体制,被逐渐打破。

1949年5月上海解放以后,中国人民解放军上海军事管制委员会接管了国民党政府输出入管理委员会上海办事处、江海关、商品检验局,先后建立华东军政委员会贸易部、华东对外贸易管理局,统一管理上海的对外贸易。同时,成立上海海关、上海商品检验局,实行新的外汇管理制和进出口税制,改变了外商银行垄断外汇、外国人操纵关税的局面。显然,新中国成立初期,上海贸易发展的首要任务是铲除官僚资本主义和帝国主义对贸易的控制,建立以社会主义性质的国营贸易为基础的新民主主义贸易体制,并在国营贸易体系的领导下,克服困难,扶持私营贸易,恢复商品的生产经营。

---

① 朱婷:《上海贸易发展功能、地位之善变:1949—1978》,《上海经济研究》2010年第8期。

接下来的任务便是逐步扩大国营贸易经营范围和权限，以巩固国营贸易的领导地位，推进新旧贸易体制的更替。1953 年，党中央提出了过渡时期的总路线和总任务，开始实行第一个五年计划，在展开大规模有计划的社会主义建设同时，加快了对私营商业社会主义改造的步伐。随着资本主义工商业社会主义改造的全面完成，过渡时期多种所有制并存的经济形态转变成公有制经济占绝对主导地位的社会主义经济形态。上海在长期市场经济条件下形成发展起来的旧有商品流通体制，被国家有计划有步骤地逐一打破。1956 年，上海形成了以国营商业为领导、合作商业为助手、个体商业为补充的社会主义商品流通体制。

此时期，上海对外贸易的发展有一个明显的先下降后上升的过程。新中国成立初期，由于美国为首的西方国家的经济封锁，上海进出口贸易均有所下滑。上海进出口贸易占全国的比重也有了明显的下降，特别是进口贸易（见表 10－10）。1950 年年底，上海扩大了对苏联、东欧国家的出口。1952 年上海逐步恢复与西欧国家、日本的进出口贸易，导致进出口有了一定程度的回暖。1952 年后，上海的出口贸易逐年上升，所占全国的比重也有相同的趋势。但由于中央对进口贸易实行严格控制，上海有严格限制的进口配额，使得上海的进口额逐步下降，1953 年基本维持在 1 亿美元以下。上海进口贸易在全国的地位也大幅下降，从 1950 年 20％的份额陡降至 1956 年的 1.34％。从昔日占据全国国际贸易的半壁江山，到该时期不到五分之一的贸易份额，上海的贸易地位已被深深撼动。

表 10－10　　上海进出口贸易概况（1950—1956 年）

年份	进出口总值		进口		出口	
	数额（亿美元）	占全国比重（％）	数额（亿美元）	占全国比重（％）	数额（亿美元）	占全国比重（％）
1950	2.21	19.47	1.17	20.07	1.04	181.84
1951	1.96	10.01	1.96	8.01	1	13.21
1952	1.93	9.94	0.74	6.62	1.19	14.46
1953	2.44	10.3	1.61	5.02	1.83	17.9
1954	3.17	13.03	0.43	3.34	2.74	23.91
1955	3.94	12.17	0.34	1.96	3.6	25.5
1956	4.98	15.52	0.21	1.34	4.77	29

资料来源：《上海对外经济贸易志》编撰委员会编：《上海对外经济贸易志》，上海社会科学院出版社 2001 年版，第一卷总述，第 34—35 页。

该时期上海贸易发展的最大特点是公有制经济成分对私营经济的逐步替代。1950 年，无论在批发还是零售业，私营经济都占据着绝对的统治地位，尤以零售业为重（见表 10－11）。直至 1952 年，私营经济的地位依然没有被严重侵蚀。1953 年对资本主义工商业的社会主义改造步伐的加快使私营经济份额大幅下降。批发业尤其严重，1955 年上海批发业私营份额已不到十分之一。随之而来的是公有经济特别是国有经济份额的快速上涨。1956 年，资本主义工商业改造完成，高度集中的计划经济体制全面运行。上海内外贸易完全置于高度集中统一的计划经济规范下，进出口贸易、国内区域贸易全部服从于中央统一分配、调拨。批发业已全部由国营企业控制。但由于当时零售业掀起公私合营的浪潮，使得 1956 年零售业公私合营的比重超过了国营的比重。

表 10－11　　上海市商业所有制结构比较（1950—1956 年）

		1950 年		1952 年		1955 年		1956 年	
		金额（万元）	占比（%）	金额（万元）	占比（%）	金额（万元）	占比（%）	金额（万元）	占比（%）
零售	小计	10.29	100	12.94	100	11.47	100	18.46	100
	国营	0.69	6.8	1.98	15.3	4.41	38.4	4.78	25.9
	合作社营	0.16	1.5	1.05	8.1	0.75	6.5	0.59	3.2
	公私合营	0.01	0.1	0.02	0.2	0.21	1.9	12.75	69.1
	私营	9.43	91.6	9.89	76.4	6.1	53.2	0.34	1.8
批发	小计	19.05	100	27.49	100	29.68	100	—	100
	国营	6.46	33.9	14.82	53.9	25.41	85.6	—	100
	合作社营	0.02	0.1	0.66	2.4	0.86	2.9	—	—
	公私合营	0.1	0.5	0.12	0.5	0.13	0.4	—	—
	私营	12.47	65.5	11.89	43.2	2.56	8.6	—	—

资料来源：《上海通志》编撰委员会编：《上海通志》，第十五卷经济综述，第 1642 页。

总体来看，1949—1956 年为新民主主义向社会主义过渡的时期，在国营贸易逐步建立巩固地位的同时，保持着市场经济和计划经济并存的格局。随着 1956 年对资本主义工商业的社会主义改造的完成，经济建设开始全面纳入计划经济轨道。受此影响，上海的市场机制不断被削弱，贸易网络被切断。原先国际贸易中心的地位基本改变，辉煌不再。

二、上海国际贸易中心地位的进一步衰退(1957—1978 年)

发挥上海“老工业基地”作用是新中国成立后，党中央对上海经济发展方向的基本定位，也成为整个计划经济体制时期，上海经济发展奉行的基本准则。这个定位在创造出上海工业发展的历史辉煌同时又抑制了上海其他经济功能的正常发展。在这一战略定位下，上海工业增长速度和生产总值都迅速提高，中央在物资调拨方面也给予上海以政策倾斜，上海工业生产无论在原料供给还是产品销售方面都得到了保障，上海作为全国工业中心的地位也不断得到强化。但是，这一战略定位也导致了对上海第三产业发展的抑制，第三产业在上海市国内生产总值中的比重不断下降。在第三产业处于持续性萎缩的情势下，上海商业发展也不可避免地陷入不断衰退的状态，进出口贸易随之停滞不前。①

这一时期的特点是高度的计划经济，上海乃至全国的对外贸易、外贸经营权完全集中于中央，一切对外经贸活动都在中央统一政策和国家统一计划指导下进行，一切外贸业务全由国营外贸专业总公司及其分支公司经营，其他机构无权经营进出口业务。在此期间，上海的对外贸易发展经历了一个曲折的过程。1956 年后，上海贸易发展经历了一个短暂的稳定期，随之被“大跃进”和“三年困难时期”打破。表 10－12 中数据清晰反映了这一情况，困难时期的最后一年即 1961 年的进出口较往年有了一个非常明显的下滑。1961 年后，上海对外贸易经过调整恢复了发展，尤以出口贸易最为显著，呈现逐步增长的势头，占全国的比重也再次站上 30%，并一直维持到 1975 年。由于对进口的严格限制，上海的进口贸易一直停滞不前，长年维持在 1 亿美元以下，仅 1975 年以后的短暂 4 年勉强达到 1 亿美元，在全国的地位也已经微乎其微了(见表 10－12)。总的看来，在这段时期内，上海依靠出口贸易勉强维持着在全国对外贸易中近乎五分之一的份额。1974 年起，上海进出口贸易总值在全国所占的比重有了明显的下跌，说明其贸易地位在计划经济的制约下出现了进一步的下降。

1956 年以后，上海在特殊的政治气候下，对外贸易发展受到极大的制约，虽然这并不能说明上海本身的贸易能力，但不可否认，上海昔日“国际贸易中心”的地位和功能已经进一步被削弱。

---

① 朱婷：《上海贸易发展功能、地位之善变：1949—1978》，上海经济研究，2010 年第 8 期。

表 10－12　　　　上海进出口贸易概况(1957—1978 年)

年份	进出口总值		进口		出口	
	数额(亿美元)	占全国比重(%)	数额(亿美元)	占全国比重(%)	数额(亿美元)	占全国比重(%)
1957	4.9	15.79	0.38	2.52	4.52	28.3
1958	6.95	17.95	0.66	3.49	6.26	31.75
1959	7.96	18.19	0.54	2.57	7.42	32.81
1960	6.73	17.64	0.53	2.71	6.2	33.41
1961	5.81	17.3	0.26	1.8	5.55	37.22
1962	5.79	21.7	0.25	2.13	5.54	37.18
1963	6.19	21.23	0.24	1.9	5.95	36.08
1964	6.89	19.87	0.37	2.4	6.52	34.03
1965	8.25	19.43	0.6	2.97	7.65	34.34
1966	9.12	19.77	0.38	1.69	8.74	36.94
1967	8.89	21.4	0.47	2.33	8.42	39.44
1968	8.83	21.81	0.34	1.75	8.49	40.37
1969	8.92	22.14	0.16	0.88	8.76	39.75
1970	9.13	19.91	0.46	1.98	8.67	38.76
1971	10.39	21.44	0.58	2.63	9.81	37.22
1972	13.93	22.11	0.63	2.2	13.3	38.63
1973	23.96	21.84	0.8	1.55	23.16	39.8
1974	25.37	17.42	0.98	1.29	24.39	35.1
1975	23.28	15.78	1.08	1.44	22.2	30.55
1976	21.03	15.66	1.25	1.9	19.78	28.85
1977	23.21	15.68	1	1.39	22.21	29.26
1978	30.26	14.66	1.33	1.21	28.93	29.69

资料来源:《上海对外经济贸易志》编撰委员会编:《上海对外经济贸易志》,上海社会科学院出版社 2001 年版,第一卷总述,第 34—35 页。

第三节 改革开放后上海国际贸易中心建设的重启与加速(1978—2014年)

改革开放30多年来,上海在国际贸易中心建设的道路上走出了不平凡的实践,贸易体制、思想、结构发生了重大变革。在国家的大力支持下,在历届上海市委、市政府的正确领导下,在全市相关部门和企业的共同努力下,上海进出口保持了持续、稳步增长,对外贸易运行质量和水平不断提高。上海国际贸易中心建设目标在此期间重新确立,并取得长足进展。2014—2015年是全面完成“十二五”规划,深入推进创新驱动发展、经济转型升级的关键时期。目前,国际贸易中心建设基础已经夯实,核心功能框架已经形成。

一、上海国际贸易中心建设的探索(1978—1991年)

上海的历史地位和地理位置决定上海不能再沉寂,重建国际贸易中心是上海的诉求。1978年12月召开的党的十一届三中全会,提出中国实行改革开放的方针政策,标志着这个机会的到来。上海紧抓这个机会,对贸易实行了积极的改革,推动了贸易快速发展。

20世纪80年代,上海按照中央确定的“放开经营,自负盈亏,工贸结合,推行代理制”的改革方向,结合上海对外经济贸易的实际,对外贸体制进行了重大的变革,主要体现在四个方面:简政放权,政企分开;工贸结合,放开经营;出口承包,自负盈亏;推行外贸代理。同时,在外贸业务上进行了以“搞活经营”为主旨的探索,主要体现在三个方面:运用经济手段用好国内外资源;采取全球销售战略,开拓远洋市场;转变经营作风,灵活贸易方式。外贸业务从外贸专业公司垄断经营扩大到综合性外贸公司、工贸公司、自营进出口企业、部属公司等多渠道经营。1983年,上海市将进出口办公室、对外贸易局、对外经济联络局合并,成立上海市对外经济贸易委员会,作为综合管理全市对外经济贸易工作的部门。1990年,中共中央、国务院提出关于“开发开放浦东”的战略决策更是将上海对外经贸推向一个小高潮。同年,上海外高桥保税区国务院批准设立。这一系列积极的举措必然反映到上海对外贸易的地位中去。经过十多年的探索,上海对外贸易逐步恢复发展。

在这个时期,一个显著的特点就是上海进口额的飞涨(见表10-13)。1979年上海进口额自新中国成立以来首次突破2亿美元,并开始稳步上升。

1985年后，国家实施下放进口经营权改革，这对上海来说无疑是一个重大利好。表现在数据上就是1985年上海进口额较1984年翻了一番，并大幅增长至1989年的峰值28.16亿美元，此后虽有一个相当程度的下滑，但立即被1990年浦东开发政策遏止，1991年进口额恢复增长。上海进口额占全国的比重也开始逐年增加。相对于进口的强势表现，上海出口额表现则相对惨淡一些，进入80年代反而出现了下降的趋势，这种下降一直维持到1986年。1987年出口额再次突破40亿美元，并逐年增长。值得注意的是，这十几年中，上海进出口总额的绝对值虽然在上升，其在全国的比重却呈现下降的趋势，到80年代中后期已经不到十分之一。从数据来看，改革开放的重大举措并没有立即恢复上海的对外贸易的领头地位，但是不可否认，上海在探索中正在逐步恢复其本身的贸易能力。

表10-13　上海进出口贸易概况(1979—1991年)

年份	进出口总值		进口		出口	
	数额(亿美元)	占全国比重(%)	数额(亿美元)	占全国比重(%)	数额(亿美元)	占全国比重(%)
1979	38.78	13.22	2.03	1.3	36.75	26.9
1980	45.06	11.91	2.4	1.23	42.66	23.35
1981	41.5	9.63	3.43	1.76	38.07	18.22
1982	38.93	9.91	2.88	1.65	36.05	16.52
1983	41.4	10.17	4.92	2.66	36.48	16.43
1984	44	8.84	8.13	3.21	35.87	14.7
1985	49.92	8.28	16.31	4.75	33.61	12.97
1986	50.66	8.43	14.84	4.49	35.82	13.24
1987	59.61	8.75	18.01	5.39	41.6	11.98
1988	71.6	8.9	26.4	6.62	45.2	11.12
1989	78.48	9.5	28.16	7.19	50.32	11.58
1990	74.27	8.73	21.1	6.38	53.17	10.21
1991	80.44	8	23.04	5.82	57.4	9.42

资料来源：《上海对外经济贸易志》编撰委员会编：《上海对外经济贸易志》，上海社会科学院出版社2001年版，第一卷总述。

二、上海国际贸易中心建设的加速(1992—1999 年)

1992 年中央提出“把上海建成国际经济、金融、贸易中心之一”的战略决策,又在外汇、外贸等领域相继提出一系列改革措施,提供了有利于对外贸易发展的条件,上海对外贸易发展再次迎来春天。1993 年 6 月 9 日和 1994 年 3 月 1 日召开的上海市外经贸工作会议确立了对外经济贸易在上海国民经济发展中的主动力地位,使上海外经贸出现了“地位提高、改革领先、速度加快”的新局面。为了加快对外贸易体制改革和企业机制转换,上海继续放开外贸经营权并进行股份制试点,推行经营责任制,树立“大外经贸”观念,逐步取消指令性计划,实行指导性计划管理,不再编制分市场出口商品计划、进料加工商品计划等。1993 年 4 月 18 日,中国第一个自由贸易区——外高桥保税区封关运营。在这些利好背景下,四路八方协同出口创汇,上海对外贸易形势大好。

上海对外贸易连续八年保持良好的增长势头,无论进口还是出口都稳步上升,出口额在 1995 年率先突破 100 亿美元大关,进口额也于两年后破百(见表 10 - 14)。1992 年上海外贸出口额相当于“六五”和“七五”十年出口的总和。1998 年,尽管受到东南亚金融危机的影响,上海出口额仍达到 159.56 亿美元,比上年增长 5.9%,增幅高于全国平均水平 5.4 个百分点。1999 年,上海外贸进出口额 386.04 亿美元,为 1992 年的 3.96 倍。上海进出口占全国的比重也呈现相同的稳步上升的趋势,1999 年其进出口总额比重重回 10%。上海对外贸易的增长已经步入正常的轨道。

表 10 - 14　　上海进出口贸易概况(1992—1999 年)

年　份	进出口总值		进　　口		出　　口	
	数额(亿美元)	占全国比重(%)	数额(亿美元)	占全国比重(%)	数额(亿美元)	占全国比重(%)
1992	97.56	5.89	32.02	3.99	65.54	7.71
1993	127.32	6.51	53.50	5.15	73.82	8.04
1994	158.67	6.68	67.90	5.87	90.77	7.50
1995	190.25	6.77	74.48	5.64	115.77	7.78
1996	222.63	7.68	90.25	6.50	132.38	8.76

续　表

年　份	进出口总值		进　口		出　口	
	数额（亿美元）	占全国比重（%）	数额（亿美元）	占全国比重（%）	数额（亿美元）	占全国比重（%）
1997	247.64	7.62	100.40	7.05	147.24	8.06
1998	313.44	9.68	153.88	10.97	159.56	8.69
1999	386.04	10.70	198.19	11.96	187.85	9.64

资料来源：《上海对外经济贸易志》编撰委员会编：《上海对外经济贸易志》，上海社会科学院出版社 2001 年版，第一卷总述；《中国统计年鉴 2014》；《上海统计年鉴 2014》。

三、上海国际贸易中心建设的高速发展(2000—2014 年)

新世纪伊始，中国终于加入世界贸易组织。围绕建设国际贸易中心的目标，为迎接加入 WTO 后面临的国际竞争新形势，上海积极营造政策聚焦效应，鼓励和支持更多大企业直接走向国际市场，加快形成以大集团为主的外贸出口体系。同时，通过组建中外合资贸易公司、吸引跨国公司入驻上海，提升上海外贸的能级。新世纪初，上海已形成东方、兰生、外贸、东浩四大集团为主的外贸体系，为外贸体制的进一步改革和创新打下了良好的基础。上海外高桥保税物流园区、洋山保税港区、上海浦东机场综合保税区在 2004 年、2005 年、2009 年相继成立。2009 年 11 月 18 日，上海综合保税区管理委员会成立，统一管理洋山保税港区、外高桥保税区（含外高桥保税物流园区）和浦东机场综合保税区行政事务，以实现“三港三区”联动。上海内外兼修，在对外贸易的发展规模、运行质量、管理体制等方面都发生了重大的变化，进入新中国成立以来发展最快、最好的阶段。

2000 年，上海进出口总额达到 547.1 亿美元，增速高达 42%。进入 21 世纪，上海的对外贸易规模稳步扩大，2013 年又创新高，达 4 413.98 亿美元，是 2000 年的 8 倍多。上海进出口总额占全国的比重也稳健地维持在 10%以上（见表 10－15）。进口和出口表现出相似的增长态势，较 2000 年、2013 年的上海进口额和出口额都翻了 7 番，进口和出口贸易逐渐实现均衡发展。上海进口贸易占全国的份额在最高达到了 15.48%，其余年份都处于 12%以上。出口贸易的地位稍显弱势，2013 年份额下降到 10%以下，其余年份均保持在 10%以上。

表 10 - 15　　上海进出口贸易概况(2000—2013 年)

年份	进出口总值		进口		出口	
	数额(亿美元)	占全国比重(%)	数额(亿美元)	占全国比重(%)	数额(亿美元)	占全国比重(%)
2000	547.10	11.54	293.56	13.04	253.54	10.17
2001	608.98	11.95	332.70	13.66	276.28	10.38
2002	726.64	11.71	406.09	13.76	320.55	9.84
2003	1 123.97	13.21	639.15	15.48	484.82	11.06
2004	1 600.26	13.86	865.06	15.41	735.20	12.39
2005	1 863.65	13.11	956.23	14.49	907.42	11.91
2006	2 274.89	12.92	1 139.16	14.39	1 135.73	11.72
2007	2 829.73	13.00	1 390.45	14.54	1 439.28	11.79
2008	3 221.38	12.57	1 527.88	13.49	1 693.50	11.84
2009	2 777.31	12.58	1 358.17	13.50	1 419.14	11.81
2010	3 688.69	12.40	1 880.85	13.47	1 807.84	11.46
2011	4 374.36	12.01	2 276.47	13.06	2 097.89	11.05
2012	4 367.58	11.29	2 299.51	12.65	2 068.07	10.09
2013	4 413.98	10.61	2 371.54	12.16	2 042.44	9.25

资料来源:《上海统计年鉴 2014》。

新世纪上海对外贸易发展呈现以下特点:一是贸易主体优化,各类所有制企业共同促进进出口贸易发展。国有企业一统天下的局面已经彻底改变,2010—2013 年连续三年外商投资企业出口额为国有企业出口额的 4 倍。2013 年外商投资企业出口额高达 1 367.75 亿美元,占该年上海出口额的三分之二。二是贸易结构优化,加工贸易与一般贸易均衡发展。2013 年上海一般贸易、加工贸易的出口额分别为 817.25 亿美元、943.80 亿美元,分别占该年上海出口额的 40%、46%。三是出口产品的技术含量不断提高,机电、高新技术产品出口发展快。2000 年上海机电产品出口额为 121.43 亿美元,2013 年飞涨至 1 433.95 亿美元,翻了将近 11 倍。上海出口份额也从 2000 年的 48%上升至 2010 年的 73%,并连续三年稳居 70%以上。上海高新技术产品出口的份额在 2010—2013 年间一直维持在 45%左右(见表 10 - 16)。

表 10-16　　主要年份上海市出口总额

(亿美元)指 标	2000 年(亿美元)	2010 年(亿美元)	2012 年(亿美元)	2013 年(亿美元)
出口总额	253.54	1 807.84	2 068.07	2 042.44
按企业性质分				
# 国有企业	106.78	307.67	324.81	296.98
外商投资企业	142.61	1 259.74	1 387.67	1 367.75
按贸易方式分				
# 一般贸易	101.72	632.74	789.29	817.25
加工贸易	147.83	1 003.74	1 015.29	943.80
按产品类别分				
# 机电产品	121.43	1 311.14	1 454.37	1 433.95
# 高新技术产品		841.11	906.64	887.13

资料来源：《上海统计年鉴 2014》。

2014 年是成绩骄人的一年，上海深入贯彻中共十八届四中全会和习近平总书记系列讲话精神，重点聚焦自贸试验区建设，自贸区建设取得重大成效，国际贸易中心功能提升迈上新台阶。具体表现在：一是对外贸易结构继续优化。货物贸易结构进一步调整，全国进口中心地位进一步提升；服务贸易快速发展，连续多年保持两位数增长，占全国服务贸易比重达到 32%。二是贸易流通现代化水平进一步提升，"五个突破、两个稳定"态势明显，即商贸业增加值突破 3 800 亿元、商品销售额突破 6 万亿元、社会消费品零售总额突破 8 000 亿元、电子商务交易额突破 1 万亿元，海关关区贸易额和服务贸易进出口总额占全国比重保持稳定。三是贸易平台服务和辐射能力进一步增强，亚太会展城市建设取得新进展，成功举办首届中国(上海)国际技术进出口交易会，跨境电子商务平台等各类进出口促进平台不断深化，有效促进了贸易转型发展。①

1978 年改革开放给上海带来机遇，贸易业的全面彻底的变革推动了贸易的快速发展。目前，上海基本已经恢复国内贸易中心的地位。上海自身的条件和机遇要求重建国际贸易中心。围绕建设国际贸易中心的目标，上海积极营造政策聚焦效应，鼓励和支持更多大企业直接走向国际市场，加快形成以大

① 上海市人民政府发展研究中心开放形势分析课题组：《2014/ 2015 年上海对外开放形势分析报告》，《科学发展》第 75 期，第 38 页。

集团为主的外贸出口体系。同时，通过组建中外合资贸易公司、吸引跨国公司入驻上海，提升上海外贸的能级。

新世纪上海对外贸易进入了稳定的增长期，虽然比重尚未恢复到 1978 年的水平，但是上海国际贸易中心建设已奠定良好基础、形成基本框架。

第十一章　上海国际贸易中心建设的现状

上海港的货物吞吐量已居世界第一，货物贸易发展突飞猛进。在贸易依存度和贸易份额有所下降的情况下，服务贸易发展将成为上海国际贸易中心的突破重点。上海与国际上成熟的国际贸易中心相比，在产业结构、现代物流体系、贸易影响力和辐射力等方面还存在差距。未来国际贸易中心建设应着力培养上海本土跨国公司，充分利用信息技术，提升克服品牌影响力不够、跨国经营主体集聚度不强等诸多瓶颈问题。

第一节　上海贸易发展的基本概况

上海目前已基本建成国际贸易中心的核心功能框架。上海不仅在货物贸易发展方面取得举世瞩目的成就，现代服务贸易的发展也非常迅速。上海不仅有着发达的商品贸易和服务，还配有高度发达物流、网络以及技术支持等诸多要素。目前，上海正从传统以货物贸易为主的贸易优势，转向服务贸易为主的方式，以金融服务、计算机和咨询服务为代表的现代服务业所占的比重越来越高。

一、上海货物贸易发展状况

进出口贸易状况体现了一个城市对外的依存度，是衡量一个城市对外贸易程度的一个指标。2013 年全国进出口总额为 41 589.9 亿美元，其中进口总额为 22 090 亿美元，出口总额为 19 499.9 亿美元。2013 年上海的进出口总额为 4 413.98 亿美元，相当于全市生产总值的 126.6%，出口总额 2 042.44 亿美元，相当于全市生产总值的 58.6%。上海的进出口总额在全国处于领先地位，进出口总额一直在迅速上涨，2000 年上海的进出口总额为 547.1 亿美元，到 2010 年上海的进出口总额已经上涨为 3 688.69 亿美元。21 世纪的第一个十年是上海进出口贸易上涨最快的十年，上海在 1999 年开始出现贸易逆差，2013 年上海的贸易净出口总额达到—329.1 亿美元。图 11－1 为上海市进出口总额的趋势图，从进出口总额的发展趋势来看，进口的上涨势头更加明显，而出口则出现了萎缩的趋势。

如果用进出口总额与国内生产总值的比来表示外贸依存度，那么可以看出上海的外贸依存度在 2007 年达到顶峰，之后逐年下降，从 2007 年的 179.3%下降到 2013 年的 126.6%。但是外贸依存度的下降并不能说明对外贸易的萎缩，产业结构的调整也是外贸依存度下降的原因之一。一般来说，处于经济发展初级阶段的发展中国家，由于农业占经济总量的比重较大，制造业不发达，出口产品的竞争力较差，对外贸的依存度较低。经济发达的国家第三产业(服务业)的比重较高，而服务业的可贸易程度较小，所以外贸依存较低。处于经济发展中间阶段的国家，制造业比较发达，出口产品有一定的竞争优势，自然外贸依存度较高。1990 年，上海的第三产业比重只有 30.93%，2000 年达到 52.12%，此后继续上升，到 2013 年第三产业的占比已经高达 62.23%。我们用出口总额占国内生产总值的比重来衡量出口依存度，出口依存度反映了国际市场对该地区经济发展的影响，也反映了国际市场对该地区产品的需求和认可。2007 年上海的出口依存度为 91.2%，之后出口依存度逐年下降。到 2013 年，上海的出口依存度只有 58.6%。

同样上海对外贸易在全国的地位也在下降。上海进出口总额占全国进出口总额的比重从 2004 年的 13.86%下降到 2013 年的 10.61%(见图 11－1)，

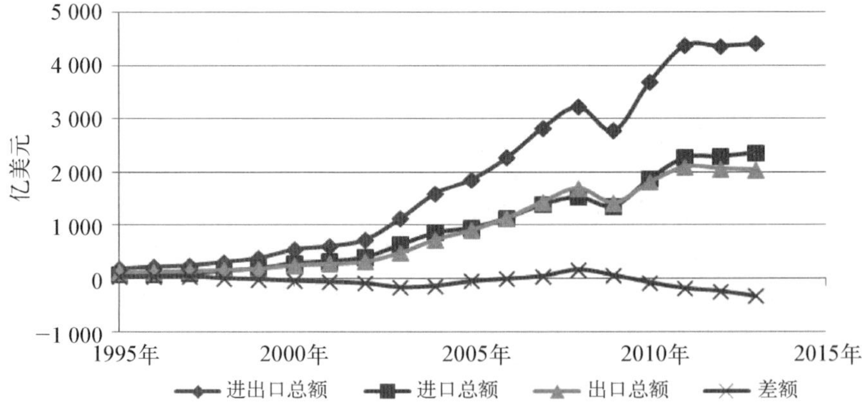

图 11－1　1995—2013 年上海市进出口总额

资料来源：上海市统计局. 网址：http://www.stats-sh.gov.cn/data/toTjnj.xhtml? y=2014

并且继续呈现下降的趋势。上海的进出口总额从2003年开始被江苏赶超,从全国的第二位下降至第三位,并且与第一位的广东存在很大的差距。从数据来看,虽然近年来上海市的国际贸易总额在不断增长,但是也出现了出口萎缩的趋势。上海作为中国的经济中心城市,在全国的贸易地位需要进一步的加强。

二、上海服务贸易发展状况

上海地处中国“黄金水道”长江的入海口,拥有优越的地理条件和广阔的经济腹地。上海不仅是中国经济最发达的城市,也是服务业最发达的城市,但是和货物贸易相比,上海的服务贸易起步较晚,发展不够成熟。加快上海现代服务业和服务贸易的发展对于上海进一步建设国家贸易城市有着十分重要的意义,它是上海建设“四个中心”的必然要求,也是上海发展经济,调整产业结构的迫切需要。

根据世界贸易组织的定义,服务贸易通过以下四种方式提供服务:(1)跨境交付;(2)境外消费;(3)商业存在;(4)自然人流动①。根据上面的定义,服务贸易有很多的内容,包括金融服务、教育服务、旅游和商业性服务等。上海在极力打造国际航运中心,到2011年年底,上海港的年吞吐量已经连续六年居世界第一,是名副其实的世界第一港,但是在其他方面的发展略显不足。

上海的服务贸易总额一直呈现快速增长的趋势,2007年以后这种增长的趋势更加明显。从进出口贸易的结构来看,不管是货物贸易还是服务贸易,进口的增长都要大于出口的增速,并且差额在逐年扩大。但是服务贸易的结构还需要进一步调整,传统服务业运输和旅游等劳动密集型的产业占了很大的比重,以知识密集为代表的现代服务业,金融、计算机、咨询等,发展相对滞后。

但是,近年来上海的新兴服务业呈现出快速发展的趋势。随着上海服务业不断发展和进出口结构的不断调整,上海服务业对外贸易的结构也在不断优化。以金融服务业为例,2000年上海的金融服务业出口占服务出口总额的比重只有0.3%,而2010年上升到1.45%,同比增长630.5%。咨询服务的出口优势明显,从2000年的8.3%上升到2010年的20.8%。计算机和信息服

---

① 陈慧:《浅析上海服务贸易的发展现状和发展趋势》,《宏观管理》2011第4期。

务的出口比重也从 2000 年的 2.9%上升到 2010 年的 7.63%①。

上海的对外贸易结构存在着不平衡，服务贸易与货物贸易的规模相差很大。2013 年上海服务贸易进出口总额为 1 725.4 亿美元，同比增长 23.5%，占同期上海对外贸易总额的 28.1%②，略高于国际平均水平 19.5%。上海在服务贸易方面的发展保持着稳步的增长势头，但是服务贸易占全部贸易的比重与国际上的贸易中心城市相比存在很大的差距。此外，服务贸易的逆差比货物贸易更甚，这种不断扩大的逆差可能会降低上海的城市购买力和国际竞争力。上海服务贸易的发展过程中品牌意识薄弱，服务贸易的附加值较低。上海服务贸易的附加值只有香港的四分之一，东京的十分之一。

第二节　上海国际贸易中心的关键指标评估

近年来，随着信息化的到来、国际分工的进一步深化以及国际合作的发展，国际贸易已经成为以商品国际交易或交易服务为基础，以国际物流和相关金融信息服务为载体，为商品展销和交易服务提供全面现代化的运输、金融、商业等综合性服务，提供全天候现代通讯服务和市场信息服务，提供次要的技术转让、资本运作以及旅游、文化、交易、培训等专业化服务的现代国际贸易产业链③。现代化的国际贸易中心应当具备一定的经济实力和工业水平，在城市群周边城市乃至全国和全球有较强的贸易辐射力和影响力，并且应当拥有较强的资源配置能力。

一、经济实力和产业结构

经济实力是城市发展贸易的基础，也是上海发展成为国际贸易中心的必要条件。在城市发展的早期，服务业或者服务业贸易还不是很发达，工业和制造业的出口是国家或者地区出口额的主要来源。所以大力发展经济、提高城市的工业水平是一个城市发展成为国家贸易中心的必经之路。到了城市发展

① 上海金融学院课题组：《上海服务贸易发展的现状、问题及对策》，《科学发展》2013 年第12 期。

② 上海对外贸易网，http://shanghaibiz.sh-itc.net/article/shdwmy/dwmyfwmy/dwmyfmdt/201403/1323895_1.html。

③ 毕长江、翟慧娟等：《国际经验对上海国际贸易中心建设的启示》，《科技创业家》2012 年第9 期。

的后期，产业结构的调整是必须要面对的问题，伦敦、纽约、东京等国际知名的贸易中心城市的发展经验告诉我们，现代国际贸易中，服务业和服务贸易才是附加值最高、最具活力的产业，尤其是像金融服务、计算机和咨询等新兴服务业。总结国内外研究，我们发现，产业结构与贸易结构是一个系统下的两个分支。产业结构决定了贸易结构，贸易结构的发展又会促进产业的优化升级。

从经济实力来看，上海的城市面积只占中国国土面积的0.06%，生产总值却占到中国国民生产总值的4%左右，这两年比例有所下降，但依然无法撼动上海在中国经济发展中的地位。2012年中国的人均生产总值是38 459元，而上海的人均GDP达到了85 373元，比全国的平均值高出了一倍多。2012年香港的人均GDP是286 403港币，按平均汇率折算成人民币为233 937元，所以虽然上海的人均GDP在国内已经处于领先水平，但是与香港以及其他国际贸易中心城市还存在一定的差距。

从产业结构来看，2000年上海的第三产业对经济增长的贡献只有43.7%，而2012年达到了82.7%，2013年有所下滑，但是第三产业的生产总值占GDP的比重仍然在60%以上，仅次于首都北京。上海在人力资本要素禀赋和物质资本要求禀赋、需求和口岸功能方面有比较优势，因此应着力发展一般贸易，并培育现代服务业贸易方式架构优化的目标①。从实际的统计数据来看，工业制成品在上海进出口贸易中占主导地位，这也符合上海的要素禀赋。从国际趋势来看，知识密集型国际劳务贸易的比重在不断增加，它反映了一个地区服务贸易的优化程度，服务外包的趋势更是带动了计算机、信息和咨询服务业的发展。上海是个高校密集的城市，并且作为中国的金融中心，上海的高校十分重视对金融、财会和计算机等相关专业的人才培养。上海人力资源的总体素质较高，这为上海服务业和服务贸易的发展提供了基础。单就金融和保险业来说，2010年上海金融和保险业的就业比例达到2.21%，然而，同年东京的比例是3.7%，香港金融和保险业的就业比例为3.32%，上海与国际性的贸易中心城市相比还存在着一定的差距。

二、贸易辐射力和影响力

根据国际贸易中心的内涵，国际贸易中心在贸易方面应当对国内外市场

---

①　张斌、耿昊裔：《上海产业结构与贸易结构实证分析》，《中国经贸导刊》2012年第12期。

具备一定的影响力，这种影响力表现在贸易要素的集聚以及对周边城市的辐射力。进一步说，国际贸易中心应当是内外贸一体化，并且在内外贸易的规模和影响力上达到一定的要求。

从对外贸易的规模上来看，虽然近年来上海的对外贸易总额一直在小幅上涨，但是进出口总额占全国的比重并不高。上海进出口总额占全国进出总额的比重维持在11%左右，2004年时达到顶峰，为14.86%，之后开始连年下滑，到2013年只有10.61%。在中国31个省市自治区当中，上海市的进出口总额与中国商品贸易的大省广东还存在一定的差距，与其他城市相比，上海的贸易总额也不具有明显的优势。所以上海在中国的贸易中心城市中的主导地位并不明显。反观日本东京，东京的出口商品总额占全国的比重一直维持在23%左右，进口商品总额的比重更高，在日本国际贸易中的地位十分突出。从上海对外贸易的流向来看，上海市进出口金额居于前三位的是亚洲、欧洲和美洲，其中亚洲的比重最高，达到了40%以上。2013年上海出口最多的三个国家或地区分别是欧盟、美国和日本，与新兴市场之间的贸易不足。

从贸易的影响力来看，从20世纪90年代开始，上海打造了一批本土的品牌，这些品牌涉及工业、制造业等，在那个年代“上海”本身就是一个品牌，它代表了高质量的、新颖的产品和设计。但是21世纪以后，这些品牌不是被吞并，就是宣告破产，仅存的上海品牌寥寥无几。并且近年来上海在发展对外贸易的过程中，品牌的意识越来越薄弱。到目前为止，上海尚未形成具有影响力的专业产品的交易市场和交易平台。从国际经验来看，国际上的贸易中心分为两种，一种是综合型的贸易城市，以纽约和东京为主，另一种是专业型的贸易城市，例如瑞士的银行和手表、巴黎的时装和化妆品、比利时的钻石和巧克力等。就国内市场来说，义乌的小商品市场、郑州的粮食交易市场等都已经在全国取得了一定的地位和普遍的认可，上海虽然在一些产业有一定的优势，但是尚未形成一个有影响力的交易平台和交易市场。

在现代国际贸易的过程中，跨国公司起到了至关重要的作用。一方面，跨国公司能够发展并且带动当地贸易产业的发展，另一方面国际资源的优化配置主要是以跨国公司的形式呈现的。跨国公司对国际贸易规则的效能与运用方式发挥着基础性的作用，大型跨国企业的贸易、投资等经济行为，在一定程度上影响到国际资本流动方向和规模，进而影响国际范围内资源的配置格局。与此同时，以跨国企业为核心，有供应商、经销商等组成庞大的贸易网络，并在贸易网络建立内部交易规则[①]。上海是中国最先提出吸引跨国公司总部的城市之一，到 2010 年年底，总部建立在上海的跨国公司已经有 837 家，外商投资性公司 213 家，外资研发中心 319 家。上海累计吸收的外资占到中国吸收外资总量的 1/10，已经成为亚太地区对外资具有较强吸引力的城市，也是中国内地吸引外资总部机构数量最多、领域最广的城市[②]。但是，在上海的外资总部主要面向中国的国内市场，面向亚太市场的跨国公司比较少，全球性跨国公司的总部比例更低。

三、现代物流与信息化产业

传统国际贸易中心的功能主要体现在货物的集散和资源的配置上，它的发展有赖于城市的地理位置、自然条件、物流发展状况等因素。现代国际贸易则是在传统国际贸易基础上功能更加多样化，并且更多地与现代计算机产业相结合，而弱化了传统的地理位置、自然环境等因素的影响。

国际贸易中心的发展都是从有形的货物贸易开始的，在贸易中心发展的中后期才会慢慢发展服务贸易。在国际贸易中心发展的早期，传统的地理位置、良好的港口条件显得尤为重要。上海拥有全国最大的港口——上海港，并且到 2011 年上海港的年吞吐量已经连续六年排在世界第一位。2013 年上海港的吞吐量为 77 535 万吨，其中 37 706 万吨来自对外贸易，占总吞吐量的 48.6%。在经济全球化和现代供应链产业发展的今天，港口的作用和地位已悄然发生了变化。港口已经不再是一个孤立的运输点（或者运输中心），而是现代供应链的一个组成部分，供应链的一个环节。在现代国际物流行业中，航空运输是另一个十分重要的运输工具。上海有两个大型的机场，浦东机场和虹桥机场，其中又以浦东机场的规模最大。浦东机场于 1999 年建成，与北京首都国际机场、香港国际机场并称为中国三大国际航空港。2014 年浦东机场的旅客吞吐量达到了 5 166.18 万人次[③]。从货物运输来看，2009 年浦东机场的货物吞吐量达到了 253.93 万吨，在全球国际机场中排第三，仅次于美国孟菲斯国际机场和香港国际机场[④]。但是从运输货物的总值来看，浦东机场的运输总额明显要比后者低，这说明在浦东机场的运输货物可能都是体积大、价值

---

① 彭金荣：《构建中国对外贸易持续发展影响力体系的思考》，《经济论坛》2012 年第 12 期。
② 张国华：《增强上海对跨国公司总部吸引力对策研究》，中共上海市委研究室，2011 年 6 月。
③ 上海机场（集团）有限公司：http://www.shairport.com/。
④ 孙浩：《供应链整合视角下上海国际贸易中心建设研究》，《改革与发展》2012 年第 4 期。

低的货物，对机场的资源是一种浪费，并且这种发展模式在机场发展的后期会遭遇资源发展的瓶颈。从上海的整个物流情况来看，航空运输占全市物流运输的比重还比较低，并且物流产业的信息化程度虽然有所提高，但是与国际水平相比还比较低下。物流行业对经济发展的作用并没有充分体现，物流成本占生产总值的比重还比较高。

现代国际贸易的发展离不开信息化的爆炸式发展和计算机革命，信息化涉及国际贸易的诸多方面，对于国际贸易中心的建设有着深远的影响。密集的计算机网络使得国际贸易更加便捷，效率更高。在现代国际贸易的发展过程中，电子商务技术的应用变得越来越广泛。电子商务的出现是对传统贸易方式的一种变革，新兴的电子商务的贸易方式降低了贸易的成本、提高了贸易的效率，是对传统贸易方式的一种补充。电子商务作为一个新生事物进入人们的视野，又以一个惊人的发展速度打破了所有人的想象，而今电子商务在国际贸易中的应用已经是大势所趋。上海的电子商务在全国范围内发展不算早，但发展迅速，交易额在稳步的增长中。从 2002 年的 253.86 亿元一路攀升至 2011 年的 5 507.8 亿元，上升了 21 倍以上。2011 年电子商务交易额占全国的比重达近 10%，网络购物率、网络使用率均居全国首位。电子商务交易总量相当于全市 GDP 的比例从 2002 年的 4.69%上升至 2011 年的 28.69%①。在快速发展的过程中，跨境电子商务的发展尤为抢眼。根据上海海关的统计，近年来随着“海淘”业务迅速发展，上海关区日均进出境的商业快件量达 10—12 万件，邮件包裹量达 7—9 万件，中国(上海)自由贸易区的发展更是为上海跨境电子商务提供了巨大的发展空间②。但是上海在信息化以及电子商务的创新方面略显不足。目前规模较大、发展较快的几个互联网公司没有一个出自上海，电商老大阿里巴巴总部在杭州，中国第一搜索引擎百度总部在北京，中国最大的门户网站腾讯出自深圳。上海染上了大城市的“富贵病”，资金少、资源有限的小企业很难在这里生存，而小企业才是创新最为活跃的地方。在中国网上支付交易总额中，上海仅占 13.1%，杭州则高达 50.7%，也就是说中国网上支付交易中，有一半以上的交易是通过杭州的阿里巴巴实现的。

---

① 张臻：《上海电子商务产业：并非不“热闹”》，《华东科技》2013 年第 2 期。
② 杨坚争、王林：《上海电子商务发展进入深水区》，《上海信息化》2014 年第 10 期。

第三节　上海国际贸易中心建设存在的问题

目前，就上海的总体市场而言，上海在国内的贸易影响力并不明显，上海在国内的贸易地位在下滑。对外贸易占全国的比重在下降，社会消费品零售总额早已被北京超越，在商品交易方面也存在着结构失衡的问题。所以，上海要想建设成为国际贸易中心，就需要营造出良好的市场氛围、集聚富有国际竞争力的经营主体，展现国际大都市的品牌魅力①。

一、市场环境的不足

上海处于中国长江中下游地区，地理环境优越，气候和土壤适宜，是中国流动人口比较多的城市。上海拥有中国最发达的金融系统，良好的市场秩序，开放的市场环境，加上经济发达的江浙地区作为腹地，上海的经济实力和发展潜力是无限。但是上海对资本和企业的吸引力却在逐步减弱。

（一）投资成本过高

根据国家统计局的数据，上海的人均工资是全国最高的，庞大的人工成本使很多企业望而却步。不仅如此，上海的居住成本也是居高不下，高昂的住房成本使得上海成为中国居住成本最高的城市。根据英国财经杂志《经济学人》的报道，在 2012 年的全球城市生活排行榜中，上海与美国洛杉矶、俄罗斯首都莫斯科并列第 42 位，均高于纽约②，而首都北京排在第 59 位。场地、人工、税收等方面的成本使得企业的经营成本大幅上升，这不仅使很多国内的企业转战他地，也降低了上海对外资的吸引力。一些企业纷纷向内地其他城市，或者向其他国家转移。在《福布斯》公布的 2014 年中国大陆经营成本最高的城市中，北京排在第一位，上海紧随其后。其中，上海的劳动力成本指数、税收成本指数均排在第二位，办公成本指数排在第三位③。

（二）政府过多管制

上海的市场开发程度在国内居于首位，但是与国际上的其他贸易中心相

① 张广生：《上海商业竞争力的缺失》，《上海商业》2010 年第 1 期。
② 凤凰财经网，http://finance.ifeng.com/news/region/20120214/5581844.shtml。
③ 福布斯中国网站，http://www.forbeschina.com/review/list/002233.shtml。

比还存在很大的差距，对外开放程度只有香港和新加坡的二分之一。近年来，上海在逐步放宽对外贸易的策略，但是政府的管制依然很严重。上海在政府审批、市场管制方面比较严苛，程序繁琐，主管部门受多方面的牵制，并且缺乏灵活的处理机制。政府以及企业的管理存在浓厚的区域利益导向，政府和企业的主管部门站在区域利益的角度，考虑问题并制定相关政策，不利于上海对外贸易的长期发展。此外，上海税负过重，市场准入门槛较高，这也阻碍了上海在国际贸易中心方面的建设。

(三) 内外贸紧密程度不够

在计划经济时期，由于管理高度集中，中国实行内外贸分离的政策，原则上内贸不能涉足于外贸。在市场经济高度发达的今天，上海仍存在一定程度的内外贸分离，使得内外贸不能实现一体化经营，内外贸企业之间的交流沟通十分困难，内贸和外贸之间也无法实现很好的衔接。从消费市场来看，由于国际金融危机，国际市场的需求量相对萎缩，但是近年来随着经济的发展和人民生活水平的提高，中国的国内市场需求十分旺盛。根据财富品质研究院发布的调查报告显示，2013 年中国消费者境外人均消费 1 508 欧元，是欧美国家公民的 3 至 5 倍。中国人买走全球近半奢侈品，仅 27%是在国内购买[①]。从上面的数据来看，中国的国内市场需求是巨大的。在全球企业都开始转战中国的时候，中国的企业依旧把目光集中在国外市场。虽然近年来已经有一些企业开始实施“出口转内销”，但是由于内外贸商品的二元流通结构并没有实质性的解决，出口商品在内销的过程中存在诸多障碍。内外贸无法实现一体化的经营，是影响上海成为国际贸易中心的原因之一。

二、软实力的缺失

上海目前正处于“创新驱动、转型发展”的关键时机，提升城市的软实力不仅是强化对外贸易，建设国际贸易中心的需要，也是上海城市建设的必然选择。经济发展的转型必须克服生产资料以及自然资源的限制，发展品牌经济是大势所趋。在互联网高度发达的今天，信息化已经渗透到企业生产的每个环节，怎样才能让企业的生产和销售更有效率，这不仅是企业需要考虑的问题，也是政府的研究方向。与信息化相伴而生的是高度发达的流通产业，近几年来，上海流通产业的发展有目共睹，但是在高速发展的过程中依然存在着一

① 东方财富网，http://finance.eastmoney.com/news/1351,20141105442301060.html。

些问题，上海在这些软实力方面依旧有某种程度的欠缺与不足。

(一) 品牌发展欠缺

上海在对外贸易的过程中品牌意识不足，到目前为止上海鲜有比较有影响力的国际品牌。并且在改革开放的三十年中，上海不少的老品牌逐渐外流，品牌研发和创新机制也相应流失。2014 年中国最有价值的品牌揭晓，海尔以 1 038 亿的品牌价值连续 13 年居首，其后是国美、五粮液、中国一汽、美的和 TCL，前十名的名单中上海没有一个名牌上榜①。在这份名单上，石化、电力、铁路等垄断行业没有一个上榜，垄断行业终究是没有生命力的。不管是市值千亿的"大品牌"，还是市值过亿的"小品牌"，它们都代表了中国的品牌形象，都是某一个行业或者领域的领头羊。上海在品牌发展方面的另一个误区，是认为只有高档耐用品才有品牌，其实不然，涉及居民日常生活的大众化产品也需要品牌。随着经济的发展和人民生活水平的提高，人们对品牌的认知度越来越高，品牌的市场份额也越来越大。品牌发展应该是多层次的。上海拥有科研、人才和市场等方面的优势，但是在品牌创新和科技研发等方面略显滞后于不足。品牌是城市的名片，代表了一个城市的形象和文化，是城市软实力的一部分。在国际竞争日益激烈的今天，上海更需要加强自己的品牌建设，品牌是企业的灵魂，也是城市发展经济发展的驱动力。

(二) 信息化建设不足

现代意义上的国际贸易中心，以高度国家化、规范化的贸易和运行机制为基础，以现代化的基础设施和交通、信息网络为依托，拥有强大的综合经济基础和贸易要素集聚辐射能力②。所以说，现代国际贸易中心必需强大的信息网络作为支撑。上海的信息化发展水平与北京相当，在信息基础设施水平上与发达国家中心城市并没有太大的差别，但是在信息产业化方面，还是无法与其他国际大都市相比。以港口建设为例，上海港的信息化水平仅为东京的六分之一，若用国际航运中心的标准来衡量，上海港信息化建设相对滞后，如，新加坡通关只需 20 分钟，澳门也只需要数分钟，而上海港的通关目标是 24 小时之内③。在信息化建设的过程当中，软件的建设更加困难，这也是上海港在以后的信息化建设中需要克服的问题。除此之外，上海的电子商务发展也略显不

① 央广网，http://finance.cnr.cn/gundong/201410/t20141023_516646567.shtml。
② 肖林、任建新：《推进上海国际贸易中心建设战略创新》，《科学发展》2009 年第 8 期。
③ 李秋敏、刘隐：《上海港口信息化中存在的刍议》，《集装箱化》2006 年第 1 期。

足，在国内电子商务发展火热的今天，上海的电子商务虽然发展迅猛，但是在电子商务以及网络创新方面与国内其他城市相比，并没有优势。在2014年中国最具创新力的内陆城市中，深圳排在首位，其后是苏州和北京，上海排在第五位①。上海作为中国最大的内陆城市，城市创新是它发展过程中的短板。不管是制度创新、金融创新还是技术创新，这些都是上海未来的发展方向。在未来的国际贸易体系中，境外电子商务将是未来发展的趋势，创新是必不可少的。

（三）流通业发展滞后

国际贸易的发展离不开流通产业的支撑，上海的流通产业近年来发展十分迅速，上海港的货物吞吐量连续几年位于世界第一，浦东机场的货物运输量也开始节节攀升，但是上海在流通业发展方面还是存在一些问题。就目前上海流通业的发展状况来看，上海流通业现代化水平较低，流通企业普遍以个体经营为主，规模以上的流通企业的占比不到1%，这造成了流通效率低下，商品和资金的周转较慢，影响了流通行业的发展。另外，作为国际性的大都市，上海的流通方式也较为落后。由于地理环境等因素的影响，传统的国际贸易以港口运输为主，目前全球的货物贸易85%以上是通过海上运输完成的。但是近年来，航空运输占比越来越大。与港口运输相比，航空运输最大的优势在于速度快，效率高，也更加安全。近年来，香港的运输结构已经发生了变化，航空运输的货物总额已经高于海上运输。而到目前为止，上海的对外贸易仍以海上运输为主。上海的航空运输不仅在对外贸易份额上存在不足，航空运输的附加值也不高。浦东机场运载的货物多是体积大，价值低的货物，这是对机场资源的一种浪费。上海的流通行业需要向高精度、信息化的方向发展，港口运输与航空运输需要齐头并进。

三、集聚性国际经营主体的缺失

总结世界范围内先进的经验和成功的案例，国际贸易需要有多元化的经营主体。上海在国际贸易中心的建设中，积极引进外资，实施了各种优惠政策，也吸引了不少国内企业来沪。但是从近年来的发展经验来看，上海对外贸易的经营主体未能强有力地集聚性国际经营主体。

（一）国际型跨国公司集聚程度不足

参与国际贸易的主体包括外贸进口商、跨国采购商、跨国渠道商、国际品

---

① 福布斯中国网站，http://www.forbeschina.com/review/list/002234.shtml。

牌制造商和大型交易市场等。目前,上海参与国际贸易的主体相对单一,缺乏大型本土跨国贸易主体。在2007年《财富》500强榜单中,东京有47家,伦敦有22家,纽约有20家,香港有4家,上海仅有2家,均是制造业企业(上海汽车和宝山钢铁)[①]。除了本土跨国公司比较缺乏,在跨国公司总部建设方面,上海与其他城市相比也存在差距。2014年已有48家世界500强企业总部建在北京,首次居世界第一位,东京以43家紧随其后,之后是法国巴黎有19家,美国纽约有18家,英国伦敦有17家,而上海只有8家[②]。在跨国公司总部数量不足的同时,上海"跨国指数"也明显比其他国际贸易中心低。"跨国指数"是指跨国公司海外资本占总投资的比重,代表了海外扩张的能力。发达国家的跨国指数在60%以上,而中国的跨国指数普遍偏低,只有百分之十几。

(二)存在部分行业对外资企业的限制

在计划经济时期,中国形成了强政府的格局,政府包办一切。虽然近年来,随着市场经济的进一步深入,政企分离速度加快,但政府依然是政策制定的主要力量。上海作为"强政府"的特大型城市,政策供应也主要来自政府。这种政策供给的体制与机制,不利于社会全体成员积极性的发挥,也不利于调整多元的社会利益。在上海建设国际贸易中心的过程中,有不少垄断性行业限制外资的进入。出于对国家安全的考虑,在关系社会民生的重要领域实施国家控制和垄断无可厚非,然而,是否可以逐步放开对某些行业和领域的垄断,是需要进一步研究的问题。尽管上海自由贸易试验区对外商实行准入前国民待遇,但从整体上看,上海仍存在对外资进入的行业准入和范围的限制,这也影响了上海在今后国际贸易中心的发展进程。上海在制度建设的过程中,应当坚持制度建设主体的多元化,让更多的企业、社会团体、行业协会等中介机构参与到制度建设中来。这一举措对于上海国际贸易中心的建设和发展意义重大。

---

① 吴伟平:《关于上海国际贸易中心制度建设的研究》,上海交通大学博士后研究论文,2010年。
② 凤凰资讯,http://news.ifeng.com/shendu/lwdfzk/detail_2014_04/08/35558716_0.shtml。

第十二章　上海国际贸易中心建设的未来愿景与战略措施

未来上海国际贸易中心的建设将受国际贸易发展趋势的影响，适应上海城市的发展目标和定位。在2030年成为最大城市群的首位城市后，上海将努力建成"腹地型"国际贸易中心和"转口型"国际贸易中心模式相结合的具有上海特色的综合型现代国际贸易中心；2040年适应全球城市的建设目标，将建成全球"全能型"、核心"节点型"国际贸易中心，并逐步向信息中心转变；2050年上海国际贸易中心将完全为信息中心所取代，成为全球信息中心。

第一节　国际贸易发展的基本趋势

技术、国际贸易发展正经历前所未有的变化，各种变量冲击和影响对未来发展趋势产生新的影响。可以预见的是，全要素流动加速、信息和与数字技术以及国际贸易规则的变化，将对未来国际贸易发展产生较大冲击，并对国际贸易格局产生深远影响。

一、全球要素流动更加迅速

麦肯锡全球研究院2014年的研究报告认为，包括货物、服务、金融、人才在内的全球要素流动在2012年达到26万亿美元，占全球GDP的36%，比20年前全球经济的总规模还要高出50%。这些跨境流动帮助全球实现15%—25%的GDP增长。[①] 根据麦肯锡全球研究院的报告，未来随着信息技术的进一步推广以及新兴经济体的持续繁荣，到2025年，全球的要素流动将会是如

---

① 凤凰财经，http://finance.ifeng.com/a/20140514/12333226_0.shtml。

今的3倍。渣打银行认为，到2030年世界贸易额将增长4倍，达到75万亿美元。①

这些要素的全球流动，大幅促进了全球贸易的发展，推动货物贸易与服务迅速增长，贸易流量将成为全球贸易中心的主要特征。贸易净出口尽管仍是一国和地区的经济总量重要组成部分，但出口和进口的货物与贸易流动，或者是贸易总流量的作用将越来越凸显。全球要素的流动规模与流动频率将有助于全球贸易中心的影响力和辐射力。从目前纽约、伦敦等全球贸易中心的发展趋势看，上述变化已经凸显。

二、信息与数字技术深刻改变未来贸易方式和内容

未来的设计、生产、销售等将充分借助网络信息技术的发展，全面实现数字化、智能化。信息技术与数字技术创造出完全数字化的商品和服务，通过数字技术提升实物流动的效率，并利用数字平台为跨国境的生产和交易提供便利。因此，互联网将成为设计、生产、贸易、信息以及各种新技术交流的关键性平台与渠道，同时也构成经济、社会发展的新基础。

可以预见，世界正迈入一个新时代，商品、服务和传统资本的流动，其内涵是思想和数字资本的流动。知识密集要素的流动已占全球要素流动的50%，而且这一比重还在继续上升，增速是劳动密集要素的3倍。由于利用信息与数字技术，实现良好运营和成本竞争力的最小规模要求平均下降了90%，这将对产业结构和竞争产生深远的影响。全球供应链的线性模式（在A国生产，在B国被消费）将让位给采用更碎片化但更高效的供给网络模式。

三、全球贸易大数据时代的到来

在过去的20年中，各个领域都出现了大规模的数据增长，包括医疗保健和科学传感器、用户生成数据、互联网和金融公司、供应链系统等。国际数据公司（IDC）报告称②，2014年全球被创建和复制的数据总量为3.6ZB（1ZB=1021B），在短短5年间增长了近9倍，而且预计这一数字将每两年至少翻一番。大数据这一术语正是产生在全球数据爆炸增长的背景下，用来形容庞大的数据集合。大数据背后隐藏着巨大的产业价值，在国际贸易中有着非常广

---

① 大公财经，http://finance.takungpao.com/hgjj/q/2013/1120/2052796.html。

② Gantzj R. Extracting Value From Chaos. Idcivew，2011：1－12。

泛的应用。这一趋势的发展和演变，预示着全球贸易大数据时代的到来。

对于大型的国际贸易公司来说，大数据可以整合信息资源，预测市场需求，合理规划库存，实现产品的全球采购和全球销售。还可以改进管理方式，不断降低贸易成本，提高企业的全球竞争力。大数据一定会使得国际贸易的方式发生深刻变革。阿里巴巴的全球速卖通是典型的大数据贸易工具。速卖通作为阿里巴巴旗下面向全球市场打造的在线交易平台，像淘宝一样，把商品编辑成在线信息，通过速卖通平台，发布到海外，类似国内的发货流程，通过国际快递，将商品运输到买家手上。速卖通已经为220多个国家和地区的买家和卖家提供服务。速卖通上大概有1亿种商品在贩卖，去年的交易额超过500亿美元。①在大量业务的基础上，速卖通积累了丰富的数据，包括交易数据、用户数据、商品数据，形成了两个网络集群，每个集群拥有5 000个服务器。速卖通会利用海量的数据进行分析和挖掘，分析各种产品需求透露出的趋势，帮卖家做供应链分析，甚至为卖家提供小额贷款。

四、服务贸易的快速发展

自1960年以来，国际服务贸易迅速发展，服务贸易占国际贸易的比重由1970—1980年的10%上升到1990年的15%左右，进入2000年以后又上升到接近20%。1980年全球服务贸易出口总额为3 650亿美元，占全球出口总额的15.7%；2012年全球服务贸易出口总额为43 450亿美元，比1980年上升了1 090%，占全球出口总额的份额上升为19.2%②。与货物贸易相比较，服务贸易是全球贸易的新增长点，也是全球贸易中增长最快、最具增长空间的部分。全球出口增值的近一半来自服务部门，全球直接投资总存量的60%以上都流向了服务业。

从未来全球服务贸易的发展趋势看，产品贸易基础上的跨国界服务需求将成为新热点，大多数出口产品在生产过程中均大量使用服务，使得全球价值链涉及大量服务。服务贸易的个性化是全球服务贸易的另一个指向性趋势，未来的服务贸易将在高标准的中间产品基础上，提供更加符合个性化需求的高端服务产品。此外，在信息化趋势的大背景下，未来服务贸易的信息化不可逆转。以云计算、物联网为代表的新一轮信息技术革新催生新的服务业态，为

---

① 阿里巴巴集团，http://www.alibabagroup.com/cn/global/home。
② 国家统计局：《国际统计年鉴》，http://www.stats.gov.cn/ztjc/ztsj/gjsj/2012/。

高附加值服务贸易和高附加值服务外包快速发展提供了新的发展空间。一个国家、一个城市要保持并且增长它在国际贸易中的优势地位，必须充分重视服务贸易，提升服务贸易的竞争力，服务贸易和货物贸易并重是全球贸易中心的必经之路。

五、新兴市场在国际贸易格局中的地位上升

在以往的国际贸易旧秩序中，发达国家往往在国际贸易中占据比较大的份额。从地区结构上来看，从 20 世纪 90 年代以来，新兴国家的地位在整个国际贸易格局中上升了，特别在 2008 年金融危机爆发后更加凸显亚洲新兴工业化国家的实力和地位。2008 年发展中国家在国际货物贸易中的份额达到了 38%。随着发展中国家逐步强盛，发展中国家将会在世界经济贸易中获得更大的利益。

观察 1945 年以来的世界经济格局，东亚新兴国家和地区表现出快速的增长特点，新兴市场会改变世界经济版图。二战以后，先是日本、亚洲四小龙，然后是中国和东盟。亚洲在世界贸易中的比重在 2012 年达到了 31%，相对比，北美下降了 16 个百分点，欧盟保持在 35%的比重。无论是发达国家的政府部门研究机构，还是西方知名民间智库，大多数都认为，以现有的贸易增长速度，亚洲将会在不远的将来超过北美和欧洲。这将对发达国家特别是美国的国际贸易优势的地位造成严重的挑战。事实上，亚太经合组织对 2030 年和 2060 的贸易出口额展望认为，亚洲尤其是中国将在未来的贸易出口中占据非常重要的位置（见图 12－1）。

六、国际投资贸易规则自由化与区域化

全球投资贸易规则加速重构，投资贸易一体化趋势更为明显。投资贸易促进论与投资贸易替代论的理论争论，在现实实践中逐渐清晰，投资与贸易两者之间的关系更多的是相互促进，促进作用明显大于替代作用。由此，国际投资贸易一体化趋势加速，国家间的投资贸易规则成为一体，双边的投资贸易协定安排成为区域间经济协定的重要内容。

投资贸易自由化成为全球要素流动的主流趋势。美欧均倡导实现“21 世纪的贸易自由化”，其开放重点不局限于货物贸易，还包含服务贸易、政府采购、标准与认证、竞争政策以及知识产权等全新领域，因此不仅仅以取消货物贸易壁垒为目的。全球推动投资自由化在内的自由贸易协定快速发展，在

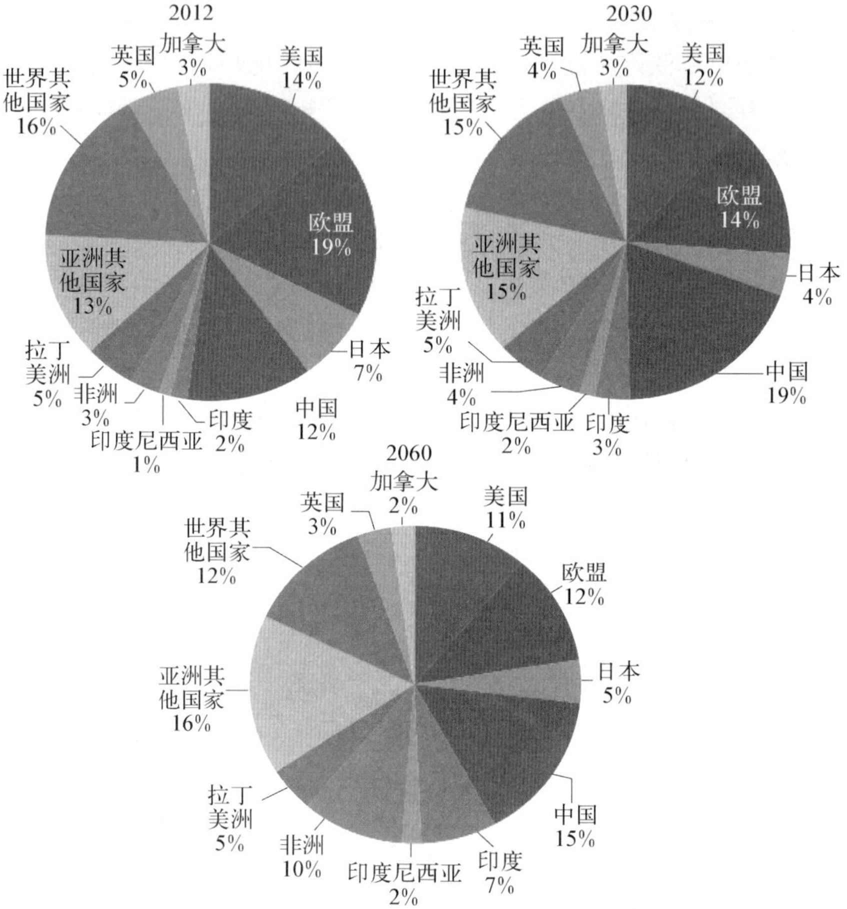

图 12－1　2030、2060 年各国出口占全球出口总额的比例变化

资料来源：OECD, *Global Trade and Specialisation Patterns over the next 50 years*, 2014, No. 10。

2012 年达成的 30 项国际投资协定中，20 项为双边投资协定，10 项为其他投资协定；在其他投资协定中，8 项为区域投资协定。据统计，到 2014 年 1 月，全球已签署的区域合作协定达到 583 个①。这些协定的重要内容，是推动投资贸易在双边和多边国家间的自由化。

投资贸易规则的高端化是伴随自由化的另一重要趋势。WTO 作为全球贸易投资谈判主体的影响力目前有所减弱，在 WTO 体制外的各类贸易投资

① 《中国参与全球区域经济一体化战略与对策研究》，http://www.govinfo.so/news_info.php?id=44242。

规则谈判，作为更高标准的国际规则，对世界经济格局调整正产生较大影响。OECD正推动各国谋求制定一项完整、系统、全面的多边投资协定，推动更大范围、更高标准的投资贸易规则。美国更是积极谋求建立高标准的、高度自由化和便利化的投资规则，试图全面构建以美国为核心、以发达国家和其战略盟友为基础的新国际投资贸易体系，比如美国正极力推动的TPP(跨太平洋伙伴关系协定)和TTIP(跨大西洋贸易与投资伙伴协议)。

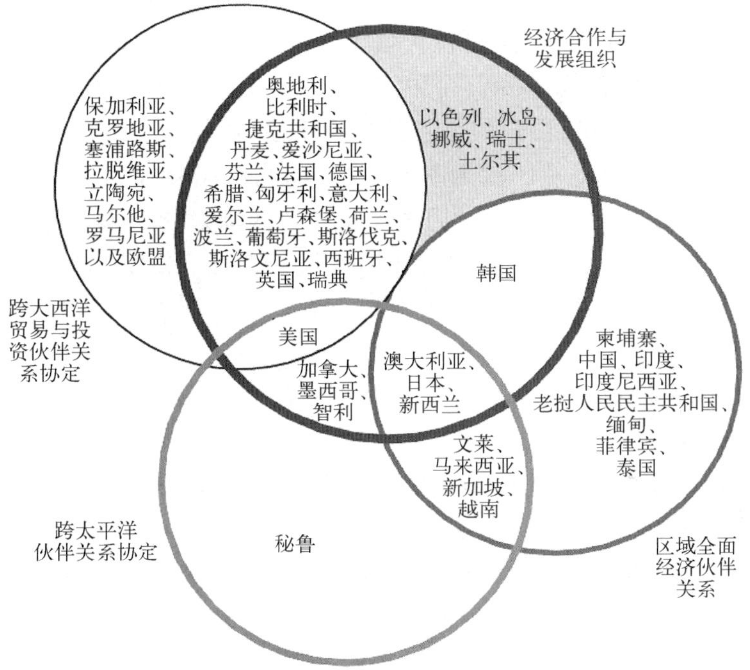

图12　2　OECD国家参与区域贸易协定的情况

第二节　未来30年上海国际贸易中心建设愿景

上海国际贸易中心建设"十二五"规划已经明确，2015年，基本形成比较完备的国际贸易中心核心功能框架。到2020年，基本建成具有国际国内两个市场资源配置功能，现代服务业发达，万商云集，服务长三角地区、服务长江流域、服务全国，与中国经济贸易地位相匹配的国际贸易中心。经过未来30年左右的发展，上海将成为世界最大城市群首位城市相适应的"腹地性"

与“转口性”兼备的现代综合国际贸易中心，成为新兴贸易的亚洲营运中心和服务贸易的亚洲引领中心。2040 年左右将成为与全球城市相适应的“全能型”和“节点型”投资贸易枢纽中心，向信息中心过渡，并在 2050 年成为全球信息中心。

一、2030 年上海国际贸易中心愿景

2030 年，上海将建成与世界最大城市群首位城市相适应的国际贸易中心，是“腹地型”国际贸易中心和“转口型”国际贸易中心模式相结合的具有上海特色的综合型现代国际贸易中心。届时，依托于长三角的有力腹地支撑，上海作为首位城市，以现代信息技术为手段，以转口贸易、离岸服务为核心，以高度自由化的贸易体制为基础，实现与高端国际投资贸易规则接轨，形成国内外市场的无缝对接，对周边国家和地区辐射能力强，积极参与国际贸易规则制定，大宗商品的话语权和定价权大幅提升。货物贸易等有形贸易让位于无形贸易和离岸贸易，制度环境因素成为比贸易的硬件要素更为突出的优势。

2030 年，上海也将建成新兴贸易的亚洲营运中心和服务贸易的亚洲引领中心。从贸易中心的影响力和带动作用看，2030 年，上海将成为全球有影响的国际贸易中心，并在亚洲处于领先地位。在上海基本建成全球有影响力的创新中心后，在新兴贸易方面，上海将成为亚洲营运中心，成为新兴贸易发展集聚城市和带动城市，集聚大量的新兴贸易营运主体，并在新兴贸易的流动和扩散方面起着带头作用。此外，在服务贸易方面，上海将作为亚洲的引领中心，成为服务贸易影响和辐射最有力的亚洲城市，并在全球服务贸易中占据重要位置。

实现上述国际贸易中心建设愿景，其相应指标特征如下：从经济总量看，城市的经济总量在国内和国际上具有重要地位，人均 GDP 处于中等发达国家水平以上；从贸易规模看，对外贸易依存度达 150%以上，口岸贸易发达，转口贸易在口岸贸易中占有较高比重，且口岸贸易在对外贸易总值中占有重要地位，内外贸市场统一；从港口货物吞吐量来看，口岸货物吞吐量和集装箱量在世界上具有重要地位，位居世界前列（事实上，上海口岸贸易吞吐量和集装箱量一直居世界前列）；从服务业发展情况来看，现代服务业发达，第三产业产值在 GDP 中的比重达到 50%以上，其中服务贸易进出口总额在 GDP 中占有较高的比重，具备完善的现代服务业体系；从贸易主体看，贸易主体多元化，跨

国公司总部和重要的地区总部云集，国际贸易主体和主要国际采购商云集，商贸流通企业达到 20 万家以上，其中跨国公司占有较大比重，依托跨国公司的全球网络成为全球经济的控制中枢；从金融发展情况看，金融高度对外开放，汇集世界著名金融机构，外国银行一般要达到 200 家以上；从电子商务发展情况看，电子商务发达，且普及率高，电子商务交易额占国际贸易总额的 30%以上。

二、2040 年上海国际贸易中心愿景

2040 年，上海将建成与全球城市相适应的全球性的“全能型”和“节点型”投资贸易枢纽中心，成为与纽约、伦敦共处于一线的全球贸易中心。同时往全球信息中心过渡和转变。届时，上海将在贸易规模、制度建设、国际规则制定等方面，成为全球最具影响力的城市之一。上海作为全球城市将成为投资贸易的关键节点，是全球投资贸易的枢纽城市，发挥要素流入、流出的跳板与中枢。

为此，上海将在以下四项功能上实现质的飞跃。

功能一：国际商流中心。商流即贸易流，就是达成交易的流量。商流中心是贸易中心的核心内容。上海要成为中国进出口贸易的最大平台和世界进出口贸易的一极。因为只有实现较大的贸易流量，才能促使各国的贸易主体在上海聚集，才能促使金融、物流、会计等服务于国际贸易的相关产业在上海蓬勃发展。只有保持源头产业的活力，上海才有可能成为具国际影响力的综合贸易中心。

功能二：国际贸易信息中心功能。贸易信息的核心内容应该是，供给的来源，需求的来源，成交的情况和价格。贸易信息的畅通是交易流做到足够大的前提条件。因此，上海国际贸易中心必须具备国际、国内贸易信息中心的功能。上海将利用大数据技术，构建国际贸易的平台经济模式，实现金融、贸易、航运功能面临进一步整合与提升。不断在物流、资金流和价值链的重要环节或边缘地带，淘汰传统国际贸易；创造出崭新的以数字技术为核心的国际贸易服务业。在这个时代，从事国际贸易的企业不再仅仅把产品卖出作为获取利润的唯一手段，而是深挖价值链的重心——客户。在卖给客户产品的同时，致力于将产业链与价值链匹配起来，为客户提供科学高效的“解决方案”。

功能三：国际技术、产品展览中心的功能。展览的作用主要是提供接触感知、了解探讨，目的是为了最终达成交易。其中，较复杂的技术和产品，以提

供深度的信息为主，达成即时交易为辅；较为简单的技术和产品，以提供信息和即时交易并重。可见，展览兼具信息和交易的复合作用，是交易流达到足够大必要条件之一。因此，上海必须具有国际、国内展览中心的功能。

功能四：国际贸易商品的议价与定价中心。国际贸易中心的重要功能是影响国际贸易商品的价格，在众多国际贸易商品的议价与定价能力方面首屈一指。2040年的上海将成为国际贸易商品的议价与定价中心，形成具有国际影响力的国家商品的定价机制。此外，在国际贸易规则制定方面，上海也将具有较强的话语权和影响力，甚至在某些方面具有决定权和主导权。

由于网络技术的迅猛发展和电子技术的广泛运用，届时上海将成为具有全球影响力、辐射力和竞争力的科技创新中心、资源配置中心、财富管理中心和信息交互中心，并向信息中心跨越。在指标特征上，上海贸易出口额将占全球总额的4%，贸易进口额占全球的2.8%，转口贸易将占世界贸易总额的45%，服务业增加值将占上海GPD比重的75%，服务贸易进出口将占全国的40%，全球500强跨国公司的总部数量占全球的比重将达到45%，社会商品零售总额占全国的比重将达到18%，电子商务占商品销售额比重将达到50%。

三、2050年上海国际贸易中心愿景

2050年，随着信息技术与数字技术的发展，全球要素流动更大程度上是信息流的流动，贸易商品的交换和流动，在更大程度上依赖于二进制数字信息的传播，交易过程中的诸多环节直接成为数字交换与传播。上海贸易中心的商品性质将为信息特征所取代，相应功能也发生质的变化。由此，在上海迈向全球文明城市之际，上海作为全球核心节点城市，其贸易中心更大程度上体现为信息中心。上海作为全球信息中心，将在流动经济与要素交换中具有更大的话语权，在规制制定方面具有更大影响力，甚至有决定性的引导力。

第三节　上海国际贸易中心建设的战略措施

上海要基本建成国际贸易中心，并为未来的信息中心城市作准备，需要实施一系列战略措施，才能保证未来发展愿景的实现。从现实的急迫性看，未来需要建立与国际贸易中心相适应的人民币国际货币地位，需要加快构建内外贸一体的国内外大市场，也要培育本土具有国际竞争力的跨国公司，并在服务

贸易和电子商务方面取得长足进展。

一、建立与国际贸易中心相适应的人民币国际货币地位

一个国家的货币地位往往是与其经济地位相一致的。美国、英国经济地位的变化及美元、英镑地位的变化反映了这一规律。从19世纪初到1830年，英国的GDP规模是美国的2倍。此后英美经济规模差距不断缩小，到1886年，美国经济规模达到英国的2倍。此后，美国与英国经济规模的差距继续拉大，到1945年，美国经济规模接近英国的5倍，保持绝对优势。与经济地位的变化相适应，两国货币地位发生变化。大体上，1914年之前，英镑占据世界霸权地位；但此后，英镑地位日益削弱，而美元地位不断上升，到1945年二次大战结束时，美元牢固地确立了世界第一货币的霸权地位。

2014年年底，中国GDP总量位居世界第二，对外贸易总量位居世界第一，已经具备了支持人民币国际化的经济条件。同时中国正在稳步推动人民币在国际贸易中的结算比重，也正积极地在全球布局人民币离岸中心，筹划资本项目开放，并且通过对外借款和货币互换增强人民币在金融领域的使用。这些都为人民币国际化创造了良好的条件。可以预见的是，人民币的国际地位将稳步提升，甚至在不久之后成为与美元、欧元地位对等的国际货币。

在人民币国际化的过程中，中国需要一个在岸人民币产品交易中心，避免人民币及其衍生产品的海外大额交易、记录和定价权都远离本土，使人民币国际化失去根基，致使中国货币政策的向外传导和主导性受到严峻挑战。上海作为中国外向程度最高、金融市场体系最为完善的地区，有能力、有责任担当起人民币在岸中心的重任。人民币在岸中心的建设，将提升上海在国际贸易中的地位，是迈向国际贸易中心的关键一步棋。

二、加快构建统一的内外贸市场

目前，上海口岸进出口货值中有一半左右来自长三角地区，进出口中有40%来自长三角地区。上海要建设成为国际贸易中心，必须依靠广阔的长三角腹地作为支撑，实现长三角区域联动发展。一要充分发挥长三角城市发展联席会议制度的作用，在产业结构、产品布局、人才流动等各方面协调建立利益共享、合作共赢的联动机制。二要整合长三角区域内物流资源，促进区域内港口、机场、码头等物流设施的合理布局，构建长三角区域一体化的物流基础设施网络。三要推进长三角通关便利化，提高贸易便利化程度。现代国际贸

易中心一般也是国内商贸中心。四要建立紧密一体的内外贸市场。实现内外贸一体化是建设国际贸易中心的重要内容之一。目前，上海内外贸联系的紧密度仍然不足。因此，上海应确立内外贸紧密联系的商务管理模式，实行与国际接轨的内外贸统一政策，强化商务主管部门的公共服务意识，加快内外贸一体化进程。

三、培育本土的国际跨国公司和知名品牌

跨国公司是建设国际贸易中心的中坚力量，加大力度培育属于上海自己的本土跨国公司，是上海建设国际贸易中心的重要任务之一。一是结合上海的比较优势产业、战略需求和市场需求，逐步培育出一批上海自己的具有国际竞争力的大中型跨国公司，形成上海建设国际贸易中心的中坚力量，从而带动国际贸易的发展。二是利用上海的产业、技术、人才和融资优势，提高上海企业国际竞争力。三是探索多种方式鼓励上海企业拓展国际市场。

国际贸易中心城市一般同时也是国际著名品牌产品的汇聚地，都有自己的品牌企业，这是国际贸易中心城市的名片。因此，上海应在品牌培育方面将加大力度，全力打造品牌之都。一是全面实施品牌扶持战略，形成促进品牌扶持的良好环境。根据上海经济与产业产品结构，着力打造上海的出口品牌，加强政策引导、改善培育环境，扶强作大上海的品牌和品牌企业。二是建立政府推动、企业为主体，市场为导向的品牌培育与扶持体系。加强品牌扶持政策导向与法制规范建设，推出一系列促进与保护上海出口品牌发展的政策与配套措施。

四、推动服务贸易加快发展

服务贸易的发展是建设现代国际贸易中心的重要内涵，推动服务贸易加快发展是上海建设国际贸易中心的重要内容。上海在发展服务贸易方面应重点开展以下工作：一是协调推进服务贸易重点项目建设。二是做好服务外包的推动工作。三是聚焦重点区域服务贸易试点工作。四是搭建本市服务贸易公共信息平台进一步完善服务贸易发展的政策措施。

五、大力推进电子商务发展

电子商务的应用程度是衡量国际贸易中心的重要标志之一。积极推动电子商务的发展，上海应从以下几方面努力。

首先，应建设高度信息化条件下的网络基础设施。当前全球一体化程度逐渐加深，企业之间的竞争也变得越来越激烈，网络和信息技术的发展为企业在新的经济形势下提供了竞争的资本。高度信息化条件下的电子商务发展，需要相应的网络基础设施予以保障。上海要加强计算机与互联网网络技术之间的联系，对自身的管理以及运作模式进行改革，引导外贸企业大力发展电子商务，大幅提高国际贸易市场中的竞争力。

其次，要为电子商务的应用创造良好的环境。在国际贸易的发展过程中，要促进各个部门之间的沟通机制的完善，加强相关部门对国际经济贸易的管理水平的提升。在外部宏观条件的建设方面，上海市政府要建立相应的电子政务系统，对相应的管理职能进行完善。要构建合理的国际贸易关系体系网络，实现对国际贸易的自动化、电子化管理。加强各种政策的支持以及引导，比如对电子商务交易模式的税收模式进行改进等，鼓励企业在国际贸易中应用电子商务模式提升交易的效率。

第三，要加强互联网贸易的法律法规建设。在中国社会信用体系中，并没有终生记录个人的信用行为，这使得在进行网络交易过程中时常会出现欺诈行为，对整体的网络经济发展产生了不利影响。在法律法规上，现行的许多贸易法规并不适于网络贸易方式，因此，上海应有针对性地依据网络管理、金融结算、信息安全、知识产权等问题制定相应的法律，予以严格、有力的社会监督，促进网络经济的健康发展，为网络贸易的发展提供有利的外部环境。

第五篇　国际航运中心建设

1996年，上海国际航运中心建设启动。如今，上海已成为全球重要的国际航运中心之一，自2005年起，货物运输连续多年位居世界第一，自2010年起，集装箱吞吐量连续多年位居世界第一，航运服务能力、航运服务水平及航运发展环境也有质的提高。

上海国际航运中心建设是中国深化改革开放国家战略，也是上海实现“四个率先”、建设具有全球影响力科创中心的重要途径。与伦敦、纽约、新加坡等国际航运中心相比较，上海国际航运中心拥有强大的经济腹地，获得各级政府的高度支持，也是改革开放的前沿阵地。利用地处大陆海岸线中部、居长江入海口的地理和区位优势及浦东完善的航运产业体系和国际金融心核心功能区优势，上海已形成中国境内最具优势的航运发展体制、机制，世界一流的、以洋山深水港为代表的港口和现代化集疏运体系，以及初显实力的高端航运服务业。

未来30年，上海国际航运中心建设将面临全球经济进一步调整、科技大发展、能源开发和创新及“一带一路”国家战略等带来的前所未有的机遇和挑战，但逐步成为全球排名第一、具有全球航运资源配置能力的国际航运中心是趋势，上海将成为全球著名的航运知识和文化传播中心，并伴随上海国际信息中心建设，成为全球航运业的一个重要节点。

第十三章　全球主要国际航运中心比较

国际航运中心是一个功能性的综合概念。它是融发达的航运市场、丰沛的物流、众多的航线航班于一体的，一般以国际贸易、金融、经济中心为依托的国际航运枢纽。当今世世界全球性的国际航运中心，主要有东亚的香港、新加坡，西欧的鹿特丹、伦敦，以及北美的纽约和洛杉矶。此外还有高雄、釜山 、横滨等。

第一节　国际航运中心的概念与分类

国际港航界对国际航运中心至今没有明确的定义。相比较而言，中国学者对国际航运中心的定义和相关内涵关注较多。随着国际航运中心建设实践在中国不断推进，有关国际航运中心的认识也在不断深化。

一、国际航运中心的三类定义

（一）“港本位”基础之上的国际航运中心概念

2003 年以前，围绕争取洋山深水港建设，相关专家对国际航运中心的研究主要围绕集装箱深水枢纽港展开，对国际航运中心的认识也主要集中在港口建设。代表性观点有：“以集装箱枢纽港为核心，有充沛的集装箱货源、发达的国际航运市场、接近国际主干航线的战略性地理位置、优良的水深航道和港口、完备的后方集疏运系统以及国际金融和贸易中心城市支撑①”；“定位为以物流中心为载体，把国际商品、资本、信息、技术等集于一身的现代化新型港口②”；“以国际

---

①　王战：《加快洋山深水港建设的战略意义》，载《上海：迈向国际航运中心》，上海科学技术文献出版社 2002 年版，第 161 页。

②　上海市“上海国际航运中心深水港论证”课题组：《上海国际航运中心洋山港区建设的必要性》，载《上海：迈向国际航运中心》，上海科学技术文献出版社 2002 年版，第 3 页。

贸易中转港为标志，航运要素齐全并形成规模，具有时代先进特征，依托区域经济中心城市，在某一个国际经济区域的港口群体中处于核心地位的航运枢纽①”。

（二）“航本位”为基础的国际航运中心概念

2003年以后，业内和学术界针对中国国际航运中心建设展开新一轮研究，并对“港本位”的认识进行修正，形成一些新的认识。代表性的观点有：“所谓国际航运中心实际上就是国际航运市场的中心市场②”；“是指各类相关航运要素集聚的城市，即国际航运中心不应该仅仅理解为物流、口岸等交通通道，而应该是各种与航运相关的要素的集聚，是整个城市功能的定位③”；“国际航运中心是指某个拥有或聚集着雄厚航运有航运相关资源或要素，且通过规范、透明、高效的市场机制在全球范围内合理配置这些资源，以创造显著经济和社会效益的国际知名城市④”；“指在一个国际区域内，航运要素最为集中、航运市场或航运服务市场所占份额最大、在地区乃至全球航运事务中发挥主导作用的港口城市⑤”；“指资源配置中心，即现代国际航运中心是一个集商品、资本、技术和信息采集于一体的世界再生产活动的综合资源配置中心⑥”。

分析发现，上述认识主要来源于实践的进一步推进：（1）2003年国家部署建设大连东北亚国际航运中心，人们发现仅靠一个港口是无法实现国际航运中心建设的，而且国际航运中心涉及口岸、集疏运体系和城市功能的多个方面，体现的是城市综合实力，必须集港口城市之力才能形成；（2）2005年年底，上海洋山深水港建成，人们再次发现光有港口硬件设施是不够的，软环境和航运服务业成为国际航运中心建设的关注焦点。2008年，时任国务院总理温家宝在上海视察时明确提出上海国航运中心建设的方向是：加快集疏运体系和航运服务体系建设。至此，“港本位”向“航本位”发展。

（三）“港本位”和“航本位”兼顾的国际航运中心概念

近年来，人们对国际航运中心的认识越来越深入，从“港本位”向“航本会”转变发展时，仍高度重视集疏运体系特别是上海与长三角地区连接的集疏运

---

① 真虹：2003年11月大连市“大连国际航运中心建设论坛”上的发言。

② 赵一飞：《频繁 距建成国际航运中心还有多远》，《东方早报》2005年12月10日。

③ 孙光圻：《专家论国际航运中心》，大连新闻网，2005年1月17日。

④ 上海市港口管理局、上海航交所课题组：《上海国际航运中心战略研究》，转自真虹：《关于国际航运中心定义的思考》，《水运管理》2009年第4期。

⑤ 上海市港口管理局、上海市教育科学研究所编：《上海港的昨天、今天和明天》，上海远东出版社2008年版。

⑥ 施欣：《国际航运中心内涵大挖掘》，《航运交易公报》2007年第34期。

体系建设。代表性观点有："是位于国际贸易流通的主要干线上，拥有充沛的国际贸易运输需求，并有国际金融服务和国际化港口作为支撑的城市[①]"；"在一定的国际航运活动区域内，某些航运要素的集聚度、国际影响力和市场占有率最突出的港口城市[②]"。

如果说"航本位"为基础的定义是基于上海国际航运中心参与国际竞争的认识，那么"港本位"和"航本位"兼顾的国际航运中心概念的提出，则是在提升国际竞争力的基础上，开始关注航运中心服务长三角区域经济发展的结果。

二、国际航运中心的分类

尽管业界至今没有统一的国际航运中心概念，但根据国际航运中心所在城市的自然地理条件和经济环境，人们通常把国际航运中心区分为不同类型。

(一) 根据国际航运中心辐射面远近划分

自然、历史和经济等因素决定了运输货物目的地远近和航运服务信息影响力大小。通常，航运及其信息覆盖面越过本地区、本区域，实现跨洲际之间的运输或服务的航运中心，被称为全球型国际航运中心，最具代表的是纽约和伦敦。这两个航运中心，不仅实现航运路线跨太平洋和大西洋，而且以全球航运业为服务对象，其信息和服务覆盖全球；与此相对应，部分航运中心辐射范围有限，不管是航道、泊位、集疏运网络等硬件设施，还是金融、商贸、信息等软件功能，都较次于全球型国际航运中心，且主要服务某一区域。汉堡、大连是较有代表性的城市。

(二) 根据运输货物的集散地划分

货物运输在国际航运中心建设历程中起着基础性作用。根据货物来源可以把国际航运中心划分为经济腹地型国际航运中心和中转型国际航运中心。

所谓经济腹地型国际航运中心，通常以经济腹地的货物国际运输为主。如上海国际航运中心，长三角乃至长江流域的货物国际运输是其主要业务，长江经济带的 GDP 约占中国的一半；又如纽约国际航运中心，纽约、新泽西两州以及宾夕法尼亚州部分地区是其直接腹地，美国东北部与中北部产业区是其间接腹地，这两个地区的传统产业基地占据了美国一大半的工业产值。

---

① 许培星：2008 年上海干部在线教育专题讲座，转引自真虹：《关于国际航运中心定义的思考》，《水运管理》2009 年第 4 期。

② 真虹：《关于国际航运中心定义的思考》，《水运管理》2009 年第 4 期。

所谓中转型国际航运中心，是指以货物国际中转运输形成的。最典型的是新加坡国际航运中心。新加坡扼守马六甲海峡，是亚洲、欧洲与大洋洲商贸必经之地。为了弥补本国货源有限的不足，新加坡实施了开放的自由贸易政策和简明合理的航运优惠措施，与世界上超过 120 个国家或地区的 600 多个港口有业务往来，80%以上的货物为中转货物。

三、国际航运中心的演变

国际航运中心出现在 19 世纪初，从空间上看，其演变经历了由“西欧板块”向“北美板块”，再向“东亚板块”递进的过程，基本与世界经济发展重新转移较一致；从时间上看，随着世界经济与技术的发展变化，其功能相应地出现调整与变化。下文即以功能演进为线索分析国际航运中心的演变。

（一）第一代国际航运中心——货物集散型

第一代国际航运中心出现的时间为 19 世纪初，典型代表有伦敦、鹿特丹等城市。第一代国际航运中心主要有以下三个特点：(1) 自然条件对航运中心的形成影响较大。分析伦敦等城市可以发现，货物集散是第一代国际航运中心的主要功能，因此，提供集散存储场地、运输工具和口岸转运设备、分销渠道，是当时的国际航运中心形成的关键，优越的地理位置对航运中心的形成影响较大。(2) 主要实现海运货物的装卸和货物仓储功能，因此只是被动地提供货物集散服务，而不是主动地操纵集散、影响调配。

（二）第二代国际航运中心——加工增值型

20 世纪 50 年代至 80 年代，随着世界经济格局的变化，东亚经济迅速崛起，航空技术和集装箱运输兴起，国际航运中心也出现了由第一代货物集散型向加工增值型转变，最典型的代表为新加坡和香港。主要特点：(1) 自由港、自由贸易区等经济性特区或特殊政策发挥重要作用。除了地理位置之外，伴随经济全球化和世界经济竞争的加剧，部分港口城市除了完善传统的货物集散功能之外，通过自由港、自由贸易区等政策实现就近工业加工、组合、分类、包装及商业营销。(2) 航运中心的主要功能从货物集散向加工增值型转变，航运中心的增值效益更高，获得的利益更多。目前，世界上第二代国际航运中心仍占有一定比例。

（三）第三代国际航运中心——资源配置型

20 世纪 80 年代以来，国际航运中心的功能又出现新的创新。一方面，传统国际航运中心继续保持有形商品的强大集散功能，并进一步提高商品的集散效率。另一方面,还集中各种要素组合形成新的产品或服务,最为显著的是,包括金融、咨询、会计、法律等专业服务产品的高附加值型,使资源集中并综合利用的功能受到越来越多国际航运中心的重视,成为第三代国际航运中心的主要功能,典型代表是伦敦、纽约。主要特点有:(1) 国际航运中心城市,不仅是贸易中心,而且是经济中心、金融中心;(2) 国际航运中心通常具有生产一体化、资本一体化、技术一体化、信息一体化、市场一体化的特征。

(四) 第四代国际航运中心——低碳智网型

1999 年,联合国贸易与发展会议提出“第四代港口”概念,其特征主要是:处理的货物主要是集装箱,以港航联盟与港际联盟为发展策略,决策、管理、推广、训练等软实力是竞争力体现。在此基础上,有学者提出了第四代国际航运中心概念。主要特征是:(1) 以绿色海空港口、清洁燃料船队建设为主推动港区、城市节能环保,并成为所在区域涉航碳排放资源的交易中心;(2) 运用智能网络使港口或城市成为全球物流资金流网络的一个节点,并成为信息枢纽中心。必须承认,由于全球经济仍需要进一步提振、互联网安全受到高度关注,低碳智网型国际航运中心目前更多的是一种趋势或人类的追求目标,尚没有典型代表。

第二节 主要国际航运中心现状

2014 年 6 月,“新华·波罗的海国际航运中心发展指数”显示,目前全球前十位的国际航运中心依次为:新加坡、伦敦、香港、鹿特丹、汉堡、迪拜、上海、东京、纽约和釜山。为了更好地借鉴国际经验,下文将选取 4 个国际航运中心作详细介绍。

一、伦敦

18 世纪下半叶开始,伦敦就开始超越阿姆斯特丹,成为欧洲最重要的港口和商业城市。二战后,英国工业结构逐渐老化,产业比较优势不再,伦敦利用其悠久的航运历史、完善的航运服务体系,将发展战略重点调整到发挥伦敦航运服务业的比较优势,顺利实现转型。

(一) 独树一帜的航运服务体系

伦敦在 20 世纪后期实现了从货物运输为主导向航运服务为特色的转型,目前已形成了独树一帜的航运服务体系。包括船舶融资、保险理赔、会计结算、船舶交易及其经纪,以及法律服务等。具体表现为:具有数千家大规模的航运服务企业，能够提供船舶注册、船舶买卖、航运交易、海事保险、海运金融衍生品、海事立法、海事诉讼与仲裁、航运信息咨询、培训，以及航运业界交流等各类现代航运服务；成为世界重要的海运经营管理中心，波罗的海航运交易所是全球唯一实行自我监管的航运交易所，其开发的波罗的海干散货运价指数，是全球海运市场的重要风向标。目前，世界上超过一半的船只都在该交易所交易；逐步成为全球航运信息的枢纽，世界上最大的船级社、国际海事机构总部和一流咨询研究机构也都落户于伦敦，可以及时提供有关全球的航运交易、运价、船价及港口等重要信息。另外，英国的海事法律特别完善，在解决海事纠纷方面，英国法律的应用比世界上任何一个国家的法律都要广泛。

（二）竞争力优势有望重振

伦敦尽管成功实现了转型，但由于全球经济一体化程度加深，世界航运业重心东移等原因，20 世纪末伦敦出现了一段时间的沉寂。目前，随着航运业相关政策的调整，伦敦航运竞争力有望重振。第一，举办航运展等活动。近年来，伦敦利用其悠久的航运历史举办了一系列的国际航运周，组团参与希腊海事展、挪威海事展等一系列活动，向人们展示整个项国的航运技能及知识，改变了英国航运业多年沉寂无声、低调黯然的氛围。第二，国际航运组织进一步集聚在伦敦。目前落户在伦敦航运中心的全球政府间专门国际航运组织有ICS（国际航运协会）、ISF（国际航运联合会）、IMIF（国际航运业论坛）、国际独立邮轮船东协会、国际干散货船东协会、国际油轮船东防污染联盟、国际船级社协会、国际货物装卸协调协会、国际船舶管理人协会、海损理算师协会、国际救捞联合会、国际运输工人联合会等，达 15 个之多。全球航运规则制定者——国际海事组织也落户伦敦。第三，马士基航运、地中海航运和法国达飞集团组成全球集装箱班轮业最大的联盟——P3 联盟于 2013 年落户伦敦。

二、新加坡

起步于 20 世纪 60 年代新加坡国际航运中心，经过半个世纪的发展，跃升为全球前十国际航运中心之首，堪称当今国际航运中心的奇迹。梳理其当前现状，可以归纳为以下几点。

（一）全球枢纽港

截至 2015 年 3 月，在新加坡注册的船舶共有 4 669 艘，载重量达 83.8 亿总吨（GT）；2014 年，在新加坡抵港的船只合计达 134 883 艘，载重量达 23.7 亿总吨（GT），货物吞吐量达 5.8 亿吨；到港的邮轮合计 22 218 艘，载重量达

7.07 亿总吨(GT)。

1986 年起,新加坡逐渐成为全球最繁忙的港口城市。目前,全球航线超过 200 条,连接着全球约 120 个国家或地区的港口。

(二) 全球运输网络

新加坡不仅是全球航运中心,也是全球空运中心。目前,樟宜机场服务的航空公司约有 80 多个,每年有 4 000 多架客机来往于世界 59 个国家的 180 多个城市,客流量达 700 多亿人次。与此相配套,新加坡还有发达的公路和铁路网路通往部分南亚国家或地区,例如马来西亚。

更为重要的是,新加坡拥有发达的互联网网络:(1) 全国 EDI 贸易服务网——TRADENET。该网络通过横向联合,将新加坡监管机构、货代、出口商、船公司、第三方物流提供商、仓库、供应商、保险公司、进口商、金融机构等单位整合在一个信息平台上,实现各部门之间的信息共享;(2) 全国范围内的电子商务系统——PORTNET。该系统连接整个航运界,包括政府相关职能部门、代理、海关、港务集团、港口用户等,并逐步向世界其他港口延伸。得益于这两大电子信息平台系统,运用一个畅通无阻的闸门系统,实现了集装箱码头全程自动化和无纸化作业,使得新加坡集装箱码头规模化经营的效率世界第一。因此,新加坡是当前国际运输网络的一个重要节点。

(三) 全球咨询、会议、展览集中地

新加坡完善的基础设施、便捷的交通运输网络、中英文语言、美味的饮食、宜人自然环境等条件吸引了世界各地的展览、会议组织方,2005—2006 年,曾被 ICCA 组织评为世界顶级会展城市。

在充分利用上述资源基础上,新加坡为进一步提升航运服务水平和能级,近年来综合利用相关资源,成功举办了多项海事盛会,例如,国际航运技术大会及展览、国际航运燃料及污染应对大会等,成为全球顶级海事会议、展览中心。

三、香港

香港是一个“以港兴市”的城市,经济的起步与腾飞无不与港口业务和转口贸易有着密切的关系。香港地理位置得天独厚,位于太平洋与印度洋航道要冲,是中国内地与世界各国对接的理想的货物中转枢纽。香港拥有世界上罕见的优质深水良港——维多利亚港,平均水深 12 米,与美国的旧金山湾、巴西的里约热内卢港并称世界三大天然良港。香港航运局对航运业定义是硬体部分的港口业务和软体部分的航运服务业。下文就按这两部分介绍其现状。

(一) 港口业务略有增长

《2014年香港统计年刊》显示，金融服务、旅游、贸易及物流和专业及工商业支援服务，仍然是香港四个主要行业。其中，金融服务和贸易及物流与航运中心建设密切相关。

《2014年香港统计年刊》还显示，2014年，香港港口货物吞吐量为7 518.8万公吨，其中，河运和海运货物吞吐量分别为2 732.1和4 786.7万公吨；集装箱吞吐量为5 375千标准箱，访港旅客人数6 083.9万人，2014年，抵港船只为30 180船次，总容量为40 470万净注册吨①。上述指标比2013年均略有回升。进一步分析抵港和离港货物的主要装货国家/地区发现，近年来，中国内地已成为香港进出口货物的主要来源，其中，河运占比仍比较大，但海运的增长幅度远远高于河运，如表13－1和表13－2所示，2014年海运和河运较2013年的增长幅度分别为91%和16%，前者比后者要高出75个百分点。

表13－1　　2014年抵港港口货物的主要装货国家/地区

装货国家/地区	2014年(千公吨)	与2013年比较的变动(%)
中国内地	94 270	+40
海运	40 753	+91
河运	53 517	+16
日本	10 129	+7
美国	10 028	+4
新加坡	7 991	+1
印度尼西亚	7 906	−32
台湾	7 188	−12
马来西亚	5 704	+7
韩国	5 459	−5
泰国	4 802	+1
越南	4 503	+4

资料来源：香港政府统计处网站，2014年第四季船只、港口货物及货柜统计。

① 《2014年香港统计年刊》，香港政府统计处网站，http://www.censtatd.gov.hk/home.html，其中占比数据根据年刊数据计算而得。

表 13 - 2　　2014 年离港港口货物的主要装货国家/地区

装货国家/地区	2014 年(千公吨)	与 2013 年比较的变动(%)
中国内地	54 985	+2
海运	9 922	0
河运	45 064	+2
越南	8 194	0
美国	6 011	+1
日本	5 033	+3
台湾	4 172	+6
马来西亚	3 852	0
菲律宾	3 532	+18
泰国	3 227	−9
韩国	2 425	+2
新加坡	2 385	+9

资料来源：香港政府统计处网站，2014 年第四季船只、港口货物及货柜统计。

另外，在运输、仓储及速递服务业中，2013 年间以下五个行业的增加值最大：(1) 航空运输及航空运输辅助服务活动；(2) 陆路客运；(3) 其他运输辅助活动；(4) 陆路货运；(5) 水上运输辅助服务活动。它们合计占运输、仓储和速递服务业增加值的 84.6%。其中，航空运输及航空运输辅助服务活动业方面，2013 年总收益、营业开支和雇员薪酬分别达 1 443 亿港元、1 225 亿港元。盈余总额从 2012 年的 186 亿港元上升到 2013 年的 218 亿港元①。

由此可见，香港港口业务中，航空运输的增长速度也超过水路、陆路运输。在水路运输略有回升的情况下，航空运输及航空运输辅助服务活动的较快增长，保证了香港港口业务的稳步增长，也显示未来航运中心的一个发展趋势是航空运输业的快速增长。

(二) 航运服务业继续保持快速增长态势

2013 年，香港金融服务业增加值为 34 600 亿港元，比上年增加 16.5%，占

① 《二零一三年运输、仓库及速递服务业的业务表现及营运特色的主要统计数字》，香港政府统计处网站。

全港增加值的15.34%，2003—2013年平均增长幅度达7.8%；贸易及物流业增加值为50 050亿港元，比上年增加23.9%，占全港增加值的22.19%，其中，贸易和物流分别为43 260亿元和6 790亿港元，2003—2013年平均增长幅度分别为5.1%和1.5%①；

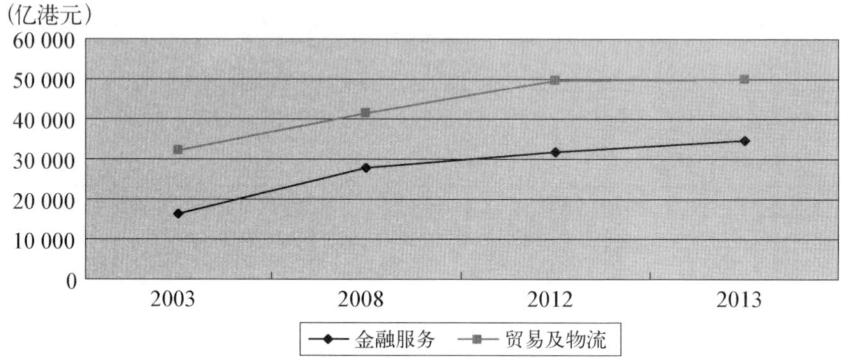

图13－1 香港近年来航运服务业增加值

资料来源：《香港经济的四个主要行业及其选定行业》，香港政府统计处网站，2015年4月5日。

四、纽约

纽约国际航运中心形成于19世纪初。拥有经济发达的腹地和完善的腹地之间集疏运体系是纽约国际航运中心迅速崛起的重要因素。纽约处于大西洋航运的起点，拥有大量的经济腹地。其直接腹地是纽约、新泽西两州以及宾夕法尼亚州部分地区，三地区GDP总量占整个美国的1/10，间接腹地是美国东北部与中北部产业区，这两大传统产业基地占据了美国一大半的工业产值；纽约有完善的集疏运体系，1825年修建的伊利运河使纽约与五大湖和哈德逊河相连，1888年，美国铁路已达到156 080英里，同年欧洲的铁路线的长度仅为130 000英里。1890年，美国铁路完成运输量几乎等于其他运输方式完成运输量的两倍。目前，世界上有亚欧航线、太平洋航线和大西洋航线三大干线。其现状有以下三个特点。

(一) 发达的航运服务业

纽约拥有发达的资本市场。纽约一地集中了全球44%的直接投资业务，

① 《香港经济的四个主要行业及其选定行业》，香港政府统计处网站，2015年4月5日。

同时是世界上兼并和收购业务数量最多和价值最高的资本市场，1995 年迄今的全球海运企业跨国并购，许多是在纽约运作完成的。世界著名航运与交通咨询机构 FISHER 的调查研究显示，目前纽约航运服务业高端人才数量位居伦敦、挪威、香港、新加坡、比雷埃夫斯之后，居世界第六位。

（二）数量众多的国际机构

落户纽约的国际机构数量众多，成为纽约国际航运中心的一大支撑力量和亮点。纽约航运相关的国际机构可以分为两类：一是国际组织、各国代表机构。二是美国公司。资料显示，在美国 500 家最大的公司中，30%的总部设在纽约，其余也均在纽约设有分支机构。由于这些公司本身就是国际性公司，因此，它们在纽约注册，意味着纽约国际机构数量的增加。这些众多的决策管理机构和服务部门，使纽约成为美国的经济中枢，并控制着全国，影响着世界。纽约最鼎盛时期是 20 世纪 60、70 年代到 80 年代初。1983 年货物吞吐量 1.49 亿吨，居世界第三位，集装箱达 206 万标箱，为世界第二。纽约目前的货物和吞吐量排名趋向停滞甚至衰落，但凭借发达的航运服务业及众多的国际机构，纽约仍是世界级的国际航运中心。

（三）完善的集疏运体系

纽约—新泽西地区是美国最繁忙的交通系统，拥有 6 个机场（肯尼迪国际机场、纽瓦克自由国际机场、拉瓜迪亚机场、特德波罗机场及曼哈顿下城的直升机场）、6 个海运码头（伊丽莎白港码头、呼兰克码头、瑞呼克码头等）、乔治·华盛顿大桥、林肯隧道、呼兰克隧道、汽车总站、纽约地铁，以及 JFK 机场轻轨干线和纽瓦克轻轨干线等。纽约港口岸已形成海、陆（铁路、高速公路）、空联网的综合运输系统：从纽约向全国辐射的 14 条铁路，日均 85 列货车、15 列多式联运列车在此始发；4 条州际高速公路与全国 10 万千米的高速公路联网，可直接载货从东海岸到西海岸；纽约国际机场，货运量占全美 1/3。这些干线与沿海支线与管道组成了立体交叉、功能强大的综合集疏运网络。

第三节　国际航运中心建设比较

综观世界著名的航运中心，有一个共同特点，即它们同时也是航运服务业高度发达的中心。以航运金融为例，航运业是一个资金密集型行业，金融业的发展能解决航运和港口企业资金不足的问题，充分发挥其在航运投资、融资、结算和海上保险中的作用，而运输生产本身也就是国际范围内资金流转的过程，因此，完善的金融服务环境能为航运业发展提供资金保障，融资业务为航运业提供巨大的资金支持，海上保险帮助航运经营者合理规避海上运输风险。

一、运作模式比较

（一）市场主导型

以伦敦和纽约为代表，研究发现，以市场为主导型的发展模式有以下共同点。

第一，实施自由主义经济政策。19世纪初期，英国成为当时世界上无与伦比的经济强国。利用自身首屈一指的工业优势，英国开始积极推行自由贸易政策，逐步建立起了自由资本主义的市场经济体系。自由贸易在英国的兴盛，直接导致伦敦航运中心采取了有“自由港”之名的自由港政策。于20世纪60年代完成转型的航运金融发展模式，也以市场主导型闻名于世。美国则一直以自由为主张，经济、贸易自由向来已久。尽管二战以后，经济自由主义受到很大影响，但总体而言，纽约航运中心发展仍遵循市场主导原则。

第二，充分发挥企业主体作用，金融与航运、贸易产业联动明显。市场经济体制下，企业是最具活力的主体。市场主导型的航运中心，必定是航运组织，包括企业、行业协会、市场平台，发挥了重要作用，且在全球范围内组织各种资源、提供相关服务。如前所述，目前仅落户在伦敦航运中心的全球政府间专门国际航运组织达15个之多，它还是全球航运规则制定者——国际海事组织的所在地。纽约则实行跨行政区建立港务局，实施港口管理一体化。港务局拥有很大的经营管理自主权和土地使用权，不仅管港区、码头，还管火车站、机场、水下隧道和汽车站；不仅管运输，公司还管两座贸易大厦。管理的统一大幅提高了港口的集疏运能力所在地，全球20家顶尖保险公司均在伦敦市场上承接航运保险业务。

（二）政府主导型

这种类型以新加坡、东京等城市为代表。

随着国际竞争加剧，世界各地航运中心纷纷加快发展航运服务业建设。为了追赶世界先进水平，也为了适应剧烈的国际竞争，国际航运中心的后起之秀如新加坡、东京等城市都在不同程度上加大政府的支持力度。与此同时，在全球经济一体化的背景下，随着跨国公司广泛地利用自由港来布置和推进其全球性的生产网络和内部贸易，进行生产劳动的跨国布局，国际航运中心发展与自由港政策的互动关系，重新引起各国的重视。因此，在政府主导型的航运中心发展模式中，一方面，各市场主体获得政府在港口城市推出的自由港或自由贸易区政策优势，另一方面，政府在贷款、租赁、税收等方面直接起支持作用。这种模式有以下共同点：

第一，政府发挥了至关重要作用。如，新加坡政府对外商务一贯奉行“自由主义”的门户开放政策，但 2006 年，政府出台新的税收管理政策，针对船舶租赁公司、船务基金和船务商业信托制定优惠的鼓励措施——新加坡海事金融优惠计划(MFI)。包括：船艇租赁公司、船务基金或船务信托在十年优惠期内买下的船只所赚取的租赁收入，只要符合条件，将永久豁免缴税，直至相关船只被售出为止；负责管理船务基金或公司的投资管理人，所获得的管理相关收入，只要符合条件即可享有 10%的优惠税率，为期十年。MFI 计划没有限定船舶类型，除集装箱船外，用于散货、石油和天然气运输的其他类型的船舶均可以申请加入优惠计划。MFI 计划提高了船舶租赁公司和船务信托对潜在投资者，特别是社会公众投资者的吸引力；刺激了新加坡海运信托基金等类似船舶投资工具的生成。

第二，航运金融功能建设比较齐全。航运金融为航运企业服务的功能不仅表现在船舶融资和交易方面，而且体现在清算、财富管理和人才聚集等方面。如新加坡不仅有庞大的船舶融资市场，而且有全球第三大航运金融清算所。日本长期实行严格移民政策，但为使东京重新成为亚洲商贸(金融、药业等)中心，2014 年，东京采取多项措施吸引海外人才。

(三) PPP 发展模式

这种类型以印度多个港口及 20 世纪 80 年代的伦敦为代表。

公私合作(Public-Private Partnership，即 PPP)模式，又称 PPP 融资，最早由英国政府于 1982 年提出，主要适用于城市供热等各类市政公共事业及道路、铁路、机场、医院、学校等领域。基于 PPP 模式存在消除费用超支、促进投资主体多元化等优点，及 2008 年全球金融危机及欧债危机等原因导致传统财政大包大揽提供公共设施及公共服务模式的不可持续性，PPP 模式近年来受到前所未有重视。2014 年 APEC 财长会议上，讨论倡导政府与社会资本合作的 PPP 模式也成为最热烈的议题，并通过了《APEC 区域基础 PPP 实施路线图》。在国际航运中心建设和发展过程中，PPP 也逐渐成为一种重要的发展模式。

印度古吉拉特港口发展是新兴市场上 PPP 发展模式代表。据《印度港口发展》研究报告显示，截至 2013 年 4 月，印度的 31 个利用 PPP 模式筹建的港口项目投入运营，总投资额达 2 470 亿卢比（约合人民币 250 亿元），其中，12 个项目（总投资额约 1 240 亿卢比）位于古吉拉特。另外，古吉拉特还有 4 个 PPP 港口在建工程，投资额约 165 亿卢比。尽管目前印度绝大多数港口都不是国际货物中转港，但由于广大的腹地面积，这些港口都发挥着重要的航运功能，且探索着 PPP 航运金融发展模式。

在伦敦国际航运中心发展过程中，PPP 模式也发挥了重要作用。二战以后，在英国工业总体衰退的大形势下，伦敦老码头已经不能适应新的航运技术和现代交通联系的要求，码头区逐渐衰退。英国政府通过立法向伦敦道克兰码头区城市开发公司授权，对道克兰码头区进行重新规划开发，目标是将该地区打造成“伦敦的一个全新的金融、商业、商务区，成为伦敦的一个新地标和最有活力的区域”。开发于 1981 年正式启动，1998 年结束，历时 17 年。平整大量土地、环境整治以及基础设施建设，需要巨额资金。在此过程中，政府除了投入大量资金外，使用 PPP 模式，出台优惠政策，吸引了大量私人资金。事实表明，伦敦码头区的开发取得了巨大的成功。一方面，它成功地帮助伦敦市实现了城市复兴与经济转型的目标；另一方面，在政府财政困难的情况下，成功地吸引了私人资金，顺利实施了码头区的开发，成为 PPP 发展模式成功典范。

1994 年起，中国开始 PPP 试点，2003 年起推广。截止到 2008 年，这些投资主要集中在水厂、电厂、污水处理等领域，但也有不少桥路等基础建筑设施，例如上海南浦大桥项目。进入 21 世纪，PPP 项目在港口基础设施建设中发挥越来越大作用。如 2014 年国务院推出的 80 个 PPP 项目，其中，港口、机场等与国际航中心建设息息相关的项目也在列。此外，中国航运金融发展也出现了 PPP 模式。

二、形成条件比较

国际航运中心是以大型的、现代化的深水港为枢纽核心的港口群，但不是所有的深水港都能成为国际航运中心，通常其形成需要具备以下五个条件：区位条件、港口条件、经济条件、技术条件和管理条件。笔者梳理新加坡、伦敦、香港、纽约和纽约国际航运中心形成条件如表 13－3。

表 13-3　　国际航运中心形成条件比较

形成条件	新加坡	伦敦	香港	纽约	上海
区位条件	地处马六甲海峡入口，有世界十字道口这一称呼；纬度较低	跨泰晤士河两岸，距河口 88 公里	位于太平洋与印度洋航道要冲，纬度较低	地处美国东岸，纬度略高；集疏运体系发达	长江与东海连接处，中国东部沿岸的中点，纬度不高
港口条件	水域宽敞，很少受风暴影响，治区面积 538 平方米，13 米深船舶可顺利进港	水域面积达 207 万平方米，14.6 米深的油码头有 12 个，11—12 米深的集装箱码头、散杂货码头和滚装码头分别有 9、21 和 6 个	维多利亚港是世界三大天然良港之一	世界上天然深水港之一，美国最大的海港，位于哈得逊河河口	洋山深水港拥有 4 个 7—15 万吨级集装箱深水泊位，拥有 15 米水深的码头
经济条件	建国初期工业基础薄弱，本土船公司几乎为空白。但 20 世纪 70 年代起实施开放政策	19 世纪末世界上经济发展水平最高的城市	20 世纪 50 年代，外贸运输也有一定积累，纺织服务业等制造业有一定基础；背靠珠江三角洲，是中国大陆对外的主要门户	美国最大的经济腹地；一贯的经济自由贸易政策	长三角经济腹地，中国改革开放前沿
技术条件	20 世纪 90 年代起建设国家信息化网络，先进的管理技术和手段	信息化水平较高，先进的港口环境保护、港口货物运输、港口设备、管理设备和手段	信息化水平较高，先进的港口环境保护、港口货物运输、港口设备、管理设备和手段	信息化水平较高，先进的港口环境保护、港口货物运输、港口设备、管理设备和手段	信息化水平逐步提高，较先进的港口货物运输、港口设备、管理设备和手段
管理条件	政府积极直接干预	政府扮演辅助角色	积极不干预政策	政府扮演辅助角色	政府大力支持

三、竞争力比较

相较于国际金融中心竞争力排名，对国际航运中心竞争力指数的研究较少，且主要由国内学者参与。梳理现有两份竞争力排名资料（见表13-4、表13-5），发现：(1) 国际航运中心竞争相当激烈。2010年，国际航运中心的前三甲分别是伦敦、东京和香港；而2014年的排名中，前三甲分别是新加坡、伦敦和香港。(2) 亚太地区国际航运中心竞争力排名处于上升趋势。最典型的例子是新加坡从2010年的第6位上升到2014年的第1位，纽约则从2010年的第4位下降到2014年的第9位。(3) 航运服务在国际航运中心竞争力的地位越来越重要，可以说得航运服务者得天下。众所周知，伦敦国际航运中心稳居世界首位或第2位的主要原因是国际航运服务业的发达，而新加坡的后来者居上，也得益于近年来航运服务业的发展。

表13-4　　国际航运中心竞争力排名

<table>
<tr><th></th><th>排名</th><th>发布者</th><th>发布时间</th><th>主要指标</th><th>注</th></tr>
<tr><td>伦敦</td><td>1</td><td rowspan="5">上海浦东国际金融航运双中心研究中心</td><td rowspan="5">2010年3月8日</td><td rowspan="5">简称GSCI。航运能级、航运服务、航运生态3个分项，58项指标，排名包全球660个港口城市</td><td rowspan="5">全球首份国际航运中心竞争力指数</td></tr>
<tr><td>香港</td><td>3</td></tr>
<tr><td>纽约</td><td>4</td></tr>
<tr><td>新加坡</td><td>6</td></tr>
<tr><td>上海</td><td>5</td></tr>
<tr><td>伦敦</td><td>2</td><td rowspan="5">新华社国家金融信息中心指数研究院、波罗的海交易所联合编制</td><td rowspan="5">2014年6月26日</td><td rowspan="5">港口条件、航运服务和综合环境三个维度，包括全球46个港口城市</td><td rowspan="5"></td></tr>
<tr><td>香港</td><td>3</td></tr>
<tr><td>纽约</td><td>9</td></tr>
<tr><td>新加坡</td><td>1</td></tr>
<tr><td>上海</td><td>7</td></tr>
</table>

资料来源：根据相关资料整理。

从上可见，国际航运中心并没有统一的模式，但是其发展不仅受世界经济发展水平、格局、人类科技发展程度的影响，而且与本国社会经济技术发展水平、政府决策等因素密切相关。因此，上海国际航运中心建设和发展应顺应世界经济发展潮流，应遵循国家战略和政府宏观政策，应充分发挥市场力量。

从国际航运中心竞争力指标和排名情况看，航运服务业的地位和作用越来越大，上海国际航运中心建设必须高度重视航运服务业的发展。

第十四章　上海国际航运中心建设历史沿革

1996年，上海国际航运中心建设正式启动。经过世纪初中国加入WTO的机遇和挑战，2009年，国际航运中心建设进一步加快。如今，上海国际航运功能显著拓展，航运能级有效提升，为上海建成具有全球航运资源配置能力的国际航运中心奠定的坚实基础。

第一节　上海港地理条件和区位优势

上海港地理条件优越，自古以来，就是中国对外交通和贸易往来的重要枢纽港口。改革开放不仅再次凸现了上海港的地理优势，而且推动上海逐步形成了国内外一流的区位优势。

一、地理条件简介

上海地处中国18 000公里大陆海岸线的中部，居长江入海口，为长江东西运输通道和海上南北运输通道的交叉点。自古以来，上海就是中国对外交通和贸易往来的重要枢纽港口。中国的改革开放，使上海港再次成为中国经济发展的重要枢纽。2009年以来，以建设具有全球航运资源配置能力为目标的上海国际航运中心建设，成为促进上海乃至中国经济转型发展的重要动力。与此同时，上海城市的航运功能拓展和能级提升，也是航运中心建设过程中面临的重要任务，是促进航运中心建设的必然要求。

二、五大区位优势

与国内外国际航运中心相比较，上海具有以下几个优势。

(一) 国内最具优势的航运发展体制和机制

与天津、大连等国际航运中心建设相比较，上海具有国内最具优势的航运发展体制和机制。这可从浦东新区提出上海国际航运中心核心功能区建设的过程中，略见一斑。

航运综合试验区建设始于2009年，空间区域包括洋山保税港区、外高桥保税区、浦东机场综合保税区。航运综合试验区能全部坐落于浦东新区，无疑是上海对浦东新区航运业发展的肯定和期望。之后，上海航运综合试验区建设逐步推进，特别是在2012年，随着国际航运中心建设的推进及前期部分政策效应的逐步显现，国际航运发展综合试验区建设实现许多突破。例如，2012年3月中国洋山港“保税船舶登记”启动；2012年4月期货保税仓单质押业务在洋山保税港区正式启动运作；2012年8月1日起青岛前湾港、武汉阳逻港与上海洋山保税港区之间试行启运港退税政策；2012年8月10日，中国交通运输部与上海市人民政府联合签署加快推进国际航运中心建设深化合作备忘录，等等。这些实践，为浦东建设国际航运中心核心功能区创新造了良好的体制环境。

与此相伴随的是，上海综合保税区管理委员会的成立和运作。2009年11月，上海综合保税区管理委员会作为上海市政府派出机构，正式挂牌。上海综合保税区管理委员会的成立，并不是简单的“三区”合并，而是区域管理模式和发展方式的探索改革，以实现“三港三区”联动发展，推动产业结构优化升级。例如，上海综合保税区管理委不断优化审批程序和流程，推广告知承诺和并联审批，减少审批事项，提高审批效率，同时，还积极推动“三区”统一立法，等等。这种区域管理模式和发展方式的探索改革，为上海国际航运中心核心功能区建设提供了机制创新空间。

（二）国际一流的港口条件和区位优势

从国际层面来讲，上海距离西欧和北美的路程相等，是国际航运主干线的重要起讫点。如，世界上有亚欧航线、太平洋航线和大西洋航线三大干线，其海运量占全球贸易量的80%。上海港正好位于亚欧航线和太平洋航线的起讫点。另外，与香港、新加坡等国际中转港相比，上海北靠中国最发达的经济地区——长江三角洲，有着广袤长江经济带作腹地支撑。2013年，沿长江九省二市GDP总量约占全国的45.6%。

从国内层面来讲，上海港处于中国海岸线中心，拥有南北货物的中转和与世界其他商埠的交往的有利区位。上海地处北亚热带季风带，气候温和湿润，是中国海岸最北的终年不冻港，胜过天津、青岛和大连港。与南方各港口相比，上海又因距离黄浦江口仅14英里，不易受台风的侵袭，成为天然良港。另外，上海很少出现耽误船舶航行的大雾。近年来，为了满足船大水深条件，上海还相继完成洋山深水港三期工程建设，拥有多个12—16米深的码头，具有国际一流的港口作业平台。

与宁波等周边港口相比，上海港的区位优势也很明显。例如，上海位于长江出海口，能很便捷地通过长江这一黄金水道进入富庶的长江流域。宁波港则缺乏长江依托这种地利优势。有当代地理学者曾用“背靠陆地、面向海洋、依临长江、内怀黄浦”概括上海市空间要素。这种空间要素有利于水水中转，也容易实现水、陆、空多式联运。

（三）“五龙汇聚”的现代化港口集运体系

浦东新区目前已拥有相当完善的现代化港口集运体系。这表现在：第一，港航设施建设成绩显著。如，东海大桥通车，洋山深水港区一期、二期、三期，外高桥四期、五期、六期等重大工程项目相继投入使用。这些设施全部在浦东新区。第二，公路建设进展顺利。如“十一五”期末，“两环、九射、一纵、一横、两联”的高速公路网基本覆盖浦东新区。第三，铁路建设全面提速。浦东铁路将跨越长江，连通崇明和江苏南通，向南连接浙江乍浦，成为沿海大通道的重要组成部分。2005年12月浦东铁路一期工程完成，2010年浦东铁路Ⅱ期工程建成投运。第四，航空枢纽建设步伐加快。上海拥有浦东、虹桥两大国际机场，位于浦东新区的浦东国际机场货邮吞吐量连续多年位居全球第三，国际航空货运枢纽地位基本确立；2013年旅客吞吐量达47 498 157人次，居全球第21位。

（四）功能相对完备的产业体系

上海浦东新区基本形成陆家嘴、洋山临港、外高桥和临空地区四大航运服务集聚区的发展格局，航运资源和产业要素相对集中。

浦东新区目前已集聚了大量航运及相关服务企业，功能相对完整、具有一定相互配套能力的产业体系基本形成。从空间布局看，这些产业体系分别分布在四个区域：600余家航运服务企业集聚洋山及临港地区，国际航运发展综合试验区效应初显。包括挪威、汇丰、花旗银行等近150家航运金融企业和中国船级社上海分社、上海海事法院、中国海事仲裁委员会上海分会、上海船舶运输科学研究所、上海组合港管理委员会等上百家航运机构和组织，共计近500家航运相关企业及机构落户陆家嘴航运服务发展区，航运金融服务初具规模。外高桥保税区则集聚上千家航运物流类企业，贸易物流服务功能显著。临空航运服务发展区的航空产业特色突出，目前已集聚400余家各类航空配套服务企业。

(五) 金融中心的平台优势

航运业是一个资金密集型行业,港口和船舶建设需要大量资金,航运投资、融资、结算和海上保险等高端服务业最具潜力。另外,运输生产本身也是国际范围内资金流转的过程。浦东新区是为全国金融产品最丰富、金融市场最健全的地区。截至 2014 年 3 月底,浦东新区已经成为国内持牌金融机构和股权投资及管理企业最密集的地区,拥有监管类金融机构 803 家,各类股权投资企业 1 601 家,融资租赁企业 192 家,财富管理公司 334 家。[①]

第二节 体制推动下的初建阶段

与全球著名的国际航运中心相比,上海国际航运中心建设起步较晚。在其发展过程中,特别是初建阶段,中央及上海市各级政府起了极其重要的推动作用。特别是 20 世纪 90 年代至 21 世纪初,体制推动作用明显。

一、国家战略定位下的上海国际航运中心建设

(一) 浦东开发开放的必然要求

1990 年,"开发开放浦东"成为一项新的国家战略,上海成为中国改革开放的桥头堡。伴随浦东的开发开放,经过上海港的对外贸易量也逐年上升。为满足对外贸易的需要,上海国际航运中心建设被提上议事日程。1995 年,中央领导批示,把上海建成国际航运中心是"开放浦东,使其成为远东经济中心,开发整个长江的关键"。1996 年 1 月,在国务院的直接组织指挥下,以上海为主体,浙江和江苏为两翼的上海国际航运中心建设正式启动。因此,启动上海国际航运中心建设是浦东开发开放的必然要求。

(二) 加入 WTO 后的机遇和挑战

2001 年,中国加入世界贸易组织,为上海国际航运中心建设提供了前所未有历史机遇。加入 WTO 后,上海航运市场进一步开放,并吸引了众多大型跨国航运企业,如达飞、马士基等。这些跨国航运企业不仅带来了大量资金,而且带来了先进的技术、高效的管理经验、领先的服务理念,使上海国际航运中心建设在硬件水平完善的同时,软实力也有所提升。

---

① 上海市十四届人大常委会第十五次会议公布的资料。

二、初步成效

随着浦东开发开放和加入 WTO 临近，上海国际航运中心初期建设步伐加快，且初见成效，重要指标之一是基础设施水平不断得到提高。资料显示，20 个世纪的后十年，上海除了建造了多个 4 万—5 万吨级多用途泊位、航道深度达 10 米的码头外，还改造、发展了外高桥港区，使外高桥成为那个时期中国屈指可数的高水平、适合大型国际船舶停靠的港口。正因为有了适合大型国际船舶停靠的港口，伴随长三角经济飞速发展，到 20 世纪末，上海港成为世界上最繁忙的港口之一。2000 年，上海港年货物吞吐量突破 2 亿吨，其中外贸货物比重升至 37%，集装箱吞吐量位居世界第六，并首次突破 500 万标准箱。

第三节　市场推动下的加快建设阶段

市场是国际航运中心建设的内在驱动力。从中国加入 WTO 到 2008 国际金融危机爆发前后，上海国际航运中心充分利用、积极发挥市场力量，基本建成较完善的集疏运体系，并实现货物和集装箱吞吐量世界第一的历史突破。

一、中国进出口贸易飞速增长

21 世纪前十年，随着中国正式加入 WTO，中国进出口贸易飞速增长。如图 14 - 1 所示，2008 年，中国进出口贸易总额、出口总额、进口总额分别达

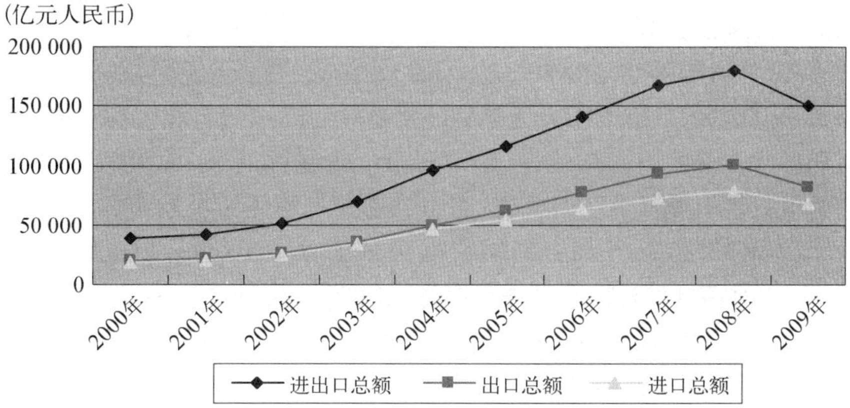

图 14 - 1　2000—2009 年中国进出口贸易

资料来源：国家统计局网站。

150 648亿元、82 029 亿元和 68 618 亿元人民币，比 2000 年增长了 284%、298%和 268%，年均增长约 35%。

进出口贸易总额的提升，为上海国际航运中心建设奠定了坚实的贸易基础。上海港货物吞吐量和集装箱吞吐量在此阶段出现了突破性进展，分别在 2005 年 2010 年位居世界第一。

二、航运业市场化进程加快

上海国际航运中心建设，一方面助推了中国对外开放，另一方面也在开放中不断深化改革。作为国际航运中心建设的航运业，在中国加入 WTO 前的准备及加入 WTO 后的经营，均是一个市场化进程不断加快的过程。

(一) 继续深化管理体制机制改革

管理体制机制改革主要体现在三个方面：

第一，上海港管理体制改革取得阶段性成果。2003 年 1 月 27 日，上海市港口管理局和港务集团正式挂牌。经过此次改革，上海港实现由一个机构统一行使港口港政和航运管理模式，以及符合大都市、大口岸、大港口特点的一体化港口管理体制和运行。其中，上海市港口管理局作为市政府负责港口和航运管理的职能部门，对整个上海的港口规划发展、港口服务、水路运输、港政等实施统一管理，并融合好现有资源，搭建政府推进上海国际航运中心建设的平台。上海市港口管理局同时挂上海国际航运中心上海地区领导小组办公室牌子，撤销原国航办的建制。新组建的港务集团将以建成世界性跨国码头经营公司为战略目标，行使资产收益、重大决策和选择经营者权利，承担国有资产保值增值责任。

第二，洋山保税港区批准设立。2005 年 6 月批准设立的洋山保税港区，由小洋山港口区域、芦潮港陆上区域和连接岛域与陆域的东海大桥组成，并由上海市和浙江省跨区域合作建设，是中国第一个保税港区，首期规划面积 8.14 平方公里。洋山保税港区的成立，有力推动并保障了洋山港主体工程在 2008 年竣工后，高效运转，并为上海综合保税区管理委员会的成立奠定了基础。2009 年，上海综合保税区管理委员会正式成立，标志着洋山港、浦东机场空港、处高桥港及洋山保税港区、浦东机场综合保税区和外高桥保税区的“三港三区”联动工作的实质性启动。上海综合保税区管理委员会的成立，并不是简单的“三区”合并，而是为了整合外高桥港、洋山深水港和浦东机场空港的优势资源，统一管理外高桥保税区(包括外高桥保税物流园区)、洋山保税港区和浦东机场综合保税区的行政事务，探索改革区域管理模式和发展方式，促使航运服务业在这些区域实现有效的分工合作。一方面，综合保税区管理委员会不断深化行政审批制度改革，通过优化审批程序和流程、推广告知承诺和并联审批、减少审批事项，提高审批效率；另一方面，大力推动政府管理事务公开，实施规划设计、政策发布、服务咨询、研究交流等一门式服务，打造综合型、规范化服务平台和窗口。

第三，长三角协调合作机制正式建立。2006 年，长三角 16 城市港口管理部门建立协调合作机制，进一步推动长三角区域"大通关"建设。

（二）法制化建设能力不断强化

完善的法制是保障上海国际航运中心建设的保障措施之一，也是上海国际航运中心建设水平的重要指标。特别是加入 WTO 后，法律秩序成为国际竞争的焦点之一，直接影响综合国力的评估结果。《上海市政府贯彻〈国务院关于推进上海加快发展现代服务业和先进制造业建设国际金融中心和国际航运中心的意见〉的实施意见》（沪府发〔2009〕25 号）明确"加强地方立法、完善法治保障"。

为了依法管理，根据国家有关法律、法规，借鉴国际自由贸易园区通行规则，上海市结合本市情况，于 1996 年、2006 年和 2010 年先后制定了《上海外高桥保税区条例》《洋山保税港区管理办法》和《上海浦东机场保税区管理办法》，为上海国际航运中心建设和发提供了良好的法治保障。

另外，上海市配合交通部、商务部修定、制定了若干部有关国际航运的部门规章，如《海运条例》（2001 年）《港口法》（2003 年）《港口经营管理规定》（2003 年制定，2009 年修订）《港口危险货物管理规定》（2003 年）《港口统计规则》（2005 年）《港口规划管理规定》（2007 年）等。

三、建设成效

（一）集疏运体系建设基本完成

中国加入 WTO 后，上海港的硬件基础设施水平进一步提高，集疏运体系建设基本完成，主要标志是洋山深水港开工并投入运营。如表 14－1 所示，2001 年 6 月、2002 年 3 月、2005 年和 2008 年 12 月，洋山深水港分别经过论证、开工和全面完工。洋山港的建成标志着上海国际航运中心的硬件水平有了历史性突破。

表 14 - 1　　洋山深水港建设历程

时　间	进　　程
2001 年 6 月	上海市成立上海市深水港工程建设指挥部党组
2002 年 3 月	国务院通过洋山深水港区一期工程可行性研究报告和开工报告，并同意授权上海市管理洋山港港政、航政和口岸管理的方案
2005 年	洋山深水港区顺利开港，洋山保税港区同步封关运行。洋山保税港区是中国第一个保税港区
2008 年 12 月	洋山深水港主体工程完成

(二) 吞吐量实现历史突破

中国加入 WTO 后，上海港货物和集装箱吞吐量实现历史性突破。2005 年，上海港货物吞吐量达 4．43 亿吨，首次超过新加坡港，成为世界第一大港。至今，上海港货物吞吐量一直保持世界第一的地位。2010 年，上海港集装箱吞吐量达 2 905 万标准箱，也位居且一直保持世界第一。之后，上海港的集散功能也进一步提升。

第四节　政府和市场合力推动下的转型升级阶段

2009 年，国务院出台《关于推进上海加快发展现代服务业和先进制造业、建设国际金融中心和国际航运中心的意见》(简称国发“19 号文”)，由此上海国际航运中心加快建设步伐，进入政府和市场合力共同推动的转型升级阶段。

一、国发“19 号文”与加快建设上海国际航运中心

随着中国国际影响力和上海国际航运中心软硬实力的提升，上海国际航运中心建设需要进一步探索适合国情、市情，促进中国和上海经济转型的发展之路。国发“19 号文”对上海国际航运中心建设的定位转型提出了明确要求、目标、战略和重要措施。根据国发“19 号文”，上海国际航运中心建设目标是“到 2020 年，基本建成航运资源高度集聚、航运服务功能健全、航运市场环境优良、现代物流服务高效，具有全球航运资源配置能力的国际航运中心”。

国发“19 号文”出台后，上海国际航运中心加快建设步伐。2012 年 5 月，上海市出台了第一个航运中心建设规划——《上海市加快国际航运中心建设

“十二五”规划》,这也是上海“四个中心”建设以来首次出台的专门针对某个中心建设而出台的规划。《规划》明确提出“建成具有较强服务功能和辐射能力的国际航运中心”的目标。此后,上海市及各区县紧紧围绕这个目标积极探索,并取得了举世瞩目的成绩。如 2009 年开始国际航运发展综合试验区建设,2014 年邮轮游客突破 100 万,等等。在此过程中,上海各区县积极性再次得到激发,产生了一定的竞争效应,发挥的作用也日益明显。如浦东新区正式公布了“核心功能区布局”,将浦东航运在“十二五”期间定位为“国际航中心推进的主战场、全球航运资源配置核心区、现代航运服务高地、国际航运发展综合试验区、航运文化发展示范区”。

二、上海自贸试验区与上海国际航运中心建设

(一) 中国(上海)自由贸易试验区建设的由来

从国务院总理李克强在上海调研时提出自由贸易试验区到中国(上海)自由贸易试验区正式挂牌,仅有约半年时间。但中国对自由贸易试验区的探索已有多年,上海为建设自由贸易区也努力了多年。

1. 从全国范围内讨论到上海打造自由贸易园区聚焦

中国加入 WTO 后,保税区在区域定位、管理体制、功能定位、设区原则等方面面临的挑战日益突出,保税区向自由贸易园区转型的主张逐渐出现。例如,2003 年 12 月在青岛保税区举行的“中国保税区管理与发展研讨会”上,有学者明确提出向自由贸易区转型是中国保税区的发展方向。2005 年之后,上海、深圳、天津、成渝地区先后向国务院及各部委提交了关于保税区转型自由贸易(园)区的建议。但是,保税区向自由贸易区转型事宜,仍没能形成一致的推动力。2009 年,时任国务院总理温家宝在《关于中国在浦东建立自由贸易区设想》的报告中将“自由贸易区”批示为“自由贸易园区”,上海打造自由贸易园区的事宜才逐渐“眉目清晰”。

2. 上海为建立符合国际惯例的自由贸易园区的探索

中国(上海)自由贸易试验区最初的设想是“探索建立符合国际惯例的自由贸易园区”。2011 年 10 月,上海正式向外界宣布上海综合保税区要率先转型成为自由贸易园区。2012 年 12 月 21 日,上海市人大常驻机构委会第 37 次会议表决通过了《上海市推进国际贸易中心建设条件》,鼓励贸易与金融、航运、物流、制造、会展等产业融合发展,并首次提出要在上海“探索建立符合国际惯例的自由贸易园区”。随后,在 2013 年上海“两会”上,新任市长杨雄表

示:“2013 年上海将深化浦东综合配套改革试点,按照国家部署,试点建立自由贸易园区,深入推进开设外币离岸账户、融资租赁业务创新等改革事项。”

3. 国家战略高度加快推进自由贸易试验区探索

如果说上述举措是上海在谋求自身发展时对上海综合保税区发展前景的一种积极探索,那么中央的大力支持和鼓励则推动了上海综合保税区的转型发展。2013 年 3 月底,国务院总理李克强在上海调研期间考察了上海综合保税区的重要组成部分——外高桥保税区,鼓励支持上海积极探索,在现有综合保税区基础上,先行试点建立一个自由贸易区园区。总理的这次上海之行无疑是上海在 6 月向中央报批上海自贸区建设方案的强大动力。2013 年 7 月 3 日,国务院常务会议上通过了《中国(上海)自由贸易试验区总体方案》,强调在上海外高桥保税区等 4 个海关特殊监管区域内,建设中国(上海)自由贸易试验区,是顺应全球经贸发展新趋势,更加积极主动对外开放的重大举措。8 月 16 日,国务院常务会议讨论通过拟提请全国人大常委会审议的关于授权国务院在中国(上海)自由贸易试验区等国务院决定的试验区域内暂停实施外资、中外合资、中外合作企业设立及变更审批等有关法律规定的决定草案,力图推进中国(上海)自由贸易试验区加快政府职能转变,探索负面清单管理,创新对外开放模式。

2013 年 9 月 29 日,中国(上海)自由贸易试验区挂牌成立,标志着成立了四年的上海综合保税区,正式向上海自由贸易区转型发展。上海自贸区的成立,又一次掀起国际航中心建设的热潮。

(二) 涉及航运中心建设的相关内容

自由贸易试验区建设的核心是制度创新,突出地表现在投资管理制度创新、贸易监管制度创新、金融制度创新和综合监管制度创新。制度创新目的是把扩大开放与体制改革相结合,把培育功能与改革创新相结合,形成与国际投资贸易规则相衔接的基本制度框架。具体而言,主要包括 5 方面内容(2013 年 9 月 27 日国务院公布的《中国(上海)自由贸易试验区总体方案》):第一,加快政府职能转变,包括深化行政管理体制改革,改革创新政府管理方式等。第二,扩大投资领域开放,包括金融服务、航运服务、商贸服务、专业服务、文化服务以及社会服务等领域,营造有利于各类投资者平等准入的市场环境。第三,推进贸易发展方式转变,包括鼓励跨国公司设立亚太地区总部和营运中心,探索形成具有国际竞争力的航运发展制度和运作模式等。第四,深化金融领域的开放创新,包括加快金融制度创新,在自贸试验区内对人民币资本项目可兑换、金融市场利率市场化、人民币跨境使用等方面先行先试。第五，营造良好的监管和税收制度环境，包括建立国际高水平投资和贸易服务体系，创新监管模式，推进实施“一线放开”，坚决实施“二线安全高效管住”。

该《方案》与航运中心建设相关的内容可以归纳为以下几点：

第一，自贸区有利于进一步夯实航运中心的贸易基础。自贸区的建设将从腹地贸易货物以及国际中转货物两方面提升港口货量。首先，随着自贸区各项优惠条件的落实，保税区功能将从简单的“保税仓储、初级加工、转口贸易”进一步拓展到“商品储存和转运，以及相关工业、贸易、运输、金融及旅游多位一体业务”。由于通关手续更为便捷，自贸区的建立将吸引更多腹地贸易商从上海港申报出口货物，腹地贸易货物有望得到提升。其次，保税区的转型升级也将大幅提高国内港口的国际中转能力。目前，中国港口的吞吐量虽位居世界前列，但基本是腹地型港口，国际中转量极为有限。自贸区总体方案明确提出：“将推动中转集拼业务发展，允许中资公司拥有或控股非五星旗船，先行先试开展沿海捎带业务。”该项政策的推出将吸引东南亚等区域的出口货物在上海中转，重新争取到国内流失到釜山等地的国际中转业务。

第二，自贸区的设立将促进航运中心的基础设施建设。尽管上海已经拥有了全球一流的港口硬件设施，但在仓储设施、集疏运体系等其他硬件方面与国际一流港口还有一定的差距，自贸区的设立将促进航运中心的基础设施建设。首先，自贸区将促进仓储设施水平的提升。根据2012年世界银行发布的物流绩效指数，中国大陆地区排名第26，在仓储质量、仓储基础设施等方面明显低于周边的发达地区和国家。以上海为例，仓储基础设施建设存在着传统仓库供应过剩、仓库空间布局不合理、仓储设施成本偏高、集装箱堆场布局不合理等问题。同时，上海在仓储费、代理费方面的水平也与国际主流航运中心存在着一定的差距。据统计，目前上海的仓储物业价格仅为新加坡的1/5，巨大的价差和自贸区的政策利好未来可能吸引国际一流仓储企业入驻，并提升上海航运中心的仓储设施。其次，自贸区将有利于优化集疏运体系的结构与效率。集疏运体系的完善是港口高效运转的重要保障，根据国际经验，自贸区的建设将有助于提升航运中心的集疏运体系。以韩国为例，釜山港成为自由港后，韩国政府和港口管理部门对港口相关的铁路和公路等集疏运基础设施投入了较大的资源。2004年韩国快速铁路开始运营，直通釜山和光阳等集装箱港口码头泊位的线路，使韩国铁路货运能力增加40%。除此之外，韩国政府还积极创造条件通过跨西伯利亚铁路从俄罗斯远东港口把韩国枢纽港口的集装箱货物直接运往东欧、北欧和西欧地区，以减少转运集装箱的时间和运费。最后，自贸区的设立有利于吸引转旅客，打造客运和货运的航空枢纽。自贸区总体方案中将浦东机场作为自贸区的一部分，并明确指出“积极发挥外高桥港、洋山深水港、浦东空港国际枢纽港的联动作用，探索形成具有国际竞争力的航运发展制度和运作模式”。上海机场目前中转货物占比仅5%左右，远低于其他竞争对手。自贸区向浦东机场的延伸以及上海港强大的货运吞吐量将吸引更多的航空中转货物，并与上海港发展海空联运的模式，助力上海航运中心发展。

第三，自贸区的设立将促进各项政策制度进一步完善。从各国的经验来看，自贸区的发展离不开政策的积极支持，而自贸区的各项利好政策将加快航运中心的建设。上海自贸区的设立也为上海航运中心的建设带来了一系列利好政策。首先，《中国（上海）自由贸易试验区管理办法》提出了“一线放开，二线管住”的进出境监管制度创新，该项与国际接轨的政策将极大地提升货物流转效率，并将提升上海航运中心的整体吸引力。其次，未来自贸区的政策可能还将瞄准海关各种收费以及航运企业相关税收的调整空间，以减少航运企业成本并吸引国际航运巨头区域总部的入驻。最后，自贸区航运相关法律以及各项制度的逐步完善也将吸引融资、仲裁、公估、咨询等很大一部分高端航运服务的入驻。2013年10月末，中国（上海）自由贸易试验区仲裁院揭牌，波罗的海交易所也已在上海设立首个分支机构。随着法律制度的完善和航运衍生品种类的不断丰富，上海航运中心将不断提升对高端航运业的吸引力，并以此提升客户黏性。

第四，自贸区建设有助于航运金融市场发展。离岸业务的管制一直被认为是阻碍中国航运金融发展的主要原因之一。由于从事国际航运的船舶大部分悬挂方便旗、在境外注册运营，国内金融机构在提供船舶融资服务时必然要涉及离岸业务，但目前设立特殊目的单船公司的限制和外汇管制制约了国内金融机构开展远洋船舶融资业务。离岸业务的管制影响了国内金融机构在航运金融方面的竞争力。2013年9月29日公布的《中国银监会关于中国（上海）自由贸易试验区银行业监管有关问题的通知》第5条指出：“鼓励开展跨境投融资服务。支持区内银行业金融机构发展跨境融资业务，包括但不限于大宗商品贸易融资、全供应链贸易融资、离岸船舶融资、现代服务业金融支持、外保内贷、商业票据等。”这明确了上海自贸试验区内的金融机构都可以涉足离岸船舶融资业务。为了鼓励离岸船舶金融业务的开展，未来自贸区还可能推出更多的金融配套政策，包括在人民币尚未实现资本项目可自由兑换的条件下，可以仅对综合试验区内船舶融资等金融业务实施有弹性的外汇管制，实行有条件的自由外汇政策。具体措施包括，离岸船舶融资租赁机构与非居民从事离岸业务放松外汇管制，保证离岸资金自由进出和汇兑，离岸账户资金可自由划拨和转移等。以上种种自贸区内已兑现和尚未推出的离岸金融政策无疑将加速上海航运中心的发展，并给商业银行等金融机构开展航运金融业务带来较大的发展机遇。

三、航运功能显著拓展

为提升上海港货物集散功能的能级，上海在过去五年进一步完善基础设施条件。一方面，加快发展内河航运，促进上海港与内河航运联动发展；另一方面，推进航运服务中心建设，完善口岸环境。目前，随着基础设施条件的进一步完善，上海航运功能能级得到继续提升。

（一）水水中转功能明显提升

上海港的硬件基础设施在全国处于领先水平，部分设施已挤入世界先进行列，但腹地货物到港口的对接运输能力仍存在不足。过去五年，上海加快发展内河航运，完善集疏运体系，取得了一定成果，较大提升水水中转功能。

资料显示，“十一五”期间，上海除了继续完成洋山深水港区三期工程（二阶段）的建设，扩大港口吞吐能力以外，主要的内河工程建设有：（1）全面完成长江口深水航道治理工程。目前长江口通航水深从 7 米已提高到 12.5 米，航水深度的提高为长江口货物运输量迅速增长提供了保障。（2）有序开展上海市内河航道整治工程。截止到 2011 年年底，上海已初步形成连通江浙的高等级内河航道网络。例如，对上海市内河航道中船流密度最高的航段黄浦江上游（分水龙王庙至大泖泾河口）航道实施了整治工程，促进苏申外港台线、杭申线等省际干线航道的船舶进入。

上海港内河水运的快速发展，促进了上海与江浙等地高等级内河航道网络的连通，不仅方便了长三角外贸货物通过上海港运输，而且极大地降低了物流企业的运输成本，推动上海港水水中转功能的提升。2011 年，上海港长江水水中转箱量达 367.8 万标准箱，同比增加 20.2％。

与此同时，内河航道的推进建设及水水中转功能的提升，推动了启运港退税政策试点的实施；反过来，又进一步提升了上海港水水中转功能。经过多年的努力，2012 年 8 月 1 日起，启运港退税政策正式在上海港试点。此前，上海港已基本建成水水中转二次集拼的业务流程和网络体系。在此基础上，该政策切实促进了集拼模式的发展，即由一个中转箱集拼一个本地箱“一对一”模式，拓展到多个外属地中转箱与多个本地箱进行多个目的港的“多对多”复合式拼箱模式，中转货物的货源地北起大连、青岛，南至厦门、福州、中至武汉、南京，初步覆盖沿江沿海经济腹地，中转的主要产品由电子和大宗货物扩展到包括普通货物、化工品、机构设备、高档服装、面料、精密仪器等多种产品。事实表明，启运港退税政策实施，进一步提升了上海港水水中中转功能。数据显示，洋山港集装箱吞吐量水水中转比例由 2008 年 37% 提高到 2012 年的 46%①(截止到 2012 年 9 月)。

(二) 货物集散功能进一步提升

伴随上海港基础设施条件的改善及国际航运综合试验区建设的加快推进，上海口岸各单位，着眼上海国际贸易、航运中心建设大局，积极应对国内外经济形势的复杂变化，创新突破，务实推进并营造“便捷、高效、安全、法治”的口岸环境。上海港货物和集装箱吞吐量继续攀升，实现历史性突破，并促进货物集散功能进一步提升。

如表 14-2 和表 14-3 所示，2011 年上海港货物吞吐量和集装箱吞吐量为 72 032.9 万吨和 3 173.9 万吨，分别比位居第二的宁波港和新加坡港高出 5 000 万吨和 2 000 万吨；增长率分别为 10.48% 和 9.3%，位居全球第三和第四。由此，上海港为世界唯一的一个超过 3 000 万标准箱的港口。

表 14-2　　2011 年全球十大港口货物吞吐量排名

2011 年排名	港口名称	货物吞吐量(万吨)	增长率(%)
1	上海	72 032.9	10.48
2	宁波—舟山	67 838.2	9.32
3	新加坡	57 893.1	6.35
4	广州	45 100	9.73
5	天津	44 800	9.27
6	鹿特丹	43 342.4	0.76
7	青岛	37 500	7.14

① 根据上海综合保税区网站数据统计而得。

续　表

2011 年排名	港口名称	货物吞吐量(万吨)	增长率(%)
8	大连	33 800	8.56
9	唐山	30 800	22.9
10	釜山	29 357.07	12.91

资料来源：上海航运研究中心：《全球港口发展报告(2011)》。

表 14－3　　2011 年十大港口集装箱吞吐量排名

2011 年排名	港口名称	集装箱吞吐量(万吨)	增长率(%)
1	上海	3 173.9	9.3
2	新加坡	2 993.7	5.3
3	香港	2 422.4	3.4
4	深圳	2 249.9	0
5	釜山	1 617.5	14
6	宁波	1 463.93	11.3
7	广州	1 430.8	14.3
8	青岛	1 302.04	8.4
9	迪拜	1 200	3.4
10	鹿特丹	1 190	7.2

资料来源：上海航运研究中心：《全球港口发展报告(2011)》。

（三）口岸服务环境进一步优化

2012 年 3 月，新上海国际航运服务中心正式落成启用，不仅优化了口岸服务环境，而且进一步深化了口岸信息功能。该服务中心集中了海关、检验检疫、海事、边检等口岸职能部门及港、航、货、代、金融保险、法律咨询等航运相关企业单位，口岸一站式服务更加便捷和全面。同时，口岸信息也更加透明、及时，极大地降低了企业运输成本。2012 年 4 月，海关、检验检疫联合公告，上海口岸对一般贸易全部出口法检商品和部分进口法检商品正式实施通关单无纸化，即除应急等情况外，取消关检之间纸质通关单的流转。口岸通关环境的改善，在进一步提升上海口岸集聚和辐射功能，全面增强上海口岸国际竞争力的同时，也提升了上海港服务全国、服务四个中心建设的能力。如表 14－4 所示，2012 年 1—9 月，上海洋山港和外高桥集装箱吞吐量达 2 193 万标箱，同比增长 2%，上海外高桥货物吞吐量达 12 837 万吨，同比增长约 17%。洋山港和外高桥靠泊的集装箱船舶和靠泊船舶分别达 10 174 艘次和 28 926 艘次，同比分别增长 1.5%和 5.6%。

表 14－4　　2012 年 1—9 月上海港运营及同比增长状况

集装箱吞吐量	洋山港	绝对数量（万标箱）	10 53.39
		同比增长（%）	7.1
	外高桥	绝对数量（万标箱）	1 140.07
		同比增长（%）	－2.9
	合计	绝对数量（万标箱）	2 193.46
		同比增长（%）	1.7
货物吞吐量	外高桥	绝对数量（万吨）	12 837.02
		同比增长（%）	17.7
靠泊集装箱船舶	洋山港	绝对数量（艘次）	10 174
		同比增长（%）	1.5
靠泊船舶	外高桥	绝对数量（艘次）	28 926
		同比增长（%）	5.6

资料来源：根据上海综合保税区网站数据统计而得。

四、航运能级有效提升

建设航运服务功能健全、全球航运资源配置能力的国际航运中心，必须建立健全现代航运服务体系。为促进国际航运中心综合服务功能的提升，过去五年，上海进一步优化集聚区布局、拓展航运金融和保险业务，并加快航运信息中心建设。

（一）航运服务机构和空间布局

由于历史沿革等原因，上海航运产业分布在浦东、虹口、黄浦、长宁等多个区域，产业分工也不明显，例如，虹口北外滩和浦东洋山深水港保税区分别集聚了部分大型航运企业，浦东新区内的航运产业还分布在洋山港保税港区、浦东机场综合保税区和外高桥保税区。为了进一步促进航运服务业的发展，过去五年，上海进一步优化了航运服务集聚区的布局。

资料显示，“十一五”期末，在上海经营国际海上运输及其辅助行业的外资驻沪代表机构达到约 250 家，另有 1 000 多家不同资本类型的国际海上运输和辅助服务企业在沪开展经营活动。全球十大船级社中的九家已在上海开设了代表处，船运经纪人俱乐部、上海海事仲裁院、上海国际航运仲裁院、中国国际集装箱班轮运价备案中心、上海国际航运信息中心、上海航运运价交易有限公司等机构相继成立。另外，全球第二大班轮公司地中海航运公司在沪设立独资公司，全球最大龙门吊箱型船船队经营企业瑞士吉与宝公司在沪设立亚洲总部①。航运机构在上海的加快集聚，不仅促进了上海国际航运业竞争力和国际影响力，而且产生了更多的现代航运服务业需求。

（二）航运金融业

航运金融业的发展，不仅能直接提升上海高端航运服务业比例，促进航运功能的升级，而且为船舶建造、船舶租赁、船舶检验等海上运输和辅助服务业提供了必要的融资环境。过去五年，上海利用国际航运发展综合试验区先行先试等政策优势，不断拓展航运金融业务，明显提升了上海航运金融业水平。

第一，融资租赁业务显著拓展。如为加快拓展上海融资租赁业务，2011 年 12 月，《国家发展改革委员会关于推动上海浦东综合配套改革试点近期重点改革事项的复函》中明确指出，上海综合保税区参照天津东疆相关政策内容开展融资租赁业务创新试点工作。为推进综保区的这项工作顺利展开，上海市发改委从市场准入、海关政策、外汇管理等方面印发了《关于推进上海综合保税区开展融资租赁业务的试点意见》。

第二，海上保险业进一步发展，并从国内航运保险中心走向国际。海上运输和海上贸易是高风险、高资本的产业。海上保险之所以于 14、15 世纪在地中海最早萌芽，重要的原因之一是海上贸易的需要。事实上，自保险业在中国出现以来，上海一直是国内海上保险的中心。资料显示 20 世纪 90 年代，上海货运险在全国的占比曾高达 80%以上。加入 WTO 后，随着外资保险企业的进入及海上保险业的发展，上海的海上保险又重新走上快速发展道路。

海上保险业成为上海国际航运中心建设的重要组成部分。近年来，上海海上保险进一步发展，突出地表现在以下两方面：第一，专业机构的设立。2009 年和 2010 年，全国仅有的两家航运保险运营中心先后落户上海，2010 年，上海航运保险业务在全国的占比达 26.46%。第二，保险产品的创新。除

---

① 中共上海市委党史研究室编：《新跨越，新发展》，上海人民出版社 2012 年版，第 92 页。

常见的货物运输保险、船舶保险等保险产品外，中国人保和中国太保航运运营中心积极设计新产品，不断在产品创新方面发挥示范和带头作用。例如，2011年，上海积极推动试行无船承运业务经营者保证金责任保险。

第三，国际贸易结算中心外汇管理等政策得到突破性进展。2011年，上海开展国际贸易结算中心外汇管理试点获批，成为上海国际航运中心建设进程中的重要标志之一，也实质性推动了实体性总部经济在上海的发展。截止到2012年8月，上海已开展两批企业试点实施国际贸易结算，累计企业数达30家以上，第三批国际贸易结算中心试点已在申请中。此外，人民币国际支付清算系统及其运营机构落户上海的申请已获央行回应。

2011年2月，酝酿两年之久的上海航运产业基金落户上海北外滩航运服务集聚区，总融资规模达500亿，成为上海打造亚太航运中心的重要载体之一。另外，结合《关于推进洋山保税港区大宗商品产业发展的若干意见》，2012年4月，期货保税仓单质押业务也在洋山保税港区正式启动运作，从而推动保税交割从单纯的物流属性向金融属性拓展，为形成大宗商品规模化市场奠定良好基础。截止到2012年5月，洋山保税港区累计引进24家大宗商品运营龙头企业，注册总资金达10亿元。目前，洋山保税港区已成为上海主要的大宗商品集散地。

国际贸易结算中心外汇管理等政策的突破性进展，显示加快推进上海国际航运中心建设特别是高端服务业的发展有了更好的政策环境，上海的航运综合服务功能将进一步提升。

(三) 航运信息服务功能

信息在现代经济生活中作用越来越大，不仅是市场竞争重要手段，而且成为市场竞争重要资源。因此，航运功能的提升，必须高度重视和利用航运信息资源。上海国际航运中心建设过程中，航运信息的收集、整理和管理是取得航运话语权的重要前提之一。过去五年，上海在航运信息管理方面表现也比较突出。

2010年，上海国际航运信息中心成立，标志上海从此拥有了国际航运专业信息平台。根据规划，上海国际航运信息中心拥有五大功能，即航运信息有效集聚功能、航运信息专业分析功能、航运信息权威发布功能、航运信息辅助决策功能和航运信息增值服务功能。实践显示，上海国际航运信息中心已取得了较好的成绩，航运信息服务功能加快开发。截止到2011年年底，上海先后发布了上海船舶价格指数、中国新造船价格批数、上海出口集装箱运价指数和中国沿海煤炭运价指数。其中，2009 年上海航交所发布的新版上海出口集装箱运价指数(SCFI)，被全球航运界权威媒体《劳氏日报》评价为“反映上海出口至世界各地主要航线运价最权威和最准确的指数之一”。伦敦结算行、新加坡交易所亚洲结算行先后推出以 SCFI 为结算依据的集装箱远期运费交易的场内结算业务。

研究表明，以下两个因素促进了上海国际航运信息功能开发加快：第一，上海国际航运信息中心充分利用了上海交易所已有或正在筹建的大量信息中心作为支撑系统，例如，运价交易信息中心、船员信息服务中心、国际班轮运价备案中心、全国船舶交易信息平台、口岸舱单数据分析、中国航运实属编制与发布中心，以及全国港航信息联络中心，在此基础上，上海国际航运信息中心加大信息管理和权威发布等功能，为上海、中国乃至世界航运业提供有关信息。第二，成立于 2008 年的上海国际航运研究中心，除了为相关部门提供战略决策建议之外，也收集、统计、分析和整理海事、海商、航运金融、海运贸易、海事司法等信息，并定期发布世界和中国的航运市场报告，在某种程度上充当了上海国际航运中心信息平台的角色。笔者认为，在此基础上，上海国际航运信息专业平台的成立，将加快提升上海国际航运信息功能。

(四) 邮轮旅游业

2009 年，旅游产业成为中国国民经济的战略性支柱产业。伴随上海经济转型发展需要及上海国际航运中心建设取得一系列进展，邮轮旅游作为高端旅游业态，受到越来越多的重视。邮轮旅游成为上海提升现代高端服务业的又一重要载体。

第十五章 上海国际航运中心现状分析

经过近二十年的努力，上海已成为全球性的国际航运中心，集疏运体系世界一流，货物和集装箱吞吐量连续多年世界第一，现代航运服务体系逐步形成，部分高端航运服务业也形成一定规模。笔者将对照国发“19号文”和上海国际航运中心十二五规划，深入分析上海国际航运中心现状。

第一节 上海国际航运中心建设的主要成就

上海国际航运中心建设取得了有目共睹的成绩，不仅表现在货物运输和集装箱吞吐量位居世界第一，也表现在航运服务能力和水平及航运发展环境有质的提高。具体如下：

一、连续多年世界第一的货物和集装箱吞吐量

2005年和2010年，上海港货物吞吐量和集装箱吞吐量分别位居世界第一，之后，上海港一直保持货物吞吐量和集装箱吞吐量世界第一的位置。如图15-1和图15-2显示，除2009年因金融危机的影响外，上海港货物吞吐量和集装箱吞吐量稳步增长，到2014年分别达5.39亿吨和3 528万标箱。

二、完善的现代航运集疏运体系

“十二五”期间，上海已基本形成现代航运集疏运体系。主要表现在：

（一）集疏运基础设施不断优化

上海港外高桥六期港区竣工验收。除洋山深水港建成投产外，上海港外

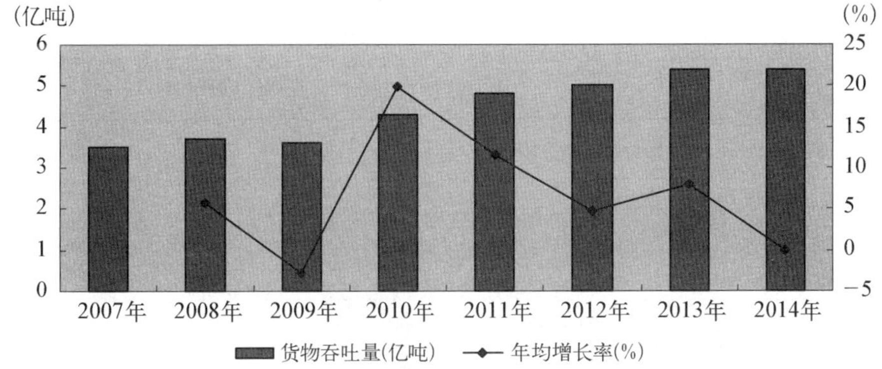

图 15-1　2007—2014 年上海港货物吞吐量

资料来源：货物吞吐量数据来自上海国际港务(集团)股份有限公司网站，年均增长率为据此告计算。

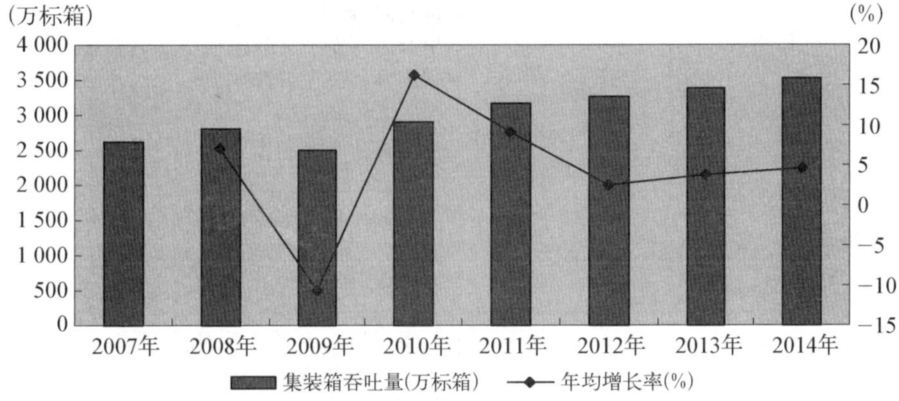

图 15-2　2007—2014 年上海港集装箱吞吐量

资料来源：货物吞吐量数据来自上海国际港务(集团)股份有限公司网站，年均增长率据此计算。

高桥六期港区于 2011 年 10 月竣工验收。该工程系一个具备汽车滚装、集装箱运输、港口物流三大主体功能的综合性港区，岸线长 1 538 米，陆域面积 181.9 万平方米，建设 1 个 10 万吨级和 2 个 7 万吨级集装箱泊位、2 个 5 万吨级汽车滚装泊位，滚装泊位内侧建设 2 个长江驳船泊位。设计年通过能力为 210 万标准箱和 73 万辆汽车。随着外高桥六期主体工程建成，上海港吞吐能力进一步提升。

与江浙联系的高速公路增加到 8 条、48 车道。如表 15-1 所示，1996 年至今，上海、江苏、浙江先后开通了8条高速公路，疏港货运通道路网结构进一步优化。

表15-1 江浙沪高速公路网

路　名	连接省份	开通时间	起　止　点	车道
沪宁高速公路	上海—江苏	1996年2月	上海外环到南京	双向8车道
沪杭高速公路	上海—浙江	1998年12月29日	东起上海莘庄，西至杭州东郊彭埠镇	双向4车道
申苏浙皖高速公路	上海—江苏—浙江	2006年年底	东起上海延安高架，西至浙江湖州，途径江苏苏州	双向6车道
沿江高速公路	上海—江苏	2006年年底	西起 江苏省常州市，东接上海市A5高速	双向4车道
苏沪高速公路	上海—江苏		自G15沈海高速公路，向西至苏州尹山立交与苏州绕城高速公路和苏嘉杭高速公路相接	双向4车道
杭浦高速公路	上海—浙江	2008年1月28日	杭州直达上海浦东	双向6车道
申嘉湖高速公路	上海—浙江	2010年	东起浦东国际机场，西至枫泾镇北市界、通浙江申嘉湖(杭)高速公路	双向8车道
崇启大桥越江隧道	上海—江苏	2011年12月	上海崇明岛上的崇明县陈家镇，接上海长江大桥，终于江苏省启东市汇龙镇	双向8车道

内河航道显著改善。长江口深水航道三期工程12.5米水深航道全线贯通，高等级内河航道项目有序推进。京沪、沪宁、沪杭城际高铁开通，铁路货运能力得到加强。浦东、虹桥两机场形成5条跑道、4座航站楼、5个货运区的规模，上海航空枢纽运输保障能力进一步提升。

（二）集装箱航线不断拓展

截至2015年6月，上海港已开通15条主要航线，包括西北欧航线、地中海航线、澳洲航线、波斯湾航线、红海航线、美国东部航线、美国西部航线、南美南非航线、西非航线、黑海航线、东南亚航线、日本航线、香港航线、台湾航线和韩国航线，覆盖全球主要港口，共计180根航线(见表15-2)。

表 15－2　　上海港主要航线

主要航线	航线(条)	主　要　挂　靠　港　口
西北欧航线	15	上海、大连、青岛、厦门、新加坡、香港、汉堡、鹿特丹、南安普敦、安特卫普等
地中海航线	7	釜山、上海、香港、赤湾、新加坡、比雷埃夫斯、拉斯佩齐亚、巴塞罗那、比雷埃夫斯、新加坡
澳洲航线	7	上海、厦门、黄埔、香港、悉尼、墨尔本、布里斯班、香港
波斯湾航线	10	新港、青岛、上海、香港、盐田、新加坡、迪拜、达曼、卡拉奇、新加坡、香港、新港
红海航线	2	宁波、仰光、釜山、上海、宁波、蛇口、香港、新加坡、科伦坡、亚丁、吉布提、吉达、索科娜、亚卡巴、亚丁、吉布提、新加坡、
美国东部航线	9	釜山、青岛、上海、蛇口、香港、迈阿密、萨瓦纳、诺福克、查尔斯、迈阿密、蒙查尼、
美国西部航线	24	上海、釜山、温哥华、西雅图、釜山、上海
南美南非航线	5	上海、釜山、名古屋、横滨、基隆、香港、新加坡、德班、桑多斯、布宜诺斯埃利斯、里沃格兰德、伊塔加、巴拉那瓜、里约热内卢、巴拉兮瓜、布宜
西非航线	4	上海、宁波、香港新加坡(蒙巴萨、达累斯萨达姆)卢旺达黑角、阿比让特马洛美、科特努拉各斯杜阿拉、拉各斯科特努、洛美、特马、阿比
黑海航线	3	青岛、上海、赤湾、巴生、贝鲁特、拉塔基亚、康斯坦萨、伊利
东南亚航线	17	上海、胡志明、香港
日本航线	46	上海、大阪、门司、上海
香港航线	5	上海、香港
韩国航线	15	上海、平泽、仁川
台湾航线	11	上海、香港、高雄、基隆、石垣岛、上海
合计	180	

资料来源：根据相关资料整理。

(三) 国际航空枢纽地位初步形成

近年来，上海初步确立国际航运货运枢纽地位。2014 年，上海两大机场完成货邮吞吐量 361 万吨，保持国内机场航空货运领先地位。其中，浦东机场完成了 317 万吨货邮吞吐量，连续第 7 年保持全球第三的地位(见表 15－3)。浦东机场还是全球第一个同时吸引两大国际物流集成商入驻并建立地区级转运中心的机场。2008 年，UPS 国际转运中心在浦东机场正式启动，2009 年，DHL 北亚枢纽转运中心破土动工。大规模的货邮吞吐量和两家国际物流集成商的入驻，巩固了浦东机场“国际航运枢纽”地位。

2014 年，上海两大机场共保障飞机起降 65.55 万架次，其中浦东机场 40.22 万架次、虹桥机场 25.33 万架次，同比增长 6.56%；完成旅客吞吐量 8 962.2万人次，其中浦东 5 166.18 万人次、虹桥 3 796.02 万人次，同比增长 8.25%。尽管目前旅客吞吐量排名世界第 21 位，但随着自贸区建设的深化，上海国际旅游度假区、迪士尼的建成投运，浦东机场将完成四、五跑道，南卫星厅的建设，虹桥机场东片区改造工程也将完成，枢纽设施规模及功能将得到进一步完善。未来 5 年内上海的航空客货运量将继续保持增长势头。

表 15－3　2014 年上海两大机场的吞吐量

<table>
<tr><th></th><th>浦东机场</th><th>虹桥机场</th><th>合计</th><th>世界排名</th></tr>
<tr><td>飞机起降架次(万)</td><td>40.22</td><td>25.33</td><td>65.55</td><td rowspan="2">2013 年旅客吞吐量全球第 21 位</td></tr>
<tr><td>旅客吞吐量(万人次)</td><td>5 166.18</td><td>3 796.02</td><td>8 962.2</td></tr>
<tr><td>货邮吞吐量(万吨)</td><td>317.82</td><td>43.2</td><td>361.02</td><td>连续第 7 年全球排名第三位</td></tr>
</table>

资料来源：上海机场进口清关公司网站，http://www.waterman-jc.com/view/jkzx/337.html。

三、较完善的现代航运服务体系

经过多年的努力，上海国际航运中心已建立较完善的现代航运服务体系。主要表现在：

(一) 传统航运服务业不断转型升级

传统航运服务业主要包括船舶管理、船舶代理和水路客货运代理等。上海国际航运中心建设，通过简政放权、激发市场活力、深化对外开放等措施，鼓励支持企业加强理念创新和自身能力建设，利用现代信息技术手段，加强与相关服务业融合，推进传统航运服务业转型升级。以船舶管理为例。船舶管理通常可为船东管理船舶(包括航次租船和期租船，又称第一方船舶管理)、租船人管理船舶(主要是光租，又称第二方船舶管理)和向船东提供一系列服务的第三方船舶管理。从世界范围看，第三方船舶管理公司在世界范围内广泛分布，有专家甚至把第三方船舶管理业的发展视为航运发展的第四波，是国际航运中心的重要组成部分。但在中国，这种管理模式主要出现在加入 WTO 后。2001 年 3 月，全球第一大船舶管理公司 V. Ships 在上海以航线顾问公司性质之名，设立了在中国的第一个办事处。2001 年 8 月，上海成立了国内第一家真正意义上的国际船舶管理公司——上海中波国际船舶管理公司。上海自贸试验区建设明确允许设立外商独资国际船舶管理企业。2014 年，上海润元船舶管理有限公司、海工船舶管理（上海）有限公司、马士基船务管理咨询有限公司等多家外商独资船舶管理企业落户上海自贸区，另有来自德国、新加坡、中国香港等地的多家船管企业也加紧办理工商注册。无疑，传统航运服务业在上海国际航运中心建设过程中将不断地创新商业模式，提升国际化水平，切实实现转型升级。

为进一步贯彻落实《国务院关于促进海运业健康发展的若干意见》（国发〔2014〕32 号）《国务院关于依托黄金水道推动长江经济带发展的指导意见》（国发〔2014〕39 号），加快现代航运业发展，2015 年 1 月，交通部正式发布《关于加快现代航运服务业发展的意见》，明确提出以航运中心和自由贸易试验区为重要载体，切实提升现代航服务业水平面和国际竞争力。因此，上海国际航运中心的航运服务业水平有望切实提升。

（二）航运交易服务显著提升

为配合上海国际航运中心建设，经国务院批准，由交通运输部和上海市人民政府共同组建了上海航运交易所。经过近二十年的努力，上海航运交易所在维护航运市场公平、规范航运交易行为、沟通航运动态信息方面取得了丰硕成果，如：为有效实现市场信息沟通，上海航运交易所先后推出了中国出口集装箱运价指数、上海出口集装箱运价指数、中国沿海（散货）运价指数、中国沿海煤炭运价指数、中国进口干散货运价指数、中国进口原油运价指数、中国进口集装箱运价指数和台湾海峡两岸间集装箱运价指数等各类运价指数。2015 年 6 月，上海航运交易所正式推出中国公路物流运价指数。这些指数不仅产生了广泛的社会、经济效益，而且对规范中国航运市场、维护航运交易秩序、促进航运市场的健康发展起到了积极的推动作用。其中，2009 年上海航运交易所发布的新版上海出口集装箱运价指数（SCFI），被全球航运界权威媒体《劳氏日报》评价为“反映上海出口至世界各地主要航线运价最权威和最准确的指数之一”。伦敦结算行、新加坡交易所亚洲结算行先后推出以 SCFI 为结算依据的集装箱远期运费交易的场内结算业务。

2010年10月由上海航运交易所、上海市虹口区国有资产经营有限公司发起成立上海航运运价交易有限公司，是全球首个航运运力交易平台。目前，该交易平台已成功推出国际干散货、中国沿海煤炭、上海出口集装箱三大航运运力交易品种，覆盖了航运市场主要货种及航线，为中国航运相关企业控制船运风险创造了条件。

四、开始发力的高端航运服务业

必须承认，高端航运服务业是上海国际航运中心建设的瓶颈和挑战。2008年以来，理论界和实务界高度认识到高端航运服务业的重要性，中央和上海也多次出台相关政策加以支持和鼓励，但愿景和现实总是有相大差距。欣慰的是，经过多年的努力，加上上海自贸区建设的推进，上海高端航运服务业开始发力。

（一）航运金融服务功能有所突破

第一，境外融资项目进一步增加。此前，航运企业特别是中海发展等国有大型航运企业所需的资金，因融资成本等原因主要来源于境外，上海自贸区取消境外债权业务逐笔审批规定，使这些有巨大资金需求的外向型企业获得境外资金的时间成本更少。截止到2014年5月底，上海自贸区内已完成两笔较大的境外融资项目（见表15-4）。资料显示，这些境外直贷给企业节约了相当可观的成本。如中海国际从中行澳门分行获得的2亿人民币借款，节约了近100万元的总经济成本。另外，《中国（上海）自由贸易试验区国际船舶登记制度试点方案》在登记主体、船籍、船龄等五个方面有突破，不仅促进了船舶监管新探索，而且有利于国内船舶融资业务的开展。例如，以往国内商业贷款要求足额国内资产作为抵押物，但船籍为国外的船只无法作为抵押品，结果是助推船东选择离岸登记融资。如今，上海自贸区内实行的船舶登记制度，将促进企业满足国内商业贷款要求，从而获得更快更多地获得国内商业贷款。2014年5月8日，首家外资船舶管理公司在自贸区成立。

表15-4　上海自贸区内航运业境外融资代表性项目

项目主体方	方　式	金额（万元）	时　间
中海发展	内保外贷	50 000	2014年1月30日
中海集运	内保外贷	34 900	2014年2月25日
上海润元船舶管理有限公司（新加坡）	投资成立	—	2014年5月8日

资料来源：作者根据公开资料整理而得。

第二，航运保险机构进一步向上海集聚。2014 年 6 月，华泰财险航运保险中心在上海自贸区正式成立，是继中国人保、中国太保、中国平安、阳光产险及永安保险之后，第 6 家在沪设立航保中心的险企。至此，全国所有的航运保险中心均落户上海。与此同时，中国首家专业性航运保险社团组织——上海航运保险协会正式成立。航运保险协会的成立，不仅标志着航运保险业市场化程度的进一步提高，也为保监会出台促进上海自贸区建设的细则落地提供了平台。

第三，资金结算业务和商业保理等金融创新业务开局良好。如物流企业作为担保方的资金结算业务日益增多，如表 15－5 所示，中海发展和中海集运分别为其子公司出具担保。

表 15－5　　自贸区内航运担保业务现状

担保方	受　担　保　方	担保金额（亿元）	公告日	期限（年）
上港集团	上海冠东国际集装箱码头有限公司	60	2014 年 5 月 6 日	5
上港集团	重庆集海航运有限责任公司	0.04	2014 年 1 月 7 日	1
中海发展	中海发展（香港）	5（美元）	2014 年 1 月 30 日	1
中海集运	中海集装箱运输（香港）	3.49	2014 年 2 月 26 日	2

资料来源：根据公开资料整理。

第四，船舶租赁业务有实质性突破。如表 15－6 所示，交银租赁和招银租赁均在国内单船 SPV 项目上有实质性发展。另外，境外单船 SPV 项目也开局良好，如民生租赁完成当今最先进多用途钻井船命名交付。

表 15－6　　自贸区部分船舶租赁情况

时　间	租赁公司	项　目　内　容	经营模式
2014 年 2 月 28 日	民生租赁	完成当今最先进多用途钻井船命名交付	境外融资
2014 年 3 月 5 日	招银租赁	一艘 18 万吨散货船成功交付	融资租赁
2014 年 4 月 4 日	招银租赁	5 亿规模的租赁易-外债通	回购式租赁
2014 年 5 月 15 日	交银租赁	3 艘 9 400TEU 集装箱船舶	经营租赁

资料来源：交银租赁资料来源于上海法院网报道上海海事法院赴交银金融租赁有限公司调研上海自贸区 SPV 单船融资项目开展情况及相关法律问题，http://shfy.chinacourt.org/article/detail/2014/05/id/1296687.shtml；其他资料均来自所涉公司网站。

(二) 航运法律服务能力不断提升

上海自贸试验区挂牌以来,适合区内的法律体系也在积极探索中,除了暂停部分法律外,还推出了一系列上海自贸试验区内适用的、与国际法则接轨的法律法规和商业管理规则。如按照国际惯例,许多纠纷处理,可以由协会调解或国际仲裁机构仲裁,只有涉及特定事项时,政府才能依法处理。2013 年年底,中国首家航运保险协会——上海航运保险协会在上海自贸区成立,它不仅为保监会出台促进上海自贸区建设的细则落地提供了平台,也标志着航运保险业市场化程度的进一步提高。部分航运保险纠纷可以通过这个协会协调,或由这个协会出面提交国际仲裁机构。

更为重要的是,这种“去行政化”的商事机构,一定程度提高了上海国际航运话语权。成立于 2003 年的中国海事仲裁上海分会(注册地在浦东),在上海自贸区成立后,积极探索在上海自贸区建立与国际接轨的高效海事仲裁程序管理模式,依托各方面力量,拓展海事仲裁的增长空间,努力将上海建设成中国的海事仲裁中心,打造成亚太地区的海事仲裁中心。2014 年,中国海事仲裁上海分会发布了“标准船舶融资租赁合同”,这是中国航运业首次发布的标准合同,被称为“上海格式”的合同文本。这份合同文本首创人民币结算,推荐适用中国仲裁解决争议,突破了波罗的海航运公会等权威组织尝试未果的难题,标志着中国航运业不再完全照搬沿用西方国家的合同、标准,而是积极参与或制定“中国”规则。

(三) 航运信息服务能力显著提高

信息在现代经济生活中的作用越来越大,不仅是市场竞争重要手段,而且成为市场竞争重要资源。上海国际航运中心建设过程中,航运信息的收集、整理和管理是取得航运话语权的重要前提之一。

2010 年,上海国际航运信息中心成立。上海国际航运信息中心充分利用了上海航运交易所已有或正在筹建的大量信息中心作为支撑系统,例如,运价交易信息中心、船员信息服务中心、国际班轮运价备案中心、全国船舶交易信息平台、口岸舱单数据分析、中国航运实属编制与发布中心,以及全国港航信息联络中心,在此基础上,上海国际航运信息中心加大信息管理和权威发布等功能,为上海、中国乃至世界航运业提供有关信息。

成立于 2008 年的上海国际航运研究中心,除了为相关部门提供战略决策建议之外,也收集、统计、分析和整理海事、海商、航运金融、海运贸易、海事司法等信息,并定期发布世界和中国的航运市场报告,在某种程度上充当了上海国际航运中心信息平台的角色。笔者认为，在此基础上，上海国际航运信息专业平台的成立，将加快提升上海国际航运信息功能。

2012 年 3 月，新上海国际航运服务中心正式落成启用，不仅优化了口岸服务环境，而且进一步深化了口岸信息功能。服务中心集中了海关、检验检疫、海事、边检等口岸职能部门及港、航、货、代、金融保险、法律咨询等航运相关企业单位，口岸一站式服务更加便捷和全面。同时，口岸信息也更加透明、及时，极大地降低了企业运输成本。2012 年 4 月，海关、检验检疫联合公告，上海口岸对一般贸易全部出口法检商品和部分进口法检商品正式实施通关单无纸化，即除应急等情况外，取消关检之间纸质通关单的流转。口岸通关环境的改善，进一步提升了上海口岸集聚和辐射功能，在全面增强上海口岸国际竞争力的同时，提升了上海港服务全国、服务四个中心建设的能力。

五、快速发展的邮轮经济

2009 年，旅游产业成为中国国民经济的战略性支柱产业。伴随上海经济转型发展需要及上海国际航运中心建设取得一系列进展，邮轮旅游作为高端旅游业态，受到越来越多重视。邮轮旅游成为上海提升现代高端服务业的又一重要载体。

（一）邮轮旅游集散功能

2008 年，国内第一个专业化的大型国际邮轮码头——上海港国际客运中心在北外滩投入使用。上海港国际客运中心的岸线全长近 1 200 米，可同时停泊 3 艘 7 万吨级的豪华邮轮，是亚洲数一数二的邮轮停靠基地。2011 年，吴淞口国际邮轮码头一期落成。吴淞口国际邮轮码头水域规划岸线总长达 1 500 米，一期新建 2 个大型邮轮泊位，岸线长度为 774 米，可同时靠泊 1 艘 10 万吨级邮轮和 1 艘 20 万吨级邮轮。至此，上海港拥有邮轮泊位 6 个。加上外高桥六期海通码头，上海已基本形成“两主一备”邮轮母港的布局形态。伴随“两主一备”邮轮母港布局形态的基本形成，上海港邮轮发展政策有所突破。2009 年，交通运输部发布了《关于外国籍邮轮在华特许开展多点挂靠业务的公告》，允许外籍邮轮在华开展多点挂靠业务。多点挂靠政策的突破，不仅提高国内邮轮港口设施的利用率，而且加强了港口之间的合作关系，进一步促进了上海邮轮旅游业的发展。例如，公告发布后不久，上海成立了全国第一家具备经营揽客、出具客票业务的外商独资邮轮船务公司——歌诗达邮轮船务（上海）有限公司，并随即提交了邮轮挂靠上海、青岛等地的申请，极大地方便了旅客从青岛上船。除此之外，上海推出了多项措施为邮轮及旅客通关提供便利。例如全天候为邮轮办理报检等手续，开发“国际航行船舶进出口岸 EDI 口岸申报系统”，采取“预先申报、网上申请、现场核发”的出入境管理工作模式，等等。这些措施极大便利了邮轮旅客口岸入境，加快了通关速度。

随着邮轮发展政策在一定程度上的突破和基础设施的不断完善，近年来上海港邮轮旅游功能已经初显。例如，国际上界定邮轮母港的指标是年均登船人次超过 10 万人次。早在 2007 年，上海港即达到邮轮母港标准，近年来的国际邮轮旅客亦呈现逐年上升趋势。如表 15－7 所示，2011 年上海港邮轮旅客数量达到 33 万人次。统计显示，2007 年以来上海港邮轮游客数量的年平均增长率达到 57％。

表 15－7　2007—2011 年上海港接待邮轮出入境游客和国际邮轮

年　份	出入境游客（万人次）	国际邮轮（艘）
2007 年	10	—
2010 年	26	60
2011 年	33	105

资料来源：根据相关资料整理。

伴随中国经济的发展，上海港国际邮轮业务需求量将进一步释放。上岸观光将在一段时间内仍是上海港邮轮旅游的重要组织部分。其中，随着上海港与青岛、厦门等地的多点挂靠政策的出台，通过上海港到上海、青岛、厦门等地旅游的国际游客及通过上述港口出境的国内游客也日益增多，邮轮的集散功能也进一步突显。

（二）邮轮旅游目的地功能

邮轮母港客流量仅仅是邮轮旅游业发展指标之一，体现的是游客规模、邮轮集散功能。事实上，现代邮轮的另一重要功能是目的地功能。该功能具有高技术、高资本、高附加值等特点，体现更高端的邮轮旅游业水平。上海邮轮旅游业的发展，正加快发挥邮轮旅游目的地功能，并加快推进邮轮产业发展。

上海邮轮经济发展“十二五”规划明确指出，拥有豪华邮轮的关键技术储备并初步掌握豪华邮轮的自主设计及装备制造能力，以及在上海实现本土母港邮轮与本土注册邮轮公司零的突破，是上海邮轮产业的目标定位。

同时，作为一项投资巨大的产业，国际邮轮母港和邮轮本身都需要金融、保险、加工制造业等配套产业的支持和联动。只有打造完整的邮轮产业链，才能推动邮轮旅游业向邮轮产业迈进。与国内其他港口相比，上海在金融、保险业等方面具有较明显的优势。例如，上海具有全国最大的资本市场，拥有最完善的金融服务体系，吸引了大量的中外资金融机构。这些相关产业的发展为上海推动邮轮产业发展奠定了良好基础。反之，邮轮旅游目的地功能的发挥和邮轮产业的发展，将推进上海城市功能提升，经济结构转型。

六、进一步完善的现代航运发展环境

（一）航运话语权

航运话语权是以自己的意志对重要国际航运事务有主导性影响并被国际主流所接受的能力。目前，中国的海运能力位居世界之首。但长期以来，中国航运业沿用西方合同，即中国海运能力和制定国际商务规则的权利差距悬殊。这种悬殊的后果之一是，一旦产生纠纷合同必须接受西方仲裁，而这种制裁，由于理念、内容和语言等方面的差异，给中国当事人带来较大的挑战。

上海国际航运中心建设在从中国被动接受、熟悉国际航运话语权到模仿、建立、并被国际主流所接受的过程中，发挥着越来越大的作用，且成效显著。比较典型的案例有：2013 年年底，中国首家航运保险协会——上海航运保险协会在上海自贸成立，意味着部分航运保险纠纷可以通过这个协会协调，或由这个协会出面提交国际仲裁机构；2014 年，中国海事仲裁上海分会发布的“标准船舶融资租赁合同”是中国航运业首次发布的标准合同，被业界称为“上海格式”的合同文本。这个文本更贴近中国航运实际，如首创人民币结算，推荐适用中国仲裁解决争议，在规范中国航运市场的同时，将帮助中国当事人获得合同谈判中的主动权，争取更多符合中国市场的话语权。当然，我们也承认，航运话语权的提升，并非易事。作为后来者，我们还有许多路要走。但不管有多少艰难，上海国际航运中心建设在这方面也迈出了坚实的一步。

（二）航运监管环境

浦东开发开放以来，一直担负着为全国面上的改革探索点上的经验的战略任务。2014 年 9 月，国家发展改革委总结 40 条全国综改经验，其中 11 条经验来自浦东。如表 15－8 所示，2014 年上半年，浦东各区级机关累计核减行政编制 299 名，核减内设机构 39 个，精简率分别达到 15％和 16％。调研发现，与此同时，37 家浦东区级机关共选派 100 多名干部下沉到基层，为年轻干部提供平台接受锻炼和考验。

表 15-8 2014年浦东政府机构和人员精简情况

	已核减	精简率(%)
行政编制	299名	15
内设机构	39个	16

资料来源：根据相关资料整理。

在此基础上，上海浦东新区还充分发挥中国(上海)自贸试验区在浦东的优势，率先复制、推广上海自贸试验区的改革创新成果，积极、主动对接上海自贸试验区首批可复制可推广的项目。以海关监管创新制度为例。例如，截止到2014年8月，上海海关共在自贸试验区内推出23项监管创新制度①，并从2014年8月18日起，向全市推广17项措施。其中，浦东作为上海四个复制推广示范区之一，共承接了其中8项制度红利，占比达47%，包括总部经济、平台经济、高端服务业等领域。具体包括：张江空运服务中心复制上海自贸试验区“先进区、后报关”制度；金桥(南区)复制了上海自贸试验区“区内自行运输”和“一次备案、多次使用”等制度；钻交所等海关特殊监管区和浦东新区内新国际博览中心、世博展览馆等“海关监管指定展馆”，成功复制上海自贸试验区“保税展示交易”制度；康桥地区重点复制推广“加工贸易工单式核销”。这些制度使浦东新区物流、货代、园区建设实现多元化发展，也促进了浦东加工贸易转型升级，为浦东下一步开展融资租赁、迪士尼项目和奥特莱斯项目开展保税业务奠定基础。从企业经营成本来讲，则直接降低了物流成本，例如，资料显示，2014年1至6月上海自贸试验区企业物流成本降低了10%②

(三) 区域联动功能

近年来，上海国际航运中心建设高度重视长三角、长江流域的联动功能，以推动长三角与长江流域的联动发展。如2014年，浦东加强内河水运建设，为推动长三角流域水水中转提供了强有力的基础设施条件；2014年5月，海关总署明确表示将研究区域通关一体化改革，将上海自贸区探索的通关经验运用到长江流域符合条件、发展潜力大的地区，通过设立口岸推广实施。

---

① 其中，“自主保税、海关重点稽核”制度于9月推出。

② 《海关复制推广自贸试验区监管创新》，中国(上海)自由贸易试验区网站，http://www.china-shftz.gov.cn/NewsDetail.aspx?NID=a961ed2a-e918-4d38-86f6-3b61a22df18b&CID=f672f518-99a3-4789-8964-1335104906b4&MenuType=1。

另外，上海也加强本市区域内航运功能错位发展，互补互利。目前，浦东新区已基本形成陆家嘴、洋山临港、外高桥和临空地区四大航运服务集聚区的发展格局。其中，洋山临港地区和陆家嘴航运服务发展区分别集聚大量航运服务企业和航运相关企业及机构，外高桥保税区集聚上千家航运物流类企业，临空航运服务发展区则以各类航空配套服务企业为主，航空产业特色突出。中国（上海）自由贸易试验区建设，则较快推动了浦东四大航运集聚区的互动。首先，上海自贸区管委会从外高桥搬迁到临港，从区域位置看，进一步增强了临港与外高桥的联系。2015 年 4 月，上海自贸区管委会与浦东新区政府合署办公，将进一步增强浦东地区航运功能的联动发展。其次，由于自贸区内制度创新带来的示范效应显著，四大航运集聚区积极参与，容易找寻到互动点。再次，上海自贸区建设带来的贸易和投资便利化，不仅对外高桥物流园区产生直接的带动作用，而且产生大量高端航运服务需求，区内区外企业需求成为四大航运集聚区互动的内在动力。

第二节　上海国际航运中心建设的主要特征

上海国际航运中心建设已近 25 个年头，在发展模式方面具有以下特点：

一、政府主导型发展模式

纵观世界国际航运中心形成和发展，两种模式比较突出：以伦敦和纽约为代表市场主导型发展模式和以新加坡、东京等城市为代表政府主导型发展模式。随着人们对市场和政府关系的进一步认识、世界经济发展变化及全球治理模式的转换，公私合营的 PPP 模式，得到越来越多的关注和实践。上海国际航运中心建设，从整体上讲，可以归入政府主导型。如，1996 年 1 月，以上海为主体、浙江和江苏为两翼的上海国际航运中心建设正式启动，是在国务院的直接组织指挥下进行的；初期建设，又是在各级政府政策支持下顺利进行。

上海国际航运中心发展模式以政府主导为主，是中国经济发展的惯有特征延续，也是追赶型国际航运中心建设的必然选择。首先，国际航运中心发展需要大量的资金投入，政府支持或主导建设是主要形式之一。以港口建设为例，伴随船只的大型化趋势，航运业对深水航道、仓储码头及水陆集疏运体系的要求也越来越高。目前，大型港口的投资达数十亿甚至数百亿美元，如上海洋山港第一期工程耗资 140 亿元。港口投融资项目除具有投资规模大、建设周期长特点外，还表现出一次性投入较大，成本又具有沉没性、不可分性。因此，港口投融资的另一个特点是从总体上说属于国家基础性产业，政府的金融支持较重要。其次，中国实行社会主义市场经济建设是一个较长期过程，市场在国际航运中心建设中发挥作用也是一个长期过程，航运、航运服务、港务管理、船舶建造和管理等领域都有大量的国有企业存在。再次，上海国际航运中心建设起步较晚，在与成熟国际航运中心相竞争的过程中，时间紧、任务重，需要采取追赶战略，政府扶持或主导在短时间内会发挥较大的作用。

这种以政府主导为主的发展模式，卓有成效地推进了上海国际航运中心建设，但也必须看到，在这个过程中，市场也发挥了重要力量，且需要发挥越来越大的作用。上海国际航运中心核心功能区建设，无疑需要发挥政府和市场两种资源和两种力量。但目前，如何协调这两资源和力量，仍存在许多障碍。如，区域联动发展，需要江浙沪三地政府协调，目前行政区域特征仍相当明显；多式联运需要海、陆、空三种运输方式和运输单位通力合作，但目前各方管理机制、技术标准、考核评价均存在差异。因此，机制约束是国际航运中心核心功能区建设面临的又一挑战。

二、上海市各级政府积极主动参与

上海国际航运中心建设是国家战略，不仅受到中央政府的高度重视，而且也得到上海市各级政府的积极参与。如 2012 年上海市政府出台《上海国际航运中心建设“十二五”规划》，提出 2015 年“基本实现货物、船舶、企业、资金、人才、信息、技术等航运要素与资源全面集聚，初步具备全球航运资源配置能力，形成上海国际航运中心核心功能”；2014 年 1 月上海市政府办公厅发布《关于本市加快中国邮轮旅游发展实验区建设的若干意见》，提出 2020 年实现“亚太区域国际邮轮枢纽港、国际邮轮中心之一，达到出入境邮轮 500 艘次、邮轮旅客 200 万人”；2012 年，浦东新区正式公布了“核心功能区布局”，将浦东航运在“十二五”期间定位为“国际航中心推进的主战场、全球航运资源配置核心区、现代航运服务高地、国际航运发展综合试验区、航运文化发展示范区”。具体规划或意见见表 15 - 9。

表 15－9 与上海国际航运中心建设相关的主要政策和目标

<table>
<tr><th rowspan="2">规划名称</th><th colspan="4">主要目标</th></tr>
<tr><th>2010 年</th><th>2015 年</th><th>2020 年</th><th>小结</th></tr>
<tr><td>2009 年国务院《关于推进上海加快发展现代服务业和先进制造业建设国际金融中心和国际航运中心的意见》(简称《意见》)</td><td></td><td></td><td>基本建成航运资源高度集聚、航运服务功能健全、航运市场环境优良、现代物流服务高效，具有全球航运资源配置能力的国际航运中心</td><td rowspan="5">以《意见》为纲，市级层面的其他规划均以此为依据。其中《规划》要求最高、最全面。</td></tr>
<tr><td>2012 年上海市政府《上海国际航运中心建设“十二五”规划》(简称《规划》)</td><td></td><td>基本实现货物、船舶、企业、资金、人才、信息、技术等航运要素与资源全面集聚，初步具备全球航运资源配置能力，形成上海国际航运中心核心功能</td><td></td></tr>
<tr><td>2014 年根据国务院《关于依托黄金水道推动长江经济带发展的指导意见》，上海制定战略</td><td></td><td>协助推进长江口航道疏浚，加快内河高等级航道建设着力推动沿江省市物流和信息服务联动，继续实施上海港“长江战略”，以资本、技术、信息为纽带促进沿江港口物流资源整合着力提高航运服务业辐射长江流域能级</td><td></td></tr>
<tr><td>2000 年上海市政府《上海市城市总体规划(1999 年—2020 年)》</td><td>集装箱泊位 39 个，集装箱吞吐量 1 800万 TEU 以上，基本建成东北亚国际航运中心</td><td></td><td></td></tr>
<tr><td>2014 年 1 月上海市政府办公厅《关于本市加快中国邮轮旅游发展实验区建设的若干意见》</td><td></td><td>基本建成全国领先的国际邮轮港，出入境邮轮 300 艘次、邮轮旅客 100 万人次</td><td>亚太区域国际邮轮枢纽港、国际邮轮中心之一，达到出入境邮轮 500 艘次、邮轮旅客 200 万人</td></tr>
</table>

资料来源：根据相关资料整理。

三、具有强大的航运中心经济腹地

从地域面积到经济总量，上海都具有全球最强大的航运中心腹地。

(一) 狭义经济腹地——长江三角洲

长江三角洲区域面积约 20 万平方公里①，占国土面积的 2.19%，显著大于其他国际航运中心的经济腹地面积。例如，纽约国际航运中心的经济腹地是美国东北部大西洋沿岸城市群——波士顿、纽约、费城、巴尔的摩、华盛顿，该城市群面积约为 14 平方公里，仅占美国面积 1.5%。另外，长江三角洲是中国第一大经济区、中国综合实力最强的经济中心、亚太地区重要的国际门户、全球重要的先进制造业基地、中国率先跻身世界级城市群地区。近年来，长江三角洲地区生产总值均占全国 20%左右，2014 年上海、浙江、江苏三省地区生产总值达 128 800 亿元，占全国生产总值的 20.24%，第二产业增加值占全国第二产业增加值的 21.53%。

表 15 - 10　　国际航运中心经济腹地比较

港口城市	经济腹地(城市群)	面积(万平方公里)
纽约	以纽约为中心的美国东北部大西洋沿岸城市群	13.8
东京	以东京为中心的日本太平洋沿岸城市群	2.2
伦敦	以伦敦为中心的英国城市群	4.5
上海	以上海为中心的中国长江三角洲城市群	20.1

资料来源：根据相关资料整理。

(二) 广义经济腹地——长江流域

依托长江黄金水道，上海国际航运中心的腹地可以延伸到整个长江流域，特别是 2014 年中国出台《国务院关于依托黄金水道推动长江经济带发展的指导意见》，不仅进一步推动长江流域各省市经济社会的发展，而且显著加强了长江流域各省市经济联动发展，也为上海国际航运中心建设提供了大量的货源。

《国务院关于依托黄金水道推动长江经济带发展的指导意见》明确指出：长江经济带覆盖上海、江苏、浙江、安徽、江西、湖北、湖南、重庆、四川、云南、贵

① 仅为江苏、上海、浙江。

州等11省市，面积约205万平方公里，人口和生产总值均超过全国的40%。长江经济带横跨中国东中西三大区域，具有独特优势和巨大发展潜力。依托长江经济带，上海国际航运中心有望继续保持货运和集装箱吞吐量的国际地位，并加快现代航运服务业发展。

四、国际航运综合试验区建设

与中国探索社会主义市场经济道路相一致，上海国际航运中心建设过程中，也始于政府主导为主，并积极摸索充分发挥政府和市场两种力量的发展模式。这种摸索集中体现在以国际航运综合试验区建设到上海自贸试验区建设的渐近式改革。

2009年4月，国务院出台了《国务院关于推进上海加快发展现代服务业和先进制造业建设国际金融中心和国际航运中心的意见》(简称国发"19号文")，首次提出"探索建立国际航运发展综合试验区"。2009年5月，上海出台了《上海市人民政府贯彻〈国务院关于推进上海加快发展现代服务业和先进制造业建设国际金融中心和国际航运中心意见〉的实施意见》(沪府发〔2009〕25号)，进一步指出从实施洋山保税港区营业税优惠政策、加强促进航运发展的政策和制度研究、推进企业开设离岸账户试点、抓紧实施启运港退税政策、探索创新特殊监管区域管理制度、继续实施中资外籍船舶特案减免税政策六个方面，探索建立国际航运发展综合试验区。2011年，上海国际航运发展综合试验区建设有了实质性进步。例如，中资"方便旗"船特案免税政策的执行截止日期由2009年6月30日延长至2011年6月30日；洋山保税港区正式启用进口汽车保税展示平台；2011年8月，洋山保税港区期货保税交割业务正式进入市场运作阶段；2011年9月，在"洋山首批大宗商品企业入驻颁证仪式暨期货保税交割试点情况发布会"举行的同时，出台了《关于推进洋山保税港区大宗商品产业发展的若干意见》，等等。

2012年5月，结合国发"19号文"和上海经济发展"十二五"规划，上海出台了国内首个国际航运中心建设的五年规划——《上海市加快国际航运中心建设"十二五"规划》，规划明确提出，"十二五"期间，(上海)国际航运发展综合发展试验区的发展目标是"出台一批符合产业发展需求的航运支持政策，集聚各类航运企业，使国际航运发展综合试验区成为具有国际竞争力的航运政策'先行先试'示范基地"；规划还从"深化国际航运发展综合试验区突破性政策、创新国际透支船舶登记制度、加强海关特殊监管区域与产业腹地间联系、研究财税支持政策、加大对内对外开放力度”五个方面对加快国际航运发展综合发展试验区提出了主要任务。

正是基于以上不停地探索，市场在上海国际航运中心建设中发挥的作用越来越大，上海国际航运中心国际竞争力也进一步提升。

第三节　上海国际航运中心建设现状评估

评估上海国际航运中心建设现状的方法通常有两种：第一，国内外比较。根据国际公认的相关指标，对照国际或国内一流国际航运中心坐标，例如，新华—波罗的海指数。这是一种横向比较。第二，目标比较。这是一种纵向比较，主要通过与事先设立的目标、愿景相比较，常见于政府各类规划。

一、评估标准

基于上海国际航运中心是政府主导型建设，笔者认为，评估上海国际航运中心建设水平也需要依据相关规划及战略任务。

目前为止，中央及上海市政府出台的与上海国际航运中心密切相关的意见(规划)主要有 5 个(见表 15 - 9)，分别是《国务院关于推进上海加快发展现代服务业和先进制造业建设国际金融中心和国际航运中心的意见》(国发〔2009〕19 号)《国务院关于依托黄金水道推动长江经济带发展的指导意见》(国发〔2014〕39 号)《上海国际航运中心建设“十二五”规划》《上海市城市总体规划(1999 年—2020 年)》和《关于本市加快中国邮轮旅游发展实验区建设的若干意见》。上述 5 个意见(规划)在不同时期分别对上海国际航运中心建设提出了目标任务。如《关于推进上海加快发展现代服务业和先进制造业建设国际金融中心和国际航运中心的意见》(国发〔2009〕19 号)明确了 2020 年战略任务，《上海市城市总体规划(1999 年—2020 年)》提出了 2010 年具体任务。

笔者研究分析发现，这些任务基本围绕《关于推进上海加快发展现代服务业和先进制造业建设国际金融中心和国际航运中心的意见》提出的主要任务展开。其中，《上海国际航运中心建设“十二五”规划》提出了 2015 年具体任务和指标，如明确要求 2015 年集装箱吞吐量达到 3 300 万标准箱、货物年吞吐量 6.5 亿吨左右(见表 15 - 11)；《关于本市加快中国邮轮旅游发展实验区建设的若干意见》也提出具体目标，但主要集中在邮轮产业，且部分指标还低于《上海国际航运中心建设"十二五"规划》，如出入境邮轮目标仅 300 艘次，低于"十二五"规划中的 500 艘次；而《上海市城市总体规划(1999 年—2020 年)》提出的目标主要针对 2010 年，现已完全实现。另外，上海市政府根据《国务院关于依托黄金水道推动长江经济带发展的指导意见》已提出初步战略思路，一个重要的方向是更好地服务长三角、长江流域，但具体目标有待进一步研究。综上，为客观、有针对性地评估上海国际航运中心建设现状，笔者认为以《上海国际航运中心建设"十二五"规划》和《国务院关于推进上海加快发展现代服务业和先进制造业建设国际金融中心和国际航运中心的意见》为参照较科学。

二、评估结果

《上海国际航运中心建设"十二五"规划》明确了 2015 年上海国际航运中心主要目标和任务，具体可以分为七个方面：航运业务、现代服务体系、航运金融、国际航运发展综合试验区、集疏运体系、航运人才(文化)和邮轮产业。

运用上海国际航运中心建设成果(2013 年或 2014 年数据)，逐个对照"十二五"规划的具体目标，笔者发现，近年来上海国际航运中心建设取得较大成绩，具体如下(同时见表 15－11)：

(一) 航运业务

航运业务发展顺利，表现极佳。如 2013 年上海实现集装箱吞吐量 3 373 万标箱，提前两年实现"年集装箱吞吐量达到 3 300 万标准箱"的航运业务目标；2014 年，货物吞吐量 5.39 亿吨，距"货物年吞吐量 6.5 亿吨左右"较近；2014 年 1 月，《中国(上海)自由贸易试验区国际船舶登记制度试点方案》出台，推动了国际航运船舶登记注册数量。

(二) 现代服务体系

对照航运服务代理企业、海事仲裁、海事诉讼等配套服务环境，以及航运经纪公司和二手船舶年交易金额等二级指标，"十二五"末，上海港能基本完成现代服务体系建设，但挑战仍存在。如海事仲裁、海事诉讼等配套服务环境、国际航运结算的便利化水平、航运融资的创新能力、多样化程度及规模一直是上海港薄弱环节。

表 15－11　　2020 年上海国际航运中心预评估

七大类目标	主要指标	现状	评估	
			单项评估	每一类评估
航运业务	货物年吞吐量达 6.5 亿吨左右	2014 年，货物吞吐量达 5.39 亿吨	基本完成(按年均 5.84%增长)	完成
	年集装箱吞吐量达到 3 300 万标准箱	2014 年集装箱吞吐量达 3 528 万标准箱	提前 2 年完成	
	登记注册的国际航运船舶达到 400 艘，合计达 1 000 万总吨	2014 年 1 月，《中国(上海)自由贸易试验区国际船舶登记制度试点方案》	暂缺	
现代服务体系	二手船舶年交易金额力争突破人民币 100 亿元	暂缺	暂缺	
	海事仲裁、海事诉讼等配套服务环境得到明显改善	中国海事仲裁上海分会发布了“标准船舶融资租赁合同”，这是中国航运业首次发布的标准合同，被称为“上海格式”的合同文本	有所改善	基本完成
	航运经纪公司达到 50 家以上，船舶管理公司达到 160 家以上	2014 年预计有 17 家国际船舶管理公司注册①	暂缺	
	培育 5—10 家航运服务代理企业	暂缺	暂缺	
	船员劳务年输出量突破 1 万人次	暂缺	暂缺	
航运金融	国际航运结算的便利化水平有较大提高	通过集装箱远期订舱平台和 FT 账户，国际航运结算从 2—3 个月缩短到 3—5 天	案例	基本完成
	航运融资的创新能力和多样化程度达到或接近国际先进水平	目前在自贸区创新了跨境人民币贷款、自由贸易项下融资、对外发行债券、跨境融资租赁保理	案例	

续　表

七大类目标	主要指标	现　状	评　估	
			单项评估	每一类评估
航运金融	航运融资交易规模在国际市场占比和影响力显著提高	约 10%	显著提高	基本完成
	航运保险和交易规模在国际市场占比和影响力显著提高	2013 年约为 2.2%—2.3%	略有提高	
	航运衍生品交易规模在国际市场占比和影响力显著提高	航运价格指数开发较快(如沿海煤炭运价指数、国际远洋干散货中远期运价、集装箱远期交易产品等)	显著提高	
国际航运发展综合试验区	具有国际竞争力的航运政策"先行先试"示范基地	中国(上海)自由贸易试验区建设	提前 2 年完成	较好完成
集疏运体系	水水中转比例 45%	2014 年,1—8 月上海港集装箱水水中转比例达到 45.6%,国际箱中转比例达 7.3%①	完成	完成
	航空枢纽旅客年吞吐量达到 0.9 亿—1 亿人次	2014 年达 8 164 万人次	完成	
	货邮年吞吐量达到 500 万—550 万吨	2014 年货邮吞吐量达 361 万吨	预计完成 80%(跨境电子商务大幅增长带动进口货物增长)	
	中转旅客比例达 20%以上	—	预计完成	

① 资料来自上海交通委网站。

续 表

七大类目标	主 要 指 标	现 状	评 估	
			单项评估	每一类评估
航运人才和文化	航运人才	浦东新区制定《集聚航运人才实施办法》	基本完成	完成
	航运文化	4 届“中国国际航运文化节”在上海召开(至今共 5 届)	完成	
邮轮产业	5—8 艘母港邮轮	2013 年,有 5 艘母港邮轮①,2014 年完成了推进邮轮母港建设先行先试工作方案	完成	较好完成
	邮轮母港旅客 30 万—50 万人次	—	预计完成	
	出入境邮轮实现 500 艘次	2014 年年初,已确定上海航线的豪华邮轮高达 554 艘次③	提前 1 年完成	
	出入境邮轮旅客达 100 万—120 万人次的规模	2014 年 10 月 31 日,出入境邮轮旅客达 100 万次④	提前 1 年完成	

注:① 数据来自 2014 年 1 月发布的《关于中国(上海)自由贸易试验区试行扩大国际船舶运输和国际船舶管理业务外商投资比例实施办法的公告》。
② 为笔者估算。上海资料来源上海保监局网站,全球数据来自 2014 海事保险香港论坛。
③ 资料来自《554 艘资邮轮已确定上海航线》,人民网,2014 年 1 月 7 日。
④ 资料来自《上海吴淞口国际邮轮港 2014 年出入境客流破百万》,东方网,2014 年 10 月 31 日。

(三) 航运金融

2014 年,随着上海自贸区金融创新不断推进,多个航运金融创新案例被挖掘,上海国际航运中心建设急需的高端服务业开始突破,潜力无限。如,2014 年 10 月,中国海事仲裁上海分会发布了“标准船舶融资租赁合同”,这是中国航运业首次发布的标准合同,被称为“上海格式”的合同文本。这份合同文本不仅突破了波罗的海航运公会等权威组织尝试未果的难题,同时首创人民币结算、推荐适用中国仲裁解决争议,标志着中国航运业不再完全照搬沿用西方

① 资料来自徐进:《5 艘邮轮今年以上海为母港》,东方网,2013 年 1 月 9 日。

国家的合同、标准，在积极参与或制定“中国”规则后，真正开始拥有航运话语权。

（四）国际航运发展综合试验区

上海自贸试验区的挂牌，远远超过了国际航运发展综合试验区建设目标和战略任务。

（五）集疏运体系

如前所述，上海已基本形成现代航运集疏运体系，目前正抓紧内河水道建设。随着长三角内河航道与沿江、沿海水道的更好衔接，上海集疏运体系中水水中转的比例有望进一步提高。2014 年，1—8 月上海港集装箱水水中转比例达到 45.6％，国际箱中转比例达 7.3％；2014 年航空枢纽旅客年吞吐量达 8 164万人次；2014 年货邮吞吐量 361 万吨。无疑，“十二五”期末，上海集疏运体系将达到国际一流水平。

（六）航运人才（文化）

航运人才（文化）建设进展也不错。例如，借助于中国国际航运文化节及航海博物馆等载体，航运文化有了显著提高；至今为止召开的 5 届“中国国际航运文化节”中，有 4 届在上海召开；浦东新区制定了《集聚航运人才实施办法》。

（七）邮轮产业

邮轮产业发展迅猛。《2014 中国邮轮发展报告》显示，2014 年中国邮轮市场呈现高位增长，中国内地全年邮轮运营 466 航次，增长 14.78％。其中母港航次 366 个，增长 9.3％；访问港航次 100 次个，增长 40.8％；出入增邮轮旅游 172 万人次，增长 43％。其中以中国游客为主的母港航次出入境 148 万人次，增长 44％；以境外游客为主的访问港航次入出境 24.47 万人次，增长 37.9％。截止到 2014 年 10 月 31 日，上海港出入境邮轮旅客 100 万次，提前一年完成邮轮产业出入境邮轮旅客的发展目标——出入境邮轮旅客 100 万—120 万人次的规模。

第十六章　上海国际航运中心未来愿景和发展趋势

2011年,《上海国际航运中心"十二五"规划》出台。这是国内第一次出台有关国际航运中心的规划意见,对航运中心建设起到了积极推动作用。目前,"十三五"规划制定正在有序进行中,逐步清晰和完善发展思路和发展重点。下文将根据五大关键因素进行重点内容预测。

第一节　影响上海国际航运中心建设的关键因素

上海国际航运中心发展及上述最终目标的实现,不仅受世界(中国)经济发展水平、生产方式转变、上海"四个中心"建设影响,而且与科技创新与运用、能源需求及结构变化密切相关。根据国内外经济发展水平等因素的发展趋势,结合上海国际航运中心建设现状及区位优势,笔者分析它们与上海国际航运中心发展的关系如下:

一、世界及中国经济发展

国内外多家机构(经济学家)都认为,世界及中国经济在未来多年中仍将保持较稳定增长。如世界银行(2006)预测,2030年全球经济规模将比2006年增长1倍;IMF(2010)预计2030年亚洲经济规模将超越七大工业国(G7);俄罗斯科学院世界经济与国际关系研究所(2011)预计2011—2030年世界经济年增增速将达到4%—4.5%;等等。世界经济发展是世界贸易及国际航运发展基础条件之一。2030年前世界经济稳定增长,将促进国际航运业继续发展。

表 16-1　　世界及中国经济发展趋势预测

预测机构	2030 年世界经济		2030 年中国经济	
	预测时间	主要结论	预测时间	主要结论
世界银行	2006 年	2030 年全球经济规模将比 2006 年增长 1 倍		
IMF	2010 年	2030 年亚洲经济规模将超越七大工业国(G7)	2013 年	到 2030 年将保持年均 6%的年均经济增长率
	2015 年 1 月《世界经济展望报告》	全球经济增速将在 2015 年和 2016 年分别回升至 3.5%和 3.7%,分别比去年下调了 0.5 和 0.3 百分点		
俄罗斯科学院世界经济与国际关系研究所	2011 年《2030 年全球战略预测》	2011—2030 年世界经济年增增速将达到 4%—4.5%		
美国农业部	2015 年	到 2030 年,美国勉强保持世界第一的地位,GDP 可以达到 24.8 亿美元,占世界总量的 20%;中国位居世界第二,GDP 达 22.2 万亿美元	2015 年	位居世界第二
张军			2012 年	维持 6%—7% 年均经济增长率

资料来源:根据相关资料整理。

在世界经济稳定增长过程中,中国经济更是表现不俗。如美国农业部(2015)预测 2030 年中国 GDP 位居世界第二,达 22.2 万亿美元;张军预测到 2030 年中国经济仍将维持年均 6%—7%的经济增长率。作为世界最大经济体之一,中国必将与世界有更多的经济往来,且成为贸易强国。中国成为贸易强国的过程中,上海国际航运中心必将取得突破性进展,两者相辅相成。如,高端服务贸易竞争力是贸易强国的重要表现,国际化特征显著的高端航运服务业发展,无疑将促进高端服务贸易竞争力提升。

二、科技创新及运用

科技创新及运用，是影响未来经济增长的重要因素，将对上海国际航运中心建设产生巨大影响。

（一）科技创新减少有效航运需求

随着因特网、移动通讯、电信、4D打印等技术的发展，智能化生产、智能化物流、智能化交通、智能化供应链将成为现实，并出现当地生产和当地消费的发展模式。在此过程中，跨国公司在全球的扩张主义与大规模并购也将终结，将进行区域性结构调整，最终减少原材料、半成品甚至是成品的运输需求，导致降低航运业务规模。有研究预测，在其他条件不变情况，生产方式转变将减少25%的航运需求。

（二）科技创新提升航运智能化、低碳化

大数据时代，大量船舶、航运、海事等信息将被开发利用，在运输价格有望降低的同时，运输成本也会进一步节约。例如，物联网利用大数据可以减少空箱率、空载率、船舶等待期，等等。同时，受环境保护硬条件约束，低碳化航运必然是一种趋势。有研究指出，航运是中国一个被忽视的重要污染源；中国交通运输业占全社会能源消耗量的比重目前尽管约为8%，但碳强度呈现逐年上升趋势。1990—2008年间，交通运输业的能耗年均增长率是9.4%，比全社会能耗增长率高3.2个百分点。

综上，尽管生产方式转变将减少航运需求，但科技创新和运用使航运大数据时代来临，航运信息开发和利用将进一步得以发挥优势。上海国际航运中心将在现有航运信息研发基础上，充分利用上海港丰富的航运信息，打造成世界航运信息中心。

三、全球能源需求总量

能源运输是航运业的主体业务。粮食、煤炭、石油三大类能源约占到航运运输总吨位的60%左右。因此，能源需求及结构变化也将影响上海国际航运中心建设。

国内外相关机构预测，到2030年，全球能源需求总量仍略有增长，结构调整并出现需求中心东移。国际能源署（IEA）（2013）对2035年全球能源的预测是：世界能源需求的重心向中国、印度和中东地区转移，亚洲将成为全球最重要的石油贸易中心。英国石油公司（BP）（2014）预测，2035年全球能源消费预计较2012年增长41%，届时石油、天然气和煤炭需求约各占能源总需求的27%，其余能源需求来自核能、水电和可再生能源。国家发改委能源研究所、国务院发展研究中心和清华大学联合课题组(2009)预测，2050年的中国能源需求总量将达到55.6亿—66.9亿吨标准煤。

除了进一步勘探、开发、利用国内能源，保证能源进口无疑仍是中国的重要能源战略，这需要航运市场提供足够运力和服务来保证。例如，VLCC是当今油轮运输的主要工具，但上海航运市场上，VLCC数量较少，许多LNG订制合同也没有到期。因此，未来20年间，随着能源需求保持一定水平及国内能源运输能力的增强，不仅将有利于上海港货物吞吐量和集装箱吞吐量继续保持世界第一，也将有促进现代航运服务业发展。

四、自贸区及国际金融中心建设

国际性强是国际航运中心建设的一大特点。实施自由港政策或国际普遍接受的业务规则，是国际航运中心建设，特别是高端航运服务业发展的重要保障。上海自贸区及国际金融心建设将给上海国际航运中心未来发展带来契机。

（一）上海自贸区建设

航运业开放是上海自贸试验区建设的重要内容。尽管受水上运输公司投资限制、外商独资投资国际海运货物装卸业务限制等因素影响，目前自贸区内许多航运政策效应仍有待提高，部分政策还需要进一步细化，处于不断摸索中，但上海自贸区建设推动航运服务业发展的事实是存在的，进一步的开放也有望促进政策效应的提升。第一，高端航运企业进一步集聚。截止到2014年年底，2家外商独资船舶企业在自贸区内成立并开展业务，船舶"一站式快速维修"维保业务、远期集装箱订舱交易平台等，提升了上海航运业服务能力和水平。第二，航运企业商业模式呈现创新趋势。自贸区内航企业可以利用自贸区贸易便利化制度、跨境运费代收代付渠道，提升物流效率，创新商业模式。如可以发展航运运价指数衍生品和电子订舱平台等。第三，进一步提升航运和金融的产业融合。上海四个"中心"建设是一个有机体，理应互相促进和提高。航运的高风险和高资本特征决定航运与金融密不可分。作为自贸区的两个重要组成部分——金融创新和航运开放，两者融合必将推动航运金融业发展。

（二）国际金融中心建设

如上所提及，航运与金融密不可分，如航运业有大量的跨境结算和支付业务,需要快捷的支付平台和最大限度地避免汇率风险。国际金融中心建设将成为上海国际航运中心建设的另一重要推动力。第一,人民币国际化促进越来越多运费结算和支付业务留在上海。第二,跨境人民币业务降低企业资金融资成本。伴随这些高端航行服务业在上海的形成、发展,高端服务业机构必然也在上海集聚,其中,有许多是机构总部特别是亚太地区总部机构。如此,上海高端航运业也将得到更快发展,并逐渐形成航运话语权。

五、长江黄金带战略实施

背靠长江流域是上海建设国际航运中心的优势,也要求上海切实提升服务内地的能力。长江黄金水道战略有助于上海提升辐射、服务内地的能力建设。

(一) 长江流域省份将"借江出海"

江海联运能力和水平,一直以来制约着上海港服务长三角和长江流域。长江黄金水道战略提出以来,已有以下两方面效应:第一,长三角地区的水水中转集疏运水平显著提高。如,2014 年上海把内河航道建设作为集疏运体系建设的重要内容,大芦线航道一期工程(临港新城段)正式完工交付使用,保证了上海港集装箱水水中转率 45%以上,也极大降低了物流成本。第二,中西部地区的货物有望更多地通过上海港出口。以宜宾港为例,2015 年 1 月,以宜宾港为中转的一条集装箱班轮航线正式开通。该航线西至云南水富,是云南地区的重要集散地,中间是集装箱现代化内河枢纽港四川宜宾,连接中西部的重要节点,经过湖北、江西、安徽进入上海,显著降低了中西部地区货物和海外交流的运输成本。资料显示,2015 年 1 月 23 日第一趟航运从水富喂给的集装箱就达 47 箱。

(二) 上海进一步服务长江流域

目前,上海航运咨询、航运旅游、航运文化等产业已崭露头角,在国内外产生较大影响。未来 20 年来,上海对长江流域的辐射、服务水平将更多地体现在现代服务业方面。一方面,上海全力打造的现代航运服务业体系已基本形成,具备较好经验并在国内外形成一定影响的服务业可推广、复制到长江流域;另一方面,在长江航运发展过程中,将产生新的航运服务需求,结合已有经验开发新的产品,提升新的服务能力,也将提升上海在国际航运业的地位及话语权,并自然形成上海国际航运中心在国际上的地位。

因此,长江黄金带战略实施将提升上海国际航运中心辐射、服务内地的能力，也进一步巩固和提升上海国际航运中心的地位。

第二节 发展趋势预测

“十三五”期间是检验上海国际航运中心建设的五年，也是上海国际航运中心转型发展的关键时期，根据前述相关因素的影响，预测未来发展有以下几个趋势。

一、运输对象发展趋势

世界国际航运中心发展史显示，货物和集装箱运输在国际航运中心建设中的重要地位将逐渐让位于现代航运服务业。世界经济发展趋势也显示，货运规模大幅增加将成为历史。与此同时，邮轮产业的兴起，将促进航运客运功能恢复并提升。如 2030 年出境和入境游的旅客数量将分别达 100 万人次左右和 500 万—600 万人次左右。

二、航运要素发展趋势

航运业是个资本密集型产业。20 世纪，资本在推动国际航运中心建设中起了举足轻重的作用，例如航运金融奠定了伦敦国际航运中心世界第一的地位。但随着航运业智能化、低碳化发展，技术和信息对航运业的促进作用将越来越显著，最终将起主导性作用，即航运要素从资金主导发展到技术、信息主导。2030 年，上海国际航运中心最重要的航运要素将是技术和信息。

三、运力资源发展趋势

上海国际航运中心建设过程中，港岸建设发挥了关键性作用。但随着现代航运服务业发展，围绕“船舶”做文章将产生更大效应。如，围绕船舶进行船舶融资、船舶交易、船舶运行、船舶安全管理、船舶低碳技术，等等。2030 年上海国际航运中心的运力资源，将从港口建设发展到船舶管理。

四、管理模式发展趋势

中央、上海、浦东新区政府的支持和直接推动是国家战略定位下的上海国际航运中心建设重要保障。但随着上海国际航运中心进一步发展，充分发挥市场作用显得越来越重要。如 2014 年 APEC 会议上，各国财长们也高度重视

PPP 融资方式。因此，市场力量更加突现，将是上海国际航运中心建设的发展趋势。

第三节 2020 年上海国际航运中心展望

结合上海国际航运中心建设现状和影响因素，展望 2020 年上海国际航运中心，有许多期待，也需要措施保障。

一、2020 年上海国际航运中心愿景

整体而言，2020 年基本能实现“基本建成航运资源高度集聚、航运服务功能健全、航运市场环境优良、现代物流服务高效，具有全球航运资源配置能力的国际航运中心”目标，其主要标志是上海将拥有亚洲地区航运话语权。具体如下：

(一) 航运资源高度集聚

上海国际航运中心建设将高度重视航运信息的收集、管理和使用，推动航运信息与航运金融同样发挥重大作用。与此同时，航运技术的重要性也将进一步突出，低碳航运、智能航运成为趋势。届时，上海不仅是国内航运信息的重要生产地，也是世界航运信息的重要来源地。到 2020 年，信息将成为推动上海国际航运中心的发展又一重要资源，上海成为亚洲地区航运信息中心。

(二) 邮轮产业进一步发展

上海邮轮业继续快速发展，不仅促进上海国际航运中心的运输结构进一步调整，而且将带动长三角地区旅游业发展，并加强长三角区域合作。另外，随着客运需求的增加，航空的地位进一步提升，成为上海国际航运中心建设的重要内容。到 2020 年，上海国际航运中心的运输对象将出现客运、货运并重局面，成为全球最繁忙的客运中心。

(三) 航运市场环境有效改善

进一步理顺和完善政府和市场关系。将有效推动上海国际航运中心建设。2020 年，上海国际航运中心的市场将更加完善，一方面，航运企业将拥有更大的自主权，另一方面，航运法律法规也将进一步完善，并基本与国际接轨。另外，中央、上海和浦东各级政府在上海国际航运中心建设中的角色定位也将更加清晰。

(四) 现代物流服务效率提升

随着上海国际航运中心现代服务体系的不断完善，上海现代物流服务效

率也将显著提升。2020年，上海国际航运中心基本完成从口岸建设到船舶管理的转型，船舶交易、船舶运行、船舶安全管理、船舶维修等业务进一步发展和成熟，上海成为亚洲船舶管理的重要港口城市，水水中转比例也进一步提升。

二、保障措施

（一）加快推进现代服务体系建设

“十三五”期间，上海将加快推进功能齐备、服务优质、高效便捷、竞争能有序的现代航运服务业体系。一方面进一步促进传统航运服务业转型升级，包括鼓励企业加强自身能力建设，创新商业模式，优化产品和服务，利用现代信息技术手段，加强与相关服务业融合，深化对外开放、完善外商独资金融船舶管理等配套政策，并进一步简政放权，下放理货、无船承运等审批权限、激发市场活力，全面推进船舶管理、船舶代理、水路客货运代理等传统航运服务业的转型升级；另一方面将加快提升航运交易服务能力，如加强船舶交易市场管理，合理确定服务机构的区域布局，规范服务收费行为和标准，加强航运业与电子商务、金融服务业业务的融合，拓展航运交易功能，完善航运交易信息服务，创新航运交易服务产品，降低交易成本，提高服务效率。

（二）进一步提高航运金融水平

“十三五”期间，上海国际航运中心建设将进一步提高航运金融水平，形成体系健全、功能完备、服务优质，具有与国际航运中心相匹配的支撑能力和较强全球资源配置能力的现代航运金融服务体系。主要内容将包括：拓宽社会资本投资航运业渠道，积极发展多种航运融资方式，支持船舶融资租赁业务发展，拓展航运金融服务功能，鼓励航运金融产品创新，在国际航运结算便利化水平较大提高基础上，促进航运融资的创新能力和多样化程度达到或接近国际先进水平；支持保险企业开展航运保险业务，丰富航运保险产品，协调推动出台便利船舶理赔措施，引导港航企业开展自保、互保业务，加强与保险机构合作，构建设和完善多种形式的航运保险服务体系，推动上海航运保险交易规模在国际市场占比和影响力显著提高。

（三）进一步加快邮轮产业发展

“十三五”期间，上海邮轮产业发展将迎来新一轮的发展，上海将建设成为全球举足轻重的国际邮轮母港。一方面，上海将进一步完善营造基础设施，特别是上海与长三角地区连接的基础设施；另一方面将进一步营造市场分工合理、经营环境便利、船供市场开放、航运服务管理规范的发展环境。

(四) 进一步强化航运法律和信息服务能力

“十三五”期间，上海国际航运中心建设将进一步加强航运法律和信息服务能力建设。一方面，上海将在“十二五”建设基础上，进一步加强航运信息服务能力建设。包括进一步完善运价指数的编制和发布机制，形成具有国际影响力的运价指数体系；支持和鼓励形成一批有影响力的国内航运咨询和研究机构；充分利用现代信息技术，健全航运信息公开机制，建立航运市场监测和风险预警机制，进一步加快便利运输电子口岸信息平台建设，实现港航企业、货主、口岸监管部门之间的信息共享，促进运输便利化。另一方面，将进一步强化航运法律服务能力。包括完善航运法律服务体系，支持航运法律咨询等服务机构发展，为航运企业提供高水平的航运法律服务；支持海事仲裁委员会拓展服务领域，逐步建立权威公正的仲裁队伍和符合国际惯例的仲裁程序，发挥上海仲裁机构在国际海事仲裁中的作用；建立高效规范的海事理赔机制，提升海事理赔水平等。

(五) 大力加强国际航运人才和航运文化建设

“十三五”期间，上海将大力加强国际航运人才和航运文化建设。如通过各类社会力量，重点培养和引进航运法律、航运金融、航运经纪、邮轮服务、空中交通等航运人才，集聚与国际航运中心相匹配的航运专业高素质人才，打造在亚洲处于领先地位的人才高地，确立覆盖整个航运产业链的人才队伍结构。进一步加强打造具有上海特色的，与上海文化、产业经济、旅游资源等有机结合的航海文化。

第四节　2030 年上海国际航运中心展望

经过近 200 年风雨洗礼，上海经过了从被迫开放走向主动开放，从弱小走强大，从衰弱到重振辉煌的不平之路。展望 2040—2050 年，上海国际航运中心将转型升级到上海国际信息中心，发展模式和主要业态也将发生巨大变化。

一、世界一流的国际航空中心

2030 年，上海成为全球排名第一、具有全球航运资源配置能力的国际航运中心。届时，上海航运业不仅成为国际航运市场的风向标，也将成为名副其实的辐射、服务、引领长三角、长江流域的国际枢纽港，达到上海国际航运中心辉煌期。从具体指标上讲，除货物及集装箱吞吐量继续保持全球第一之外，上海将拥有全球最完善的集疏运体系，高端航运服务业相当发达，航运信息和研究处于全球领先地位，是全球国际邮轮中心之一。主要指标预测如表16-2。

表16-2　　2030年上海港主要指标预测

指　　标	2030年
综合排名	第一
货物吞吐量	继续保持第一
集装箱吞吐量	继续保持第一
水水中转业务比例	60%—70%
集装箱国际中转业务比例	20%—25%
海空联运业务比例	15%—20%
航运保险业务在全球占比	15%—20%
航运信息咨询	拥有三大国际航运信息分析机构
出境旅游的中国游客数量	达500万—600万人次左右
入境旅游的游客数量	100万人次左右

二、具有一流的航运信息开发和使用水平

2040—2050年的世界，信息技术和运用将进一步普及。利用全球货物和集装箱吞吐量第一产生的信息资源，上海将出现大量的航运信息平台——船舶交易、运价指数、航线、船舶融资、船员、低碳技术，等等。这些信息平台，将推动上海国际航运中心建设进一步围绕上海国际信息中心建设，使上海成为航运业的一个世界节点，也是长三角乃至中国走向世界的一个窗口。届时，上海国际航运中心逐渐转型升级到上海国际信息中心。

三、全球著名的航运知识和文化传播中心

航运是人类最古老的经济发展方式，600年的航运史，积累了大量的自然和人文知识，航运也是人类文明传播的重要手段，当年郑和下西洋的目的之一即是如此。2030年以后，上海国际航运中心也将成为全球著名的航运知识和文化传播中心。

结语　从“四个中心”到“一个中心”的飞跃

未来三十年，在信息化浪潮的推动下，上海“四个中心”建设将使城市功能朝着移动化和扁平化方向发展与演变，新信息和通讯技术的发展，促使城市功能去除经济物理集聚的色彩。在国际经济中心第一原则的支配下，上海将逐渐实现从“四个中心”向“一个中心”，即国际经济中心的飞跃。在互联网技术的影响下，国际经济中心的内涵将不仅仅局限于传统的制造业或服务业，而是日益丰富，产业形态更加高端化，包括信息、金融和科创三大功能板块。其中，航运和贸易功能集中体现为流量经济，归并为信息功能，而金融、科创功能或将进一步强化。

第一节　互联网对“四个中心”演变的影响

互联网正以摧枯拉朽之势改变着传统信息处理方式，依托大数据、云计算，信息技术渗透到流量空间，而不仅仅是在物理空间实现资源的有效配置，国际金融、贸易和航运中心建设的条件、方式与路径也随之悄然转变。所以，研判未来三十年上海城市功能演变的路线图，既不能囿于固有的工业经济思维，也不能遵循传统的从航运中心到贸易中心再到金融中心的演进路径，甚至是简单地认为上海一定会沿着纽约、伦敦等发达国家金融中心的既有发展路径前行；而是要从互联网思维出发，立足服务经济发展需要，分析和捕捉信息时代上海由“四个中心”向“互联网＋四个中心”演变的规律与特点。

这一特点的实质在于，人类社会—互联网—物理世界的三元融合。大数据技术将海量、多源、异构、非结构化、连续性、实时性、网络结构、精准映射的信息内容加以分析，使得虚拟的互联网世界可以无限逼近人类的真实世界。

“新兴产业和新兴业态是竞争高地。要实施高端装备、信息网络、集成电路、新能源、新材料、生物医药、航空发动机、燃气轮机等重大项目，把一批新兴产业培育成主导产业。制定‘互联网＋’行动计划，推动移动互联网、云计算、大数据、物联网等与现代制造业结合，促进电子商务、工业互联网和互联网金融健康发展，引导互联网企业拓展国际市场。国家已设立400亿元新兴产业创业投资引导基金，要整合筹措更多资金，为产业创新加油助力[①]。”互联网时代的到来，赋予国际经济中心新内涵，也使城市功能创新升级的条件、方式与路径都发生了相应转变。

第一，改变“中心”的组织形态与地域范围[②]。互联网将改变商业活动的空间分布，形成多元化的城市发展格局。当新的商业活动空间通过信息技术和物流网络联系在一起，它们就可以组成新的空间地理联系，由此重组区域概念，区域不再基于狭隘的地域或行政界限，而是基于内部的信息传播方式和相关的基础设施。在以上海为例的研究中，互联网尤其是移动技术将推动上海的“中心”功能与形态产生新的拓展，从而超越既有的经济范围与行政区划。

第二，弱化商业机构物理空间集聚的重要性。传统商业机构依赖大城市主要是希望通过在人流、资金流密集的地方布点来获取收益。在互联网时代，由于信息获取、业务拓展和风险控制等都可以借助互联网来完成，使得商业机构集聚于商务成本相对较高的大城市如北京、上海的动力大为降低，而且随着互联网金融业务的拓展，更多的交易将通过移动通讯“点对点（O2O）”的方式直接交互实现。例如，借助互联网，阿里金融平均每位客户经理服务的企业数量大约是传统商业银行的15倍；淘宝网一天的访问量大于所有商业银行网点的总和。

第三，强化信息载体流量空间集聚的必要性。随着互联网和信息技术的普及，商业竞争的焦点逐步从物理空间向流动空间转移。借助信息平台，以加工处理信息为主要生产内容的平台企业，将主导产业链和价值链发展，旨在为客户提供交易信息而不仅仅是交易标的，从这个意义上讲，金融、贸易、航运功能将面临进一步整合与提升的可能，交易的实体就是商业本身，而如何交易将

① 引自李克强总理在十二届人大三次会议的政府工作报告。

② 萨丝凯·萨森：《全球城市的视角：对上海的理论启示》，载陈向明、周振华：《上海崛起：一座全球大都市中的国家战略与地方变革》，上海人民出版社2009年版，第38—39页。

成为信息交换的重点。类似地,“四个中心”的融合发展也将导致传统工业产业中迸发出创新思想,在新业态中归结为一种从“机器”到“方案”的提升①,越来越多的制造企业开始意识到价值链的重心在于为客户“提供解决方案”,从海量信息中获取决策依据。许多新型业态开始运用数据挖掘等手段,致力于将产业链与价值链匹配起来,为不同内容产业(教育、科研、制造、物流等)的客户提供更加人性化的问题解决方案,建构智慧城市。

第四,重塑信息流与资金流的主从关系。工业经济时代,信息流从属于人流、物流和资金流,处于相对次要的地位;而在互联网时代,信息流成为支配资金流,进而主导人流和物流的核心要素,企业之间的竞争将更多地围绕对信息资源的争夺展开,演化出“获得用户网络接入权胜过获得资本所有权、获得数据投入量胜过获得资金投入量”的竞争新规则②。另一个典型例子就是商业风险控制中对个人信用评价信息的采集与应用。互联网环境中的商业活动可以借助网络采集用户的历史交易数据,建立基于个人信用的动态违约概率模型,有助于减少信息不对称的情形,进而规范市场经济中的交易行为,挖掘“长尾市场”,推广“普惠”理念。

第五,夯实金融与科创功能的发展基础。尽管互联网条件下,金融、航运、贸易中心的具体形态将受到一定程度的冲击与影响,但金融涉及货币与信用的“汇、存、贷”活动等,同信息一样,仍是国际经济中心构成的基本元素,因此与航运与贸易中心的发展趋势有所不同,金融中心的形态与功能,非但不会削弱、消亡或被取代,反而会随着人民币国际化趋势而有所增强。因此,未来的金融部门也一定是介于实体化和虚拟化之间的。另一方面,科创功能的演进也在一定程度上得益于信息功能的拓展,尤其是共性技术平台和产学研机制构建过程中的信息共享。金融与科创功能代表了国际经济中心相互促进的两个方面——虚拟经济与实体经济,它们共同由信息功能驱动。

第二节　未来影响城市功能培育的重要因素

2020年上海基本建成“四个中心”和现代化国际大都市之后,国际金融、贸

① 李凌:《产业融合、业态创新与转变经济发展方式:上海创意产业的分析》,载沈开艳主编:《上海经济发展报告(2012):增长动力与产业发展转型》,社会科学文献出版社2013年版。

② 马梅:《从第三方支付看上海国际金融中心建设》,《科学发展》2014年第4期。

易和航运中心的部分功能将朝着虚拟化、交叉化和服务化的方向发展，一个共同的特点就是数字化驱动，覆盖信息的生产、汇集、处理、传播、服务等方面，反映出城市功能从物理中心向信息中心的创新升级。上海获取并处理信息的能力，及其自身的连通性等，都是影响城市功能培育的重要因素，而这些因素的改善取决于两点，一是以信息产品交易为核心的市场环境，二是城市在所处区域内的开放度。

首先，就上海信息产品交易市场的发展现状而言，国家层面和市政府层面的大量政策扶持是上海的优势，但这同时也可能是未来发展的一种劣势①。上海在很短的一段时间内，达到了其他世界城市可能需要漫长的发展才能实现的目标，其电信和信息产业位列世界先进水平，这固然离不开中央和市政府强有力的政策扶持，然而，强大的国家推动或将在未来演变成为一项弱点，因为它限制了更多的市场竞争，从而制约了发展更加先进的信息技术的机会。更糟糕的是，政府的计划不可能包罗万象般地把所有企业特别是创新型企业的信息需求都做出安排，政府主导下的信息产业发展也在一定程度上排斥了利用企业间信息网络进行沟通的可能性，其结果只能是信息基础设施供给与需求的不匹配，或者信息资源对体制内企业的偏爱，造成行政性垄断（如电信垄断企业等）。无论是哪一种结果，都会对信息中心建设带来阻碍。

其次，就上海与长三角区域的连通性而言，上海国际信息中心建设还有赖于构建具有超越性的区域创新体系，来不断增强上海开放型经济的辐射功能。互联网时代，信息的传播与扩散超越了行政区划的范围与界限，信息中心意味着与外部世界的密切联系以及全球信息网络栅格中的一个重要节点，这不仅是一个全球信息港的概念，而且还是将信息汇集、加工、处理后，传播及辐射出去的动态过程，这个过程突显三个特征：去中心化、流体化和移动化。其中，去中心化意味着平等与共享，也就是说，节点城市与区域内其他城市之间不再是制造业时代的“中心—外围”关系，而是信息化时代的扁平化、去中心化关系；流体化意味着信息可以在不同的媒介中流动，不同形式与内容的信息之间的转换成本将趋于无穷小；移动化则意味着信息生产力对生产方式的根本性变革，从以往的集中生产向分布式生产转化，同时带来生产权力的变革，每一

① 周振华、陈向明：《全球信息化时代中的飞跃与滞后：比较分析视角下上海的电信和信息化发展》，载陈向明、周振华：《上海崛起：一座全球大都市中的国家战略与地方变革》，上海人民出版社 2009 年版，第 180 页。

个人都有权力选择是否生产和如何生产，由此产生对市场民主新的理解和对思想中心构建的可行性。

第三节 未来30年上海城市功能分步走战略及其展望

面向未来三十年，上海将以全球城市建设为目标，全面提升国际竞争力、可持续发展能力和城市创新能力。其中，国际金融、贸易和航运中心功能将发生强化、拓展与转型，不仅离不开对流量空间中信息流的驾驭和掌控，即通过对信息产生、传播、加工与处理，数字技术逐步取代资本和劳动力，实现从物质生产力向信息生产力的转变，而且信息技术的演进也势必引发从实验室（科学）到企业流水线（技术），再到产业组织、流通业态、社会结构与生活方式等一连串的创新活动，通过分步走战略将上海打磨和塑造成互联网时代的全球城市。

第一阶段，从现在到2020年。上海基本建成“四个中心”和社会主义现代化国际大都市，即基本建成与中国经济实力以及人民币国际地位相适应的国际金融中心；基本建成航运资源高度集聚、航运服务功能健全、航运市场环境优良、现代物流服务高效，具有全球航运资源配置能力的国际航运中心；基本建成具有国际国内两个市场资源配置功能、现代服务业发达、万商云集，服务长三角地区、服务长江流域、服务全国，与中国经济贸易地位相匹配的国际贸易中心；以及形成科技创新中心的基本框架体系。与此同时，2020年前后上海或将出现的一系列重大信息技术变革，有望推动人、机、物三元融合的新应用，并逐步将现有的ICT技术推向极致，信息技术将突破语言文字的限制，演化出新的网络理论和智慧城市实践，防止信息耗散与确保信息安全等问题日趋严峻。

第二阶段，从2020年到2030年。上海“四个中心”的目标定位与建设形态基本保持不变，城市功能日臻完善。2020年之后的十年内，“四个中心”仍保有既有形态，致力于“量”的积累，突出城市功能与综合能效的有效提升，为下一个阶段“质”的提升积蓄力量。在2020年到2030年的十年里，上海将致力于在提升科创功能、强化转口贸易和商品信息流通功能、争夺大宗商品贸易定价权和航运定价权、提高人民币的国际化地位，建立人民币跨境贸易平台、加快服务贸易和航运服务全球占比提高等方面继续深化“四个中心”建设，优化配置科创资源、与世界城市分享大宗商品定价权、显著提升人民币的国际地位(坐五望三)、迅速提高服务贸易和航运服务全球占比,朝着全面建成“四个中心”战略目标迈进。预计到2030年,集成电路进入“后摩尔时代”,互联网进入“后IP时代”(即基于IPv6的下一代网络兴起),商业模式进入“平台时代”。云计算、大数据和物联网将改变上海经济增长方式,形成基于信息化、数字化、平台化的基础教育、科研、制造、贸易服务、物流、公共治理新模式。

第三阶段,从2030年到2050年。上海城市功能将发生从形式到内涵的变化与升级。在这一时期,新材料取代“硅”,信息技术与生物智能紧密结合,形成基于个性化、大容量、节能化、移动化、开放型的多属平台体系,上海不仅是全球信息的集散地,而且还是思想、人才的汇集地,资源配置方式向灵动化转变。为此,“四个中心”的形态将彻底发生改变,国际金融中心将进一步强化,国际贸易与航运中心将向国际信息中心转型,全球科创策源功能将日益突显。由此,“四个中心”将集结演化为“一个中心”新格局,即国际经济中心,涵盖金融、信息和科创三个板块。在这一轮发展中,“四个中心”的形态将产生“质”的变化,核心在于从重视存量规模转向对流量规模的关注,在国际经济中心第一性原则的作用下,“四个中心”将向“一个中心”,即国际经济中心集结演化,新一轮城市功能拓展的转型升级之路将推动上海向全球城市和世界城市迈进。国际金融、贸易、航运中心的功能将在大幅提升之后融入国际经济中心,同时国际经济中心的内涵也将进一步得以拓展与丰富。可以预见,国际金融中心的创新升级具体表现为,人民币的国际化地位进一步提高,中国在国际货币基金组织(IMF)等国际机构中的地位进一步上升,人民币与美元、欧元一起,成为国际三大货币,形成三足鼎立态势。国际贸易中心的创新升级具体表现为,从物流生产力向信息流生产力的转型与升级,突出对信息收集、加工、处理的功能,与大数据、云计算等相关的信息服务业将得到更快发展。国际航运中心的转型升级的具体表现为,由于个性化、分布式生产取代或部分取代了批量化、集中式生产,上海国际航运中心的发展将从追求运输规模向完善运输服务转型,与航运相关的法律咨询、信息服务、投资融资等服务业快速发展。由于信息技术和数字内容的趋同化,贸易中心与航运中心将可能合并,实现设备更新、产业融合与功能提升,为集物流、信息流于一体的国际信息中心所取代。另一方面,随着全球科创中心目标逐步明晰,上海还将立足全球视野,合理配置科技创新资源,成为世界级创新活动的策源地,以及“大众创新、万众创业”的乐土。创新、创意和创业人士纷至沓来,世界级、国家级科创项目云集于此,大中型创新企业活力迸发，产学研体制灵动且富于人性化。为此，金融、信息和科创将成为上海国际经济中心的三大重点板块。

总之，上海“四个中心”及其升级版目标建设循序渐进，各类战略目标协同发展，呈现阶段性特点。2020 年上海城市发展目标与愿景是，基本建成“四个中心”和社会主义现代化大都市，用科技创新提升“四个中心”发展质量，形成科技创新中心基本框架体系。2030 年上海城市发展目标与愿景是，全面建成“四个中心”和社会主义现代化大都市，形成科技创新中心城市的核心功能，走出一条具有时代特征、中国特色、上海特点的创新驱动发展新路。2040 年上海城市发展目标与愿景是，国际金融中心功能进一步强化、贸易、航运中心功能转型升级成为国际信息中心，全面建成全球科创中心。2050 年上海城市发展目标与愿景是，全面建成覆盖金融、信息和科创功能的国际经济中心，成为具有经济引领力、人才吸引力、资源控制力、全球影响力的世界城市。

参 考 文 献

［1］《上海对外经济贸易志》编撰委员会编.上海对外经济贸易志[M].上海社会科学院出版社,2001.

［2］《上海对外经济贸易志》编撰委员会编.上海对外经济贸易志·第一卷总述[M].上海社会科学院出版社,2001.

［3］《上海通志》编撰委员会编.上海通志[M].上海社会学院出版社,2005.

［4］Gantzj R. Extracting Value from Chaos [J]. IDC IVEW, 2011：1 - 12.

［5］Jao Y C. The Rise of Hong Kong as a Financial Center. Asian Survey, 1979,19,(7)：674 - 694.

［6］John G C. Marine Insurance in Eighteenth-Century La Rochelle. French Historical Studies, 1978,10(4)：572 - 598.

［7］OECD. Global Trade and Specialisation Patterns over the Next 50 Years [R]. 2014,(10).

［8］Peter B. Sydenham,marine facultative excess of loss, Swess Re 2009,(4)

［9］Sassen S. The Global City：New York, London and Tokyo [M]. Princeton：Princeton University Press, 1991.

［10］Walter M M. The Underwriting Year in Marine Insurance and Reinsurance. Swess Re, 2002,(1).

［11］毕长江,翟慧娟,等.国际经验对上海国际贸易中心建设的启示[J].科技创业家,2012,(9).

［12］查贵勇.上海、香港和新加坡服务贸易发展比较分析[J].上海经济研究,2011,(1).

［13］陈彪如.国际金融市场[M].上海：复旦大学出版社,1998.

［14］陈慧.浅析上海服务贸易的发展现状和发展趋势[J].宏观管理,2011,(4).

［15］陈汤斌.上海建设国际贸易与航运中心的关联性研究[D].上海社会科学院,2014.

［16］程大中.国际贸易中心的历史演变及其对上海的启示[J].世界经济情况,2009,(7).

［17］邓智团.论国际金融中心的形成与演变——兼论上海国际金融中心建设[D].上海：华东师范大学,2005.

[18] 杜恂诚. 金融中心重建[M]. 上海社会科学院出版社，1999.
[19] 高山. 主要国际金融中心竞争力比较及对上海的启示[J]. 社会科学研究，2009，(4).
[20] 郭爱军等. “十三五”时期上海“四个中心”功能创新与开放战略研究[J]. 科学发展，2015，(4).
[21] 黄运成，杨再斌. 关于上海建设国际金融中心的基本设想[J]. 管理世界，2003，(12).
[22] 汇丰银行. The World in 2050: Quantifying the Shift in the Global Economy [R]. 2011.
[23] 霍学文，赵军. 金融帝国——21 世纪产业资本与金融资本的融合[M]. 北京：中国金融出版社，1999.
[24] 孔炯炯. 上海国际贸易中心与国际航运中心建设的互动关系实证研究[J]. 特区经济. 2011，(2).
[25] 雷新军，春燕. 东京产业结构变化及其产业转型[G]//左学金，等著. 世界城市空间转型与产业转型比较研究. 社会科学文献出版社，2011.
[26] 雷新军. 产业转型与创新模式：日本川崎市的经验启示[G]//沈开艳，主编. 上海经济发展报告(2011). 社会科学文献出版社，2011 年
[27] 雷新军. 上海经济发展战略和产业结构调整[G]//左学金，等著. 上海经济改革与城市发展：实践与经验. 上海社会科学院出版社，2008.
[28] 雷新军. 张江国家自主创新示范区的功能与作用[G]//沈开艳，主编. 上海经济发展报告(2013). 社会科学文献出版社，2013.
[29] 雷新军，等. 城市产业转型比较研究：上海市杨浦区与日本川崎市的产业转型经验[M]. 上海人民出版社，2011.
[30] 雷新軍. 上海の産業発展と政府の役割[G]//渡辺幸男，植田浩史，駒形哲哉，编著. 中国産業論の帰納法的展開. 同友館，2014.
[31] 李复佳. 上海国际贸易的历史、现状与未来发展趋势[J]. 经贸论坛. 2011，(9).
[32] 李俊辰. 日不落帝国金融战：伦敦金融城的前世今生[M]. 北京：清华大学出版社，2012.
[33] 李凌，等著. 经济效率转型：从要素驱动到创新驱动[M]. 上海人民出版社，2013.
[34] 李凌. “互联网＋”行动计划助力创新驱动发展战略[J]. 检查风云，2015，(7).
[35] 李凌. 以互联网思维谋划国际金融中心建设[N]. 解放日报，2015 - 3 - 12(新论).
[36] 李凌，等. 经济效率转型：从要素驱动到创新驱动[M]. 上海人民出版社，2013.
[37] 李秋敏，刘隐. 上海港口信息化中存在的刍议[J]. 集装箱化，2006，(1).
[38] 李思名. 全球化、经济转型和相关城市形态的转化[J]. 地理学报，1997 年(增刊).
[39] 李廷辉. 自贸区对上海国际贸易中心建设的影响研究[J]. 国际金融，2015(2).
[40] 李长春. 货币竞争下的美元与欧元国际货币地位比较分析[J]. 现代经济探讨，2011，(10).

[41] 理查德·罗伯茨. 伦敦金融城—伦敦全球金融中心指南[M]. 钱泳，译. 大连：东北财经大学出版社，2008.
[42] 廖凡，张怡. 英国金融监管体制改革的最新发展及其启示[J]. 金融监管研究，2012，(2).
[43] 刘琦等. 金融危机后国际贸易新趋势及应对之策[J]. 对外经贸实务，2010，(3).
[44] 陆红军. 国际金融中心竞争力评估研究[J]. 财经研究，2007，(3).
[45] 罗兹·墨菲. 上海——现代中国的钥匙[M]. 章克生，等译，上海人民出版社，1986.
[46] 马梅. 从第三方支付发展看上海国际金融中心建设[J]. 科学发展，2014，(4).
[47] 倪权生. 东京国际金融中心地位的崛起和衰退及其启示[D]. 上海：上海交通大学，2009.
[48] 潘世伟，等著. 上海转型发展：实践探索与经验分析[M]. 上海人民出版社，2013.
[49] 潘悦. 当前国际贸易发展的主要特征和基本走势[J]. 求是，2014 年 6 月 1 日.
[50] 彭金荣. 构建中国对外贸易持续发展影响力体系的思考[J]. 经济论坛，2012，(12).
[51] 普华永道. Banking in 2050：How Big will the Emerging Markets Get [R]. 2007.
[52] 普华永道. The World in 2050：Will the Shift in Global Economic Power Continue [R]. 2015.
[53] 瞿孝强. 上海外贸依存度快速增长的原因及建议[J]. 特区经济. 2008，(2).
[54] 上海机场(集团)有限公司. http://www.shairport.com/.
[55] 上海金融学院课题组. 上海服务贸易发展的现状、问题及对策[J]. 科学发展. 2013，(12).
[56] 上海社会科学院经济研究所、上海市国际贸易学会委员会. 上海对外贸易[M]. 上海社会科学院出版社，1989.
[57] 上海社会科学院经济研究所课题组. 科创中心：开启上海通往全球城市之路[N]. 解放日报，2014-9-20(新论).
[58] 上海社会科学院经济研究所课题组. 科创中心：开启上海通往全球城市之路[N]. 解放日报，2014-9-20.
[59] 上海社会科学院经济研究所课题组："创新驱动发展与上海'四个中心'建设关系[J]. 上海经济研究，2014，(10).
[60] 上海市人民政府发展研究中心开放形势分析课题组. 2014/ 2015 年上海对外开放形势分析报告[J]. 科学发展，2015，(2).
[61] 上海统计年鉴 2014.
[62] 上海研究中心、上海人民出版社编. 上海 700 年[M]. 上海人民出版社，1991.
[63] 沈开艳. 上海经济发展报告(2012)：增长动力与产业发展转型[M]. 社会科学文献出版社，2013.
[64] 沈开艳. 上海经济发展报告(2015)：建设具有全球影响力的科技创新中心[M]. 社会

科学文献出版社,2015.
[65] 沈玉良.上海国际贸易中心建设研究[M].上海人民出版社,2009.
[66] 石良平、孙浩、黄丙志.中国(上海)自由贸易试验区建设与上海国际贸易中心转型升级[M].上海人民出版社,2014.
[67] 时辰宙.国际金融中心的金融监管——伦敦、纽约的经验教训与上海的作为[J].上海经济研究,2009,(3).
[68] 孙浩.供应链整合视角下上海国际贸易中心建设研究[J].改革与发展,2012,(4).
[69] 陶昌盛、沈雅琴.上海未来的选择:构建现代国际贸易中心[J].经济纵横,2003,(5).
[70] 王学锋,等.发挥上海国际航运中心航运保险服务功能[J],水运管理,2009,(3).
[71] 王玉铮.纽约国际金融中心的形成与发展(1919—1945)[D].上海:华东师范大学,2013.
[72] 吴大器、张学森.上海国际金融中心发展环境专项研究[M].上海财经大学出版社,2014.
[73] 吴伟平.关于上海国际贸易中心制度建设的研究——基于国际比较的思考和建议[D].复旦大学,2010.
[74] 吴余龙,艾浩军.智慧城市:物联网背景下的现代城市建设之道[M].电子工业出版社,2013.
[75] 伍巧芳.美国金融监管改革及其借鉴——以次贷危机为背景[M].北京:北京大学出版社,2013.
[76] 肖林,马海倩."十二五"时期加快建设上海国际经济金融、贸易、航运中心思路研究[J].科学发展,2010,(1).
[77] 肖林、任建新.推进上海国际贸易中心建设战略创新[J].科学发展,2009,(8).
[78] 新华社上海分社,中国金融信息中心,编著.2015 上海国际航运中心建设蓝皮书,2015.
[79] 徐美芳.航运功能:从集疏运体系向服务体系建设转型[G]//上海城市功能转型.上海人民出版社,2013.
[80] 徐美芳.加快推进国际航运发展综合试验区建设及展望[G]//2013 年上海经济发展报告.社会科学文献出版社,2013.
[81] 徐美芳.上海自贸试验区建设与上海国际航运中心核心功能区能级提升研究[G]//2015 年上海浦东经济发展报告.社会科学文献出版社,2015.
[82] 阎蓓,宋韬.跨国公司全球采购背景下的上海国际贸易中心建设[J].上海经济研究.2009,(2).
[83] 杨坚争,王林.上海电子商务发展进入深水区[J].上海信息化,2014,(10).
[84] 杨建文,潘正彦.上海金融发展报告[M].上海:上海社会科学院出版社,2014.
[85] 张斌,耿昊裔.上海产业结构与贸易结构实证分析[J].中国经贸导刊.2012,(12).

[86] 张广生.上海商业竞争力的缺失[J].上海商业,2010,(1).
[87] 张国华.增强上海对跨国公司总部吸引力对策研究[J]. 科学发展.2011,(6).
[88] 张泓铭、尤安山等.走向上海国际贸易中心[M].上海社会科学院出版社,2011.
[89] 张泓铭,等.走向上海国际贸易中心:从纽约、东京、新加坡、香港到上海[M].上海社会科学院出版社,2011.
[90] 张望. 金融争霸——当代国际金融中心的竞争、风险和监管[M].上海:上海人民出版社,2008.
[91] 张臻.上海电子商务产业:并非不"热闹"[J].华东科技,2013,(2).
[92] 张忠民.经济历史成长[M].上海社会科学院出版社,1999.
[93] 张仲礼,主编.近代上海城市研究(1840—1949年)[M].上海文艺出版社,2008.
[94] 张仲礼.近代上海城市研究[M].上海人民出版社,1990.
[95] 赵翰林.上海国际贸易竞争力分析——基于改革开放后上海经济增长背景下[J].区域经济.2013,(10).
[96] 郑海明.上海两个中心建设中航运保险外部环境建设探讨[J],上海保险,2010,(1).
[97] 郑秀君.日本泡沫经济与美国次贷危机的比较——基于金融体系视角的分析[M].上海:复旦大学出版社,2012.
[98] 中国参与全球区域经济一体化战略与对策研究.http://www.govinfo.so/news_info.php?id=44242.
[99] 中国统计年鉴2014.
[100] 周振华.崛起中的全球城市——理论框架及中国模式研究[M].上海人民出版社、格致出版社,2009.
[101] 周振华.信息化与产业融合[M].上海人民出版社、格致出版社,2003.
[102] 朱地球,等.浅论海上保险在上海国际航运中心建设中的地位和作用[J],上海保险,2008,(11).
[103] 朱婷.上海贸易发展功能、地位之嬗变:1949—1978[J].上海经济研究,2010,(8).

后　　记

从 2014 年开始，上海市人民政府制定了一个庞大的研究计划，组织了上海方方面面的专家，集中研究上海迈向第二个百年目标——中华人民共和国建国 100 周年(2049 年)时的发展战略。上海社会科学院，作为上海社会科学研究力量的生力军，单独承担了这个计划中的学术版的研究。本专著所研究的上海"四个中心"创新升级问题，正是这个学术版研究计划中的重要组成部分。

现在呈现在大家面前的《上海"四个中心"创新升级研究》一书，是上海社会科学院经济研究所一批年轻精干的科研力量潜心研究的成果。以我和沈开艳副所长为组长的课题组，组织科研团队进行了深入的调查研究，在多次的研讨、交流、座谈中逐渐形成课题研究的思路、框架和逻辑顺序，最终形成的这部三十余万字的学术专著。

上海"四个中心"建设的提出由来已久，到 2020 年基本建成"四个中心"也是改革开放后上海经济社会发展的一个重要阶段性目标，而有关上海未来 30 年发展战略和目标定位的大讨论是"十二五"最后两年中共上海市委、市政府十分关心和重视的话题。上海的多家智库机构和高校就此话题展开过热烈的讨论，献计献策、见仁见智，催生了许多优秀成果和创新理念。我们的这本专著则是在将上海"四个中心"建设和未来 30 年发展战略融合研究、综合考量的基础上，回答了上海在 2020 年基本建成"四个中心"之后，上海将何去何从，成为什么样的国际化大都市，是继续沿袭"四个中心"的发展路径还是另辟蹊径寻找新的发展空间和定位，在未来全球化趋势更加凸显，信息化潮流深入社会生活的方方面面之际，上海的城市功能应该且必须是什么样的？相信各位读者从本书中能够看到我们对这些问题的判断和所得出的结论。

本书由我和沈开艳负责课题的组织、协同和统筹工作，在讨论的基础上，确定了全书基本框架、主要内容和研究方法。按篇章的先后顺序，参与编撰的人员有沈开艳(引言、第二章)、李凌(导论、第一章、第二章、结语)、雷新军(第二章、第三章、第四章、第五章)、韩汉君(第六章、第七章、第八章)、沈桂龙(第九章、第十章、第十一章、第十二章)、徐美芳(第十三章、第十四章、第十五章、第十六章)等。经济所的研究生程韬、周佳雯、燕麟、魏乃平、李付玲、陈芳芳、许晓敏、陈红红、任柯柯等也参与了资料收集及部分章节的写作。初稿完成后,课题组经过数次讨论和修改,最后由我和沈开艳对全书进行了最后审稿和统稿,其中沈开艳负责了全书最后的文字统一工作。

作为研究性学术成果,也作为上海社会科学院的一项重要研究项目,我们在研究过程中始终得到了上海社会科学院院长王战教授、党委书记于信汇教授、副院长王振研究员的大力支持和直接指导,也得到了上海社会科学院智库处的于蕾研究员、陆军荣副研究员的帮助和支持,在此我们深表感谢!

本书是我们对上海未来发展的一次尝试性探索和研究。全球发展趋势和中国经济格局都在发生日新月异的变化,未来上海的发展将很大程度上受制于国际国内经济、政治、社会发展的各个方面,因此我们的判断和结论可能会有错误和偏颇之处,在此恳请广大读者批评指正。

上海社会科学院经济研究所所长　石良平

2015 年 11 月 3 日

图书在版编目(CIP)数据

上海"四个中心"创新升级研究/石良平等著. —
上海：上海社会科学院出版社，2016
ISBN 978-7-5520-1292-7

Ⅰ. ①上… Ⅱ. ①石… Ⅲ. ①区域经济发展—研究—
上海市 Ⅳ. ①F127.51

中国版本图书馆 CIP 数据核字(2016)第 061781 号

上海"四个中心"创新升级研究

著　　者：石良平　沈开艳 等
责任编辑：应韶荃
封面设计：周清华
出版发行：上海社会科学院出版社
上海顺昌路 622 号　邮编 200025
电话总机 021-63315900　销售热线 021-53063735
http://www.sassp.org.cn　E-mail:sassp@sass.org.cn
照　　排：南京展望文化发展有限公司
印　　刷：上海颛辉印刷厂
开　　本：710×1010 毫米　1/16 开
印　　张：22.25
字　　数：369 千字
版　　次：2016 年 5 月第 1 版　2016 年 5 月第 1 次印刷

ISBN 978-7-5520-1292-7/F·412　定价：78.00 元